[illegible]

PAR M. SWANTON,

Chevalier de la Légion d'honneur,

CAPITAINE AU CORPS ROYAL D'ÉTAT-MAJOR,

Commandant le Dépôt de Recrutement et de Réserve des Hautes-Alpes.

PARIS,

ANSELIN, LIBRAIRE | G.-LAGUIONIE, IMPRIMEUR,
Pour l'Art Militaire, | LIBRAIRE DU PRINCE ROYAL
LES SCIENCES ET LES ARTS, | Pour l'Art Militaire,

RUE ET PASSAGE DAUPHINE, N. 36.

1838.

DICTIONNAIRE

DE RECRUTEMENT.

IMPRIMERIE DE COSSE ET G.-LAGUIONIE,
rue Christine, n° 2.

DICTIONNAIRE

DE

RECRUTEMENT,

PAR M. SWANTON,

Chevalier de la Légion-d'Honneur,

CAPITAINE AU CORPS ROYAL D'ÉTAT-MAJOR,

Commandant le Dépôt de recrutement et de réserve des Hautes-Alpes.

PARIS.

GAULTIER-LAGUIONIE, IMPRIMEUR,

Libraire de son A. R. le duc d'Orléans pour l'art militaire,

RUE ET PASSAGE DAUPHINE, 36.

1838.

TABLE ALPHABÉTIQUE

DES MOTS COMPRIS DANS CE DICTIONNAIRE.

A.

B.

C.

D.

E.

F.

LOI SUR LE RECRUTEMENT

DE L'ARMÉE.

A Paris, au palais des Tuileries, le 21 mars 1832.

LOUIS-PHILIPPE, Roi des Français, à tous présents et à venir, SALUT,

Les Chambres ont adopté, NOUS AVONS ORDONNÉ ET ORDONNONS ce qui suit :

TITRE Ier.

Dispositions générales.

Art. 1er. L'armée se recrute par des appels et des engagements volontaires, conformément aux règles prescrites ci-après, titres II et III.

Art. 2. Nul ne sera admis à servir dans les troupes françaises, s'il n'est Français.

Tout individu né en France de parents étrangers sera soumis aux obligations imposées par la présente loi, immédiatement après qu'il aura été admis à jouir du bénéfice de l'article 9 du Code civil.

Sont exclus du service militaire, et ne pourront, à aucun titre, servir dans l'armée,

1° Les individus qui ont été condamnés à une peine afflictive ou infamante;

2° Ceux condamnés à une peine correctionnelle de deux ans d'emprisonnement et au-dessus, et qui en outre ont été placés par le jugement de condamnation sous la surveillance de la haute-police, et interdits des droits civiques, civils et de famille.

1

ART. 3. L'armée se compose, dans les proportions qui résultent des lois annuelles de finances et du contingent,

1° De l'effectif entretenu sous les drapeaux;

2° Des hommes qui sont laissés ou envoyés en congé dans leurs foyers.

TITRE II.

Des Appels.

ART. 4. L tableau de la répartition, entre les départements, du nombre d'hommes à fournir, en vertu de la loi annuelle du contingent, pour les troupes de terre et de mer, sera annexé à ladite loi.

Le mode de cette répartition sera fixé par la même loi.

ART. 5. Le contingent assigné à chaque canton sera fourni par un tirage au sort entre les jeunes Français qui auront leur domicile légal dans le canton, et qui auront atteint l'âge de vingt ans révolus dans le courant de l'année précédente.

ART. 6. Seront considérés comme légalement domiciliés dans le canton,

1° Les jeunes gens, même émancipés, engagés, établis au dehors, expatriés, absents ou détenus, si d'ailleurs leurs père, mère ou tuteur ont leur domicile dans une des communes du canton, ou s'ils sont fils d'un père expatrié qui avait son dernier domicile dans une desdites communes;

2° Les jeunes gens mariés dont le père, ou la mère, à défaut de père, sont domiciliés dans le canton, à moins qu'ils ne justifient de leur domicile réel dans un autre canton;

3° Les jeunes gens mariés et domiciliés dans le canton, alors même que leur père ou leur mère n'y seraient pas domiciliés;

4° Les jeunes gens nés et résidant dans le canton, qui n'auraient ni leur père, ni leur mère, ni tuteur;

5° Les jeunes gens résidant dans le canton, qui ne seraient dans aucun des cas précédents et qui ne justifieraient pas de leur inscription dans un autre canton.

ART. 7. Seront, d'après la notoriété publique, considérés comme ayant l'âge requis pour le tirage, les jeunes gens qui ne pourront produire, ou n'auront pas produit avant le tirage un extrait des registres de l'état civil, constatant un âge différent, ou qui, à défaut de registres, ne pourront prouver ou n'auront pas prouvé leur âge, conformément à l'article 46 du Code civil.

ART. 46, Code civil. — Lorsqu'il n'aura pas existé de registres, ou qu'ils seront perdus, la preuve en sera reçue tant par titres que par témoins, etc., etc.

Ils suivront la chance du numéro qu'ils auront obtenu.

Art. 8. Les tableaux de recensement des jeunes gens du canton soumis au tirage d'après les règles précédentes, seront dressés par les maires,

1° Sur la déclaration à laquelle seront tenus les jeunes gens, leurs parents ou tuteurs;

2° D'office, d'après les registres de l'état civil et tous autres documents ou renseignements.

Ils seront ensuite publiés et affichés dans chaque commune et dans les formes prescrites par les articles 63 et 64 du Code civil.

Un avis publié dans les mêmes formes indiquera les lieu, jour et heure où il sera procédé à l'examen desdits tableaux et à la désignation, par le sort, du contingent cantonnal.

Art. 9. Si, dans l'un des tableaux de recensement des annéees précédentes, des jeunes gens ont été omis, ils seront inscrits sur le tableau de l'année qui suivra celle où l'omission aura été découverte, à moins qu'il n'aient trente ans accomplis.

Art. 10. Dans les cantons composés de plusieurs communes, l'examen des tableaux de recensement et le tirage au sort auront lieu au chef-lieu de canton, en séance publique, devant le sous-préfet, assisté des maires du canton. Dans les communes qui forment un ou plusieurs cantons, le sous-préfet sera assisté du maire et de ses adjoints.

Le tableau sera lu à haute voix. Les jeunes gens, leurs parents ou ayant-cause, seront entendus dans leurs observations. Le sous-préfet statuera, après avoir pris l'avis des maires. Le tableau rectifié, s'il y a lieu, et définitivement arrêté, sera revêtu de leurs signatures.

Dans les cantons composés de plusieurs communes, l'ordre dans lequel elles seront appelées pour le tirage sera, chaque fois, indiqué par le sort.

Art. 11. Le sous-préfet inscrira en tête de la liste du tirage les noms des jeunes gens qui se trouveront dans les cas prévus par le second paragraphe de l'article 38 ci-après.

Les premiers numéros leur seront attribués de droit : ces numéros seront en conséquence extraits de l'urne avant l'opération du tirage.

Art. 12. Avant de commencer l'opération du tirage, le sous-préfet comptera publiquement les numéros déposés dans l'urne; et, après s'être assuré que ce nombre est égal à celui des jeunes gens appelés à y concourir, il en fera la déclaration à haute voix.

1.

Aussitôt après, chacun des jeunes gens appelés dans l'ordre du tableau prendra dans l'urne un numéro qui sera immédiatement proclamé et inscrit. Les parents des absents, ou, à leur défaut, le maire de leur commune, tireront à leur place.

L'opération du tirage achevée sera définitive : elle ne pourra, sous aucun prétexte, être recommencée, et chacun gardera le numéro qu'il aura tiré.

La liste, par ordre de numéros, sera dressée au fur et à mesure du tirage. Il y sera fait mention des cas et des motifs d'exemption ou de déduction que les jeunes gens ou leurs parents, ou les maires des communes, se proposeront de faire valoir devant le conseil de révision dont il sera parlé ci-après. Le sous-préfet y ajoutera ses observations.

La liste du tirage sera ensuite lue, arrêtée et signée de la même manière que le tableau de recensement, et annexée avec ledit tableau au procès-verbal des opérations. Elle sera publiée et affichée dans chaque commune du canton.

Art. 13. Seront exemptés et remplacés, dans l'ordre des numéros subséquents, les jeunes gens que leur numéro désignera pour faire partie du contingent, et qui se trouveront dans un des cas suivants, savoir :

1° Ceux qui n'auront pas la taille d'un mètre cinquante-six centimètres ;

2° Ceux que leurs infirmités rendront impropres au service ;

3° L'aîné d'orphelins de père et de mère ;

4° Le fils unique ou l'aîné des fils, ou, à défaut de fils ou de gendre, le petit-fils unique ou l'aîné des petits-fils d'une femme actuellement veuve, ou d'un père aveugle ou entré dans sa soixante-et-dixième année.

Dans les cas prévus par les paragraphes ci-dessus notés 3° et 4°, le frère puîné jouira de l'exemption, si le frère aîné est aveugle ou atteint de toute autre infirmité incurable qui le rende impotent ;

5° Le plus âgé de deux frères appelés à faire partie du même tirage, et désignés tous deux par le sort, si le plus jeune est reconnu propre au service ;

6° Celui dont un frère sera sous les drapeaux à tout autre titre que pour remplacement ;

7° Celui dont un frère sera mort en activité de service, ou aura été réformé, ou admis à la retraite pour blessures reçues dans un service commandé, ou infirmités contractées dans les armées de terre ou de mer.

L'exemption accordée conformément aux n°s 6 et 7 ci-dessus sera appliquée dans la même famille autant de fois que les mêmes droits s'y reproduiront.

Seront comptées néanmoins en déduction desdites exemptions les exemptions déjà accordées aux frères vivants, en vertu du présent article, à tout autre titre que pour infirmité.

Le jeune homme omis qui ne se sera pas présenté par lui ou ses ayant-cause pour concourir au tirage de la classe à laquelle il appartenait, ne pourra réclamer le bénéfice des exemptions indiquées par les n°s 3, 4, 5, 6 et 7 du présent article, si les causes de ces exemptions ne sont survenues que postérieurement à la clôture des listes du contingent de sa classe.

ART. 14. Seront considérés comme ayant satisfait à l'appel et comptés numériquement en déduction du contingent à former, les jeunes gens désignés par leur numéro pour faire partie dudit contingent qui se trouveront dans l'un des cas suivants :

1° Ceux qui seraient déjà liés au service, dans les armées de terre ou de mer, en vertu d'un engagement volontaire, d'un brevet ou d'une commission, sous la condition qu'ils seront, dans tous les cas, tenus d'accomplir le temps de service prescrit par la présente loi;

2° Les jeunes marins portés sur les registres-matricules de l'inscription maritime, conformément aux règles prescrites par les articles 1, 2, 3, 4 et 5 de la loi du 25 octobre 1795 (3 brumaire an 4), et les charpentiers du navire, perceurs, voiliers et calfats immatriculés, conformément à l'article 44 de ladite loi ;

3° Les élèves de l'école polytechnique, à condition qu'ils passeront, soit dans ladite école, soit dans les services publics, un temps égal à celui fixé par la présente loi pour le service militaire ;

4° Ceux qui, étant membres de l'instruction publique, auraient contracté, avant l'époque déterminée pour le tirage au sort, et devant le conseil de l'université, l'engagement de se vouer à la carrière de l'enseignement ;

La même disposition est applicable aux élèves de l'école normale centrale de Paris, à ceux de l'école dite *de jeunes de langue*, et aux professeurs des institutions royales des sourds-muets ;

5° Les élèves des grands séminaires, régulièrement autorisés à continuer leurs études ecclésiastiques ; les jeunes gens autorisés à continuer leurs études pour se vouer au ministère dans les autres cultes salariés par l'État, sous la condition, pour les premiers, que, s'ils ne sont pas entrés dans les ordres majeurs à vingt-cinq ans accomplis, et pour les seconds, que, s'ils n'ont pas reçu la consécration dans l'année qui suivra celle où ils auraient pu la recevoir, ils seront tenus d'accomplir le temps de service prescrit par la présente loi ;

6° Les jeunes gens qui auront remporté les grands prix de l'institut ou de l'université.

Les jeunes gens désignés par leurs numéros pour faire partie du contingent cantonnal, et qui en auront été déduits conditionnellement en exécution des numéros 1, 3, 4 et 5 du présent article, lorsqu'ils cesseront de suivre la carrière en vue de laquelle ils auront été comptés en déduction du contingent, seront tenus d'en faire la déclaration au maire de leur commune dans l'année où ils auront cessé leurs services, fonctions ou études, et de retirer expédition de leur déclaration.

Faute par eux de faire cette déclaration, et de la soumettre au visa du préfet du département dans le délai d'un mois, ils seront passibles des peines prononcées par le premier paragraphe de l'article 38 de la présente loi.

Ils seront rétablis dans le contingent de leurs classes, sans déduction du temps écoulé depuis la cessation desdits services, fonctions ou études, jusqu'au moment de la déclaration.

Art. 15. Les opérations du recrutement seront revues, les réclamations auxquelles ces opérations auraient pu donner lieu seront entendues, et les causes d'exemption et de déduction seront jugées en séance publique, par un conseil de révision composé,

Du préfet, président, ou, à son défaut, du conseiller de préfecture qu'il aura délégué ;

D'un conseiller de préfecture ;

D'un membre du conseil général du département ;

D'un membre du conseil de l'arrondissement, tous trois à la désignation du préfet ;

D'un officier général ou supérieur désigné par le roi.

Un membre de l'intendance militaire assistera aux opérations du conseil de révision ; il sera entendu toutes les fois qu'il le demandera, et pourra faire consigner ses observations aux registres des délibérations.

Le conseil de révision se transportera dans les divers cantons, toutefois, suivant les localités, le préfet pourra réunir dans le même lieu plusieurs cantons pour les opérations du conseil.

Le sous-préfet, ou le fonctionnaire par lequel il aura été suppléé pour les opérations du tirage, assistera aux séances que le conseil de révision tiendra dans l'étendue de son arrondissement.

Il aura voix consultative.

Art. 16. Les jeunes gens qui, d'après leurs numéros, pourront être appelés à faire partie du contingent, seront convoqués, examinés et entendus par le conseil de révision.

S'ils ne se rendent point à la convocation, ou s'ils ne se font pas représenter, ou s'ils n'obtiennent pas un délai, il sera procédé comme s'ils étaient présents.

Dans les cas d'exemption pour infirmités, les gens de l'art seront consultés.

Les autres cas d'exemption ou de déduction seront jugés sur la production de documents authentiques, ou, à défaut de documents, sur des certificats signés de trois pères de famille domiciliés dans le même canton, dont les fils sont soumis à l'appel ou ont été appelés. Ces certificats devront en outre être signés et approuvés par le maire de la commune du réclamant.

Art. 17. Le conseil de révision statuera également sur les substitutions de numéros et les demandes de remplacement.

Art. 18. Les substitutions de numéros sur la liste cantonnale pourront avoir lieu, si celui qui se présente à la place de l'appelé est reconnu propre au service par le conseil de révision.

Art. 19. Les jeunes gens compris définitivement dans le contingent cantonnal pourront se faire remplacer.

Le remplacement ne pourra avoir lieu qu'aux conditions suivantes :

Le remplaçant devra,

1° Etre libre de tout service et obligations imposées soit par la présente loi, soit par celle du 25 octobre 1795 sur l'inscription maritime ;

2° Etre âgé vingt à trente ans au plus, ou de vingt à trente-cinq ans, s'il a été militaire, ou de dix-huit à trente, s'il est frère du remplacé;

3° N'être ni marié, ni veuf avec enfants;

4° Avoir au moins la taille d'un mètre cinquante-six centimètres, s'il n'a pas déjà servi dans l'armée, et réunir les autres qualités requises pour faire un bon service;

5° N'avoir pas été réformé du service militaire;

6° Suivant sa position, être porteur des certificats spécifiés dans les articles 20 et 21 ci-après.

Art. 20. Le remplaçant produira un certificat délivré par le maire de la commune de son dernier domicile. Si le remplaçant ne compte pas au moins une année de séjour dans cette commune, il sera tenu d'en produire également un autre du maire de la commune ou des maires des communes où il aura été domicilié pendant le cours de cette année.

Les certificats devront contenir le signalement du remplaçant, et attester,

1° La durée du temps pendant lequel il a été domicilié dans la commune;

2° Qu'il jouit de ses droits civils;

3° Qu'il n'a jamais été condamné à une peine correctionnelle pour vol, escroquerie, abus de confiance ou attentat aux mœurs.

Dans le cas où le maire de la commune ne connaîtrait pas l'individu qui ferait la demande de ce certificat, il devra en constater légalement l'identité, et recueillir les preuves et témoignages qu'il jugera convenables pour arriver à la connaissance de la vérité.

Art. 21. Si le remplaçant a été militaire, outre le certificat du maire, il devra produire un certificat de bonne conduite du corps dans lequel il aura servi.

Art. 22. Le remplaçant sera admis par le conseil de révision du département dans lequel le remplacé a concouru au tirage.

Art. 23. Le remplacé sera, pour le cas de désertion, responsable de son remplaçant pendant un an, à compter du jour de l'acte passé devant le préfet. Il sera libéré si le remplaçant meurt sous les drapeaux, ou si, en cas de désertion, il est arrêté pendant l'année.

Art. 24. Les actes de substitution et de remplacement seront reçus par le préfet, dans les formes prescrites pour les actes administratifs.

Les stipulations particulières qui pourraient avoir lieu entre les contractants, à l'occasion des substitutions et remplacements, seront soumises aux mêmes règles et formalités que tout autre contrat civil.

Art. 25. Hors les cas prévus ci-après, articles 26 et 27, les décisions du conseil de révision seront définitives.

Art. 26. Lorsque les jeunes gens désignés par leur numéro pour faire partie du contingent cantonnal, auront fait des réclamations dont l'admission ou le rejet dépendra de la décision à intervenir sur des questions judiciaires relatives à leur état ou à leurs droits civils, des jeunes gens en pareil nombre, suivant l'ordre du tirage, seront désignés pour suppléer ces réclamants, s'il y a lieu. Ils ne seront appelés que dans le cas où, par l'effet des décisions judiciaires, les réclamants seraient définitivement libérés.

Ces questions seront jugées contradictoirement avec le préfet, à la requête de la partie la plus diligente.

Les tribunaux statueront sans délai, le ministère public entendu, sauf appel.

Art. 27. La disposition de l'article précédent, relative aux jeunes gens appelés conditionnellement, sera également appliquée, lorsqu'aux termes de l'article 41 ci-après des jeunes gens auront été déférés aux tribunaux comme prévenus de s'être rendus impropres au service, lorsque le conseil de révision aura accordé un délai pour production de pièces justificatives, ou pour cas d'absence, lequel délai ne pourra excéder vingt jours.

Art. 28. Après que le conseil de révision aura statué sur les exemptions, déductions, substitutions, remplacements, ainsi que sur toutes les réclamations auxquelles les opérations du recrutement auront pu donner lieu, la liste du contingent de chaque canton sera définitivement arrêtée et signée par le conseil de révision, et les noms inscrits seront proclamés.

Les jeunes gens qui, aux termes des articles 26 et 27, sont appelés les uns à défaut des autres, ne seront inscrits sur la liste du contingent que conditionnellement et sous la réserve de leurs droits.

Le conseil déclarera ensuite que les jeunes gens qui ne sont pas inscrits sur cette liste, sont définitivement libérés. Cette déclaration, avec l'indication du dernier numéro compris dans le contingent cantonnal, sera publiée et affichée dans chaque commune du canton.

Dès que les délais accordés en vertu de l'article 27 seront expirés, ou que les tribunaux auront statué en exécution des articles 26 et 41, le conseil prononcera de la même manière la libération des réclamants ou des jeunes gens conditionnellement désignés pour les suppléer.

Le conseil de révision ne pourra statuer ultérieurement sur les jeunes gens portés sur les listes du contingent que pour les demandes de substitution et de remplacement.

La réunion de toutes les listes du contingent de chaque canton d'un même département formera la liste du contingent départemental.

ART. 29. Les jeunes gens définitivement appelés, ou ceux qui ont été admis à les remplacer, seront immédiatement répartis entre les corps de l'armée, et inscrits sur les registres-matricules des corps pour lesquels ils seront désignés.

Néanmoins ils seront, d'après l'ordre de leurs numéros et les proportions déterminées par les lois annuelles du contingent, divisés en deux classes, composées, la première, de ceux qui devront être mis en activité, et la seconde, de ceux qui seront laissés dans leurs foyers.

Les jeunes soldats compris dans la seconde classe ne pourront être mis en activité qu'en vertu d'une ordonnance royale.

ART. 30. La durée du service des jeunes soldats appelés sera de sept ans, qui compteront du 1er janvier de l'année où ils auront été inscrits sur les registres-matricules des corps de l'armée.

Le 31 décembre de chaque année, en temps de paix, les soldats qui auront achevé leur temps de service recevront leur congé définitif.

Ils le recevront en temps de guerre immédiatement après l'arrivée au corps du contingent destiné à les remplacer.

Lorsqu'il y aura lieu d'accorder des congés illimités, ils seront délivrés dans chaque corps aux militaires les plus anciens de service effectif sous les drapeaux, et de préférence à ceux qui les demanderont.

Les hommes laissés ou envoyés en congé pourront être soumis à des revues et à des exercices périodiques qui seront fixés par le Ministre de la guerre.

TITRE III.

Des Engagements et Rengagements.

Section Ire. — *Des Engagements.*

Art. 31. Il n'y aura dans les troupes françaises ni prime en argent, ni prix quelconque d'engagement.

Art. 32. Tout Français sera reçu à contracter un engagement volontaire aux conditions suivantes :

L'engagé volontaire devra

1° S'il entre dans l'armée de mer, avoir seize ans accomplis, sans être tenu d'avoir la taille prescrite par la loi, mais sous la condition qu'à l'âge de dix-huit ans il ne pourra être reçu s'il n'a pas cette taille;

2° S'il entre dans l'armée de terre, avoir dix-huit ans accomplis et au moins la taille d'un mètre cinquante-six centimètres;

3° Jouir de ses droits civils;

4° N'être ni marié, ni veuf avec enfants;

5° Être porteur d'un certificat de bonnes vie et mœurs, délivré dans les formes prescrites par l'article 20, et, s'il a moins de vingt ans, justifier du consentement de ses père, mère ou tuteur.

Ce dernier devra être autorisé par une délibération du conseil de famille.

Les conditions relatives, soit à l'aptitude militaire, soit à l'admissibilité dans les différents corps de l'armée, seront déterminées par des ordonnances du roi, insérées au Bulletin des lois.

Art. 33. La durée de l'engagement volontaire sera de sept ans.

En cas de guerre, tout Français qui n'appartient à aucun contingent, et qui a satisfait à la loi du recrutement, pourra être admis à contracter un engagement volontaire de deux ans. Ces engagements ne donneront pas lieu aux exemptions prononcées par les numéros 6 et 7 de l'article 13 de la présente loi.

Dans aucun cas, les engagés volontaires ne pourront être envoyés en congé sans leur consentement.

Art. 34. Les engagements volontaires seront contractés dans les formes prescrites par les articles 34, 35, 36, 37, 38, 39, 40, 42 et 44 du Code civil, devant les maires des chefs-lieux de canton.

Les conditions relatives à la durée des engagements seront insérées dans l'acte même.

Les autres conditions seront lues aux contractants avant la signature, et mention en sera faite à la fin de l'acte ; le tout sous peine de nullité.

Art. 35. L'état sommaire des engagements volontaires de l'année précédente sera communiqué aux Chambres, lors de la présentation de la loi du contingent annuel.

Section II. — *Des Rengagements.*

Art. 36. Les rengagements pourront être reçus même pour deux ans, et ne pourront excéder la durée de cinq ans.

Les rengagements ne pourront être reçus que pendant le cours de la dernière année de service due par le contractant. A l'expiration de cette année, ils donneront droit à une haute-paie.

Les autres conditions seront déterminées par les ordonnances du roi insérées au Bulletin des lois.

Art. 37. Les rengagements seront contractés devant les intendants ou sous-intendants militaires, dans les formes prescrites par l'article 34, sur la preuve que le contractant peut rester ou être admis dans le corps pour lequel il se présente.

TITRE IV.

Dispositions pénales.

Art. 38. Toutes fraudes ou manœuvres par suite desquelles un jeune homme aura été omis sur les tableaux de recensement, seront déférées aux tribunaux ordinaires, et punies d'un emprisonnement d'un mois à un an.

Le jeune homme omis, s'il a été condamné comme auteur ou complice desdites fraudes ou manœuvres, sera, à l'expiration de sa peine, inscrit sur la liste du tirage, ainsi que le prescrit l'article 11.

Art. 39. Tout jeune soldat qui aura reçu un ordre de route et ne sera point arrivé à sa destination au jour fixé par cet ordre, sera, après un mois de délai et hors le cas de force majeure, puni, comme insoumis, d'un emprisonnement qui ne pourra être moindre d'un mois, ni excéder une année.

L'insoumis sera jugé par le conseil de guerre de la division militaire dans laquelle il aura été arrêté.

Le temps pendant lequel le jeune soldat aura été insoumis, ne comptera pas en déduction des sept années de service exigées.

Art. 40. Quiconque sera reconnu coupable d'avoir recélé ou d'avoir pris à son service un insoumis, sera puni d'un emprisonnement qui ne pourra excéder six mois. Selon les circonstances, la peine pourra être réduite à une amende de vingt à deux cents francs.

Quiconque sera convaincu d'avoir favorisé l'évasion d'un insoumis, sera puni d'un emprisonnement d'un mois à un an.

La même peine sera prononcée contre ceux qui, par des manœuvres coupables, auraient empêché ou retardé le départ des jeunes soldats.

Si le délinquant est fonctionnaire public, employé du gouvernement ou ministre d'un culte salarié par l'État, la peine pourra être portée jusqu'à deux années d'emprisonnement, et il sera, en outre, condamné à une amende qui ne pourra excéder deux mille francs.

Art. 41. Les jeunes gens appelés à faire partie du contingent de leur classe, qui seront prévenus de s'être rendus impropres au service militaire, soit temporairement, soit d'une manière permanente, dans le but de se soustraire aux obligations imposées par la présente loi, seront déférés aux tribunaux par les conseils de révision, et, s'ils sont reconnus coupables, ils seront punis d'un emprisonnement d'un mois à un an.

Seront également déférés aux tribunaux et punis de la même peine, les jeunes soldats qui, dans l'intervalle de la clôture du contingent de leur canton à leur mise en activité, se seront rendus coupables du même délit.

A l'expiration de leur peine, les uns et les autres seront à la disposition du Ministre de la guerre pour le temps que doit à l'État la classe dont ils font partie.

La peine portée au présent article sera prononcée contre les complices. Si les complices sont des médecins, chirurgiens, officiers de santé ou pharmaciens, la durée de l'emprisonnement sera de deux mois à deux ans, indépendamment d'une amende de deux cents francs à mille francs qui pourra être prononcée, et sans préjudice de peines plus graves, dans les cas prévus par le Code pénal.

Art. 42. Ne comptera pas pour les années de service exigées par la présente loi, le temps passé en état de détention en vertu d'un jugement.

Art. 43. Toute substitution, tout remplacement effectué, soit en contravention des dispositions de la présente loi, soit au moyen de pièces fausses ou de manœuvres frauduleuses, sera déféré aux tribunaux, et, sur le jugement qui prononcerait la nullité de l'acte de substitution ou de remplacement, l'appelé sera tenu de rejoindre son corps, ou de fournir un remplaçant dans le délai d'un mois, à dater de la notification de ce jugement.

Quiconque aura sciemment concouru à la substitution ou au remplacement frauduleux, comme auteur ou complice, sera puni d'un emprisonnement de trois mois à deux ans, sans préjudice de peines plus graves en cas de faux.

Art. 44. Tout fonctionnaire ou officier public, civil ou militaire, qui, sous quelque prétexte que ce soit, aura autorisé ou admis des exemptions, déductions ou exclusions autres que celles déterminées par la présente loi, ou qui aura donné arbitrairement une extension quelconque, soit à la durée, soit aux règles ou conditions des appels, des engagements ou des rengagements, sera coupable d'abus d'autorité, et puni des peines portées dans l'article 185 du Code pénal, sans préjudice des peines plus graves prononcées par ce Code dans les autres cas qu'il a prévus.

Art. 45. Les médecins, chirurgiens ou officiers de santé qui, appelés au conseil de révision à l'effet de donner leur avis conformément à l'article 16, auront reçu des dons ou agréé des promesses pour être favorables aux jeunes gens qu'ils doivent examiner, seront punis d'un emprisonnement de deux mois à deux ans.

Cette peine leur sera appliquée, soit qu'au moment des dons ou promesses ils aient déjà été désignés pour assister au conseil, soit que les dons ou promesses aient été agréés dans la prévoyance des fonctions qu'ils auraient à y remplir.

Il leur est défendu, sous la même peine, de rien recevoir, même pour une réforme justement prononcée.

Art. 46. Dans tous les cas non prévus par les dispositions précédentes, les tribunaux civils et militaires, dans les limites de leur compétence, appliqueront les lois pénales ordinaires aux délits auxquels pourra donner lieu l'exécution du mode de recrutement déterminé par la présente loi.

Pour les délits militaires, les juges pourront user de la faculté énoncée en l'article 595 du Code d'instruction criminelle.

Dans tous les cas où la peine d'emprisonnement est prononcée par la présente loi, les juges pourront, suivant les circonstances, user de la faculté exprimée dans l'article 463 du Code pénal.

Dispositions particulières.

Art. 47. Les jeunes gens appelés au service en exécution de la présente loi, recevront, dans le corps auquel ils seront attachés, et autant que le service militaire le permettra, l'instruction prescrite pour les écoles primaires.

Art. 48. Nul ne sera admis, avant l'âge de trente ans accomplis, à un emploi civil ou militaire, s'il ne justifie qu'il a satisfait aux obligations imposées par la présente loi.

Dispositions transitoires.

Art. 49. Le Français dont un frère est mort ou aura reçu des blessures qui le rendent incapable de servir dans l'armée, en combattant pour la liberté dans les journées de juillet 1830, jouira de l'exemption accordée par l'article 13, n° 7, de la présente loi, à celui dont le frère est mort en activité de service, ou a été admis à la retraite pour blessures reçues dans un service commandé.

Art. 50. Toutes les dispositions des lois et décrets antérieurs à la présente loi, relatives au recrutement de l'armée, sont et demeurent abrogées.

La présente loi, discutée, délibérée et adoptée par la Chambre des Pairs et par celle des Députés, et sanctionnée par nous cejourd'hui, sera exécutée comme loi de l'État.

DICTIONNAIRE

DE

RECRUTEMENT.

A.

ABSENCE (AUTORISATION D') dans le département pour les jeunes soldats.

1\. Autorité à laquelle doit s'adresser le jeune soldat.

Tout jeune soldat qui aura besoin de s'absenter pour plus de *quinze jours*, afin de se rendre dans une autre localité du même département, en fera la demande au maire de sa commune qui autorisera l'absence et qui lui délivrera le passeport nécessaire, en y faisant mention de la qualité de jeune soldat et de la permission accordée. (Art. 94 de l'*Instruction du* 16 *novembre* 1833.)

2\. Le maire rend compte au préfet.

Le maire rendra compte de cette mutation au préfet qui en fera tenir écriture sur un registre particulier. (Art. 95 *idem.*)

3\. Le préfet informe le sous-intendant qui prévient l'officier de recrutement.

Le préfet en informera le sous-intendant militaire, lequel, après en avoir pris note, préviendra à son tour l'officier de recrutement qui inscrira la mutation. (Art. 96 *idem.*)

L'officier de recrutement s'informera au besoin,

4. L'officier de recrutement s'informe si le jeune soldat est arrivé.

soit près de l'autorité municipale, soit près de la gendarmerie du lieu où le jeune soldat doit se rendre, et il s'assurera s'il y est arrivé. Dans le cas où ce jeune soldat ne serait point arrivé à sa destination, l'officier de recrutement fera des recherches pour le découvrir. (Art. 97 *idem.*)

5. Autorité devant laquelle le jeune soldat doit se présenter à son arrivée.

Celui auquel une autorisation d'absence aura été accordée sera tenu, à son arrivée à sa destination, de se présenter au maire de la commune, qui visera le passeport, et tiendra note de sa résidence dans la localité. (Art. 98 *idem.*)

6. Restrictions apportées aux autorisations d'absence.

Toutefois, si la demande d'absence était faite par le jeune soldat au moment où des ordres auraient été donnés, soit pour une revue ou des appels, soit pour les exercices périodiques, la permission ne pourrait être accordée par le maire qu'autant qu'il y aurait *urgence*, ou qu'autant que sa durée permettrait au jeune soldat d'être de retour au lieu de son domicile, pour remplir les devoirs qui lui sont imposés comme étant compris dans la réserve. (Art. 99, *idem.*)

ABSENCE (AUTORISATION D') hors du département du domicile pour les jeunes soldats.

7. Le jeune soldat doit s'adresser au maire qui transmet au préfet.

Tout jeune soldat qui aura à s'absenter pour plus de quinze jours, hors du département de son domicile, en fera la demande au maire de sa commune, qui la transmettra avec son avis au préfet. (Art. 100 *de l'Instruction du 6 novembre* 1833.)

8. Envoi de la demande par le préfet au maréchal de camp.

Si le préfet juge que la demande doit être accueillie, il en fera l'envoi au maréchal de camp commandant le département, qui accordera l'autorisation, en y indiquant le département, l'arrondissement, le canton et la commune dans lesquels le jeune soldat désire se rendre, ainsi que le temps qu'il a déclaré vouloir y rester. (Art. 101, *id.*)

9. Passeport délivré d'après l'autorisation accordée par le maréchal de camp

Sur le vu de cette pièce adressée au préfet, qui en tiendra note sur le registre relatif aux déplacements, le maire délivrera un passeport au jeune soldat, en y indiquant sa qualité de jeune soldat, son numéro de tirage, la classe à laquelle il appartient, ainsi que le corps dans lequel il a été immatriculé, et la durée de la permission qui aura été accordée. (Art. 102, *id.*)

10. Passeport présenté à la gendarmerie avant le départ.

Ce passeport sera présenté, par le jeune soldat, au commandant de la gendarmerie du canton, qui le visera et en prendra note. (Art. 103, *id.*)

11. Restrictions apportées aux autorisations d'absence.

Aux époques des revues, des exercices ou des appels de la réserve, les permissions d'absence hors du département ne pourront être accordées, aux jeunes soldats, qu'autant qu'il y aurait *urgence*, circonstance qui devrait être spécifiée dans la demande et certifiée par le maire de la commune, ou qu'autant que les jeunes soldats pourraient être de retour dans leur domicile, assez à temps pour se former aux ordres qu'ils auraient reçus. (Art. 104, *id.*)

12. Le jeune soldat est tenu de se présenter devant le maire de la commune où il est en permission.

Lorsqu'un jeune soldat aura obtenu l'autorisation d'aller dans un autre département, il sera tenu de se présenter au maire de la commune dans laquelle il devra se rendre, de lui faire viser son passeport, et de lui faire connaître le lieu de son habitation. (Art. 105, *id.*)

13. Fera viser son passeport pour son

Dans le cas où le jeune soldat désirerait retourner au lieu de son domicile, il suffira qu'il en prévienne

retour dans son domicile.

le maire de la résidence, qui visera son passeport pour le retour, et en informera le préfet. (Art. 106, *idem.*)

14. Avis que se doivent les préfets entre eux.

Le préfet du domicile et celui de la résidence se donneront réciproquement avis des diverses autorisations qui auraient été accordées, et de celles auxquelles il serait mis un terme par le retour des jeunes soldats dans leurs départements. (Art. 107, *id.*)

15. Avis donné par le maréchal de camp au sous-intendant qui prévient l'officier de recrutement.

Lorsque le général commandant le département aura accordé une autorisation d'absence à un jeune soldat pour se rendre dans un autre département, il en donnera avis au sous-intendant militaire, lequel en prendra note et fera la même communication à l'officier de recrutement, qui en passera écriture. (Art. 108, *id.*)

16. Obligations du jeune soldat en rentrant à sa résidence.

Tout jeune soldat qui rentre à son domicile, doit se présenter au maire de sa commune, ainsi qu'à l'officier ou sous-officier commandant la gendarmerie du canton, lesquels inscrivent l'époque de son retour sur le même contrôle où ils avaient constaté son absence. (Art. 109, *id.*)

17. Le maire rend compte au préfet de la rentrée du jeune soldat.

Lorsque le jeune soldat est rentré au lieu de son domicile, le maire de cette commune en rend compte au préfet, lequel en donne avis au sous-intendant militaire, qui prévient à son tour l'officier de recrutement, et chacun en prend note. (Art. 110, *id.*)

ABSENCE (AUTORISATION D') pour se rendre à l'*étranger*, pour un jeune soldat.

18. Ne peut être accordée que par le ministre de la guerre.

Si un jeune soldat avait besoin de se rendre à l'étranger, le passeport ne pourrait être accordé que sur l'autorisation du ministre de la guerre.

A cet égard, la demande devrait en être formée

par l'intermédiaire de l'autorité administrative, ainsi qu'il a été prescrit ci dessus (art. 100 et 101); elle serait transmise au ministre par le lieutenant général commandant la division, auquel le maréchal de camp en aurait fait l'envoi. (Art. 111 de l'*Instruct. du* 16 *novembre* 1833.)

19. Transmise au ministre par le lieutenant général commandant la division.

ABSENCE (AUTORISATION D') dans le département pour les militaires qui s'y trouvent en congé illimité ou en congé d'un an.

Lorsqu'un militaire en congé illimité ou en congé d'un an a besoin de s'absenter du lieu de sa résidence pour plus de quinze jours, afin de se rendre dans une autre localité du même département, il en fait la demande à l'officier ou au sous-officier commandant la gendarmerie du canton dont il fait partie. (Art. 54 de l'*Instruction du* 16 *novembre* 1833.)

20. Le militaire doit adresser sa demande à la gendarmerie.

Cette permission *qui ne saurait être refusée*, à moins de circonstances graves et non prévues, dont il devrait être rendu compte *immédiatement* au maréchal de camp, sera conforme au modèle n° 8, joint à l'*Instruction du* 16 *novembre* 1833. Elle spécifiera le lieu de la destination et la durée de l'absence. En échange, le militaire remettra son congé illimité. Cette pièce lui sera rendue à l'époque de son retour. (Art. 55, *id.*)

21. Ne peut lui être refusée, le militaire laisse son congé illimité.

Les permissions d'absence de plus de *trois mois dans le département* ne seront accordées que par l'officier de recrutement, à qui le congé illimité du militaire devra être transmis. Cette pièce sera rendue au militaire à l'époque de son retour, en échange de sa permission que l'officier de recrutement aura

22. Permissions de plus de 3 mois : par qui accordées?

soin de détruire. (*Circ. du 3 mai 1834, Journ. mil.* pag. 157.)

23. Restrictions apportées aux permissions d'absence.

Si la demande d'absence était faite au moment où des ordres auraient été donnés, soit pour une revue ou des appels, soit pour les exercices périodiques ou pour tout autre service, la permission ne pourrait être accordée qu'autant qu'il y aurait *urgence*, ou qu'autant que sa durée permettrait au militaire d'être de retour au lieu de son domicile pour remplir les devoirs qui lui sont imposés comme étant compris dans la réserve. (Art. 56 de l'*Instruct. du* 16 *nov.* 1833.)

24. Permission visée par les maires.

Tout militaire en congé illimité ou en congé d'un an, auquel une permission d'absence aura été accordée, la présentera au *visa* du maire de sa commune, qui en prendra note, ainsi qu'au *visa* du maire de la commune dans laquelle il doit se rendre. (Art. 57, *id.*)

25. Compte à rendre lorsque le militaire n'est pas arrivé à sa destination.

Lorsque le militaire ne sera pas rentré au lieu de sa résidence à l'époque indiquée dans la permission, celui qui l'aura accordée en préviendra, au bout de huit jours, l'officier de recrutement du département, en lui adressant le congé illimité du militaire, et en indiquant la durée de la permission et le lieu où il se trouve. (Art. 58, *id.*)

26. Informations à prendre dans ce cas par l'officier de recrutement.

Lorsque ces pièces seront parvenues à l'officier de recrutement, il s'informera des motifs qui ont pu donner lieu à cette infraction, et, s'il résulte des renseignements qui lui seront donnés, qu'il y a nécessité d'un changement de résidence pour le militaire absent, il l'autorisera. Le congé illimité sera renvoyé au militaire, et avis du changement sera donné à la gendarmerie de l'ancienne et de la nouvelle résidence. (Art. 59, *id.*)

ABSENCE (AUTORISATION D') hors du département pour les militaires qui se trouvent en congé illimité ou en congé d'un an.

27. Le militaire adresse sa demande à la gendarmerie qui accorde l'autorisation d'absence si elle n'excède pas deux mois.

Lorsque le militaire en congé illimité ou en congé d'un an a besoin de s'absenter du lieu de sa résidence pour plus de quinze jours, afin de se rendre momentanément dans un département voisin, il en fait la demande au commandant de la gendarmerie du canton dont sa commune fait partie, lequel accorde l'autorisation, si elle n'excède pas *deux mois*, en suivant la formule n° 8, annexée à l'Instruction du 16 novembre 1833, pour les permissions d'absence dans le département, et reçoit en échange le congé illimité du militaire, pour le lui rendre à son retour. (Art. 63 de l'*Instruct. du* 16 *nov.* 1833, et *Circ. du* 3 *mai* 1834, *Journ. milit.*, pag. 157.)

28. Le maréchal de camp approuve les permissions d'absence de plus de deux mois.

Si c'est pour un plus long terme, les permissions d'absence devront être revêtues de l'approbation du maréchal de camp. Le congé illimité sera transmis par cet officier général à l'officier de recrutement, et cette pièce sera rendue au militaire à l'époque de son retour, en échange de la permission qui lui aura été délivrée, et qu'il sera tenu de présenter et de remettre à l'officier de recrutement. (*Circul. du* 3 *mai* 1834, *Journal milit.*, page 157.)

29. La gendarmerie prévient l'officier de recrutement lorsque la permission est accordée.

Lorsque la permission est accordée, l'officier ou le sous-officier de gendarmerie en prévient immédiatement l'officier de recrutement du département, en lui indiquant 1° le lieu de la destination, le canton, l'arrondissement et le département; 2° la durée de la permission, laquelle est toujours subordonnée, ainsi qu'il a déjà été dit pour les autres permissions d'absence, aux ordres qui auraient été donnés, soit pour une revue ou des appels, soit pour les exercices périodiques de la réserve, ou pour tout autre service. (Art. 64 de l'*Instruction du 16 novembre* 1833.)

30. Avis des officiers de recrutement entre eux.

L'officier de recrutement donne avis de cette permission à l'officier de recrutement du département dans lequel le militaire doit se rendre; et ce dernier prévient le commandant de la gendarmerie du canton, de l'arrivée de ce militaire. (Art. 65, *id.*)

31. Compte à rendre par l'officier de recrutement au maréchal de camp en cas de non rentrée du militaire.

Dans le cas où le militaire ne rentrerait pas à sa résidence à l'époque prescrite par la permission, son congé illimité serait au bout de huit jours renvoyé à l'officier de recrutement, lequel rendrait immédiatement compte de cette infraction au général commandant le département. (Art. 66 *id.*)

32. Informations à prendre par l'officier de recrutement près de son collègue

L'officier de recrutement s'informerait en même temps, près de son collègue auquel il a déjà écrit relativement à ce militaire, des causes qui peuvent légitimer son retard, et s'il y avait nécessité d'accorder un changement de résidence il y serait procédé. (*Voy.* COMMANDANT des dépôts de recrutement, art. 83, 87 et suivants, *de l'Instruction du* 16 *novembre* 1833.)

ABSENCE (des divers fonctionnaires préposés au recrutement, CAS D')

33. Membres du conseil de révision, par qui remplacés en cas d'absence.

En cas d'absence ou d'empêchement du préfet président du conseil, ce fonctionnaire est suppléé par le conseiller de préfecture qu'il aura délégué à cet effet. (*Instruct. du* 21 *mai* 1832, *Journ. milit.* pag. 422.)

Le maréchal de camp ne peut être suppléé que par un officier supérieur pris et désigné d'avance parmi ceux qui se trouvent en activité de service dans la division. (*Instruct. du* 12 *mai* 1833, *Journ. milit.*, pag. 322.)

Hors le cas de maladie, aucune permission d'*absence* ne sera accordée et nulle demande de congé ne sera accueillie en faveur des officiers et fonctionnaires militaires qui doivent, pendant le cours des opérations de l'appel, assister aux séances du conseil de révision. (*Instruct. du* 12 *mai* 1833, *Journ. milit.*, pag. 322.) 34.

34. Aucun congé ou absence n'est accordé aux fonctionnaires militaires pendant les opérations de l'appel.

(*Voy.* Conseil de révision; sa composition, art. 2.)

ABSENTS (jeunes gens) au recensement.

Les jeunes gens d'une classe absents au recensement devront fixer plus particulièrement l'attention de messieurs les maires; ces fonctionnaires devront s'assurer que l'existence des jeunes gens absents ne laisse aucun doute, et que leur résidence est connue. Les renseignements obtenus soit des parents, soit de la population, devront être consignés avec détail dans la colonne des observations. Mais dans le cas où l'existence des absents ne serait pas notoire, leurs noms devront être rayés des tableaux de recensement par les soins du sous-préfet. (*Circul. du* 12 *mai* 1833, *Journ. milit.*, pag. 319.) 1

1. Les jeunes gens absents au recensement doivent fixer l'attention des maires.

En vertu de l'art. 8 de la loi du 21 mars 1832, les maires provoqueront sur les absents les déclarations auxquelles *sont tenus les jeunes gens, leurs parents* 2.

2. Avis à donner par les maires à leurs administrés.

ou tuteurs. Ils rappelleront à leurs administrés les dispositions des articles 9, 11 et 38 de la loi, portant que les jeunes gens omis sur les tableaux de recensement, par suite de fraudes ou de manœuvres, seront déférés aux tribunaux; qu'ils pourront être punis d'un emprisonnement d'un mois à un an, et que, dans le cas de condamnation, ils seront, après l'expiration de leur peine, inscrits en tête de la liste du tirage, pour avoir, de droit, les premiers numéros; d'où il résulterait qu'ils seraient totalement privés de la chance favorable qu'ils pourraient espérer dans l'état naturel des choses.

On pourrait, dans l'intérêt de la population, inscrire cet avertissement, au bas du tableau de recensement, qui doit être affiché, aux termes de l'article 8 de la loi précitée. (*Circulaire du* 12 *mai* 1833, *Journ., milit.*, pag. 319.)

On voit d'après ce qui précède qu'il est essentiel pour les jeunes gens de se faire inscrire sur les tableaux de recensement avant l'époque fixée pour le tirage au sort.

ABSENTS (JEUNES GENS) au tirage. Aussitôt que la liste du tirage aura été arrêtée et signée, le sous-préfet en adressera *un extrait séparé* au préfet de son département, pour chacun des jeunes gens absents. Le sous-préfet joindra à cet envoi, autant que faire se pourra, *une feuille de renseignements* conforme au modèle n° 20, joint à la circulaire du 21 mai 1832. (*Journ. milit.*, pag. 427 et 466.)

3. Extrait de la liste de tirage et feuille de renseignements à envoyer par le sous-préfet au préfet sur les absents.

4. Envoi du préfet du département au

Le préfet transmettra sans délai l'extrait de la liste du tirage et la feuille de renseignements au préfet du département dans lequel les absents sont en résidence. — préfet de la résidence. Jeune homme convoqué.

Au reçu de l'extrait de la liste de tirage, le préfet du département de la résidence fera convoquer le jeune hommme désigné dans l'extrait, afin que le conseil de révision puisse le faire visiter. (*Circul. du* 21 *mai* 1832, *Journ. milit.*, pag. 427.) (Voyez Sous-préfets, art. 27, et Préfets, art. 18 et 21.)

Voir pour les jeunes gens absents dans les possessions françaises en Afrique et ceux passés en Amérique le mot Sous-préfet (art. 27.)

ABSENTS (jeunes gens) au conseil de révision.

L'article 16 de la loi porte, que les jeunes gens qui, d'après leurs numéros, pourront être appelés à faire partie du contingent, seront convoqués, examinés et entendus par le conseil de révision.

S'ils ne se rendent point à la convocation, ou s'ils ne se font point représenter, ou s'ils n'obtiennent pas un délai, il sera procédé comme s'ils étaient présents. 5. Il sera procédé à l'égard des absents comme s'ils étaient présents.

Les conseils de révision pourront, pour cas d'absence, accorder un délai qui ne pourra excéder 20 jours. (Art. 27 de la loi.) 6. Délai de 20 jours accordé.

Nous avons dit plus haut (art. 4, *Absents au tirage*) que le préfet du département de la résidence de l'*absent* fera convoquer le jeune homme désigné dans l'extrait de la liste du tirage qui lui aura été adressée, afin que le conseil de révision puisse le faire visiter.

Le conseil de révision du département de la résidence, après avoir fait constater si le jeune homme 7. Avis du conseil de révision.

a la taille requise, et s'il n'a pas d'infirmités qui le rendent impropre au service, donnera son avis.

8. Cet avis ne peut porter que sur la taille et l'aptitude physique.

A l'égard des jeunes gens qui appartiennent à un autre département, le conseil de révision ne peut donner d'avis que sur les cas d'exemption prévus aux nos 1 et 2 de l'article 13 de la loi, c'est-à-dire sur ceux qui n'auraient pas la taille d'un mètre cinquante-six centimètres et sur ceux que leurs infirmités rendraient impropres au service.

9. Envoi de l'avis au préfet du département où le jeune homme a concouru.

Du moment que les jeunes soldats auront été examinés par le conseil de révision du département où ils sont en résidence, le préfet de ce département fera au préfet du département du domicile le prompt renvoi de l'extrait de la liste du tirage qui lui avait été transmis, en y joignant l'*avis* du conseil de révision.

Le préfet du département du domicile communiquera cet avis au conseil de révision qu'il préside, et le conseil prendra une décision *définitive* pour accorder ou refuser l'exemption au jeune homme *absent*.

10. Cas où l'extrait de tirage ne serait pas rentré, délai à accorder.

Si l'extrait du tirage n'était point revenu du département de la résidence, au moment où le jeune homme absent devrait comparaître devant le conseil de révision du département de son domicile, ce conseil lui accorderait un délai de vingt jours au plus, aux termes de l'art. 27 de la loi, afin de pouvoir statuer plus tard. (*Circul. du* 21 *mai* 1832, *Journ. milit.*, pag. 427 et 428.)

Afin de rendre plus efficace la mesure qui prescrit l'envoi avec le plus de rapidité possible de l'extrait de la liste du tirage et la feuille de renseignement au préfet de la résidence des jeunes gens absents, il est essentiel;

1° Que ces jeunes gens soient examinés par le conseil de révision de la résidence avant le départ pour la tournée, afin que les *avis* à donner par ce conseil puissent parvenir aux préfets des départements où ces hommes ont concouru au tirage, avant l'expiration du délai de vingt jours, qui leur aurait été accordé en vertu de l'art. 27 de la loi, et qui ne saurait être prolongé; 11.

Mesures à prendre pour rendre plus prompt le renvoi de l'extrait de tirage.

2° Que le signalement des individus soit annexé à l'extrait de la liste de tirage, pour tous ceux reconnus aptes au service, afin de prévenir les substitutions frauduleuses, et d'assigner d'après les tailles une plus utile destination aux jeunes gens admis dans le contingent. (*Instr. du* 25 *juin* 1834, *Journ. milit.*, pag. 354.)

L'art. 150 de l'instruction du 30 mars 1832 porte que les jeunes gens *absents* devant le conseil de révision, sur lesquels aucun renseignement n'aurait été fourni, seront réservés pour l'infanterie. 12.

Les absents réservés pour l'infanterie.

L'instruction du 25 juin 1834, Journal militaire, pag. 354, prescrit que ces mêmes jeunes gens *absents*, qui au moment de l'appel à l'activité ne justifieront pas à l'autorité militaire des causes légitimes qui les ont empêchés de se présenter devant le conseil de révision de leur département ou devant le conseil de révision de leur résidence recevront, quelle que soit leur position, et quand même ils seraient *impropres au service*, une destination active, et seront dirigés sur un corps. 13.

Absents dirigés même quand ils seraient reconnus impropres au service.

Enfin l'instruction du 11 juillet 1836, veut qu'*au*

14. Absents désignés pour l'armée de mer et les armes spéciales.

moment où il sera procédé à la répartition du contingent de chaque département, les jeunes soldats dont il s'agit soient désignés exclusivement, soit pour l'un des corps de l'armée de mer, si toutefois leur numéro de tirage les appelle à en faire partie, soit pour l'un des corps des armes spéciales de l'armée de terre, sauf à changer la destination de ceux de ces hommes qui, lorsqu'ils se présenteront pour servir personnellement, seraient reconnus ne pas réunir les conditions d'aptitude exigées pour le service auquel ils auront été affectés.

15. Cas où ils se font remplacer.

En conséquence, le jeune soldat qui, dans la position ci-dessus, voudra se faire remplacer, devra fournir un homme qui satisfasse aux conditions d'aptitude exigées pour le corps pour lequel il a été lui-même désigné.

16. Ne peuvent être proposés comme soutiens de famille, et il ne leur est point accordé de sursis.

En outre, les jeunes soldats qui, sans motifs légitimes, n'auront point comparu devant le conseil de révision ne pourront être portés sur les propositions de faveur que les conseils de révision et les corps sont autorisés à présenter à l'égard des soutiens indispensables de famille. Enfin, il ne leur sera pas non plus accordé de sursis de départ lors de la mise en activité de leur classe. (*Instruct. du 11 juillet 1836, Journ. milit.*, pag. 25 et 26.)

ABSENTS (JEUNES SOLDATS) à la revue de départ, lors de l'appel à l'activité de leur classe.

17. Absent immédiatement recherché.

Le jeune soldat ou remplaçant auquel un ordre de route aura été notifié, et qui, sans en avoir obtenu l'autorisation ne se présentera pas au jour fixé par cet ordre, au chef-lieu du département, pour y être passé en revue, sera immédiatement recherché.

S'il laisse dépasser le délai d'un mois fixé par l'art. 39 de la loi, et si ce retard ne provient pas de force majeure, prévu par le 1er paragraphe de l'art. 39 de la même loi, il sera immédiatement noté, signalé et poursuivi comme prévenu d'insoumission par le commandant du dépôt de recrutement. (Art. 2 de l'*Instruct. du* 12 *octobr.* 1832, *Journ. milit.* pag. 373.) V. INSOUMIS, art. 2. 18. Signalé insoumis après l'expiration des délais.

Les jeunes gens qui ne seront pas présents à la revue de départ ne participeront point aux bénéfices indiqués par l'article 80 de l'Instruction du 4 juillet 1832, *Journ. milit.*, pag. 54, pour les sursis de départ dont ils pourraient avoir besoin. (Art. 80 de l'*Instruct.* précitée.) 19. Il ne leur est point accordé de sursis de départ.

Si ces jeunes soldats sont *absents* à la revue de départ, pour cause de maladie, ils justifieront de ces motifs, en faisant présenter *leur ordre de route*, et produire, avec une déclaration des gens de l'art, un certificat du maire de leur commune, visé par le sous-préfet de l'arrondissement, attestant l'impossibilité où ils sont de se rendre au chef-lieu du département. Le certificat du maire devra faire connaître en même temps à quelle époque ce fonctionnaire présume que le jeune soldat sera en état de se mettre en route. (Art. 77 de l'*Instruction du* 4 *juillet* 1832, *Journ. milit.*, pag. 53.) 20. Absents pour cause de maladie, manière d'en justifier.

ABSENTS (MILITAIRES ET JEUNES SOLDATS) dans la réserve.

Les jeunes soldats et militaires faisant partie de la réserve, qui seraient signalés absents de leur domicile ou de leur résidence sans autorisation, seront immédiatement recherchés par les soins de la gen- 21. Absents de la réserve recherchés.

darmerie et de l'officier de recrutement, qui prendront, près des diverses autorités, tous les renseignements propres à les fixer à cet égard. Ces hommes, lorsqu'ils auront été découverts, pourront être punis d'une peine de discipline de trois à six jours de prison pour les jeunes soldats, et de trois à quinze jours de la même peine, pour les militaires en congé illimité ou en congé d'un an. Il leur sera, en outre, enjoint de rentrer à leur résidence. (*Instruct. du* 16 *nov.* 1833.)

ACCEPTATION (CERTIFICAT D').

1. Par qui délivrés.

Ce certificat, prescrit par l'ordonnance du 28 avril 1832, sur les engagements volontaires et les rengagements, est annexé à ladite ordonnance. (*Journ. mil.*, pag. 336 et 348.) Il ne peut être délivré à l'engagé que par le chef de corps dans lequel il désire prendre du service, ou par l'officier de recrutement du département, ou par l'officier de gendarmerie le plus voisin de sa résidence.

2. Comment il doit être établi.

Il a pour but de constater que celui qui demande à s'engager a la taille et les autres qualités requises par l'ordonnance précitée pour le service militaire et l'arme à laquelle il se destine. A cet effet, l'officier qui établit ce certificat, fera constater en sa présence, par un docteur en médecine ou en chirurgie, et à défaut de l'un ou de l'autre, par un officier de santé employé pour les actes de l'état civil ou de la police judiciaire, ou attaché à un hospice civil ou militaire, si cet engagé n'a aucune infirmité apparente ou cachée, et s'il est d'une constitution saine et robuste.

3. Signé par l'officier qui le délivre

Ce certificat sera signé par l'officier qui le délivre,

et par le docteur, médecin ou chirurgien, qui aura examiné l'homme. (*Journ. mil.*, *juin* 1832, p. 336.) — et par l'officier de santé.

4. Responsabilité des officiers qui le délivrent. — Les officiers qui délivrent les certificats d'acceptation sont rendus responsables des frais qu'ils occasionnent au trésor, si les hommes auxquels ils les délivrent, sont, à leur arrivée à leur corps, reconnus impropres au service. (*Instr. du 4 mai* 1832, *Journ. mil*, pag. 357.)

ACCEPTATION (CERTIFICAT D') pour les étrangers qui désirent prendre du service dans la légion étrangère. (Voy. LÉGION ÉTRANGÈRE.)

ACTE D'ENGAGEMENT.

1. Par qui dressé. — Les maires des chefs-lieux de canton sont seuls appelés à dresser les actes d'engagement.

2. Modèle. — Cet acte sera conforme au modèle n° 2, annexé à l'ordonnance du 28 avril 1832. (*Journ. milit.*, pag. 337 et 343.) Nouveau modèle d'acte d'engagement joint à la circulaire du 15 janvier 1837. (Voy. ENGAGEMENT, art. 71.)

3. Lecture à l'engagé. — Avant la signature de l'acte, le maire du chef-lieu de canton donnera lecture à l'engagé,

1° Des articles 2, 31, 32, 33 et 34 de la loi du 21 mars 1832, qui spécifient les cas d'exclusion qui sont applicables aux engagés volontaires, et les obligations de l'engagement volontaire;

2° Des articles 16 et 17 de l'ordonnance du 28 avril 1832, concernant les engagés volontaires trouvés hors de la route qui leur a été tracée, et ceux qui ne se rendent pas à leur destination dans les délais prescrits;

4. Une expédition remise à l'engagé. — 3° De l'acte de l'engagement contracté; aussitôt après la signature de cet acte, l'engagé volontaire

en recevra une expédition et un ordre de route pour rejoindre son corps. (*Ordonn. du* 28 *avril* 1832, et *Instruct. du* 4 mai 1832, *Journ. milit.*, pag. 337 et 363.)

5. Durée de l'engagement inscrite sur l'acte.

Les conditions relatives à la durée de l'engagement seront insérées dans l'acte même. (Art. 34 de de la loi.) (V. Engagements volontaires, Engagés, art. 73.)

ACTE D'ENGAGEMENT (frais pour).

Il est accordé 3 francs pour chacun des 25 premiers actes reçus par la même mairie, à dater du 1er janvier; 2 francs pour chacun de ceux qui dépasseront ce nombre jusqu'à celui de 100, et un franc pour chacun des actes au-dessus de ce dernier nombre. (*Ordonn. du* 25 *janv.* 1832, *Journ. milit.*, p. 31.)

ACTE DE REMPLACEMENT.

1. Comment reçus et par qui.

Les actes de remplacement et de substitution seront reçus dans les formes prescrites pour les actes administratifs, par le préfet du département dans lequel le remplacé ou le substitué auront concouru au tirage.

2. Modèle.

Ces actes seront conformes aux modèles joints à l'Instruction du 30 mars 1832, sous les n°s 2 et 5.

3. Stipulations particulières.

Les stipulations particulières qui pourraient avoir lieu entre les contractants, à l'occasion des remplacements ou substitutions, sont soumises aux mêmes règles et formalités que tout autre contrat civil. (Art. 105, 106 et 107 de l'*Instruction du* 30 *mars* 1832, *Journ. milit.*, pag. 231.)

4. Cas de nullité prononcé.

Dans le cas où un acte de remplacement ou de substitution serait annulé par jugement, l'appelé serait obligé de rejoindre son corps ou de fournir un nouveau remplaçant dans le délai d'un mois. (N° 183, *id. Journ. milit.*, pag. 246, art. 2.) *Voy.* Remplacé.

ACTE DE RENGAGEMENT.

Le sous-intendant militaire dressera l'acte de 1. Dressé par les intendants ou sous-intendants militaires.
rengagement des militaires appartenant aux corps placés sous sa surveillance administrative, comme aussi ceux des militaires en congé temporaire ou en congé illimité dans le département où il réside, et qui se présenteraient devant lui pour contracter un rengagement.

Cet acte sera conforme au modèle n° 3, an- 2. Modèle.
nexé à l'ordonnance du 28 avril 1832. (*Journ. milit.*, pag. 338 et 346.)

Les conditions relatives à la durée du rengage- 3. Durée du rengagement inscrite sur l'acte.
ment seront insérées dans l'acte même. (*Voy.* Rengagements, Rengagés.)

Une ordonnance du 15 janvier 1837 (*Journ. mil.*, pag. 19), portant que les engagements et rengagements seront contractés sans distinction de corps ni d'arme, un nouveau modèle d'acte a été annexé à l'ordonnance susdite. (Voy. *Journ. milit.*, 1er *semestre*, 1837, pag. 21, et les mots Engagements, art. 71, et Rengagements, art. 11.)

ACTE DE SUBSTITUTION. (*Voy.* Acte de remplacement.)

ACTIVITÉ DE SERVICE.

On entend par activité de service la présence sous 1. Ce que l'on entend par activité de service.
les drapeaux. Toutefois, les jeunes soldats qui, bien qu'ils n'aient pas été reçus sous les drapeaux, sont en route pour rejoindre un corps, doivent être considérés comme en activité de service.

De même, les jeunes soldats disponibles des classes, laissés dans leurs foyers en attendant leur mise en activité, doivent être considérés comme en activité de service, dans ce sens du moins, que comme les militaires compris au tableau ci-après, ils confèrent l'exemption à leurs frères. (*Instruct. du* 25 *juin* 1834, *Journ. milit.*, p. 357. *Voy.* EXEMPTÉS, EXEMPTIONS, art. 18.)

TABLEAU *destiné à servir d'interprétation au paragraphe noté* 6° *de l'art.* 13 *de la loi du* 21 *mars* 1832.

Militaires considérés comme étant *sous les drapeaux*, et qui servent à tout autre titre que *pour remplacement*, confèrent à leurs frères le droit d'exemption.

Officiers généraux des armées de terre et de mer. Membres de l'intendance militaire. Officiers supérieurs et autres, d'état-major et des corps de toutes armes des armées de terre ou de mer. Officiers de santé des armées de terre et de mer.	Lorsqu'ils sont employés activement.
Sous-officiers, caporaux, brigadiers, soldats, tambours, clairons et trompettes de tous les corps faisant partie de l'armée de terre ou de mer (1).	Lorsqu'ils sont à leurs corps ou lorsqu'ils sont en congé *illimité* ou *temporaire*.

---

(1) Les corps dont se compose l'armée de terre, sont tous les corps réguliers et permanents créés en vertu d'ordonnances royales, tels que :

Les régiments d'infanterie de ligne et légère,

Les régiments de cavalerie,

Les régiments et troupes d'artillerie,

Inscrits maritimes........................	Embarqués sur les bâtiments de la marine royale en temps de guerre seulement.

Militaires considérés comme n'étant pas *sous les drapeaux* et ne conférant pas à leurs frères le droit à l'exemption.

Officiers généraux des armées de terre et de mer. Membres de l'intendance militaire. Officiers supérieurs et autres d'état-major et des corps de toutes armes des armées de terre ou de mer. Officiers de santé des armées de terre et de mer.	Lorsqu'ils ne sont pas employés activement.

Les régiments et troupes du génie,
Le corps des équipages militaires,
Les dépôts de remonte,
Le bataillon d'ouvriers d'administration,
Le corps des infirmiers entretenus de l'armée de terre,
Les compagnies de discipline,
Les compagnies de vétérans,
Les compagnies départementales,
La légion étrangère,
Les bataillons de zouaves,
Les régiments de chasseurs d'Afrique,
Les compagnies de gardes-côtes d'Alger,
La gendarmerie,
Les voltigeurs Corses,
La garde municipale et les sapeurs-pompiers de la ville de Paris.

Les troupes de la marine sont :

Les équipages de ligne,
Les régiments d'infanterie de la marine,
Le régiment d'artillerie de la marine,
La compagnie d'ouvriers d'artillerie de la marine.

3.

Sous-officiers, brigadiers, caporaux, soldats tambours, clairons et trompettes ayant fait partie de l'un des corps des armées de terre ou de mer.	Lorsqu'ils sont porteurs de congés d'un an *renouvelables* jusqu'à l'époque de leur libération ou de congés dits *de renvoi.*

Gagistes (musiciens, maîtres ouvriers et ouvriers) non liés au service comme appelés, substituants, engagés volontaires ou rengagés.

Il y a lieu d'ajouter à la nomenclature ci-contre, comme exemptant leurs frères :

Officiers généraux, supérieurs et autres du corps de la marine. Officiers du génie maritime. Officiers entretenus de l'administration et du service de santé de la marine.	Lorsqu'ils sont employés activement.
Officiers-mariniers, matelots et apprentis marins incorporés dans les équipages de ligne.	Lorsqu'ils sont présents au corps ou lorsqu'ils sont en congé illimité ou temporaire.
Inscrits maritimes........................	Embarqués sur les bâtiments de l'État en temps de guerre seulement.

Les élèves de première et de deuxième classe de la marine confèrent l'exemption à leurs frères. (*Instruction* du 28 juin 1835, *Journ. milit.*, page 397.)

ACTIVITÉ (MISE EN).

1\. Ordres de route dressés par le sous-intendant militaire et envoyés au préfet.

Aussitôt que l'ordonnance d'appel à l'activité du contingent d'une classe ou d'une portion de ce contingent aura été promulguée, et sera parvenue aux différentes autorités chargées de concourir à cette opération, des ordres de route seront dressés par les soins du sous-intendant militaire, pour chaque jeune soldat compris dans ce contingent ou dans la portion appelée. Ces ordres de route seront envoyés au préfet du département, qui, à son tour, les adresse aux maires des communes où résident les jeunes soldats. Les maires en feront la remise à ces jeune soldats, qui seront tenus d'y obéir et de se rendre au chef-lieu du département. A leur arrivée, ils recevront, par les soins du sous-intendant militaire, l'indemnité de route à laquelle ils ont droit. (*Voy.* INDEMNITÉ DE ROUTE, art. 1.) et seront passés en revue par l'officier général ou supérieur commandant le département. (*Voy.* REVUE et MARÉCHAL DE CAMP, art. 42.) Vingt-quatre heures après cette revue, les jeunes soldats devront être mis en route (*Voy.* MISE EN ROUTE) sur les différents corps qui leur auront été assignés, et dès ce moment ils sont considérés en *activité de service,* et s'ils meurent en route pour rejoindre, ils confèrent l'exemption à leurs frères. (*V.* ACTIVITÉ DE SERVICE et le tableau n° 1, qui suit ce mot; n°s 46 à 94 de l'*Instruction du 4 juillet* 1832, *Journ. milit.*, pag. 48 à 57. (*Voy.* pour plus amples détails sur l'appel à l'activité et la mise en route, les mots MARÉCHAL DE CAMP (art. 62), SOUS-INTENDANT MILITAIRE (art. 22), et ORDRE DE ROUTE.)

2. Les maires en font la remise aux jeunes soldats.

3. Revue du maréchal de camp.

4. Mise en route.

ADMISSION dans les différents corps de l'armée de terre et de mer.

ADMISSION dans l'armée. (*V.* ARMÉE.)

ADMISSION dans les régiments d'infanterie de ligne et légère. (*V.* INFANTERIE.)

ADMISSION dans les différens corps de cavalerie. (*V.* CAVALERIE.)

ADMISSION dans l'artillerie. (V. ARTILLERIE.)

ADMISSION dans le génie. (*V*. Génie.)

ADMISSION dans les équipages militaires. (*Voy*. Équipages militaires.)

ADMISSION dans les troupes de la marine. (*Voy*. Armée de mer.)

ADMISSION comme remplaçant. (*Voy*. Remplaçant, art. 1er.)

ADOPTION. (enfant d'.)

1. Les enfants d'adoption sont admis aux exemptions prononcées par la loi.

Les enfants d'adoption seront admis aux exemptions prononcées par l'article 13 de la loi du 21 mars 1832, s'ils sont, du reste, dans l'un des cas prévus par cet article. (*Man. du recrut.*, n° 499.)

AGE requis par la loi pour être compris sur les tableaux de recensement.

1. Age requis pour concourir au tirage.

Pour être appelé à concourir au tirage du canton de son domicile, il faut avoir atteint l'*âge* de vingt ans révolus dans le courant de l'année qui précède ce tirage. (Art. 5 de la loi.)

2. Seront considérés comme ayant 20 ans, ceux qui etc., etc.

Seront, d'après la notoriété publique, considérés comme ayant l'âge requis pour le tirage, les jeunes gens qui ne pourront produire, ou n'auront pas produit, avant le tirage, un extrait des registres de l'état civil, constatant un âge différent, ou qui, à défaut de registres, ne pourront prouver, ou n'auront pas prouvé leur âge, conformément à l'article 46 du code civil.

Ils suivront la chance du numéro qu'ils auront obtenu. (Art. 7 de la loi.)

3. Justifications à faire avant l'époque du tirage.

Les justifications de l'âge, tel qu'il est fixé par la loi (art. 5), devront toujours être faites *avant le tirage au sort*, de sorte qu'aucune réclamation à ce sujet ne pourra être admise postérieurement à cette même opération, puisque la loi veut que, dans le cas qu'elle prévoit, les jeunes gens suivent toujours la chance du numéro qu'ils auront obtenu. (N° 5 de l'*Instruction du* 30 *mars* 1832, *Journ. milit.*, pag. 210.)

Par conséquent, tout Français qui, d'après la notoriété publique, aura été considéré comme ayant atteint l'âge de vingt ans révolus, et aura tiré au sort, sera, quel que soit réellement son âge, ou définitivement dégagé des obligations imposées par la loi, ou définitivement soumis à ces mêmes obligations, suivant que son numéro sera ou ne sera pas porté sur la liste du contingent de son canton. (N° 6, *idem.*) 4. Notoriété de l'âge.

AGE requis pour pouvoir contracter un engagement volontaire.

Pour être reçu à contracter un engagement volontaire, il faut avoir seize ans accomplis, si c'est pour l'armée de mer, et dix-huit ans accomplis, si c'est pour l'armée de terre. (Art. 32 de la loi.) *Voy.* ENGAGEMENT, art. 3. 5. Age pour l'armée de mer. Age pour l'armée de terre.

Les Français qui ont déjà servi seront, jusqu'à trente-cinq ans révolus, reçus à s'engager pour l'arme dont ils auront fait partie. 6. Age de l'individu qui a déjà servi.

Passé l'âge de trente ans, ils ne seront admis dans aucune autre arme, que s'ils exercent une profession utile à cette arme. (Art. 2 de l'*Ordonnance du* 28 *avril* 1832, *Journ. milit.* pag. 336.) *Voy.* ENGAGEMENT, art. 30. 7. Admission passé l'âge de 30 ans.

Les anciens militaires âgés de plus de trente-cinq ans ne pourront contracter d'engagement volontaire que pour les compagnies de vétérans, et ils n'y seront reçus que jusqu'à l'âge de quarante-cinq ans 8. Militaires âgés de plus de 35 ans admis dans les vétérans seulement.

accomplis; ils devront justifier de 15 années consécutives de service et n'avoir quitté les rangs de l'armée active que depuis 2 ans seulement. (Art. 3, de l'*Ordonn. du* 28 *avril* 1832, *Journ. milit.*, p. 336.)

9. Age requis pour servir dans la légion étrangère.

Pour être reçu à s'engager dans la légion étrangère, les étrangers ne devront pas avoir plus de quarante ans, ni moins de dix-huit ans accomplis. (Art. 6 de l'*Ordonnance du* 10 *mars* 1831, *Journ. milit.*, p. 276.) *Voy.* Légion étrangère.

10. Age requis pour se rengager.

Pour se rengager, les vétérans sous-officiers et fusiliers ne devront pas avoir plus de cinquante ans d'âge ou trente ans de service. (Art. 21 de l'*Ordonn. du* 28 *avril* 1832, *Journ. milit.*, pag. 338.) *Voy.* Rengagement, art. 5.

AGE requis pour pouvoir être admis comme remplaçant.

11. Age du remplaçant, s'il a servi ou s'il est frère du remplacé.

Pour être admis au service comme remplaçant, il faut être âgé de vingt à trente ans au plus, si l'on n'a pas déjà servi, ou de vingt à trente-cinq ans, si l'on a été militaire.

Si l'homme qui se présente est frère du remplacé, il peut être reçu de dix-huit à trente ans. (Art. 19 de la loi.) *Voy.* Remplaçant, art. 1.

12. Age des gagistes pour s'engager, n'est pas limité passé 18 ans.

Les engagements des gagistes ne sont astreints à aucune limite d'âge passé dix-huit ans, mais ils ne peuvent être reçus avant cet âge. (N°s 23 et 24 de l'*Instruct. du* 4 *mai* 1832, *Journ. milit.*, p. 355.) *V.* Gagistes.

13. Marins sortant des équipages de ligne peuvent remplacer pour ce corps bien qu'ayant plus de 23 ans.

La condition d'âge déjà déterminée par le n° 7 de l'Instruction du 4 juillet 1832 (*Journ. milit.* p. 41), pour les hommes à affecter aux équipages de la ligne, n'est point applicable à ceux qui ont déjà servi dans ces corps, et qui se présentent comme remplaçants. M. le ministre de la marine a reconnu que ces marins doivent être exceptés de cette règle, en vertu de laquelle les remplaçants destinés aux équipages ne doivent pas avoir dépassé l'âge de vingt-trois ans au moment où ils sont reçus. (*Instr. du* 25 *juin* 1834, *Journ. milit.*, pag. 361.)

AINÉ D'ORPHELINS. (*V.* Orphelins.)

AINÉ (Fils) de veuve. (*V.* Veuve.)

AINÉ (Petit-fils) de veuve. (*V.* Veuve.)

AINÉ (Fils ou petit-fils) de père aveugle. (*V.* Fils.)

AINÉ (Fils ou petit-fils) de père septuagénaire. (*Voy.* Fils.)

AJOURNÉS par le Conseil de révision.

Lorsque les jeunes gens *ajournés*, c'est-à-dire qui, pendant la tournée du conseil de révision, ont obtenu des délais, comparaissent de nouveau devant le conseil, alors que les autorités locales ne sont plus présentes pour attester que ces hommes sont les mêmes qui ont été *ajournés*, l'identité ne peut souvent être constatée, et dès-lors il arrive que des jeunes gens se font substituer frauduleusement par des individus d'une taille *inférieure au minimum* exigé par la loi, ou par des personnes atteintes d'infirmités qui donnent droit à l'exemption. Pour éviter de pareils abus, le ministre a décidé, 1.

1. Les jeunes gens présents devant le conseil de révision et qui sont ajournés doivent être toisés et signalés.

1° Que tous les jeunes gens *présents à la séance*, et sur lesquels le conseil ne prononcera pas d'une manière définitive, seront toutefois visités par l'officier de santé, et toisés par les soins de l'officier de recrutement, qui prendra aussi leur signalement de la manière la plus exacte. Le résultat de la visite sera également consigné à la suite du signalement;

2° Que le jour où l'individu *ajourné* se présentera de nouveau devant le conseil, sa taille sera vérifiée ainsi que son signalement. (*Instruct. du* 25 *juin, Journ. milit.*, pag. 354.)

AMNISTIES, AMNISTIÉS.

Amnistie en faveur des déserteurs et insoumis ne peut être accordée que par le Roi et par ordonnance royale.

L'amnistie peut-être pleine et entière ou limitée, selon la volonté du Roi.

L'ordonnance fixe les délais accordés aux déserteurs ou jeunes soldats pour faire leur soumission, et les autres conditions qui leur sont imposées. La dernière amnistie de ce genre est du 28 août 1830.

ANCIENS MILITAIRES.

Voir, pour les pièces à produire et les justifications à faire, en cas d'engagement, de rengagement ou de remplacement, les mots ENGAGEMENT (art. 59), RENGAGEMENT (art. 4), et REMPLAÇANT (art. 5).

APPEL A L'ACTIVITÉ. (V. ACTIVITÉ (mise en) et MISE EN ROUTE.)

APPELÉS à la formation du contingent.

Les appelés sont les jeunes gens portés sur les tableaux de recensement, et soumis ensuite au tirage au sort.

1. Répartition entre les corps.

Lorsqu'après les décisions des conseils de révision, ils ont été définitivement classés dans le contingent, ou ceux qui ont été admis à les remplacer, ils sont immédiatement répartis entre les corps de l'armée, et inscrits sur les registres matricules des corps pour lesquels ils ont été désignés. (*Voyez* MARÉCHAL DE CAMP, art. 11.)

Néanmoins, ils seront, d'après l'ordre de leurs numéros du tirage et les proportions déterminées par les lois annuelles du contingent, divisés en deux portions, composées, la première, de ceux qui devront être mis en activité, et la seconde, de ceux qui seront laissés dans leurs foyers, comme appartenant à la réserve. (Art. 29 de la loi.) 2. Divisés en deux classes.

APPELS périodiques de la réserve.

Conformément au principe établi par l'art. 30 de la loi du 21 mars 1832, la présence des militaires et des jeunes soldats compris dans la réserve, et toutes les mutations survenues parmi eux, seront vérifiés dans des appels faits sur le terrain et autant que possible par canton par les soins des officiers attachés aux dépôts de recrutement. (*Instruct. du 9 juin* 1836, *Journ. milit.*, pag. 569.) 1. Vérification de la présence des hommes de la réserve.

Ces appels auront lieu tous les six mois. Ils commenceront, pour le premier semestre, le premier dimanche de mars, et, pour le second semestre, le premier dimanche de septembre. 2. Appels semestriels par cantons.

Les jours et heures des appels seront fixés par le maréchal de camp de concert avec le préfet. 3. Jours fixés par le maréchal de camp.

Autant que possible, les réunions auront lieu le dimanche ou autre jour férié.

L'ordre pour les réunions sera inséré au Mémorial du département, et notifié au capitaine de gendarmerie. (*Voy.* PRÉFET, art. 64, et GENDARMERIE, art. 26.) 4. Ordre pour les réunions.

Les hommes seront convoqués individuellement par des ordres notifiés à domicile. (*Circulaire du 4 février* 1837, *Journal militaire*, pag. 29.)

5. Appels faits par les officiers de recrutement.

Les appels seront faits par les officiers de recrutement, qui établiront les feuilles d'appel par canton ou commune. (*Voy.* OFFICIERS DE RECRUTEMENT, art. 5.)

6. Le maire signe les feuilles d'appel.

Le maire signera les feuilles d'appel. Ces feuilles d'appel seront transmises au maréchal de camp avec un rapport sur les opérations de l'appel, par le commandant du dépôt de recrutement.

7. Cas de nouveaux appels.

Si, en dehors des appels semestriels, l'intérêt du service de la réserve venait à exiger de nouveaux appels dans certaines localités, l'officier général pourrait autoriser ces appels.

8. Militaires appartenant à des corps qui ne se recrutent pas par la voie des appels.

Les militaires sortant des corps qui ne se recrutent pas par la voie des appels, bien qu'ils n'appartiennent pas à la réserve, sont néanmoins soumis, sous le rapport de la discipline et des autorisations d'absence ou changements de résidence, à toutes les dispositions prescrites pour les hommes de la réserve, jusqu'à leur libération.

Ils sont inscrits sur des contrôles particuliers, et sont tenus de se présenter aux appels.

9. Hommes appartenant à l'armée de mer.

Il en est de même des hommes appartenant à l'armée de mer. (*Instruct. du* 9 *juin* 1836, *Journ. milit.*, pag. 569.)

APPELS.

10. L'armée recrutée par des appels.

L'armée se recrute par des appels et des engagements volontaires.

Chaque année, une loi votée par les Chambres, fixe le nombre d'hommes à fournir pour le recrutement des armées de terre et de mer.

18. Répartition.

Le tableau de la répartition entre les départements, du nombre d'hommes à fournir, en vertu de la loi annuelle du contingent, sera annexé à ladite loi.

Le mode de cette répartition sera fixé par la même loi. (Art. 1 et 4 de la loi du 21 mars 1832.)

APTITUDE physique des jeunes soldats et remplaçants.

Les conseils de révision prononcent seuls sur l'aptitude physique au service militaire des jeunes soldats soumis à leur examen. 1. Aptitude des jeunes soldats reconnus par les conseils de révision.

Après la réunion des listes cantonnales, le remplaçant d'un jeune soldat inscrit au registre matricule d'un corps, ne peut être admis parle conseil de révision, s'il ne réunit les conditions d'aptitude exigées pour ce corps. (*Instruct. du 4 juill.* 1832, *Journ. milit.*, pag. 47.) 2. Aptitude des remplaçants.

APTITUDE (CERTIFICAT D') aux jeunes soldats.

Tout jeune soldat, substitant, ou remplaçant, qui voudra devancer sa mise en activité, soit avant, soit après l'inscription sur les registres matricules des corps, se présentera devant l'officier commandant le dépôt de recrutement de son département pour être examiné sous le rapport de l'aptitude physique.

Cet officier procédera à cet examen dans les formes prescrites par l'art. 7 de l'ordonnance du 28 avril 1832, sur les engagements volontaires. (*Voy.* ENGAGEMENTS VOLONTAIRES, art. 44.) 3. Certificat d'aptitude à délivrer par les officiers de recrutement aux engagés.

Il lui délivrera, s'il y a lieu, un certificat d'aptitude conforme au modèle n° 8, annexé à l'Instruction du 4 juillet 1832. (N°s 112 et 113 de l'*Instruct. du 4 juill.* 1832; *Journ. milit.*, pag. 60.)

APTITUDE (CERTIFICAT D') à délivrer aux militaires en congé temporaire ou illimité dans leurs foyers.

4. Certificat d'aptitude délivré par les officiers de recrutement aux militaires en congé.

Le militaire en congé temporaire dans ses foyers, qui désire se rengager, se présentera devant l'officier de recrutement de son département, qui lui délivrera, s'il y a lieu, après l'avoir fait examiner en sa présence, un certificat d'aptitude constatant qu'il réunit les qualités requises pour faire un bon service. (*Ordonn. du* 28 *avr.* 1832, *Journ. milit.* pag. 338.)

Pour que ces sortes de rengagements puissent avoir leur effet, il faut que le militaire qui en est l'objet soit porteur d'un certificat d'effectif du corps dans lequel il demande à servir ; il faut en outre qu'il soit dans la dernière année du temps pour lequel il était primitivement lié au service.

ARMES (DIFFÉRENTES) **dont se compose l'armée.**

5. Armes dont se compose l'armée.

Il n'y a dans l'armée que cinq armes, lesquelles comprennent tous les corps qui la composent, savoir :

L'infanterie, — La cavalerie, — L'artillerie, — Le génie, — Les équipages militaires.

Le tableau ci-après, sous le n° 1, indique tous les corps rangés sous la dénomination de chacune de ces armes. (*Voy.* ARMÉE DE TERRE.)

ARMÉE DE MER. Sa composition et conditions d'admission.

1. Composition de l'armée de mer.

L'armée de mer se compose des corps ci-après indiqués, savoir :

Les équipages de ligne,
Les régiments d'infanterie de marine,
Le régiment d'artillerie de marine,
La compagnie d'ouvriers d'artillerie.

2. Répartition.

Le tableau de répartition entre les départements, du nombre d'hommes à fournir à l'armée de mer, en vertu de la loi annuelle du contingent, sera annexé à ladite loi. (Art. 4 de la loi du 21 mars 1832.)

Les engagés volontaires qui veulent entrer dans l'armée de mer, peuvent s'engager dès qu'ils ont *seize ans accomplis,* sans être tenus alors d'avoir la taille d'un mètre cinquante-six centimètres, mais s'ils ont *dix-huit ans accomplis*, ils ne peuvent être reçus au-dessous de ce minimum de taille. (Nos 155 de l'*Instruction du 30 mars* 1832, *Journ. milit.*, pag. 241.) 3. Engagés volontaires pour l'armée de mer, conditions.

A moins d'ordres contraires, l'armée de mer recevra son contingent avant l'armée de terre.

Les corps qui la composent seront en conséquence servis les premiers, et dans l'ordre suivant :

1° Le régiment d'artillerie de marine; 4. Ordre dans lequel l'armée de mer doit être servie sur les contingens.

2° Les équipages de ligne;

3° Les régiments de la marine.

Le contingent du régiment d'artillerie de marine se composera de jeunes soldats ayant au moins la taille d'un mètre sept cent six millimètres. (*V.* ARTILLERIE DE MARINE.) 5. Admission pour l'artillerie.

Le minimum de la taille pour les équipages de ligne est d'un mètre six cent vingt-cinq millimètres, et les jeunes soldats désignés pour ces corps doivent avoir un tempérament robuste, la poitrine large, les dents saines, et n'être pas âgés de plus de vingt-trois ans. (*Voy.* ÉQUIPAGES DE LIGNE.) 6. Equipages de ligne.

Pour les régiments de la marine, le minimum de la taille est le même que celui fixé pour l'infanterie de ligne, un mètre cinquante-six centimètres. (*Instruction du 4 juill.* 1832, *Journal. milit.*, pag. 41.) 7. Régiments de la marine.

Pour la formation du contingent de l'armée de mer. (*Voy.* Maréchal de camp, art. 14.)

ARMÉE DE TERRE.

1. Se compose des corps créés en vertu d'ordonnances royales.

Les corps dont se compose l'armée de terre sont tous les corps réguliers et permanents créés en vertu d'ordonnances royales, et compris par armes sur le tableau ci joint, où se trouvent en même temps portées les conditions d'admission pour chacun de ces corps.

***TABLEAU** faisant connaître la taille que doivent avoir les engagés volontaires, suivant le corps dans lequel ils demandent à entrer, et les conditions d'aptitude ou les professions exigées.*

DÉSIGNATION DES ARMES.	DÉSIGNATION DES CORPS.	TAILLE EXIGEE. MINIMUM. nouvelle mesure. mètres.	millimètres.	ancienne mesure. pieds.	pouces.	lignes.	MAXIMUM. nouvelle mesure. mètres.	millimètres.	ancienne mesure. pieds.	pouces.	lignes.	CONDITIONS D'APTITUDE ou Professions exigées.
INFANTERIE.	Régiments d'infanterie de ligne. .	1	560	4	9	7 1/2	»	»	»	»	»	
	Régiments d'infanterie légère. . .	1	560	4	9	7 1/2	»	»	»	»	»	
	Sapeurs-pompiers de la ville de Paris.	1	625	5	»	»	»	»	»	»	»	
	Compagnies de Vétérans	»	»	»	»	»	»	»	»	»	»	Avoir déjà servi
	Bataillon d'ouvriers d'administration.	1	560	4	9	7 1/2	»	»	»	»	»	Boulanger, boucher, botteleur, charpentier, serrurier, menuisier, maçon.
	Infirmiers entretenus.	»	»	»	»	»	»	»	»	»	»	Savoir lire et écrire.
CAVALERIE.	Ecole de cavalerie.	1	679	5	2	»	»	»	»	»	»	Savoir lire et écrire.
	Régiment de carabiniers. . . .	1	761	5	5	»	»	»	»	»	»	
	—— de cuirassiers.	1	733	5	4	»	»	»	»	»	»	
	—— de dragons. .	1	706	5	3	»	1	747	5	4	6	

DÉSIGNATION DES ARMES.	DÉSIGNATION DES CORPS.	TAILLE EXIGÉE. MINIMUM. nouvelle mesure.		MINIMUM. ancienne mesure.			MAXIMUM. nouvelle mesure.		MAXIMUM. ancienne mesure.			CONDITIONS D'APTITUDE ou professions exigées.
		mètres.	millimètres.	pieds.	pouces.	lignes.	mètres.	millimètres.	pieds.	pouces.	lignes.	
CAVALER. (suite.)	Régim. de lanciers.	1	706	5	3	»	1	747	5	4	6	
	—— de chasseurs	1	679	5	2	»	1	721	5	3	6	
	—— de hussards.	1	679	5	2	»	1	721	5	3	6	
	Corps de la remonte.	1	679	5	2	»	»	»	»	»	»	
ARTILLERIE.	Régim. d'artillerie.	1	706	5	3	»	»	»	»	»	»	
	Bataillon de pontonniers.	1	706	5	3	»		»	»	»	»	Batelier, cordier, charpentier de bateaux ou de bâtiments, charron, ouvrier en fer, calfat.
	Compagnie d'ouvr. d'artillerie. . . .	1	693	5	2	6	»	»	»	»	»	Forgeur, serrurier, taillandier, charron, charpentier, menuisier, tonnelier.
	Escadrons du train des parcs d'artil.	1	698	5	3	6	»	»	»	»	»	Sellier, bourrelier, maréchal-ferrant, habitué à soigner les chevaux ou à conduire les voitures.
GÉNIE.	Régim. du génie. .	1	706	5	3	»	»	»	»	»	»	Ouvriers en fer ou en bois, ouvriers des mines et carrières, ou maçon.
	Compag d'ouvriers du génie.	1	706	5	3	»	»	»	»	»	»	Forgeur, serrurier, taillandier, charron, charpentier, menuisier.
	Train du génie. . .	1	679	5	2	»	»	»	»	»	»	Sellier, bourrelier, maréchal-ferrant, habitué à soigner les chevaux, ou à conduire les voitures.
ÉQUIPAGES MILITAIRES.	Corps du train des équipages militair	1	679	5	2	»	»	»	»	»	»	Sellier, bourrelier, maréchal-ferrant, habitué à soigner les chevaux, ou à conduire les voitures.
	Compag. d'ouvriers des mêmes équip.	1	679	5	2	»	»	»	»		»	Forgeur, serrurier, taillandier, cloutier charron, charpentier, menuisier.

L'armée se compose dans les proportions qui résultent des lois annuelles de finances et du contingent :

2. Effectif entretenu. 1° De l'effectif entretenu sous les drapeaux ;

3. Jeunes soldats ou remplaçants laissés dans leurs foyers. 2° Des hommes qui sont laissés ou envoyés en congé dans leurs foyers. (Art. 3 de la loi.)

4. Condition de Français. Nul ne peut être admis dans les troupes françaises, s'il n'est Français. (Art. 2, *id.*)

5. Exception pour la légion étrangère. Il n'y a d'exception à cet égard que pour la légion étrangère. (*Voy.* Légion étrangère.)

6. Individus nés de parents étrangers. Tout individu né en France de parents étrangers, sera soumis aux obligations imposées par la loi, immédiatement après qu'il aura été admis à jouir du bénéfice de l'art. 9 du Code civil. (*Voy.* Étrangers.)

Sont exclus du service militaire, et ne pourront, à aucun titre, servir dans l'armée,

7. Exclus pour condamnations. 1° Les individus qui ont été condamnés à une peine afflictive ou infamante ;

2° Ceux condamnés à une peine correctionnelle de deux ans d'emprisonnement et au-dessus, et qui, en outre, ont été placés par le jugement de condamnation, sous la surveillance de la haute police, et interdits des droits civiques, civils et de famille. (Art. de la loi.) *Voy.* Peines afflictives et infamantes.

ARTILLERIE DE MARINE.

Voir, pour les conditions d'admission dans ce corps, le mot Armée de mer.

ARTILLERIE DE TERRE.

Voir, pour les corps qui font partie de cette arme et les conditions d'admission, le mot Armée de terre et le tableau qui y est annexé.

AUTORISATION d'absence, de changement de résidence et de mariage. (*Voy.* les mots Absence, Changement de résidence et mariage.)

ATTESTATION de bonne conduite délivrée aux marins libérés des équipages de ligne. (*V.* Marine.)

Cette attestation, qui doit être délivrée par les conseils d'administration des équipages de ligne, remplace, pour les marins libérés, le certificat de bonne conduite dont doivent être pourvus les militaires libérés de l'armée de terre, qui se présentent pour servir comme remplaçants. (*Instr. du 25 juin* 1834, *Journ. mil.*, pag. 361.) *V.* Remplaçant, art. 26. 1. Attestation de bonne conduite pour les marins.

B.

BATAILLONS DE CHASSEURS D'AFRIQUE. Leur recrutement.

Ces bataillons, créés par ordonnance du 3 juin 1832, *Journ. milit.*, pag. 482, se recrutent de la manière suivante :

1° Des militaires qui, à leur sortie des compagnies de discipline, auraient à continuer leur service dans l'armée ;

2° De ceux qui, condamnés correctionnellement, auraient, après l'expiration ou le pardon de leur peine, à achever le temps du service imposé par la loi ; 1. Recrutement de ces bataillons.

3° Des hommes qui demanderont à contracter des engagements volontaires pour ces corps.

Ainsi, d'après ce dernier article, les chefs de ce corps, les officiers de recrutement et les officiers de gendarmerie peuvent délivrer des certificats d'acceptation aux engagés volontaires qui se présentent pour entrer dans ces bataillons. (*Ordonn. du* 3 *juin* 1832, *Journ. milit.*, pag. 482.)

BATAILLON DE PONTONNIERS.

Voir, pour les conditions d'admission dans ce bataillon, le tableau qui suit le mot ARMÉE DE TERRE.

BATAILLON D'OUVRIERS D'ADMINISTRATION.

Voir, pour les conditions d'admission dans ce bataillon, le tableau qui suit le mot ARMÉE DE TERRE.

BATAILLON DE ZOUAVES (Afrique).

Ces bataillons, créés par l'ordonnance du 21 mars 1831, *Journ. milit.*, pag. 409, recevront des volontaires français et étrangers. (Art. 4 de l'ordonnance sus-citée.)

BULLETIN relatif à un engagé volontaire.

1. Envoyé au chef de corps par le sous-intendant militaire.

Ce bulletin, conforme au modèle n° 3, annexé à l'Instruction du 12 octobre 1832, sur les insoumis, *Journ. milit.*, pag. 374 et 389, doit être envoyé par les soins du sous-intendant militaire du département dans lequel l'engagement aura été contracté au chef du corps sur lequel l'engagé aura demandé à

2. Renvoyé par ce dernier en cas de non arrivée de l'engagé.

être dirigé, et lui sera renvoyé par ce chef de corps vingt-quatre heures après le délai d'un mois fixé par l'art. 39 de la loi, si l'engagé n'a pas paru au corps avant l'expiration de ce délai. (Art. 76 de l'*Instr. du 4 mai* 1832, et n° 6, sect. 2 de l'*Instruct. du* 12 *oct.* 1832, *Journ. milit.*, pag. 364, du 1er semestre, et 374 du 2e. *Voy.* SOUS-INTENDANT MILITAIRE, art. 42.)

BULLETIN DE REMPLACEMENT, nos 847 et 848 de l'ancien Manuel.

Aucune disposition dans les nouvelles instructions, depuis la promulgation de la loi du 21 mars 1832, ne prescrit l'envoi de ce bulletin par le sous-intendant militaire aux officiers de recrutement. Il est remplacé par l'acte de remplacement reçu par le préfet, et envoyé ensuite par lui au sous-intendant militaire, qui le transmet au capitaine de recrutement. Ce dernier, après en avoir fait l'inscription sur le registre-matricule, le renvoie au sous-intendant militaire, qui le conserve dans ses archives. 3.

Remplacé par l'acte administratif de remplacement.

BULLETIN de recherches pour les jeunes soldats insoumis.

Ce bulletin, dont l'envoi est prescrit par l'art. 28 de l'Instruction du 12 octobre 1832, *Journ. milit.* pag. 380, est dressé en double expédition par le commandant du dépôt de recrutement du département du jeune soldat; l'une de ces expéditions est envoyée par lui aux commandants de gendarmerie des lieux où l'on présume l'insoumis réfugié, et l'autre sera laissée au préfet, qui, de son côté, et afin d'avoir une garantie de l'exactitude qui sera apportée dans les recherches, en fera l'envoi au préfet de la résidence. 4.

Par qui dressé et à qui envoyé.

BULLETIN indicatif des corps pour lesquels les engagements volontaires peuvent être reçus.

Pour assurer l'exécution de l'art. 7 de l'ordonnance du 28 avril 1832, sur les engagements et rengagements, il sera adressé par le ministre de la guerre, à des époques plus ou moins rapprochées, suivant les circonstances, aux autorités civiles et militaires, un *bulletin indicatif* des corps pour lesquels les engagements volontaires seront ouverts dans toute l'étendue du royaume. (Art. 29 de l'*In-* 5.

Envoyé par le ministre de la guerre.

struct. du 4 *mai* 1832, *Journ. milit.*, pag. 356.)

6. Consulté par les officiers chargés de délivrer des certificats d'acceptation.

L'officier devant lequel l'engagé se présentera, s'assurera, avant de procéder à tout autre examen, que le corps dans lequel il demande à servir est porté sur le *Bulletin indicatif.* (Art. 30, *id.*)

Si le corps désigné n'est pas compris parmi ceux pour lesquels les engagements volontaires sont ouverts, l'officier exigera la production d'un certificat constatant que l'effectif du corps désigné permet de recevoir l'homme porteur de cette pièce. (Art. 31, *id.*, *Journ. milit.*, pag. 356.)

C.

CALFATS (OUVRIERS) de la marine.

1. Confèrent l'exemption à leurs frères.

Les ouvriers calfats de la marine, immatriculés, confèrent l'exemption à leurs frères. (Art. 14 de la loi.) *Voy.* DISPENSÉS, DISPENSE, art. 5.

Les ouvriers calfats peuvent être admis comme engagés volontaires dans le bataillon de pontonniers, et les jeunes soldats exerçant cette profession seront, de préférence, dirigés sur ce corps, s'ils ne sont déjà désignés pour la marine, et si, du reste, ils réunissent les autres conditions d'aptitude.

CAMPEMENT (EMPLOYÉS DU).

1. Déduits numériquement du contingent.

Les employés commissionnés, faisant partie des cadres entretenus du campement, doivent être comptés numériquement en déduction du contingent. (*Instruct. du* 28 *juin* 1835, *Journ. milit.*, pag. 397.)

CAPITAINES DE CAVALERIE employés au recrutement.

Les capitaines employés au recrutement, sortant de la cavalerie n'ont pas droit à l'indemnité de fourrages. (*Décis. minist. du* 28 *juin* 1831, *Journ. milit.*, pag. 826.) 1. N'ont pas droit à l'indemnité de fourrages.

CAPITAINES DE TOUTES ARMES employés dans les dépôts de recrutement et de réserve de 1re classe. *Voy.* DÉPÔT DE RECRUTEMENT.

CAPITAINES commandants les dépôts de recrutement et de réserve de 2e classe. *Voy.* DÉPÔTS DE RECRUTEMENT ET DE RÉSERVE.

CAPITAINES DE GENDARMERIE. *V.* GENDARMERIE.

CAVALERIE.

La cavalerie de l'armée se compose, savoir :

2 régiments de carabiniers, 1. Corps dont se compose l'arme de la cavalerie.
10 régiments de cuirassiers,
12 régiments de dragons,
8 régiments de lanciers,
12 régiments de chasseurs,
6 régiments de hussards,
3 régiments de chasseurs d'Afrique,
1 corps de spahis réguliers, créé par ordonnance du 10 septembre 1834.

Tous ces corps, à l'exception des deux derniers, se recrutent comme le reste de l'armée, par la voie des appels et des engagements volontaires. (Voir, pour la taille et autres conditions d'admission, le tableau qui suit le mot ARMÉE DE TERRE, et le mot TAILLE. 2. Leur recrutement.

Dans le cas où il n'y aurait pas un nombre suffisant d'hommes de la taille d'un mètre sept cent trente-sept millimètres, pour compléter le contin- 3. Tolérance de taille pour les cuirassiers.

gent des régiments de cuirassiers, l'officier général, chargé de la répartition, est autorisé à désigner des jeunes soldats ayant au moins la taille d'un mètre sept cent vingt-un millimètres. (N° 18 de l'*Instr. du 4 juill.* 1832, *Journ. milit.*, pag. 43.) *V.* TAILLE.

4. Tolérance de taille pour les lanciers et dragons. Une tolérance pareille est autorisée pour les régiments de dragons et de lanciers, dont le minimum de taille est fixé à 1 mètre 706 millimètres; l'officier général pourra désigner des jeunes soldats ayant la taille d'1 mètre 693 millimètres. (N° 19 de l'*Instruction du 4 juillet* 1832, *Journal militaire*, page 43. *Voyez* TAILLE, art. 4.)

5. Chasseurs d'Afrique, leur recrutement. Les régiments de chasseurs d'Afrique seront composés :

1° D'enrôlés volontaires français, colons ou indigènes ;

2° De cavaliers tirés des régiments de cavalerie de l'armée.

6. Spahis réguliers, leur recrutement. Le corps des spahis réguliers se recrute avec des indigènes de la régence d'Alger. (*Ordonnance du 10 juin* 1835, *Journal militaire*, page 239.)

1. **CERTICAT D'ACCEPTATION** à délivrer aux hommes qui se présentent pour s'engager volontairement. *Voyez* le mot ACCEPTATION.

2. **CERTIFICAT D'APTITUDE.** *Voyez* le mot APTITUDE.

3. **CERTIFICAT DE BONNE CONDUITE** délivré par les conseils d'administration des corps, aux militaires renvoyés en congé illimité.

4. Délivré aux hommes qui l'auront mérité. Ce certificat doit être conforme au modèle n° 1, annexé à l'instruction du 11 août 1834, et délivré par les conseils d'administration aux hommes qui

l'auront mérité, lorsqu'ils seront renvoyés en congé illimité. (Art. 14 de l'*Instruction* précitée, *Journal militaire*, page 68.)

5. Les militaires libérés qui se présenteraient pour être admis comme remplaçants, et qui ne produiraient pas un certificat de bonne conduite de leur ancien corps, ne seront pas admis sans cette pièce. (*Voyez* REMPLAÇANT, art. 5.)

Militaires libérés ne peuvent être admis comme remplaçants sans cette pièce.

6. Ce certificat est remplacé pour les hommes sortant de l'armée de mer, par une attestation délivrée par les conseils d'administration des équipages de ligne, de la conduite que ces hommes auront tenue au corps. (*Instruction du 25 juin 1834, Journal militaire*, page 361.)

Remplacé pour les hommes de la marine par une attestation de bonne conduite.

CERTIFICAT DE BONNES VIE ET MŒURS à délivrer par les maires, 1° aux hommes qui veulent s'engager volontairement; 2° à ceux qui désirent se faire admettre comme remplaçants, soit qu'ils aient ou n'aient pas servi; 3° aux militaires en congé temporaire ou illimité qui veulent se rengager.

7. Ces certificats, conformes aux modèles annexés à la loi du 21 mars 1832 et à l'ordonnance du 28 avril 1832, seront délivrés par les maires des communes aux individus qui leur en feront la demande, lorsqu'ils se seront bien assurés de l'identité de ces individus, et qu'ils auront recueilli les preuves et témoignages qu'ils jugeront convenables pour arriver à la connaissance des faits consignés dans ledit certificat. A Paris, ce sont les commissaires de police qui délivrent ces *certificats*, qui sont ensuite échangés à la préfecture de police (bureau du secrétariat).

Délivrés par les maires des communes.

8. Si l'homme qui a besoin de ce certificat s'engage dans le département où il a son domicile légal, la

Légalisation des signatures.

légalisation de la signature du maire par le sous-préfet, et celle du sous-préfet par le préfet, ne sont pas indispensables.

9. *Délivrés une seule fois par an.*

Ces certificats ne seront délivrés qu'une seule fois dans la même année au même individu, et dans tous les cas celui qu'il concerne devra justifier de l'emploi de la première expédition. (*Instruction du* 25 *juin* 1834, *Journal militaire*, page 364. Voir le mot Maire, art. 19, et le modèle du certificat sous le n° 19, à la fin du présent Dictionnaire.)

CERTIFICAT pour justifier qu'un jeune homme qui se présente comme remplaçant, a satisfait à la loi du recrutement.

10. *Délivré par les préfets et sous-préfets.*

Ce certificat sera délivré par les préfets ou sous-préfets; il sera conforme au modèle n° 2, annexé à l'Instruction du 25 juin 1834, Journal militaire, pages 364 et 374; il contiendra le signalement de l'individu, afin que le conseil de révision puisse parfaitement constater l'identité de celui qui en sera

11. *Une seule fois par an.*

porteur, et comme celui indiqué ci-dessus pour bonnes vie et mœurs, il ne sera délivré *qu'une seule fois dans la même année au même individu*, qui, dans tous les cas, sera tenu de justifier de l'emploi de la première expédition s'il lui en a été délivré. (*Instruction du* 25 *juin* 1834, *Journal militaire*, pages 364 et 374. Voir Remplacement, art. 28, et le modèle du certificat sous le n° 16, à la fin du présent Dictionnaire.)

CERTIFICAT D'EFFECTIF à délivrer par les corps.

12. *Délivré par les corps.*

Lorsqu'un corps quelconque des armées de terre ou de mer a atteint le complet fixé par la loi, les ordonnances royales ou les instructions ministérielles, et qu'il n'est pas compris parmi ceux pour lesquels les engagements volontaires sont ouverts (*Voyez* BULLETIN INDICATIF), l'officier qui délivrera le certificat d'acceptation à l'engagé volontaire, exigera la production d'un *certificat d'effectif,*) constatant que l'effectif du corps dans lequel l'homme demande à entrer, permet de l'y admettre.

Ce certificat pourra être délivré par le corps, quand bien même leur effectif aurait atteint le complet; mais seulement aussi lorsque les hommes qui demanderont à s'engager seront, par leur position, leur aptitude au service, ou leur profession utile, une bonne acquisition pour l'armée, et que le lieutenant général commandant la division aura autorisé leur admission. (Nos 30, 31 et 32 de l'*Instruction du 4 mai* 1832, *Journal militaire,* page 356.)

13. Même quand l'effectif serait au complet.

CERTIFICAT de bonnes vie et mœurs pour être admis dans la légion étrangère.

Comme les Français qui demandent à s'engager, les étrangers qui voudront être reçus dans la légion étrangère devront produire, outre leur acte de naissance ou toute autre pièce équivalente, *un certificat de bnnes vie et mœurs;* toutefois en l'absence de ces deux pièces, l'étranger sera renvoyé par-devant l'officier général commandant le département, qui décidera si l'engagement peut être reçu. (*Ordonnance du* 10 *mars* 1831, *Journal militaire*, page 277.)

14. Remplacé par un ordre du maréchal-de camp.

CERTIFICAT de trois pères de famille domiciliés dans le canton, pour établir les droits d'un jeune

15. A nés d'orphelins de père et de mère

homme qui réclame l'exemption comme *aîné d'orphelins de père et de mère.*

Voir le modèle n° 3 à la fin du présent Dictionnaire, les mots ORPHELINS (art. 3) et EXEMPTIONS (art. 3).

16. Fils unique ou aîné de femme veuve.

CERTIFICAT de trois pères de famille domiciliés dans le canton, pour établir les droits d'un jeune homme qui réclame l'exemption comme *fils unique* ou comme *l'aîné des fils d'une femme actuellement veuve.*

Voir le modèle n° 4 à la fin du présent Dictionnaire, et les mots VEUVE (fils de) et EXEMPTIONS (art. 5).

17. Petit-fils unique ou aîné de femme veuve.

CERTIFICAT de trois pères de famille domiciliés dans le canton, pour établir les droits d'un jeune homme qui réclame l'exemption comme *petit-fils unique* ou comme *l'aîné des petits-fils d'une femme actuellement veuve.*

Voir le modèle n° 5 à la fin du présent Dictionnaire, et les mots VEUVE (petit-fils de) et EXEMPTIONS (art. 5).

18. Fils unique ou aîné de père aveugle.

CERTIFICAT de trois pères de famille domiciliés dans le canton, pour établir les droits d'un jeune homme qui réclame l'exemption comme *fils unique* ou comme *l'aîné des fils d'un père aveugle.*

Voir le modèle n° 6 à la fin du présent Dictionnaire, et les mots AVEUGLES (fils de) et EXEMPTIONS (art. 5).

19. Petit-fils unique ou aîné de père aveugle.

CERTIFICAT de trois pères de famille domiciliés dans le canton, pour établir les droits d'un jeune homme qui réclame l'exemption comme *petit-fils* *unique* ou comme *l'aîné des petits-fils d'un père aveugle.*

Voir le modèle n° 7 à la fin du présent Dictionnaire, et les mots Aveugles (fils de) et Exemptions (art. 5).

20. Fils unique ou aîné d'un père septuagénaire.

CERTIFICAT de trois pères de famille domiciliés dans le canton, pour établir les droits d'un jeune homme qui réclame l'exemption comme *fils unique* ou comme *l'aîné des fils d'un père entré dans sa soixante-dixième année.*

Voir le modèle n° 8, à la fin du présent Dictionnaire, et le mot Exemptions (art. 5).

21. Petit-fils dans le même cas.

CERTIFICAT de trois pères de famille domiciliés dans le canton, pour établir les droits d'un jeune homme qui réclame l'exemption comme *petit-fils unique* ou comme *l'aîné des petits-fils d'un père entré dans sa soixante-dixième année.*

Voir le modèle n° 9, à la fin du présent Dictionnaire, et les mots Septuagénaire et Exemptions (art. 5).

22. Puîné d'orphelin, fils ou petit-fils puîné de femme veuve.

CERTIFICAT de trois pères de famille domiciliés dans le canton, pour établir les droits d'un jeune homme qui réclame l'exemption comme

Puîné d'orphelins de père et de mère ou comme *fils puîné* ou *petit-fils puîné d'une femme actuellement veuve;*

Ou comme *fils puîné* ou *petit-fils puîné d'un père aveugle;*

Ou comme *fils puîné* ou *petit-fils puîné d'un père entré dans sa soixante-dixième année.*

Voir le modèle n° 10, à la fin du présent Dictionnaire, et le mot Exemptions (art. 6).

23. Aîné de deux frères appelés au même tirage.

CERTIFICAT de trois pères de famille domiciliés dans le canton, pour établir les droits d'un jeune homme qui réclame l'exemption, comme *étant le plus âgé de deux frères appelés à faire partie du même tirage et désignés tous deux par le sort.*

Voir le modèle n° 11, à la fin du présent Dictionnaire, et les mots Frère et Exemptions (art. 6).

24. Exemption par la présence d'un frère sous les drapeaux.

CERTIFICAT de trois pères de famille domiciliés dans le canton pour établir les droits d'un jeune homme qui réclame l'exemption comme *ayant un frère sous les drapeaux à tout autre titre que pour remplacement.*

Voir le modèle n° 12, à la fin du présent Dictionnaire, et les mots Frère et Exemptions (art. 14).

25. Frère mort au service. Infirmités donnant lieu à la retraite.

CERTIFICAT de trois pères de famille domiciliés dans le canton, pour établir les droits d'un jeune homme qui réclame l'exemption comme *frère d'un militaire mort en activité de service;*

Ou comme *frère d'un militaire réformé;*

Ou comme *frère d'un militaire admis à la retraite pour blessures reçues dans un service commandé*, ou pour *infirmités contractées dans les armées de terre ou de mer.*

Voir le modèle n° 13, à la fin du présent Dictionnaire, et les mots Frère et Exemptions (art. 20).

26. Mariniers et matelots.

CERTIFICAT d'inscription définitive à délivrer aux officiers mariniers et matelots.

27. Ouvriers de la marine.

CERTIFICAT d'inscription définitive à délivrer aux ouvriers exerçant une profession maritime, tels que, *charpentiers de navire* ou *perceur* ou *voilier* ou *calfat.*

Les deux certificats ci-dessus indiqués, sont délivrés par l'officier d'administration chargé de l'inscription maritime dans le quartier où sont immatriculés les marins ou ouvriers dont on veut constater la présence dans la marine. Cette pièce est la seule à produire devant les conseils de révision, elle est délivrée sous la responsabilité de l'administration du quartier. C'est sur la présentation de l'un ou l'autre de ces certificats que les conseils de révision admettront à jouir du bénéfice de l'art. 14 de la loi, les jeunes gens qui justifieront ainsi qu'ils sont inscrits maritimes (Voir les modèles des deux certificats, sous les nos 14 et 15, à la fin du présent Dictionnaire.)

Par qui sont délivrés les certificats d'inscription dans la marine.

CERTIFICAT d'inscription dans la réserve à délivrer par les commandants des dépôts de recrutement aux jeunes soldats ou militaires qui en font la demande. 28

Demande d'inscription dans la réserve.

Ces certificats sont généralement demandés pour justifier du droit à l'exemption, prévu par le paragraphe 6 de l'article 13 de la loi, ou pour mettre les remplacés et les remplaçants en mesure de régler leurs intérêts; ces certificats ne sauraient donc être refusés; mais attendu que les commandants des dépôts de recrutement n'ont pas la faculté de pouvoir toujours s'assurer de la présence ou même de l'existence des hommes inscrits sur leurs matricules, et que ce dernier fait ne peut être constaté que par les autorités municipales, la deuxième section de ce certificat sera remplie, sur la demande de la partie intéressée, par le maire de la commune de la résidence. La signature de ce fonctionnaire sera ensuite 29

Les certificats de présence dans la réserve ne peuvent être refusés.

légalisée par le sous-préfet de l'arrondissement, et celle de ce dernier par le préfet.

30. Commandants des dépôts de recrutement doivent y satisfaire sans délai.

Les commandants des dépôts de recrutement devront toujours satisfaire sans délai aux demandes de pièces de cette nature, qui leur seront adressées. (*Circ. du* 23 *avril* 1836, *Journ. milit.* pag. 299.)

Voir le modèle du certificat sous le n° 21, à la fin du présent Dictionnaire.

CERTIFICAT de présence sous les drapeaux, à délivrer par les conseils d'administration des corps.

31. Ne sauraient être refusés et l'on doit y satisfaire sans délai.

Ces certificats comme celui qui précède sont généralement demandés pour justifier du droit à l'exemption, ou pour mettre les remplacés et les remplaçants en mesure de régler leurs intérêts; ils ne sauraient donc être refusés, et les conseils d'administration des corps devront toujours satisfaire sans délai aux demandes de pièces de cette nature qui leur seront adressées. (*Circ. du* 23 *avril* 1836, *Journ. milit.* pag. 299.)

Voir le modèle du certificat sous le n° 22, à la fin du présent Dictionnaire.

CHARPENTIER DE NAVIRE. *Voy.* OUVRIERS DE LA MARINE.

1. Choisis de préférence pour accompagner les conseils de révision.

CHIRURGIENS MILITAIRES. Les préfets-présidents des conseils de révision doivent porter leur choix sur ces officiers de santé qui, en raison de leurs habitudes et de leurs études plus spéciales, *doivent toujours être préférés*, pour l'examen des jeunes soldats, aux officiers de santé civils. A cet effet, tous ceux qui, sans inconvénient, pourront être momentanément distraits de leur service ordinaire, devront être mis à la disposition de MM. les préfets, par les soins de MM. les intendants militaires, ainsi que le prescrit ou le rappelle la circulaire du 25 juin 1834. (*Instruct. du 7 juillet* 1836, *Journ. milit.* pag. 24.)

Les officiers de santé militaires qui accompagnent les conseils de révision jouiront de la même indemnité que les autres membres du conseil, savoir : 2. Même indemnité pour les officiers de santé que pour les autres membres du conseil.

1° Quinze francs par journée passée hors du chef-lieu du département ;

2° Cinq francs par journée de séjour lorsque, déplacés de leur résidence ou de leur garnison, ces officiers assisteront le conseil au chef-lieu du département. (*Circulaire du 11 juillet* 1836, *Journ. milit.* pag. 32.)

Il est d'une sage prévoyance que le choix de MM. les préfets ne porte pas deux années de suite sur les mêmes officiers de santé, pour suivre les opérations du conseil de révision. Il est également nécessaire que la désignation des chirurgiens militaires soit faite d'après l'état nominatif envoyé aux préfets pour les intendants militaires. On doit faire remarquer en outre, qu'à moins d'une urgence reconnue, MM. les présidents des conseils de révision doivent s'abstenir de désigner pour la tournée le chirurgien en chef d'un hôpital militaire, dans le cas où l'intendant militaire de la division aurait fait connaître qu'une absence aussi prolongée de la part de cet officier de santé serait essentiellement nuisible aux soins journaliers que les malades réclament. (*Circ. du 28 juin* 1835, *Journ. milit.* p. 353.) 3. Pas deux années de suite le même officier de santé. 4. A moins d'urgence ne pas prendre les chirurgiens en chef des hôpitaux militaires.

CHIRURGIENS Élèves commissionnés.

Les chirurgiens élèves commissionnés doivent 5. Comptés numériquement en déduction du contingent.

être considérés comme ayant satisfait à l'appel, et comptés numériquement en déduction du contingent à former (*Circ. du* 28 *juin* 1835, *Journ. milit.*, pag. 397.)

CLASSES.

Les classes se composent de tous les jeunes Français inscrits annuellement sur les tableaux de recensement, et qui ont atteint l'âge de vingt ans révolus, dans le courant de l'année qui précède l'opération du tirage. La classe prend le numéro de l'année dans le courant de laquelle les jeunes gens ont atteint vingt ans; ainsi, ceux nés en 1812, 1813, 1814, etc., etc., appartiennent aux classes de 1832, 1833, 1834, etc., etc.

CLOTURE des listes cantonnales.

La réunion des listes du contingent cantonnal, pour former la liste du contingent départemental, s'effectue au jour indiqué par l'ordonnance d'appel d'une classe. C'est ce qui constitue la *clôture des opérations du conseil de révision.* Dès ce moment, les décisions des conseils de révision à l'égard des jeunes gens et remplaçants compris sur ces listes sont définitives, et ils sont devenus *jeunes soldats.*

1\. Leurs attributions spéciales.

COMMANDANTS des dépôts de recrutement et de réserve; leurs attributions.

Les commandants des dépôts de recrutement et de réserve ont pour attributions spéciales,

1° De suivre les conseils de révision dans leur tournée;

2° De tenir des registres-matricules des jeunes soldats compris dans les contingents annuels, ainsi que ceux de tous les militaires qui font partie de la réserve de l'année;

3° D'assurer l'exécution des dispositions d'ordre, relatives aux jeunes soldats (remplaçants ou substituants) et aux engagés volontaires;

4° De concourir à la mise en route des jeunes soldats et des militaires de la réserve appelés à l'activité;

5° De porter plainte contre les insoumis, et de les faire poursuivre;

6° De constater l'existence et la position de tous les militaires en congé illimité, ou renvoyés par libération anticipée dans leurs foyers, et d'en passer la revue.

Enfin, ils sont généralement chargés de toutes les écritures qui ont pour objet de régler la position des hommes qui se trouvent dans leurs foyers, en attendant leur libération.

2. Officiers et sous-officiers sous leurs ordres.

Ils ont sous leurs ordres un nombre d'officiers et de sous-officiers, déterminé par l'ordonnance du 1er janvier 1836, selon la classe à laquelle appartient le département dans lequel ils sont employés. (*Ordon. du 1er janv.* 1836, *Journ. milit.*, pag. 3.) V. DÉPÔT DE RECRUTEMENT.

3. Ne peut être employé dans le département où il est né.

Aucun officier commandant un dépôt de recrutement et de réserve ne pourra être employé dans le département où il est né, ni dans celui où il est propriétaire et où il exerce ses droits politiques. (Art. 6 de l'Ordonnance précitée.)

4. Remplacés à leurs corps.

Les officiers supérieurs et les capitaines des dépôts de *recrutement et de réserve*, appartenant aux armes de l'infanterie et de la cavalerie, cessent de compter à leurs corps, et ils y seront remplacés; mais ils continueront à être portés à leur rang sur la liste générale des officiers de leur arme. (Art. 8, *idem.*)

5. Capitaines promus au grade supérieur. Les capitaines promus au grade supérieur, au tour de l'ancienneté, pourront être maintenus dans le service de recrutement, s'il y a un dépôt de première classe vacant; dans le cas contraire, ils rejoindront leur corps; mais ils seront susceptibles d'être désignés de nouveau pour le service de recrutement. (Art. 9, *id.*)

6. Indemnité de logement et de frais de bureau. Les commandants des dépôts de recrutement et de réserve reçoivent, outre l'indemnité de logement qui leur est allouée par l'ordonnance du 9 mai 1821, une indemnité de frais de bureau fixée annuellement par le ministre de la guerre. (Art. 15, *id.*)

7. Officiers supérieurs n'ont pas droit au cinquième en sus. Les officiers supérieurs employés comme commandants des dépôts de recrutement et de réserve, dans les départements de première classe, n'ont pas droit au cinquième en sus, sur la solde accordée par l'art. 15 de l'ordonnance du 1er janvier 1836. Les capitaines, lieutenants, sous-lieutenants employés dans les dépôts, ont seuls droit à cette augmentation. (*Décis. minist. du* 11 *fév.* 1831, *Journ. milit.*, pag. 181 et 182.)

COMMANDANTS des dépôts de recrutement et de réserve, suivant le conseil de révision dans sa tournée.

8. Places dans le lieu des séances. Le commandant du dépôt de recrutement et de réserve étant tenu de suivre le conseil de révision dans sa tournée (Art. 5 de l'*Ordonnance du* 1er *juin* 1836), le conseil doit assigner à cet officier, dans

l'enceinte de ses séances, une place convenable sous le rapport de l'utilité que le conseil peut tirer de sa présence, et sous celui du rang qu'il occupe dans l'armée. (N° 395 du *Manuel.*)

Il pourra emmener avec lui un sous-officier du dépôt de recrutement, qui sera spécialement chargé, sous sa surveillance, de prendre le signalement des jeunes soldats, remplaçants ou substituants admis par le conseil de révision, et de les toiser. (N° 395, *idem.*) 9. **Emmène avec lui un sous-officier.**

Il doit, concurremment avec le maréchal de camp et le sous-intendant militaire, prendre note de l'aptitude militaire des jeunes gens admis dans le contingent, sous le rapport de la profession, de la taille et la constitution physique. (N° 149 de *l'Instruction du* 30 *mars* 1832, *Journal militaire*, page 240.) Ces renseignements seront consignés dans une liste nominative dont le modèle est joint à la *Circulaire du* 21 *mai* 1832, *Journal militaire*, pages 437 et 472. 10. **Notes à prendre et liste à établir.**

D'après les dispositions de la *Circulaire du* 12 *août* 1837, page 10, *Journal militaire*, pag. 97, l'officier de recrutement qui assiste aux séances du conseil de révision, est seul chargé d'établir cette liste.

Les jeunes gens compris *définitivement* ou *conditionnellement* dans le contingent de chaque canton, seront portés sur cette liste, qui sera ensuite collationnée avec celles tenues par le maréchal de camp et le sous-intendant militaire, afin de rectifier les erreurs qui pourraient avoir été commises de part et d'autre. (*Circulaire du* 21 *mai* 1832, *Journal militaire*, page 437.)

11. Notes à prendre sur les absents.

Il tiendra aussi une note exacte pendant les séances du conseil de révision, des jeunes gens qui ne se seraient pas présentés et qui n'auraient pas justifié de leur absence. (*Circulaire du* 25 *juin* 1834, *Journal militaire*, page 354.)

Lorsque le conseil de révision commencera les opérations de l'appel d'une classe, le commandant du dépôt de recrutement se munira des extraits du contrôle des insoumis pour chacun des cantons où le conseil de révision devra se transporter. A l'arrivée du conseil dans un canton, il mettra sous les yeux du président du conseil les noms des *insoumis* de ce canton.

12. Recherches sur les insoumis.

Le président réunira les maires et se fera donner tous les renseignements pouvant servir à la découverte des insoumis.

13. Bulletins de recherches envoyés.

Si les renseignements obtenus concernant les insoumis du département, font connaître le lieu où ils sont réfugiés, le commandant du dépôt de recrutement dressera en double expédition un bulletin de recherche conforme au modèle n° 7 joint à l'*Instruction du* 12 *octobre* 1832. L'une de ces expéditions sera immédiatement transmise par lui aux commandants de gendarmerie des lieux de retraite, et l'autre sera laissée au préfet qui, de son côté et afin d'avoir une garantie de l'exactitude qui sera apportée dans les recherches, en fera l'envoi au préfet de la résidence. (Art. 27 et 28 de l'*Instruction du* 12 *octobre* 1832, *Journal militaire*, pages 379 et 380.)

COMMANDANTS des dépôts de recrutement et de réserve, après la réunion des listes cantonales. 14. Répartition.

Dès que les jeunes gens et ceux admis à les remplacer auront été définitivement appelés, ils seront immédiatement répartis entre les corps de l'armée et inscrits sur les registres matricules des corps pour lesquels ils seront désignés. (1er paragraphe de l'*article* 29 *de la loi.*)

Cette répartition aura lieu par les soins du maréchal de camp commandant la subdivision, d'après les annotations portées sur les listes nominatives dressées à cet effet. (V. Maréchal de camp, n° 1 de l'*Instructon du* 4 *juillet* 1832, *Journal militaire*, page 39.)

Les jeunes soldats une fois inscrits, ils seront disponibles et attendront, dans cette position, leur appel à l'activité. Ils seront jusqu'alors compris dans la réserve de leur département, et soumis à toutes les obligations qui leur sont imposées par les dispositions de l'*Instruction du* 16 *novembre* 1833, c'est-à-dire qu'ils ne pourront ni s'absenter de leur domicile, ni changer de résidence, ni se marier sans en faire la demande et sans en avoir obtenu l'autorisation. Voir Absence (autorisation d'), Changement de résidence et Mariage (permission de). 15. Jeunes soldats compris dans la réserve.

Le registre-matricule des corps, destiné à constater dans les départements l'immatriculation des jeunes soldats, sera conforme au modèle joint à la *Circulaire du* 4 *juin* 1832, adressée aux commandants des dépôts de recrutement et insérée au *Journal militaire*, pages 490 et 493. (N° 25 de l'*In-* 16. Registre-matricule des corps.

struction du 4 juillet 1832, *Journal militaire*, page 45.)

17. Est tenu par les commandants des dépôts de recrutement.

Ce registre sera rempli et tenu constamment au courant par les soins et sous la surveillance de l'officier commandant le dépôt de recrutement. (N° 26, *id.*)

18. Est dressé pour chaque corps qui se recrute dans le département.

Il y aura par département un registre-matricule pour chaque corps de l'armée de terre ou de l'armée de mer qui se recrute dans ce département. (N° 27, *idem.*)

19. Il n'y a point de registre-matricule pour les infirmiers entretenus.

Il n'en sera point établi pour les infirmiers entretenus, par la raison que ce service, qui ne peut être imposé, ne se recrute que par des hommes destinés ou déjà affectés aux régiments d'infanterie, et que ce n'est qu'à la revue sur le terrain que des désignations pourront être faites en faveur des jeunes soldats qui se présenteraient de bonne volonté. (N° 28, *idem.*)

20. Comment il doit être procédé à l'immatriculation des jeunes soldats.

Aussitôt que la répartition aura été arrêtée par le maréchal de camp, l'officier commandant le dépôt de recrutement procédera, sans délai, à leur inscription sur le registre-matricule du corps pour lequel ils auront été désignés. (N° 29, *idem.*)

21. Les jeunes soldats doivent être inscrits dans l'ordre des cantons auxquels ils appartiennent.

A cet effet, il portera les jeunes soldats désignés pour un même corps sur le registre-matricule du corps, en les inscrivant dans l'ordre où les cantons ont été examinés par le conseil de révision. Cet ordre est celui qu'observent entre elles les listes cantonnales réunies en liste départementale. (N° 30, *id.*)

22. Et dans l'ordre de leur numéro de tirage.

Les jeunes soldats d'un même canton seront aussi inscrits, sur le registre-matricule, dans l'ordre de leur numéro de tirage, de manière que le numéro le plus faible occupera la première case du canton, et le numéro le plus élevé la dernière. (N° 31, *id.*)

Chaque jeune soldat prend, sur le registre-matricule de son corps, le numéro d'ordre que lui affecte la case dans laquelle il est inscrit; mais il conserve toujours le numéro d'ordre sous lequel il est rangé dans la liste du contingent départemental. (N° 32, *idem.*) 23. Observations pour l'inscription.

En indiquant dans la colonne réservée à cet effet, si le jeune soldat a été porté *conditionnellement* sur la liste cantonnale, ou s'il est *déduit* ou *dispensé*, la position des jeunes soldats sera suffisamment constatée, puisque l'absence de toute annotation de cette nature, pour les autres, prouvera qu'ils ont été compris *définitivement* dans le contingent de leur canton, et qu'ils sont par conséquent *disponibles.* (N° 33, *idem.*)

Les officiers de recrutement veilleront à ce que les noms de famille, les prénoms et surnoms des jeunes soldats, leur signalement, etc., soient toujours écrit lisiblement et avec une exactitude scrupuleuse. 24. Soins que doit apporter l'officier de recrutement dans l'inscription des jeunes soldats.

Il en sera de même pour ce qui concerne les substituants et les remplaçants, qui seront portés en regard des substitués et des remplacés. (N° 34, *id.*)

Dans la colonne n° 2 du registre-matricule, l'officier de recrutement rappellera, au moyen du procédé abréviatif indiqué ci-après, le degré d'instruction des jeunes soldats; c'est-à-dire que par les signes suivants compris entre deux parenthèses, il désignera : 25. Manière de constater sur le registre-matricule, le degré d'instruction des jeunes soldats.

(1), celui qui sait lire.

(1, 2), celui qui sait lire et écrire.

(o), celui qui ne sait ni lire ni écrire.

(D), abréviation du mot *douteux*, celui qui n'a point été examiné par le conseil de révision, ou sur l'instruction duquel le maire de la commune ou les parents n'ont pu donner de renseignements positifs. (N° 35, *idem.*)

26. Surveillance que l'officier de recrutement doit exercer sur les jeunes soldats inscrits aux registres-matricules.

Les jeunes soldats inscrits sur les registres-matricules du corps, peuvent éprouver des mutations diverses. Les unes seront antérieures, les autres seront postérieures à leur mise en route. L'officier commandant le dépôt de recrutement doit suivre les jeunes soldats dans toutes leurs mutations : sa surveillance constante, à leur égard, ne cesse que lorsqu'ils ont été incorporés. (N° 36, *idem.*)

27. Les registres matricules des corps sont vus et vérifiés par le sous-intendant militaire et approuvés par l'officier général.

Aussitôt que les registres-matricules du corps sont établis et dressés, l'officier commandant le dépôt de recrutement les présente au sous-intendant, qui les vérifie et les vise, et au maréchal de camp qui les approuve. (N° 37, *idem.*)

28. Comment sont considérés les jeunes soldats disponibles inscrits sur les registres-matricules.

Les jeunes soldats disponibles, inscrits sur les registres-matricules des corps, sont considérés, jusqu'au moment de leur mise en route, comme étant dans leurs foyers *en congé illimité.* (N° 38, *idem.*)

29. Ils font partie de la réserve de leur département.

Dans cette position, ils font partie de la réserve de leur département, et sont sous les ordres de l'autorité militaire qui y commande. (N° 39, *idem.*)

30. Compte à rendre au ministre.

Compte est rendu aux époques de l'année fixées par le ministre et par l'officier commandant le dépôt de recrutement, sur les jeunes soldats inscrits aux registres-matricules des corps. (N° 40 de l'*Instruction du* 4 *juillet* 1832, *Journ. milit.*, p. 47.)

Le dernier modèle de ce compte rendu est annexé à la *Circulaire du* 28 *juin* 1835, modèle n° 3, *Journ. milit.*, pag. 407 et 419. Il est demandé le 1er de chaque mois pendant les trois mois qui suivent la clôture de la liste du contingent départemental. Plus tard, ce compte ne sera fourni que trimestriellement jusqu'à l'époque où tous les jeunes soldats se trouveront dans une position définitive. (*Instruct. du* 28 *juin* 1835, *Journ. milit.*, p. 407.) 31. Modèle du compte à rendre.

L'art. 19 de la loi du 21 mars 1832 porte, au 1er paragraphe, que les jeunes gens compris définitivement dans le contingent pourront se faire remplacer.

Ce remplacement a lieu devant le conseil de révision du département dans lequel ces jeunes gens ont concouru au tirage, et tant qu'ils n'ont point encore reçu *d'ordre de route*. (N° 41 de l'*Instruct. du* 4 *juillet* 1832, *Journ. milit.*, page 47.) 32. Remplacement des jeunes soldats inscrits au registre-matricule d'un corps.

L'inscription de ces remplaçants sur les registres-matricules des corps, en regard des remplacés, a lieu par les soins des commandants des dépôts de recrutement, au fur et à mesure de leur admission par le conseil de révision.

COMMANDANTS des dépôts de recrutement. Devancement d'appel.

Lorsque les devancements d'appel auront été autorisés par le ministre de la guerre, et qu'un jeune soldat ou remplaçant voudra devancer sa mise en activité, il se présentera devant l'officier commandant le dépôt de recrutement de son département. (N° 112 de l'*Instruct. du* 4 *juillet* 1832, *Journ. milit.*, page 60.) 33. Le jeune soldat se présente devant l'officier de recrutement.

Cet officier procédera à l'examen du jeune soldat,

34. Examen du jeune soldat par l'officier de recrutement.

en le faisant visiter en sa présence par un officier de santé, et s'il n'a aucune infirmité apparente ou cachée, s'il est d'une constitution saine et robuste, et qu'il réunisse la taille et les autres qualités requises pour l'arme à laquelle il se destine, il lui délivrera, s'il y a lieu, un certificat d'aptitude conforme au modèle n° 8, annexé à l'*Instruction du 4 juillet* 1832, *Journ. milit.*, page 135. (N° 113, *idem.*)

35. Se présente devant le maréchal de camp qui autorise s'il y a lieu.

Muni de ce certificat, le jeune soldat sera renvoyé devant le maréchal de camp, qui l'examinera lui-même et autorisera, s'il y a lieu, le devancement de mise en activité. (N°s 114 et 115, *idem.*)

36. Le jeune soldat reçoit une feuille de route du sous-intendant militaire.

Le jeune soldat se rendra ensuite devant le sous-intendant militaire, qui, sur le vu du certificat d'aptitude qu'il gardera, lui délivrera une feuille de route. (N° 116, *idem.*)

37. Le sous-intendant donne avis à l'officier de recrutement, et celui-ci envoie le contrôle signalétique au corps.

Le sous-intendant militaire fera connaître à l'officier de recrutement les jeunes soldats qui auront été autorisés à devancer leur mise en activité. Cet officier, après avoir inscrit les jeunes soldats sur le registre-matricule des corps (si toutefois cette immatriculation n'a point encore été effectuée), fera parvenir les contrôles signalétiques aux conseils d'administration des corps pour lesquels ces jeunes soldats auront devancé leur mise en activité. Ces contrôles signalétiques seront conformes au modèle n° 7 joint à l'*Instruct. du 4 juillet* 1832, *Journ. milit.*, page 131.

38. Certificat à produire par les jeunes soldats en résidence dans un départe-

Les jeunes soldats en résidence dans les départements autres que ceux dans lesquels ils auront concouru au tirage, et qui demanderont à devancer leur mise en activité, recevront dans le département de leur résidence, l'application des précédentes dispositions; mais ils seront tenus de produire préalablement un certificat de l'officier de recrutement de leur domicile, constatant leur qualité de jeunes soldats, et indiquant le corps auquel ils ont paru susceptibles d'être affectés, ou sur les registres-matricules duquel ils ont été inscrits. (N° 118, *idem.*) ment autre que celui auquel ils appartiennent.

39. Avis que doivent se donner réciproquement les officiers de recrutement.

Les officiers de recrutement auront soin de se signaler réciproquement les jeunes soldats de leur département respectif qui auront été admis à devancer la mise en activité. (N° 119 de l'*Instruct. du 4 juillet* 1833, *Journ. milit.*, page 61. Voy. DEVANCEMENT D'APPEL, art. 12.)

COMMANDANTS des dépôts de recrutement et de réserve. Mise en route des jeunes soldats et sursis de départ.

40. États nominatifs à établir par le commandant du dépôt de recrutement.

Lorsque les jeunes soldats d'une classe auront été appelés à l'activité et convoqués par ordres de route pour se rendre au chef-lieu du département, le commandant du dépôt de recrutement, après avoir reçu du sous-intendant militaire l'avis de la destination qui leur aura été assignée, ainsi que la date fixée pour leur départ et leur arrivée au corps (n° 96 de l'*Instruct. du 4 juillet* 1832), fera établir des états nominatifs, en double expédition, de ces jeunes soldats.

41. Assiste à la revue sur le terrain.

Il assistera, ainsi que le sous-intendant militaire, à la revue sur le terrain qui sera passée par le maréchal de camp, et apportera, s'il est nécessaire, les registres-matricules des corps dont les contingents doivent être mis en route. (N° 72 de l'*Instruc-*

tion du 4 juillet 1822, *Journ. milit.*, page 52.)

42. Notes à prendre. Il prendra note, pour en faire mention sur les registres-matricules, des changements de destination, sursis de départ et autres décisions prises par l'officier général, comme aussi des réformes ou congés de renvoi qui auront été accordés.

43. Présent au départ. Il sera présent au départ des jeunes soldats, pour s'assurer du nombre d'hommes présents, et s'ils ont reçu tout ce qui leur est dû pour solde, vivres, etc.

44. Contrôles signalétiques. L'officier de recrutement dressera des contrôles signalétiques pour les jeunes soldats qui sont mis en route. Ces contrôles collectifs ou individuels, seront conformes au modèle n° 7 joint à l'*Instruction du 4 juillet* 1832, et si les jeunes soldats marchent isolément, il adressera directement leurs contrôles au corps; dans le cas contraire, c'est-à-dire s'ils sont réunis en détachement sous la conduite d'un officier

45. A qui ils sont remis ou adressés. ou d'un sous-officier, ces contrôles seront confiés au commandant du détachement qui sera chargé d'annoter avec soin, dans la colonne d'observations, toutes les mutations qui surviendraient pendant la route. (N°s 97 et 98 de l'*Instruct. du 4 juillet* 1832, *Journ. milit.*, page 58.)

46. Contrôles signalétiques renvoyés lors de l'arrivée des jeunes soldats. Dès que les jeunes soldats partis, soit isolément, soit en détachement, seront arrivés à leur destination, les conseils d'administration ou chefs de corps s'empresseront de les y faire recevoir et immatriculer. Les contrôles signalétiques seront ensuite renvoyés au commandant du dépôt de recrutement du département d'où les hommes sont partis, avec la date de l'arrivée au corps et le numéro d'immatriculation. (N° 990 du *Manuel.*)

Aussitôt la réception de ces pièces, l'officier de recrutement inscrira sur le registre-matricule du corps, les annotations d'arrivée et les numéros d'immatriculation de chaque homme qui cesse dès-lors d'être sous sa juridiction. 47. Inscriptions à faire par l'officier de recrutement.

L'officier de recrutement adresse dans les délais fixés par les instructions ministérielles au maréchal de camp commandant la subdivision, pour être transmis au lieutenant général, un état numérique présentant la répartition et le départ de la portion du contingent mise en route. Cet état sera conforme au modèle n° 1, joint à la *Circulaire du* 22 *mars* 1835, *Journ. milit.*, pages 82 et 122 (1). 48. Etat de répartition et de départ des jeunes soldats.

Si l'officier général a accordé des sursis de départ à des jeunes soldats présents à la revue, l'officier de recrutement en prendra note pour surveiller le départ de ces jeunes soldats à l'expiration des sursis, et envoyer en temps utile leurs contrôles signalétiques à leur corps respectif. (*Voy.* Maréchal de camp, art. 52.) 49. Sursis de départ, note à prendre.

Les congés de renvoi accordés à des jeunes soldats visités après la revue et reconnus *être évidemment impropres au service* (n° 78 de l'*Instruction du* 4 *juillet* 1832), sont établis et signés par le com- 50. Congés de renvoi par qui établis.

---

(1) D'après la circulaire précitée, cet état doit être adressé au ministre par MM. les lieutenants généraux pour leur division, mais les maréchaux de camp en envoient un pareil pour le département qu'ils commandent. MM. les officiers commandant les dépôts de recrutement sont ordinairement chargés de l'établir.

mandant du dépôt de recrutement. (*Voy.* CONGÉS DE RENVOI et MARÉCHAL DE CAMP, art. 49.)

COMMANDANTS des dépôts de recrutement et de réserve doivent faire rechercher et signaler insoumis les jeunes soldats absents à la revue, et qui ne se présentent pas dans les délais fixés par la loi, ainsi que les engagés volontaires qui ne rejoignent pas leurs corps.

51. Un jeune soldat en retard doit être immédiatement recherché.

Lorsqu'un jeune soldat ou remplaçant appelé à l'activité et qui a reçu un ordre de route, ne s'est pas rendu au chef-lieu du département au jour fixé par ledit ordre de route, ou qui étant parti pour rejoindre un corps, n'est pas arrivé à sa destination à l'époque fixée par sa feuille de route, il doit dès-lors être immédiatement recherché par les soins du commandant du dépôt de recrutement qui fera les diligences nécessaires pour assurer sa prompte arrestation en le signalant à la gendarmerie et aux autorités locales. (N° 1 de l'*Instruction du* 12 *octobre* 1832, *Journ. milit.* page 373.)

52. Peut être conduit à sa destination par la gendarmerie s'il est arrêté ou s'il se présente volontairement ; dans le cas contraire, il est noté, signalé et poursuivi comme insoumis.

S'il est arrêté ou s'il se présente volontairement avant l'expiration des délais fixés par le § 1er de l'art. 39 de la loi du 21 mars 1832, il sera, s'il y a lieu, conduit à sa destination sous l'escorte de la gendarmerie.

Mais s'il a dépassé ce délai, et si ce retard ne provient pas du cas de force majeure prévu par le premier paragraphe de l'article sus-cité, il sera immédiatement noté, signalé et poursuivi comme prévenu d'insoumission par le commandant du dépôt de recrutement. (N° 2 *idem.*)

Si le jeune soldat abandonne en route le détachement dont il fait partie, l'officier ou le sous-officier commandant le détachement enverra son signalement au commandant du dépôt de recrutement (sous le couvert du sous-intendant militaire), ainsi qu'à la gendarmerie et aux autorités locales. Ce signalement indiquera le jour de la disparition du jeune soldat. (N° 3 *idem.*)

53. Jeune soldat qui abandonne en route le détachement, doit être signalé par le commandant du détachement.

Si un mois après le jour fixé par l'ordre de route pour l'arrivée d'un jeune soldat à sa destination, ce dernier n'a point paru au corps qui lui était assigné, et si ce retard ne provient pas d'un cas de force majeure, le chef de ce corps renverra dans les vingt-quatre heures au commandant du dépôt de recrutement (sous le couvert du sous-intendant militaire) le contrôle signalétique dressé par cet officier. Le chef de corps certifiera en outre, au bas de cette pièce, que le jeune soldat y dénommé n'est point arrivé à sa destination dans le délai d'un mois après le jour fixé par son ordre de route, et qu'il n'a point été informé que la cause du retard provînt d'un cas de force majeure. (N° 5 *idem.*)

54. Renvoi du contrôle signalétique du jeune soldat qui ne s'est pas rendu à sa destination.

Immédiatement après l'arrivée de cette pièce, le commandant du dépôt de recrutement qui l'aura reçue, en donnera connaissance à l'officier général ou supérieur commandant le département, et prendra près de lui toutes les informations convenables pour constater les causes du retard, et, s'il résulte de l'avis donné par l'officier général ou supérieur, que le jeune soldat ne se trouve pas dans le cas de force majeure prévu par le premier paragraphe de l'article 39 de la loi, c'est-à-dire qu'il n'est point à l'hôpital ou retenu chez lui pour cause de maladie

55. Jeune soldat noté et signalé comme prévenu d'insoumission.

grave régulièrement constatée, l'officier de recrutement le notera comme prévenu d'insoumission, et le signalera comme tel. (N° 8 *idem.*)

Ce signalement, qui sera conforme au modèle n° 1 annexé à l'*Instruct. du* 12 *octobre* 1832, *Journ. milit.* pag. 387, sera envoyé immédiatement par l'officier de recrutement, sous les peines portées par l'art. 1er du décret du 14 octobre 1811, savoir :

1° Au ministre de la guerre (bureau de la justice militaire);

2° Aux préfets des départements ci-après : celui au contingent duquel le jeune soldat appartient;

Celui où le jeune soldat avait son dernier domicile ou sa résidence;

56. Envoi de son signalement.

Celui où il est né;

Et celui où ses père et mère sont domiciliés.

3° Aux commandants des légions de gendarmerie départementale dans l'arrondissement desquelles ces départements sont situés;

4° Enfin si le prévenu d'insoumission appartient au contingent du département de la Seine, ou bien :

S'il y avait son dernier domicile ou sa résidence,

S'il y est né.

S'il y est réfugié,

Le signalement, au lieu d'être envoyé au préfet de ce département, le sera au préfet de police, à Paris, ainsi qu'au commandant de la 1re légion de gendarmerie départementale. (N° 9 *idem.*)

L'officier de recrutement adressera en même temps à l'officier général ou supérieur commandant le département, un rapport en forme de plainte qui sera conforme au modèle joint à l'*Instruction du 12 octobre* 1832, *Journ. milit.*, page 390. Ce rapport sera accompagné des pièces suivantes :

Pour le jeune soldat, d'un extrait du registre des notifications, constatant que la notification de l'ordre de route a été faite à domicile; 57. Plainte à porter contre lui.

D'un extrait du registre des notifications constatant la notification dudit ordre de route au lieu de la résidence, si cette notification a dû être faite;

Du contrôle signalétique (modèle n° 7 annexé à la *Circulaire du 4 juillet* 1832) établissant le fait de la non-arrivée du jeune soldat à sa destination dans les délais fixés (1). (N° 10 *idem.*)

Le commandant du dépôt de recrutement ouvrira pour chaque classe un contrôle nominatif des jeunes soldats qu'il aura signalés comme insoumis. Ce contrôle sera intitulé : Contrôle des jeunes soldats signalés comme prévenus d'insoumission. (N° 13 *id.*) 58. Contrôle nominatif des jeunes soldats signalés insoumis.

Ce contrôle, qui sera conforme au modèle n° 5 joint à l'*Instruction du* 12 *octobre* 1832, sera établi en double expédition; l'une de ces expéditions sera faite et tenue par le commandant du dépôt de 59. Etabli par le commandant du recrutement et le commandant de la gendarmerie.

(1) Lorsqu'il s'agira d'un jeune soldat qui ne s'est pas présenté au chef-lieu du département pour y être passé en revue, le contrôle signalétique qui, dans ce cas, n'aura pu être envoyé au commandant du corps sur lequel ce jeune soldat devait être dirigé, sera remplacé par une expédition du signalement n° 1, dressée par le commandant du dépôt de recrutement en exécution des dispositions prescrites en la section 3, n° 9, de l'*Instruct. du* 12 *octobre* 1832. (Voir ci-dessus au n° 9.)

recrutement, l'autre par l'officier commandant la gendarmerie du département. Le contrôle établi par cet officier sera tenu dans le même ordre que celui du commandant du dépôt de recrutement, au moyen des feuilles de signalement que ce commandant doit lui transmettre. (N° 14 *idem.*)

60. Correspondance entre les divers fonctionnaires relativement aux insoumis.

Le préfet et le commandant de la gendarmerie doivent donner exactement avis au commandant du dépôt de recrutement, de toutes les mutations parvenues à leur connaissance parmi les jeunes soldats ou engagés volontaires prévenus d'insoumission, afin que cet officier puisse les annoter sur les contrôles nominatifs de ces hommes. (N° 16 *idem.*)

Voir, pour les vérifications à faire pendant la tournée des conseils de révision, ce qui est prescrit plus haut aux commandants des dépôts de recrutement qui suivent le conseil de révision dans sa tournée, art. 12.

61. Engagé volontaire signalé insoumis.

Les dispositions ci-dessus indiquées pour le jeune soldat qui ne rejoint pas dans les délais fixés par la loi, sont applicables à l'engagé volontaire qui, après avoir contracté un engagement devant l'officier de l'état civil d'un chef-lieu de canton ou devant le sous-intendant militaire et reçu une feuille de route, ne rejoint pas dans les mêmes délais le corps sur lequel il avait été dirigé.

62. Acte d'engagement transmis par le chef de corps au sous-intendant militaire.

Ainsi lorsqu'il s'agit d'un engagé volontaire, le chef du corps transmettra dans les vingt-quatre heures, après l'expiration du délai d'un mois, au sous-intendant militaire du département dans lequel l'engagement aura été contracté, l'expédition de cet acte, et le bulletin conforme au modèle n° 3 annexé à l'*Instruction du 12 octobre 1832*, qui lui auront été précédemment envoyés. (N° 6 *idem.*)

63. Remise des pièces au commandant du dépôt de recrutement.

Le sous-intendant militaire fera remise de ces pièces au commandant du dépôt de recrutement qui, après avoir pris les mêmes renseignements indiqués plus haut pour le jeune soldat, notera l'engagé volontaire comme prévenu d'insoumission et le signalera comme tel. (N° 8 *idem.*)

64. Envoi de son signalement.

Le signalement n° 1 sera envoyé aux autorités précitées et au préfet du département dans lequel l'engagé volontaire aura contracté son engagement.

65. Plainte à porter contre lui.

La plainte, modèle n° 4, à porter contre lui sera la même que celle dressée contre un jeune soldat, mais au lieu d'être accompagnée de l'extrait du registre des notifications, on y joindra copie de l'acte d'engagement et le bulletin n° 3 établissant le fait de la non-arrivée de l'engagé volontaire à sa destination dans le délai fixé. (N° 10 *idem.*)

66. Contrôle nominatif des engagés volontaires, insoumis, tenu par le commandant du dépôt de recrutement et par le commandant de la gendarmerie.

Il sera ouvert, pour les engagés volontaires prévenus d'insoumission, un contrôle nominatif en double expédition et conforme au modèle n° 6 joint à l'*Instruction du* 12 *octobre* 1832. L'une de ces expéditions sera faite et tenue par le commandant du dépôt de recrutement, l'autre par l'officier commandant la gendarmerie du département. (N° 14 *idem.*)

67. Examen que doit faire le commandant du dépôt de recrutement avant de porter plainte contre un insoumis arrêté.

Lorsque le commandant du dépôt de recrutement aura reçu avis de l'arrestation d'insoumis, par le lieutenant général commandant la division dans laquelle l'arrestation aura eu lieu, il s'assurera si les pièces qui lui auront été envoyées s'appliquent en effet à l'insoumis qu'il a signalé comme tel. Dans ce cas il enverra dans les vingt-quatre heures une plainte rédigée conformément au modèle n° 8 jointe à l'*Instruction du* 12 *octobre* 1832, à M. le lieutenant général commandant la division où l'insoumis est détenu, pour qu'il soit jugé conformément à la loi. (N° 37 *idem.*)

68. Pièces qui doivent être jointes à la plainte.

Cette plainte sera accompagnée des pièces qui lui auront été transmises par cet officier général, et, de plus, de la plainte modèle n° 4 avec les pièces à l'appui, ainsi qu'il est mentionné ci-dessus au n° 10. (N° 38 *idem.*)

69. Envoi du signalement constatant la rentrée de l'insoumis.

Le commandant du dépôt de recrutement enverra en même temps aux autorités qui auront reçu le signalement n° 1 de l'insoumis une expédition du même signalement constatant l'arrestation ou la présentation volontaire de cet insoumis. Ce signalement sera conforme au modèle n° 2, joint à l'*Instruction du* 12 *octobre* 1832, *Journ. milit.*, page 388. (N° 39 *idem.*)

70. Suite à donner à la plainte.

Le lieutenant général commandant la division, au reçu de cette plainte, donnera l'ordre d'informer contre le prévenu, et veillera à ce qu'un extrait en bonne forme du jugement rendu soit immédiatement envoyé au commandant du dépôt de recrutement, afin que cet officier en fasse mention sur les contrôles (modèle n° 5 ou 6), ainsi que sur le registre-matricule sur lequel le jeune soldat est inscrit. (N° 40 *idem.*)

71. Destination à donner à un individu qui aurait été arrêté ou qui se serait présenté comme insoumis et qui ne serait pas reconnu comme tel.

Dans le cas où l'individu qui aurait été arrêté ou qui se serait présenté volontairement, ne serait pas reconnu pour être l'insoumis signalé, le commandant du dépôt de recrutement en informerait sans délai M. le lieutenant général qui lui aurait donné avis de l'arrestation ou de la présentation volontaire, afin que cet officier général pût donner les ordres nécessaires pour constater la véritable position de cet individu, et lui assigner ensuite telle destination qu'il appartiendrait. (N° 41 *idem.*)

Les jeunes soldats ou engagés volontaires prévenus d'insoumission, qui n'auront pas été arrêtés ou qui ne se seront pas présentés volontairement, ne seront rayés du contrôle des insoumis que dans les trois cas suivants :

1° S'ils sont décédés;

2° S'ils ont été condamnés à une peine afflictive ou infamante pour un crime quelconque, et si la condamnation a reçu un commencement d'exécution;

3° S'ils sont amnistiés par une ordonnance royale, et si cette amnistie les libère entièrement de l'obligation de servir.

72. Radiation des contrôles des jeunes soldats ou engagés volontaires qui seraient reconnus pour ne devoir pas y figurer.

Le signalement modèle n° 2 des insoumis qui se trouveront dans l'un de ces trois cas, sera envoyé, ainsi qu'il est dit ci-dessus au modèle n° 39. Ce signalement fera connaître la date et le lieu du décès, ou la date du jugement ou de l'arrêt, le tribunal ou la cour qui l'aura rendu, la nature du crime et celle de la peine prononcée, ou enfin la date de l'ordonnance royale d'amnistie en vertu de laquelle l'insoumis aura été libéré du service militaire. (N° 44 *idem.*)

73. Relevé numérique dressé par les commandants des dépôts de recrutement et envoyés au ministre.

Dans les cinq premiers jours de chaque trimestre, les commandants des dépôts de recrutement feront visiter par le sous-intendant militaire, et transmettront au ministre deux expéditions du relevé numérique : 1° des jeunes soldats prévenus d'insoumission; 2° des engagés volontaires prévenus du même délit. Ces deux relevés seront conformes aux modèles 10 et 11 joints à l'*Instruction du* 12 *octobre* 1832.

Les deux expéditions de chacun de ces relevés seront envoyées, les unes *au bureau de recrutement* et les autres *au bureau de la justice militaire.* (N° 47 et dernier de l'*Instruction du* 12 *octobre* 1832, *Journ. milit.* page 385.)

74. Les dispositions prescrites ci-dessus, abrogées par une nouvelle décision du ministre.

Les dispositions prescrites ci-dessus pour l'envoi des états numériques des jeunes soldats et engagés volontaires prévenus d'insoumission, sont rapportées par une décision du ministre du 23 avril 1836, qui veut qu'à l'avenir ces états ne lui soient plus adressés qu'une fois par an, du 1er au 20 janvier au plus tard pour l'année écoulée. (*Journ. milit.* 1er *juin* 1836, page 297.)

COMMANDANTS des dépôts de recrues, surveillance et dispositions à suivre à l'égard des militaires et jeunes soldats qui font partie de la réserve.

L'organisation par département des hommes de la réserve en bataillons, compagnies, escadrons, batteries ou sections ayant été indéfiniment suspendue, il n'y a lieu à s'occuper que des mesures de police et de surveillance prescrites par l'*Instruction du* 16 *novembre* 1833.

75. Etat nominatif à envoyer aux commandants des brigades de gendarmerie.

Immédiatement après que l'officier de recrutement aura reçu, par l'intermédiaire des sous-intendants militaires, les contrôles signalétiques des hommes envoyés en congé illimité, il établira pour chaque circonscription de brigade de gendarmerie un état nominatif conforme au modèle n° 7 joint à l'*Instruction du* 16 *novembre* 1833, présentant les militaires auxquels des congés ont été délivrés, ainsi que le nom du canton et de la commune dans lesquels chacun de ces militaires a déclaré vouloir se retirer. (N° 48 de l'*Instruction du* 16 *novembre* 1833.)

76. Renvoi par la gendarmerie.

Cet état sera envoyé au commandant de la brigade de gendarmerie, lequel le renverra le plus promptement possible à l'officier de recrutement avec les renseignements nécessaires. (Art. 49 *idem.*)

77. Inscriptions à faire.

A la réception de cet état, l'officier de recrutement inscrira, sur le registre réservé à cet effet, les militaires désignés comme étant *arrivés* dans leurs foyers. (Art. 50 *idem.*)

78. Militaires en retard.

Quant à ceux compris dans le même état, et dont l'arrivée ne serait pas constatée, le commandant de la brigade de gendarmerie en tiendra note, ainsi que cela est prescrit, et il aura soin de prévenir l'officier de recrutement de l'époque à laquelle chaque militaire en retard aura paru dans le lieu de sa résidence. (Art. 51 *idem.*)

79. Renseignements à demander au maire.

Les mêmes renseignements pourront être demandés par l'officier de recrutement au maire de la commune dans laquelle le militaire aura déclaré vouloir se retirer. (Art. 52 *idem.*)

80. L'inscription sur le registre-matricule n'a lieu que lorsque le militaire est arrivé.

Dans aucun cas, l'inscription sur le registre-matricule, des militaires envoyés en congé illimité, n'aura lieu qu'après que l'officier de recrutement aura acquis la certitude de leur arrivée dans le département. (Art. 53 *idem.*)

Lorsqu'un militaire en congé illimité ou en congé

81. Militaire en permission d'absence non rentré à sa résidence.

d'un an, auquel une autorisation d'absence dans le département aura été accordée, ne sera pas rentré au lieu de sa résidence à l'époque indiquée par sa permission, le commandant de la brigade de gendarmerie qui l'aura accordée en préviendra, au bout de huit jours, l'officier de recrutement du département, en lui adressant le congé illimité du militaire, et en indiquant la durée de la permission et le lieu où il se trouve. (Art. 58 *idem.*)

82. Cas où un changement de résidence étant nécessaire, sera accordé par l'officier de recrutement.

Lorsque ces pièces seront parvenues à l'officier de recrutement, il s'informera des motifs qui ont pu donner lieu à cette infraction, et s'il résulte des renseignements qui lui seront donnés, qu'il y a nécessité d'un changement de résidence pour le militaire absent, il l'autorisera. Le congé illimité sera renvoyé au militaire, et avis du changement de résidence sera donné à la gendarmerie de l'ancienne et de la nouvelle résidence. (Art. 59 *idem.*)

83. Changement de résidence dans le département, avis à donner.

Lorsqu'un militaire en congé illimité aura obtenu du commandant de la brigade de gendarmerie de son canton une autorisation de changement de résidence dans le département, l'officier de recrutement en sera prévenu par celui qui aura délivré cette autorisation, et enregistrera cette mutation dès qu'il aura reçu avis du commandant de la gendarmerie du nouveau canton de l'arrivée du militaire dans sa nouvelle résidence. (Art. 60 et 61 *idem.*)

84. Autorisation d'absence hors du département, accordée par la gendarmerie.

Lorsqu'une autorisation d'absence hors du département de plus de quinze jours et de deux mois au plus, aura été accordée à un militaire en congé illimité ou en congé d'un an, l'officier ou le sous-officier de gendarmerie qui l'aura délivrée en prévient immédiatement l'officier de recrutement du département, en lui indiquant : 1° le lieu de la destination, le canton, l'arrondissement et le département; 2° la durée de la permission. (Art. 64 *idem.*)

L'officier de recrutement donne avis de cette permission à l'officier de recrutement du département dans lequel le militaire doit se rendre, et ce dernier prévient le commandant de la gendarmerie du canton de l'arrivée de ce militaire. (Art. 65 *idem.*)

(Voir ABSENCE hors du département pour les militaires en congé illimité ou en congé d'un an.)

85. Cas où le militaire qui aurait obtenu une permission d'absence hors du département, ne serait pas rentré à sa résidence.

Dans le cas où le militaire ne rentrerait pas à sa résidence à l'époque prescrite par la permission, son congé illimité serait, au bout de huit jours, renvoyé à l'officier de recrutement, lequel rendrait immédiatement compte de cette infraction au général commandant le département. (Art. 66, *id.*)

86. Renseignement à prendre près de l'officier de recrutement du département pour lequel la permission avait été accordée.

L'officier de recrutement s'informerait en même temps près de son collègue, auquel il a déjà écrit relativement à ce militaire, des causes qui peuvent légitimer son retard, et s'il y avait nécessité d'accorder un changement de résidence, il y serait procédé ainsi qu'il est prescrit ci-après. (Art. 67 *idem.*)

Si le militaire en congé illimité ou en congé d'un an dans un département, a besoin d'aller habiter dans un autre département, il en fait la demande au commandant de la gendarmerie de son canton, lui remet son congé et indique le département, l'arrondissement, le canton et la commune dans lesquels il se propose de se fixer. (Art. 68, *idem.*)

Ce congé et ces renseignements sont envoyés immédiatement à l'officier de recrutement du département.

Celui-ci met au dos de ce congé l'autorisation nécessaire, ainsi qu'elle est formulée ci-après, et la soumet à la signature du général commandant.

Formule de changement de résidence hors du département.

87. Changement de résidence hors du département accordé par le maréchal de camp.

Le sieur dénommé d'autre part, est autorisé à se rendre immédiatement à canton d , arrondissement d , département d et à y établir sa résidence.

A son arrivée, il présentera son congé au visa du maire de la commune et du commandant de la gendarmerie du canton.

A le 183

Le maréchal de camp commandant le département,

88. Congé illimité revêtu de cette autorisation renvoyé par le maréchal de camp.

Cette autorisation une fois signée, l'officier de recrutement fait sans délai le renvoi du congé qui en est revêtu, à l'autorité qui le lui avait transmis, et l'homme qu'il concerne peut dès-lors se mettre en route pour la nouvelle destination qu'il a choisie. (Art. 70, *idem.*)

En même temps l'officier de recrutement enverra en double expédition la copie du contrôle signalétique conforme au modèle n° 10, joint à l'*Instruc-*

tion du 16 novembre 1833, à l'officier de recrute- 89. Copie du contrôle du militaire, envoyé à l'officier de recrutement de la nouvelle résidence.
ment du département désigné dans l'autorisation, et il aura soin d'y relater l'époque de l'arrivée du militaire dans le département et celle de son départ. (Art. 71, *id.*)

Lorsque l'arrivée du porteur du congé dans sa 90. Renvoi de ce contrôle après l'arrivée du militaire à sa destination.
nouvelle résidence a été constatée, l'officier de recrutement inscrit ce militaire sur ses registres, et renvoie une expédition du contrôle signalétique à l'officier de recrutement de la précédente résidence, avec le récépissé suivant :

Je soussigné, certifie que le militaire dénommé au présent contrôle est arrivé à canton d arrondissement d département d le et qu'il a été inscrit sur le registre des militaires qui s'y trouvent en congé.

A le 183

L'officier commandant le dépôt de recrutement et de réserve du département d

(Art. 72 *id.*)

L'officier de recrutement du premier domicile 91. Mutation à inscrire.
inscrit alors la mutation sur le registre des hommes en congé illimité ou en congé d'un an. (Art. 73, *idem.*)

Si au contraire le militaire n'est point arrivé à sa 92. Renvoi du même contrôle en cas de non-arrivée.
destination un mois après l'époque où il aurait dû y parvenir (on obtiendra cette date en divisant la distance à parcourir par journées d'étapes), l'officier

de recrutement renvoie une expédition du contrôle signalétique avec le récépissé suivant :

Je soussigné, certifie que le militaire dénommé au présent contrôle, n'est point arrivé à sa destination dans le délai d'un mois après le temps qui lui était nécessaire pour s'y rendre.

A le 183

L'officier commandant le dépôt de recrutement et de réserve du département d

(Art. 74, *idem.*)

93. Recherche du militaire.

Dès le retour de ce contrôle, le militaire qui y est porté deviendra l'objet des recherches de la gendarmerie et de l'autorité locale, informées par l'officier de recrutement. Si cet homme est revenu dans sa première résidence et n'a plus l'intention de la quitter, il en sera donné avis par l'officier de recrutement à son collègue, lequel considérera comme non avenue la seconde expédition du contrôle signalétique. (Art. 75, *idem.*)

94. Cas où il serait arrivé à la résidence après le délai.

Dans le cas où le militaire serait parvenu à sa nouvelle résidence après le délai accordé, une copie de cette seconde expédition, revêtue du récépissé selon la première formule, sera envoyée à l'officier de recrutement de la première résidence, par celui de la nouvelle, et ces deux officiers porteront alors la mutation du militaire sur les registres destinés aux hommes en congé illimité ou en congé d'un an. (Art. 76, *idem.*)

95. Ordre donné de rejoindre sa destination, si le mili-

Enfin si le militaire, bien qu'il ait quitté sa première résidence, n'arrive pas dans celle qu'il avait choisie, et si l'on parvient à connaître le lieu où il se trouve, la gendarmerie en sera informée, au besoin, par les officiers de recrutement, et l'ordre sera donné au militaire de rejoindre sa destination. Avis de l'exécution de cet ordre sera donné par le commandant de la gendarmerie du département dans lequel le militaire en contravention aura été trouvé, tant à l'officier de recrutement de la première résidence qu'à celui de la nouvelle. (Art. 77, *idem.*)

taire est découvert dans un autre département.

96. Cas où le militaire aurait été empêché de se rendre à sa nouvelle résidence. Permis de séjour accordé.

Si les militaires qui auraient demandé et obtenu des changements de résidence, étaient empêchés de se rendre à leur nouvelle destination par un cas de force majeure, un permis de séjour leur serait accordé par l'officier ou le sous-officier de gendarmerie de la localité, lequel en rendrait compte au commandant de la compagnie, qui préviendrait à son tour de ce retard l'officier de recrutement du département dans lequel le militaire doit se rendre. (Art. 78, *idem.*)

97. Compte mensuel à rendre au maréchal de camp.

Quant aux mutations qui seront la conséquence des précédentes dispositions, l'officier de recrutement en rendra un compte mensuel à l'officier général commandant le département. L'autorité municipale devra être également informée par ses soins de tous les changements qui pourront s'opérer parmi les militaires en congé illimité ou en congé d'un an résidant dans la commune. (Art. 80, *idem.*)

98. Permission de mariage accordée par le maréchal de camp à un militaire en congé.

Lorsque le maréchal de camp commandant le département aura accordé une permission de mariage à un militaire en congé illimité ou en congé d'un an, il en fera prendre note par l'officier de recrutement et la renverra au préfet qui la transmettra au maire. (Art. 86, *id.*)

99. Mentionnée sur les comptes mensuels à envoyer au ministre.

L'officier de recrutement indiquera sommairement, dans les comptes mensuels qu'il aura à rendre sur les militaires en congé illimité ou en congé d'un an, les autorisations de mariage qui auront été accordées pendant le mois. (Art. 87 *id.*)

100. Militaires rentrant à leurs corps, compte à rendre.

L'officier de recrutement comprendra également dans les comptes mensuels qu'il doit adresser au ministre, les mutations concernant les militaires qui auraient demandé et obtenu de rentrer à leur corps. (Art. 90, *id.*)

101. Perermission d'absence accordée à un jeune soldat pour se rendre dans une autre localité du même département.

Lorsqu'un jeune soldat disponible dans ses foyers aura obtenu une permission d'absence de plus de quinze jours du maire de la commune, pour se rendre dans une autre localité du département dans lequel il réside, le préfet en informera le sous-intendant militaire qui en préviendra à son tour l'officier de recrutement. Ce dernier inscrira la mutation sur le registre-matricule. (Art. 96, *id.*)

102. Autorisation d'absence hors du département pour un jeune soldat.

Lorsque le général commandant le département aura accordé une autorisation d'absence à un jeune soldat pour se rendre dans un autre département, il en donnera avis au sous-intendant militaire, lequel en prendra note et fera la même communication à l'officier de recrutement qui en passera écriture. (Art. 108, *id.*)

103. Avis à donner par le maire lors de la rentrée du jeune soldat.

Lorsque le jeune soldat est rentré au lieu de son domicile, le maire de cette commune en rend compte au préfet, lequel en donne avis au sous-intendant militaire qui prévient à son tour l'officier de recrutement, et chacun en prend note. (Art. 110, *id.*)

Les passeports pour se rendre à l'étranger ne sont délivrés aux jeunes soldats que sur l'autorisation du ministre de la guerre. (*Voy.* ABSENCE, autorisation d', pour se rendre à l'étranger.)

104. Passeports pour l'étranger ne sont accordés que sur l'autorisation du ministre.

Dès qu'un jeune soldat étranger à une commune y aura fixé sa résidence *sans autorisation*, la gendarmerie en sera prévenue par le maire.

Le commandant de la brigade prendra le signalement de l'étranger, y relatera le plus exactement possible la commune, le canton, l'arrondissement et le département auxquels il appartient, et enverra sans délai ce signalement à l'officier de recrutement. (Art. 112, *idem.*)

105. Jeune soldat étranger à une commune, qui vient y fixer sa résidence.

Soit que le jeune soldat appartienne ou n'appartienne pas au département dans lequel il se trouve, l'officier de recrutement en informera le maire de la commune ainsi que le brigadier de gendarmerie, qui ont donné les avis prescrits par l'article 112 ci-dessus. (Art. 113, *id.*)

106. Avis à donner à son égard.

Si le jeune soldat n'appartient pas au département, l'officier de recrutement établira une feuille signalétique conforme au modèle n° 12 joint à l'*Instruct. du* 16 *novembre* 1833, et l'enverra à l'officier de recrutement du domicile. (Art. 114, *Id.*)

107. Dans le cas où il n'appartiendrait pas au département.

Les commandants des brigades de gendarmerie, comme les maires des communes, s'informeront avec soin de toutes les mutations qui surviendront parmi les jeunes soldats domiciliés ou résidant dans leur arrondissement, et transmettront le résultat de leurs informations au capitaine de gendarmerie, lequel en informera, sans délai, l'officier de recrutement. (Art. 116, *id.*)

108. Soins recommandés pour les informations à prendre sur toutes les mutations qui surviennent parmi les jeunes soldats.

109. Permissions de mariage pour les jeunes soldats.

Les permissions de mariage pour les jeunes soldats seront soumises aux mêmes formalités que celles à accorder aux militaires en congé. (Art. 117, *idem*. Voir MARIAGE, permission de.)

110. Congés de réforme à délivrer dans la réserve.

Les congés de réforme à délivrer aux militaires de la réserve, sont établis par les soins des commandants des dépôts de recrutement, qui se feront remettre à cet effet le congé illimité de chaque militaire proposé, et consulteront en même temps le contrôle signalétique resté entre leurs mains.

Les pièces ainsi que les certificats de visite et de contre-visite dont chaque militaire aura été l'objet, seront conservés aux archives du dépôt de recrutement. (Art. 132 et 133 de l'*Instruction du 16 novembre* 1833, modifiés par les dispositions de la *Circulaire* du 12 *mars* 1834, relative aux congés de libération et applicables aux congés de réforme ou de renvoi.)

111. Mêmes dispositions pour les congés de renvoi.

Il en sera de même pour les congés *de renvoi* à délivrer aux jeunes soldats au moment de l'appel à l'activité. (Voir ce qui a été dit ci-dessus, COMMANDANTS des dépôts de recrutement, mise en route des jeunes soldats. Art. 50.)

112. Congés de réforme envoyés à la gendarmerie pour être remis aux titulaires.

Lorsque les congés de réforme ou de renvoi auront été revêtus de toutes les formalités requises, ils seront adressés par l'officier de recrutement à la gendarmerie, avec invitation de les remettre aux militaires qu'ils concernent.

113. Autorité municipale prévenue des congés accordés.

L'autorité municipale sera en même temps prévenue par les soins de l'officier de recrutement et du commandant de la gendarmerie, des congés qui auront été accordés. (Art. 134, *idem.*)

114. Congés définitifs de libération.

L'art. 140 de l'*Instruction du* 16 *novembre* 1833, porte que tout militaire envoyé en congé illimité ou en congé d'un an, qui aura terminé le temps de service auquel il est tenu par la loi, recevra son congé définitif.

115. Libellés par les commandants des dépôts de recrutement.

La *Circulaire du* 12 *mars* 1834, *Journal militaire*, page 68, veut que ces congés soient libellés au nom des commandants des dépôts de recrutement et délivrés par leurs soins.

116. Demande des congés illimités des militaires, pour établir leurs congés définitifs.

A cet effet, dans la première quinzaine de chaque mois, l'officier de recrutement réclamera, par l'intermédiaire de la gendarmerie, les congés illimités ou d'un an des militaires dont la libération devra avoir lieu dans le mois suivant. (N° 141 de l'*Instruction du* 16 *novembre* 1833.)

117. Renseignements que doivent fournir les congés illimités.

Les congés illimités et les contrôles signalétiques des militaires serviront à établir le congé définitif, et si ces pièces ne contiennent pas tous les renseignements qu'il importe d'avoir pour remplir ce congé avec une entière exactitude, particulièrement en ce qui concerne les services, campagnes, et blessures, l'officier de recrutement réclamera ces renseignements auprès des conseils d'administration des corps, lesquels auront soin de les lui faire parvenir sans délai.

118. Avoir soin d'annoter sur les congés définitifs si les militaires sont mariés ou non.

Les officiers de recrutement devront également se conformer aux prescriptions de la *Circulaire du* 9 *février* 1834, *Journ. milit.*, pag. 37, en portant sur les congés définitifs à délivrer au militaire, les indications relatives aux mariages qu'ils ont pu contracter pendant la durée de son service. Ainsi à la place des mots *marié à* *à d* qui existent sur le dernier modèle des congés de libération, on mettra, si le militaire n'était pas marié avant son incorporation, ou si pendant la durée de son service il n'a pas contracté mariage :

1° *ou* qu'il n'est pas marié,

2° *ou* qu'il est veuf, avec ou sans enfants,

3° *ou* qu'il n'a pas contracté mariage pendant la durée de son service.

119. **Ils seront soumis à la vérification du sous-intendant militaire.** Lorsque les congés auront été établis, ils seront soumis, conformément aux dispositions de l'art. 143 de l'*Instruction du* 16 *novembre* 1833 et de la *Circulaire du* 3 *février* 1834, à la *vérification* du sous-intendant militaire qui examinera avant de les signer, si le décompte des services est exact, et si les dispositions de la *Circulaire du* 1er *septembre* 1833, sur les déductions à opérer dans les services, ont été fidèlement suivies. (*Circulaire du* 12 *mars* 1834, *Journ. milit.*, pag. 68. *Voy.* Déduction des services.)

120. Si, depuis son départ du corps, un militaire en congé illimité ou en congé d'un an s'est rendu coupable d'infractions qui le rendent passible d'une déduction dans son temps de service, cette déduction sera opérée conformément aux dispositions de la *Circulaire du* 1er *septembre* 1833, mais seulement dans les cas qu'elle a prescrits conformément à la loi. (Art. 142 de l'*Instruction du* 16 *novembre* 1833.) *Voy.* Déductions de services.

A cet égard, les officiers de recrutement se tiendront informés de tous les jugements dont les militaires en congé illimité pourront être l'objet, ils indiqueront la durée de la déduction à opérer, et auront soin de joindre les pièces nécessaires pour en justifier.

La plus grande exactitude est recommandée sur ce point aux officiers de recrutement, afin qu'aucun militaire ne puisse être contraint à une prolongation de service par une fausse interprétation de la loi. (Art. 142.)

121. Les officiers de recrutement donneront avis aux corps des congés délivrés.

Enfin les officiers de recrutement feront connaître aux corps les noms ainsi que le domicile des militaires envoyés en congé illimité ou en congé d'un an, qui seront successivement libérés dans la réserve, pour que les conseils d'administration annotent les mutations, et puissent tenir compte à ces hommes du montant de leur masse individuelle, ainsi qu'il est prescrit par l'art. 848 de l'Ordonnance du 19 mars 1823, et par les Circulaires des 29 août 1829 et 19 avril 1830. (*Circulaire du* 12 *mars* 1834, *Journ. milit.*, page 68.)

Toutes les fois que des sous-officiers, caporaux, brigadiers ou soldats devront être rayés des contrôles de la réserve, comme rentrés sous les drapeaux, réformés, retraités, libérés, morts ou exclus des rangs de l'armée, l'officier de recrutement du département établira un état conforme au modèle joint à la *Circulaire du* 2 *avril* 1834. Cet état sera vérifié par le sous-intendant militaire et transmis par lui au conseil d'administration du corps.

Il en sera de même à l'égard des jeunes soldats qui, aux termes des *Instructions des* 8 *juin* 1827 et 4 *juillet* 1832, auront reçu des congés d'un an, et cesseront de faire partie de la réserve. (*Circulaire du* 2 *avril* 1834, *Journal milit.*, page 116.)

122. Congés définitifs à délivrer aux jeunes soldats. L'art. 148 de l'*Instruction du 16 novembre* 1833, porte que tout jeune soldat immatriculé laissé dans ses foyers, qui, à l'expiration du temps de service imposé par la loi, n'aura pas été appelé à l'activité, recevra un congé définitif conforme au modèle n° 17 joint à la susdite Instruction.

123. Dressés par les commandants de recrutement. Ce congé sera également libellé au nom du commandant du dépôt de recrutement, et délivré par ses soins. (*Circulaire du* 12 *mars* 1834, *Journ. milit.*, page 68.)

124. Marche à suivre. A cet effet l'officier de recrutement suivra la marche prescrite ci-dessus pour les militaires en congé illimité. Les congés des jeunes soldats seront transmis par lui aux maires des communes de leur résidence, avec invitation de les remettre aux jeunes soldats qu'ils concernent.

125. Prescriptions auxquelles on doit se conformer. On se conformera aux prescriptions des articles 142 et suivants de l'*Instruction du 16 novembre* 1833, pour les déductions à opérer dans les services et les formalités à remplir sur le congé. (Art. 151 *de l'Instruction du* 16 *novembre* 1833.)

126. Comptes à rendre. L'officier de recrutement rendra un compte exact, dans les états périodiques relatifs à la réserve, des congés définitifs qui auront été accordés, tant aux militaires envoyés en congé illimité qu'aux jeunes soldats laissés dans leurs foyers. (Art. 152 *id.*)

Des congés seront délivrés savoir :

127. 1° A tout jeune soldat laissé régulièrement dans ses foyers jusqu'à l'époque de sa libération ;

2° A tout jeune soldat dispensé ou déduit du contingent, aux termes des Lois du 10 mars 1818 et 21 mars 1832, qui n'auront pas été incorporés.

Le 1er septembre de chaque année, les commandants des dépôts de recrutement adresseront au ministre un compte détaillé de l'emploi de ces congés, et indiqueront le nombre d'imprimés qui leur sera nécessaire, tant pour les jeunes soldats déduits du contingent, aux termes de l'art. 14 de la loi, que pour ceux laissés dans leurs foyers pour un motif légitime, et qui devront être libérés le 31 décembre suivant. (*Circulaire du* 11 *mai* 1835, *Journ. milit.* page 173.)

Ils auront soin d'indiquer, en marge de chaque congé, le motif pour lequel l'homme qui a fini son temps de service légal a été maintenu régulièrement dans ses foyers.

La même mesure sera exécutée à l'égard des jeunes soldats *dispensés* ou *déduits* du contingent à quelque titre que ce soit. (*Note ministérielle du* 13 *juillet* 1835, *Journ. milit.*, page 24.)

Le ministre ayant reconnu la nécessité de modifier les dispositions des art. 155 et 157 de l'*Instruction du* 16 *novembre* 1833, sur la réserve, a décidé :

Que les congés concernant les hommes qui font partie de la réserve, seront désormais adressés directement aux commandants des dépôts de recrutement chargés de les établir.

128. Modifications apportées aux dispositions des art. 155 et 157 de l'instruction du 16 novembre 1833.

Que les commandants des dépôts de recrutement restent désormais chargés de l'exécution des dispositions de ces mêmes articles, et qu'en conséquence ils adresseront chaque année, dans la première quinzaine du mois de décembre, un état numérique conforme au modèle n° 19 de l'*Instruction du* 16 *novembre* 1833, indiquant le nombre d'hommes de la réserve qui auront droit à leur congé définitif dans le courant de l'année suivante.

129. Comptes à rendre au ministre. Que ces mêmes officiers rendront compte au ministre dans les premiers jours de janvier, par un état conforme au modèle n° 21, des congés qu'ils auront employés dans le cours de l'année précédente.

130. Soumis au visa du sous-intendant. Que cet état, ainsi que celui n° 19, seront revêtus du visa de MM. les sous-intendants militaires chargés du recrutement dans les départements. (*Décision ministérielle du* 30 *juin* 1835, *Journ. milit.*, pag. 423.)

131. Compte (modèle n° 25) envoyé tous les six mois. Les commandants des dépôts de recrutement ne fourniront plus à l'avenir le *compte rendu*, modèle n° 25, que tous les six mois, les 1er janvier et 1er juillet de chaque année; mais ils adresseront au ministre, dans les premiers jours de chaque mois, une expédition de la situation numérique de la réserve (modèle n° 24) rectifié suivant celui joint à la *Circulaire du* 21 *janvier* 1836, *Journ. milit.*, pag. 16 et 17.

COMMANDANTS des dépôts de recrutement; certificats d'acceptation à délivrer aux engagés volontaires, certificats d'aptitude pour les devancements d'appel et rengagés, et mesures à prendre à l'égard des dispensés qui renoncent à leurs études.

132. Certificats d'acceptation à délivrer aux engagés volontaires. Les commandants des dépôts de recrutement délivrent des certificats d'acceptation aux hommes qui demandent à s'engager volontairement. (Nos 27, 33, 34 et 35 de l'*Instruct. du* 4 *mai* 1832, *Journ. milit.*, pag. 356 et 357.)

Voir le mot ACCEPTATION (certificat d').

Ils en délivrent aussi aux étrangers qui désirent prendre du service dans la légion étrangère. *Voyez* LÉGION ÉTRANGÈRE.

Ces officiers délivrent aussi des certificats d'aptitude aux jeunes soldats admis à devancer leur mise en activité, et aux militaires en congé temporaire ou illimité qui désirent se rengager. 133. Certificats d'aptitude aux jeunes soldats qui devancent l'appel et aux militaires en congé qui désirent se rengager.

Ces certificats seront conformes au modèle n° 8 joint à l'*Instruct. du 4 juillet* 1832, *Journ. militaire*, pag. 60 et 135. Voir les mots DEVANCEMENT d'appel (art. 7), et RENGAGEMENTS (art. 12.)

Le dispensé qui perd le bénéfice qui lui a été acquis en vertu de l'art. 14 de la loi du 21 mars 1832, redevient aussitôt *jeune soldat disponible*, et est rétabli dans le contingent de la classe à laquelle il appartient.

Si la portion de la classe dont il fait partie a déjà été appelée à l'activité, lorsqu'il est lui-même rétabli dans le contingent, il doit être mis en route après avoir été préalablement visité et reconnu propre au service. 134. Dispensés qui renoncent au bénéfice de la dispense. Mesures à prendre à leur égard.

Si, au contraire, il appartient à une portion non encore appelée à l'activité, il est laissé dans ses foyers jusqu'à la mise en route de cette portion. Voir le mot DISPENSES, art. 28.

On suivra à son égard pour sa mise en route la marche tracée pour les autres jeunes soldats, c'est-à-dire qu'un ordre de route lui sera adressé par le sous-intendant militaire pour se rendre au chef-lieu du département, et qu'après avoir été visité et reconnu propre au service, il sera dirigé sur l'un des 135. Reçoivent un ordre de route.

corps auquel le contingent de la classe à laquelle il appartient a été affecté.

136. Contrôle signalétique envoyé au corps.

Son contrôle signalétique sera envoyé audit corps par l'officier de recrutement, et s'il ne se présente pas, ou si après avoir reçu une feuille de route il ne rejoint pas le corps sur lequel il aura été dirigé, il sera, s'il y a lieu, noté et signalé comme prévenu d'insoumission.

137. Compte à rendre au ministre de l'incorporation du dispensé par une note.

Il fera l'objet d'une note au ministre, indiquant la destination qui lui aura été donnée. Cette note ne sera adressée qu'après l'incorporation effectuée du jeune soldat dispensé qu'elle concernera, et sera jointe au plus prochain compte rendu sur un contingent dont les hommes ne seront pas encore dans une position définitive. (Modèle n° 3 du *Compte rendu* joint à l'*Instruction du 4 juillet* 1832, *Journ. milit.*, pag. 119.)

Voir pour les appels dans la réserve le mot Appels périodiques de la réserve, page 36, et Maréchaux de camp, art. 83 et suivants.

COMPAGNIES SÉDENTAIRES. (*V.* Vétérans.)

COMPLICE ET COMPLICITÉ de fraude en matière de recrutement. (*Voy.* Fraude, art. 12.)

COMPTE RENDU sur les hommes composant le contingent d'une classe, par les commandants des dépôts de recrutement. (Modèle n° 3 joint à la *Circulaire du* 28 *juin* 1835, *Journ. milit.*, pag. 407 et 419.)

Voir Commandants des dépôts de recrutement, après la réunion des listes cantonnales, article *Comptes à rendre au ministre.*

COMPTE RENDU sur les hommes composant la

réserve par les commandants des dépôts de recrutement. (Modèle n° 25, art. 167 de l'*Instruct. du 16 novembre* 1835.)

Voir Commandants des dépôts de recrutement, surveillance et dispositions à suivre à l'égard des militaires et jeunes soldats qui font partie de la réserve. (Art. *Compte*, modèle n° 25, envoyé tous les six mois.)

CONDAMNÉS.

Sont exclus du service militaire et ne pourront, à aucun titre, servir dans l'armée :

1° Les individus qui ont été condamnés à une peine afflictive ou infamante; 1. Motifs d'exclusion du service militaire.

2° Ceux condamnés à une peine correctionnelle de deux ans d'emprisonnement et au-dessus, et qui en outre ont été placés par le jugement de condamnation sous la surveillance de la haute police et interdits des droits civiques, civils et de famille. (Art. 2 de la *Loi du 21 mars* 1832.)

Les conseils de révision ayant seuls qualité pour prononcer l'exclusion de ces individus, les maires auront soin de les porter sur les tableaux de recensement, afin qu'ils prennent part aux opérations du tirage. (N° 3 de l'*Instruction du* 30 *mars* 1832, *Journ. milit.*, page 209.) 2. Les jeunes gens dans l'un des cas ci-dessus sont portés sur les tableaux de recensement.

Mais aujourd'hui, la répartition et la sous-répartition du contingent devant être basées sur le nombre des jeunes gens inscrits aux listes du tirage de la classe appelée, les individus dont il s'agit dans l'article précédent, s'ils n'étaient pas rayés avant le tirage, occasionneraient une surcharge aux cantons dans lesquels ils se trouvent; en conséquence mes- 3.

sieurs les sous-préfets devront, le cas échéant, les faire disparaître des tableaux de recensement. Toutefois il conviendra de s'abstenir et de laisser au conseil le soin de prononcer dans les cas douteux, et lorsque les causes d'exclusion ne seront pas suffisamment établies. (*Circul. du* 13 *mai* 1837, *Journ. milit.*, pag. 429.)

4. Certificat à produire par les engagés volontaires et remplaçants.

Tout individu qui désire s'engager volontairement comme aussi celui qui se présente pour servir comme remplaçant, doit fournir un certificat du maire de sa commune ou de sa résidence, constatant :

1° Qu'il jouit de ses droits civils ;

2° Qu'il n'a jamais été condamné à une peine correctionnelle pour vol, escroquerie, abus de confiance ou attentat aux mœurs. (Voir le modèle du certificat joint à *l'Instruction du* 30 *mars* 1832, *Journal militaire*, pag. 257.)

CONDUITE des jeunes soldats à leur destination.

1. L'officier général décide si les détachements doivent être commandés par un officier ou un sous-officier.

L'officier général ou supérieur qui a passé la revue sur le terrain, décide s'il y a lieu de réunir en détachement les jeunes soldats destinés pour le même corps, et suivant leur nombre, si le détachement doit être commandé par un officier ou un sous-officier. Le lieutenant général commandant la division déterminera à l'avance, d'après la répartition du contingent à mettre en activité, le nombre d'officiers, de sous-officiers, de caporaux et de tambours pour l'aider à conduire les jeunes soldats à leur destination, et maintenir parmi eux la discipline et la subordination. (*Instruct. du* 9 *mai* 1836, *Journ. milit.* pag. 343.)

Les officiers, sous-officiers, caporaux ou brigadiers chargés de la conduite des jeunes soldats seront désignés dans la proportion suivante : 2.

Pour un détachement de 150 hommes et au-dessus, 1 lieutenant, 2 sous-officiers et 3 caporaux ou brigadiers;

Pour un détachement de 100 hommes, 1 sous-lieutenant, 1 sous-officier et 2 caporaux ou brigadiers ;

Pour un détachement de 60 hommes et au-dessus, 1 sous-officier et deux caporaux ou brigadiers;

Pour un détachement de 30 hommes et au-dessus, 1 sous-officier et 1 caporal ou brigadier;

Pour un détachement de 20 hommes et au-dessus, 1 caporal ou brigadier. (*Circulaire du* 12 *octobre* 1830, pag. 3 et 4.)

Si pour les officiers, il y avait insuffisance dans les corps de toutes armes stationnés dans la division, le lieutenant-général se conformerait aux dispositions rappelées par l'Instruction du 4 juillet 1832, n° 101 ainsi conçu :

Les officiers (pour la conduite des jeunes soldats) seront pris dans l'ordre de préférence ci-après :

1° Officiers en semestre ou en congé qui retourneraient à leurs corps, lorsque les jeunes soldats devront rejoindre ce même corps;

2° Officiers faisant partie des corps de toutes armes stationnés dans la division;

3° Officiers en non-activité ou en réforme, domiciliés dans le département.

Les sous-officiers et caporaux seront pris dans les corps de troupes stationnés dans la division, et de préférence parmi ceux qui seraient en congé et devraient rentrer incessamment à leur corps.

3. Officiers et sous-officiers employés au recrutement, chargés de préférence de la conduite des jeunes soldats.

Toutefois, les officiers et sous-officiers placés sous les ordres des commandants des dépôts de recrutement seront employés de préférence, et autant que le permettront les besoins du service spécial dont ils sont chargés, à la conduite des jeunes soldats. (*Circulaire du 9 mai 1836*, *Journal militaire*, pag. 343.)

Voir Officiers et Sous-Officiers de recrutement, art. 19.

4. Discipline en route.

Les réglements de police concernant les militaires en route seront observés à l'égard des jeunes soldats dans le trajet qu'ils auront à faire pour se rendre à leur destination, soit qu'ils voyagent en détachement, soit qu'ils marchent isolément. (N° 102 de l'*Instruct. du 4 juillet 1832*, *Journ., milit.*, pag. 58.)

5. Contrôles signalétiques remis au chef du détachement.

Les contrôles signalétiques des jeunes soldats réunis en détachement, seront remis par le commandant du dépôt de recrutement à l'officier ou sous-officier commandant le détachement. Ce dernier sera chargé d'annoter avec soin, dans la colonne d'observation, toutes les mutations qui surviendraient pendant la route. (N° 98 *idem.*)

6. Le jeune soldat est signalé par le commandant du détachement, s'il abandonne le détachement en route.

Si un jeune soldat abandonne en route le détachement dont il fait partie, le commandant du détachement enverra sans délai son signalement au commandant du dépôt de recrutement (sous le couvert du sous-intendant militaire), ainsi qu'à la gendarmerie et aux autorités locales. Ce signalement indiquera le jour de la disparition du jeune soldat.

(N° 8 de l'*Instruction du* 12 *octobre* 1832, *Journ. milit.*, pag. 373.)

Lors de l'arrivée à destination du détachement, l'officier ou le sous-officier qui le commande remettra au conseil d'administration ou au chef de corps, les contrôles signalétiques des jeunes soldats, et fournira, s'il y a lieu, sur les absents tous les renseignements qu'il aura pu recueillir.

7. Contrôles signalétiques remis au corps par le chef du détachement à son arrivée.

Les contrôles des absents seront également remis au conseil d'administration, afin que si les hommes qu'ils concernent ne se présentent pas après l'expiration des délais fixés par la loi, ils puissent être renvoyés au commandant du dépôt de recrutement ainsi que le prescrit l'art. 5, section 2, de l'*Instruct. du* 12 *octobre* 1832, *Journal militaire*, pag. 374.

CONGÉS D'UN AN.

Ces congés, accordés d'après l'*Instruction du* 8 *juin* 1827, ont été supprimés par celle du 16 novembre 1833, art. 164, et par les dispositions de la *Circulaire du* 12 *août* 1837. Toutefois, les jeunes soldats ou militaires qui en étaient porteurs à cette dernière époque, sont compris dans la réserve, et la catégorie des hommes en congé d'un an s'éteindra successivement.

1. Congés d'un an supprimés.

Quant au petit nombre d'hommes compris dans le contingent par une fausse application de la loi, et auxquels il a été délivré des congés d'un an *renouvelables jusqu'à la libération de leur classe.* (*Instr. du* 12 *mai* 1833, *Journ. milit.*, pag. 327), comme ils ne font pas partie de la réserve, leurs congés ne sont pas annotés ainsi que le prescrit la *Circulaire*

2. Congés d'un an délivrés antérieurement à la Circulaire du 24 février 1834.

du 12 *août* 1837 pour les autres congés d'un an. Les officiers de recrutement conserveront avec un soin particulier le nom et la position de ces hommes, afin que, dans aucun cas, ils ne puissent être appelés à l'activité. (*Circulaire du* 24 *février* 1834, *Journ. milit.*, pag. 49.)

3. Les jeunes soldats qui en sont porteurs n'exemptent pas leurs frères.

Les jeunes soldats ou militaires placés dans la position ci-dessus, ne peuvent procurer l'exemption à leurs frères, puisqu'ils sont libérés de fait, étant porteurs de congés *renouvelables jusqu'à la libération de leur classe.* (*Circulaire du* 12 *mai* 1833, *Journ. milit.*, pag. 327. (*V.* Exemptions, art. 41.)

4. Anciens congés d'un an remplacés par des congés temporaires de 6 mois.

Les congés d'un an, précédemment accordés à des militaires reconnus être les soutiens indispensables de leur famille, sont remplacés par des congés de six mois sans solde, renouvelés de six mois en six mois, tant que le militaire est toujours dans la même position.

MM. les maréchaux de camp pourront, chacun dans leur commandement et sur la production des certificats exigés, renouveler de six mois en six mois les congés sans solde des militaires soutiens de famille dont la position n'aura pas changé. (*Circulaire du* 9 *juin* 1836, *Journ. milit.*, pag. 421. *V.* Soutiens de famille, art. 14.)

CONGÉS ILLIMITÉS et Instruction y relative.

1. Remplacent les congés d'un an.

Ces sortes de congés remplacent maintenant en partie les congés d'un an qui, sous l'empire des *Lois du* 10 *mars* 1818 *et* 9 *juin* 1824, avaient été délivrés aux jeunes soldats disponibles ou aux militaires en activité de service, soit pour satisfaire aux prescriptions du budget, en réduisant par ce moyen l'effectif de l'armée, ou pour tempérer une application trop rigoureuse de la loi en rendant ou en conservant à leurs familles les militaires ou les jeunes soldats reconnus en être les soutiens indispensables. (*Circulaire du* 24 *février* 1834, *Journ. milit.*, pag. 47.)

Les militaires porteurs de *congés illimités*, et qui, à ce titre, sont compris dans la réserve, confèrent l'exemption à leurs frères. (*Circulaire du* 25 *juin* 1834, *Journ. milit.*, pag. 356.) *V.* Exemptions.

Instruction relative aux militaires qui devront être renvoyés en congé illimité. (Journ. milit., pag. 65.) 2.

2. Instruction pour la délivrance des congés illimités dans les corps.

Paris, le 11 août 1834.

Art. 1er. Lorsqu'aux termes de l'art. 30 de la *Loi du* 21 *mars* 1832, il y aura lieu d'accorder des *congés illimités*, ils seront délivrés dans chaque corps aux militaires les plus anciens de service effectif sous les drapeaux, et de préférence à ceux qui les demanderont. 3.

3. A qui ces congés sont délivrés de préférence.

2. Les sous-officiers, caporaux, brigadiers et soldats des corps qui se recrutent par la voie des appels, peuvent seuls obtenir des *congés illimités*. 3.

3. Les engagés volontaires ne reçoivent des congés illimités que de leur consentement.

Il n'en est délivré aux engagés volontaires que sur leur consentement. (Art. 33 de la loi.)

Les militaires en congé de semestre ou en congé temporaire, et en général tous ceux qui font partie

8

de l'effectif soldé, participent à la délivrance des congés illimités comme les militaires présents au drapeau.

5. Ordre dans lequel la répartition des congés illimités doit se faire.

3. La répartition des congés sera faite par grade:

Pour les adjudants dans tout le régiment;

Pour les sergents-majors et fourriers, dans le bataillon;

Pour les maréchaux de logis chefs et fourriers, dans tout le régiment;

Pour les sergents, les maréchaux de logis, les caporaux, les brigadiers et les soldats, dans la compagnie, dans l'escadron ou dans la batterie.

6. Maximum des congés illimités à délivrer.

4. Le maximum des congés illimités à accorder aux sous-officiers, caporaux et brigadiers, est déterminé dans l'état ci-après.

7. Les sous-officiers caporaux et brigadiers ne sont envoyés en congé que sur leur demande.

5. Les sous-officiers, caporaux ou brigadiers ne seront envoyés en congé qu'autant qu'ils en feraient la demande, et que leur rang d'ancienneté leur permettrait d'obtenir cette faveur.

DÉSIGNATION DES CORPS.	Par régiment.				Par bataillon.		Par compagnie, escadron, ou batterie.		OBSERVAT.
	Adjudants sous-officiers.	Mar. des logis chefs et sergents-majors.	Fourriers.	Maréchaux des logis.	Sergents-majors.	Fourriers.	Sergents ou maréch. des logis	Caporaux ou brigadiers.	
Infanterie de ligne ou légère.	1	»	»	»	1	1	1	2	
Cavalerie.	1	1	1	6	»	»	»	2	
Génie.	»	1	1	»	»	»	1	2	
Equipages militaires.	»	»	»	»	»	»	»	»	
Régiments d'artillerie.	»	2	2	»	»	»	1	1	
Bataillon de pontonniers.	»	»	»	»	»	»	1	1	
Escadrons du train des parcs.	»	»	»	»	»	»	»	1	Un maréchal des logis par deux compagnies dans les escadrons du train des parcs.
Compagnies d'ouvriers d'artillerie	»	»	»	»	»	»	1	1	

6. Tout sous-officier, caporal ou brigadier qui *demandera* à aller en congé illimité sera préalablement prévenu qu'il ne pourra rentrer dans l'armée active *avec son grade* qu'autant qu'il serait *rappelé à l'activité* en vertu des ordres du ministre de la guerre.

8. Les militaires gradés envoyés en congé illimité ne peuvent rentrer dans l'armée avec leur grade qu'en vertu d'un ordre du ministre de la guerre.

Pour tout sous-officier, caporal ou brigadier envoyé en congé, il sera fait mention que cet avertissement a été donné dans la colonne 6 du contrôle signalétique ci-joint, modèle n° 3.

9. Quels sont les militaires qui ont le plus de droits à recevoir des congés illimités.

7. Parmi les militaires que l'ancienneté de ***service effectif sous les drapeaux*** désignera pour recevoir des congés illimités, ces congés seront délivrés de préférence à ceux *qui les demanderont*, et parmi ces derniers les congés seront accordés dans l'ordre suivant :

1° Aux militaires qui, depuis leur admission dans le contingent, se trouveraient dans un des cas prévus par l'art. 13 de la loi, et qui en fourniraient la preuve ;

2° A ceux qui justifieraient être les soutiens indispensables de leur famille, par un certificat conforme au modèle n° 5, annexé à la *Circulaire du 21 septembre* 1830.

3° A ceux qui justifieraient avoir une profession industrielle ;

4° A ceux qui ne se trouveraient compris dans aucun des cas énumérés ci-après ;

10. Quels sont les militaires auxquels il ne doit pas être accordé de congés illimités?

8. Dans aucun cas on ne fera concourir aux congés illimités :

1° Les hommes jugés susceptibles de recevoir des congés de réforme ;

2° Les militaires désignés pour passer dans une autre arme ou dans un autre corps ;

3° Ceux qui sont proposés pour les invalides ou pour la retraite.

11. Nombre d'années effectives de service dont doivent justifier les militaires qui de-

9. Les sous-officiers, caporaux, brigadiers ou soldats, susceptibles d'obtenir des congés illimités, devront avoir trois ans de service effectif sous les

drapeaux dans l'infanterie et les équipages militaires, et quatre ans dans les autres armes.

mandent à aller en congé illimité.

Toutefois, si le nombre des congés à délivrer par corps d'après les ordres du ministre, pour entrer dans les prévisions de la loi de finance, ne pouvait être atteint par des hommes ayant trois ans de service dans l'infanterie et les équipages militaires, et quatre ans dans les autres armes, le nombre nécessaire pour compléter ce chiffre serait pris parmi les *simples soldats* dont l'ancienneté se rapprocherait le plus selon l'arme de l'un ou l'autre *minimum* fixé (3 ou 4 ans).

Parmi ceux-ci, les congés seront accordés de préférence à *ceux qui les demanderont*, et en se conformant aux prescriptions de l'art. 7 ci-dessus.

10. Dans aucun cas le nombre de congés à accorder dans les corps, d'après les ordres du ministre, ne saurait être restreint ; l'effectif soldé devra rentrer immédiatement dans le chiffre qui aura été déterminé.

12.
Ne pas restreindre le nombre des congés à délivrer par ordre du Ministre de la guerre.

11. Lorsque le rang d'ancienneté de *service effectif sous les drapeaux* désignera pour aller en congé illimité des militaires qui déclareraient n'avoir chez eux aucun moyen d'existence, et qui préféreraient rester au drapeau, ils pourront y être conservés, pourvu que, malgré cette exception, le nombre total des congés à accorder soit rigoureusement atteint.

13.
Quels sont les militaires qui, désignés pour aller en congé, peuvent rester au corps.

12. Les militaires qui auront *demandé* à aller en congé seront prévenus qu'ils ne pourront rentrer dans l'armée qu'autant qu'ils seraient *rappelés à l'activité* par ordre du ministre de la guerre.

14.
Une fois en congé illimité, on ne peut rentrer dans l'armée active que par ordre du ministre de la guerre.

15. La masse individuelle n'est payée aux intéressés qu'à l'époque de leur libération définitive.

13. Les hommes quittant leurs drapeaux en vertu des congés illimités, ne recevront leur fonds de masse individuelle qu'à l'époque de leur libération définitive ; toutefois, ceux qui auront un excédant à leur masse, recevront cet excédant.

Cette décision sera consignée sur le congé, et le conseil d'administration aura également soin d'indiquer la date à laquelle le paiement de la masse devra avoir lieu.

Pour effectuer ce paiement, le conseil se conformera aux dispositions prescrites par l'art. 848 de l'*Ordonn. du* 19 *mars* 1823, et par les *Circulaires des* 29 *août* 1829, 19 *avril* 1830 et 12 *mars* 1834.

16. Certificat de bonne conduite.

14. Le conseil d'administration délivrera également à chaque militaire qui l'aura mérité, un certificat de bonne conduite conforme au modèle ci-joint n° 1. (*Voy.* ce modèle sous le n° à la fin du présent Dictionnaire.)

17. Feuille de route.

15. Les militaires envoyés en congé illimité recevront une feuille de route avec indemnité.

18. Modèle des congés illimités.

16. Les congés illimités seront conformes au modèle n° 2 ci-joint, et les diverses indications qu'il nécessite devront être relatées avec une rigoureuse exactitude dans ces congés.

19. Contrôle signalétique du militaire envoyé en congé illimité.

17. Les conseils d'administration établiront avec le même soin, pour chaque militaire envoyé en congé illimité, un contrôle signalétique conforme au modèle n° 3.

Ce contrôle fera connaître spécialement :

1° Si le militaire a *demandé* à aller en congé;

2° Et, si c'est un sous-officier, caporal ou brigadier, qu'il a été prévenu qu'il ne pourrait rentrer dans l'armée, *sur sa demande*, qu'en qualité de simple soldat.

18. Il est recommandé de ne porter sur le contrôle signalétique *le lieu où le militaire a déclaré vouloir se retirer, et qu'il a librement choisi pour sa résidence*, qu'après avoir fait connaître au porteur du congé qu'il devra se rendre au lieu par lui-même désigné, et qu'il ne lui sera pas permis de changer en route sa destination. 20. Indiquer avec soin sur le contrôle signalétique la résidence choisie par le militaire.

On substituera au contrôle signalétique prescrit par l'art. 17, le feuillet mobile du livre de compagnie ou d'escadron, et cette pièce suivra le militaire dans toutes ses positions ultérieures jusqu'à sa libération.

On recommande, du reste, de porter sur ledit feuillet tous les renseignements qui devaient se trouver sur le contrôle signalétique. (*Circulaire du 6 mai* 1836, *Journal militaire*, pag. 328.)

Les militaires qui demanderaient à résider dans les départements de la Seine et de Seine-et-Oise, ne pourront y être autorisés qu'autant qu'ils y auraient leur famille établie, ou qu'ils justifieraient qu'ils exercent une profession dont ils doivent tirer partie dans la capitale pour assurer leur existence. (*Circul. du* 11 *janvier* 1834.)

19. Conformément aux dispositions de la Circulaire du 20 septembre 1833, les conseils d'administration transmettront immédiatement aux sous-intendants militaires, qui les feront parvenir sans retard aux officiers de recrutement, les contrôles signalétiques établis pour les militaires envoyés en 21. A qui ces contrôles sont envoyés.

congé illimité, conformément aux prescriptions de l'art. 17 ci-dessus.

Chaque contrôle sera accompagné du congé illimité du militaire.

22. Dans la dernière année de leur service, les militaires en congé illimité peuvent rentrer dans l'armée active par voie de rengagement.

20. Les sous-officiers et soldats envoyés en congé illimité seront prévenus qu'aux termes de l'art. 36 de la loi, ils pourront, dans la dernière année de leur service, contracter un engagement en se conformant d'ailleurs aux dispositions de l'ordonnance du 28 avril 1832 (art. 21 et suiv.); mais qu'ils ne pourront rentrer dans l'armée que par la voie de l'engagement volontaire, et par conséquent comme simples soldats, dès l'instant où ils auront atteint dans la réserve l'époque de leur libération.

23. Renseignements à consigner sur la feuille de route dont sera porteur le militaire allant en congé illimité.

21. Les sous-officiers et soldats envoyés en congé illimité recevront seulement pour rentrer dans leurs foyers une feuille de route qui indiquera d'une manière précise :

1° Le lieu où le militaire a déclaré vouloir se retirer. Ce lieu devra être le même que celui porté sur le congé et sur le contrôle signalétique, envoyés aux termes de l'art. 19, à l'officier de recrutement du département;

2° Que son congé lui sera remis immédiatement après son arrivée à sa destination.

Les officiers de recrutement assureront l'exécution de cette dernière mesure aussitôt après que, conformément aux dispositions de l'*Instruction du 16 novembre* 1833 (art. 48 et suiv.), ils se seront assurés que les militaires en congé sont arrivés dans leurs foyers.

22. Tout militaire envoyé en congé illimité qui

24. Les militaires se rendant à une destination indiquée par leur feuille de route ne peuvent en changer sans encourir une punition.

sera trouvé hors de l'itinéraire tracé sur sa feuille de route, pour se rendre à la résidence qu'il aura choisie, et qui sera désignée sur ladite feuille de route, devra être dirigé sur cette résidence par les soins de l'autorité.

Si des militaires dans cette position refusaient de se rendre à leur destination, l'officier général commandant pourrait les punir par voie de discipline, et, selon les circonstances, de la peine portée par l'article 46 de l'*Instruction provisoire sur la réserve, du* 16 *novembre* 1833.

Il est indispensable que la gendarmerie prête à cette disposition un concours actif et permanent. En conséquence il sera donné, aux brigades de chaque compagnie départementale, connaissance des articles 19, 21 et 22 de la présente instruction.

25. Les effets d'habillement sont mentionnés au congé de l'homme.

23. La nature et le nombre des effets d'habillement que les hommes à envoyer en congé illimité devront emporter, sont désignés au troisième paragraphe de l'état n° 2, joint à la *Circulaire du* 25 *janvier* 1832; et, à cet égard, les corps se conformeront aux dispositions de la *Circulaire du* 26 *février* 1833.

26. Recommandation de faire rentrer les armes dans les magasins.

24. Les corps adresseront au ministre (*Bureau de l'artillerie*), un état d'armement conforme au modèle annexé à l'*Instruction du* 18 *mars* 1819, afin qu'il soit donné des ordres pour faire rentrer en magasin les armes qui seront en excédant.

27. Quels sont les états à transmettre par les corps au ministre de la guerre après la délivrance des congés illimités.

25. Lorsque des congés illimités seront accordés dans un corps (*n'importe l'arme*), le conseil d'administration adressera *immédiatement* au ministre (*Bureau du recrutement et de la réserve*) :

1° Un état numérique conforme au modèle ci-joint, n° 4;

2° Un état numérique conforme au n° 5, présentant par libération, les sous-officiers et soldats composant l'effectif soldé du corps, après le départ des hommes envoyés en congé illimité.

28. Quels sont les militaires gradés qui sont remplacés en allant en congé illimité.

26. Les adjudants, sergents-majors, maréchaux des logis chefs et fourriers auxquels des congés illimités auront été accordés, seront immédiatement remplacés s'ils ne comptent pas *à la suite.* Il n'y aura pas à pourvoir au remplacement de ceux qui se trouveraient dans cette dernière position.

29. Exception à l'article ci-dessus.

27. Quant aux maréchaux des logis et sergens, caporaux ou brigadiers qui seront également envoyés en congé illimité, leur remplacement immédiat ne pourra avoir lieu que par les sous-officiers, caporaux ou brigadiers qui se trouveraient *à la suite;* s'il n'y a pas de sous-officiers, caporaux ou brigadiers *à la suite,* les emplois resteront vacants. Si l'intérêt du service exigeait qu'il y fût pourvu, il en sera rendu compte au ministre.

30. Les officiers généraux commandant les divisions ou subdivisions, ne peuvent accorder de congés illimités.

28. Sous aucun prétexte, et dans *aucun cas,* les officiers généraux commandant les divisions ou subdivisions, ainsi que les chefs de corps, ne doivent accorder de *congés illimités* sans l'autorisation spéciale du ministre de la guerre, qui seul détermine l'époque de leur délivrance, et en fixe le nombre, aux termes de l'article 30 de la *Loi du 21 mars* 1832. (*Instruction du 11 août* 1834, *Journal militaire*, page 65.)

CONGÉS DÉFINITIFS de libération.

1. Les jeunes soldats

Tout jeune soldat maintenu régulièrement dans

ses foyers, ou tout militaire en activité de service qui a terminé le temps de service exigé par la loi, ou le temps fixé par son acte d'engagement si c'est un engagé volontaire, a droit à l'expiration de ce temps à un congé définitif de libération.

et les militaires qui ont fini leur temps de service ont droit à un congé définitif.

Cette mesure s'étend également à tout jeune soldat dispensé ou déduit du contingent, aux termes des *Lois des* 10 *mars* 1818 et 21 *mars* 1832, qui n'aurait pas été incorporé.

2. Cette mesure s'étend aux jeunes soldats dispensés ou déduits du contingent.

Pour les militaires en activité de service et présents sous les drapeaux, ces congés sont établis par les soins des conseils d'administration des corps dont ils font partie.

3. Les militaires présents sous les drapeaux reçoivent leur congé au corps.

Ces conseils ne doivent point omettre de porter sur ces congés les indications propres à faire connaître si les militaires libérés sont, ou ne sont pas mariés. (*Circul. du* 9 *février* 1834, *Journ. milit.*, page 37.)

4. Indications que les conseils d'administration ne doivent point omettre sur ces congés.

Pour les jeunes soldats laissés dans leurs foyers, ou dispensés, et les militaires en congé illimité, leurs congés de libération seront établis par les commandants des dépôts de recrutement. (Voir COMMANDANTS DES DÉPÔTS DE RECRUTEMENT, surveillance et dispositions à suivre à l'égard des militaires et des jeunes soldats qui font partie de la réserve.) (Art. 115.)

5. Les congés définitifs des jeunes soldats et militaires de la réserve, sont établis par les commandants des dépôts de recrutement.

CONGÉS DE RÉFORME.

Les congés de réforme ne sont délivrés, aux termes de la loi, que *pour blessures reçues dans un service commandé, ou pour infirmités contractées dans les armées de terre ou de mer*; en conséquence, les

1. Les congés de réforme ne sont accordés que pour *blessures reçues dans un service commandé.*

militaires qui sont porteurs de ces sortes de congé confèrent l'exemption à leurs frères.

2. Différence des congés de réforme ou de renvoi.

Les conseils de révision doivent avoir soin de ne pas confondre les militaires qui seront porteurs d'un congé de *renvoi*, avec ceux qui présenteront un congé de *réforme*. (*V*. CONGÉ DE RENVOI, et EXEMPTIONS, art. 26.) (Art. 38 de l'*Instruction du* 30 *mars* 1832, *Journ. milit.*, page 217.)

CONGÉS DE RENVOI.

1. Congés de renvoi délivrés aux jeunes soldats reconnus *impropres au service*.

Les jeunes soldats qui, présents à la revue de départ lors de l'appel à l'activité, ont été examinés et reconnus *évidemment impropres au service*, reçoivent immédiatement un *congé de renvoi*. Il en est de même des jeunes soldats qui, dirigés sur un corps, sont à leur arrivée reconnus *impropres au service* et renvoyés dans leurs foyers avec un *congé de renvoi*.

2. L'homme porteur d'un congé de *renvoi* ne procure pas l'exemption à son frère.

Le jeune soldat qui reçoit ou le militaire qui rentre dans ses foyers avec un congé de *renvoi*, ne donne point à son frère le droit de réclamer l'exemption, parce que le titre seul de ce congé suffit pour indiquer que celui qui en est porteur n'a point reçu ses blessures dans un service commandé, ou que ses infirmités ont été contractées *antérieurement* à son incorporation. (Art. 39 de l'*Instruction du* 30 *mars* 1832, *Journ. milit.*, page 217.)

CONGÉS TEMPORAIRES.

1. Délivrés par les corps d'après les ordres du ministre.

Ces sortes de congés sont délivrés dans les corps d'après les ordres du ministre de la guerre, qui en limite le nombre et la durée; les lieutenants généraux ont seuls le droit de les accorder, et en rendent compte au ministre. (*Circul. du* 20 *janvier* 1832, *Journ. mil.*, page 26.)

Ces congés sont accordés de préférence aux militaires qui justifient être soutiens de leur famille.

Quand ce sont des congés de six mois, ils peuvent être renouvelés par les maréchaux de camp (à moins d'ordre contraire du ministre).

Ainsi les maréchaux de camp pourront, chacun dans leur commandement et sur la production des certificats exigés, renouveler de six mois en six mois les congés sans solde des militaires soutiens de famille dont la position sera restée la même. Cette disposition, toutefois, n'aura d'effet que pour les militaires en congé de six mois appartenant à la classe de 1831, et les engagés et rengagés libérables en 1838. (*Circulaire du* 26 *janvier* 1837.) 2. Renouvelés s'il y a lieu par les maréchaux de camp.

Ils rendront compte des renouvellements qu'ils auront accordés à M. le lieutenant général commandant la division, qui en fera donner avis aux corps auxquels les militaires appartiendront. (*Circulaire du* 9 *juin* 1836, *Journ. milit.*, pag. 421. (*V.* Maréchal de camp, art. 66.)

CONSEILS D'ADMINISTRATION et Chefs de corps.

Lors de l'appel à l'activité d'une classe, les conseils d'administration des corps sur lesquels les jeunes soldats sont dirigés, soit isolément, soit par détachement, reçoivent, par les soins des commandants des dépôts de recrutement, le contrôle signalétique individuel de tout jeune soldat. N°s 97 et 98 de l'*Instruct. du* 4 *juill.* 1832, *Journ. milit.*, pag. 58.) 1. Contrôles signalétiques des jeunes soldats.

A leur arrivée au corps, ces jeunes soldats y sont de suite immatriculés, et leurs contrôles signalétiques renvoyés au commandant du dépôt de recrutement, avec indication exacte de la date précise de leur arrivée au corps et du numéro sous lequel ils y ont été immatriculés.

2. Renvoi du contrôle signalétique du jeune soldat qui n'arrive pas à sa destination.

Si, un mois après le jour fixé pour l'arrivée d'un jeune soldat à sa destination, ce dernier n'a point paru au corps qui lui était assigné, et si ce retard ne provient pas d'un cas de force majeure, le chef de ce corps renverra dans les vingt-quatre heures, au commandant du dépôt de recrutement, le contrôle signalétique dressé par cet officier, et certifiera en outre, au bas de cette pièce, que le jeune soldat y dénommé n'est point arrivé à sa destination dans le délai d'un mois fixé par sa feuille de route, et qu'il n'a point été informé que la cause du retard provienne d'un cas de force majeure. (Art. 5, sect. 2, de l'*Instr. du* 12 *octobre* 1832, *Journ. milit.*, pag. 374.)

3. Renvoi de l'acte d'engagement au sous-intendant militaire pour un engagé volontaire non arrivé à sa destination.

S'il s'agit d'un engagé volontaire, le chef du corps transmettra également, vingt-quatre heures après l'expiration du délai d'un mois fixé par l'art. 39 de la *Loi du* 21 *mars* 1832, au sous-intendant militaire du département dans lequel l'engagement aura été contracté, l'expédition de cet acte avec un bulletin conforme au modèle n° 3 joint à l'*Instr. du* 12 *octobre* 1832, qui lui auront été précédemment envoyés. (Art. 6, *id.*)

4. Certificat de présence sous les drapeaux, à délivrer

Les conseils d'administration délivrent des certificats de présence sous les drapeaux aux militaires présents qui les réclament, soit pour faire valoir les droits à l'exemption de leurs frères, conformément aux dispositions de l'art. 13, soit pour régler leurs intérêts avec leurs remplacés, si ces militaires sont remplaçants. Ces certificats ne sauraient donc être refusés, et les conseils d'administration des corps devront toujours satisfaire sans délai aux demandes de pièces de cette nature qui leur seront adressées. Il leur est expressément recommandé d'indiquer, sur ces certificats, la qualité en vertu de laquelle le militaire est lié au service, soit comme jeune soldat, substituant, remplaçant, engagé volontaire, etc., etc. (*Circ. du* 23 *avril* 1836, *Journ. milit.* page 299.) *Voy.* Certificat de présence sous les drapeaux. par les conseils d'administration.

Les conseils d'administration des corps délivrent également des certificats de bonne conduite aux militaires envoyés en congé illimité, renvoyés par anticipation ou libérés, lorsqu'ils le méritent. (*Instruct. du* 11 *août* 1834, art. 14, *Journal militaire*, page 68.) *Voy.* Certificat de bonne conduite. 5. Certificats de bonne conduite aux militaires envoyés en congé illimité.

Des certificats d'effectif pourront être délivrés par les corps quand bien même leur effectif aurait atteint le complet fixé par les instructions ministérielles, mais seulement aux hommes qui, demandant à s'engager, seraient, par leur position, leur aptitude au service ou leur profession utile, une bonne acquisition pour l'armée, et que le lieutenant général commandant la division aura autorisé leur admission. (Art. 30, 31 et 32 de l'*Instruct. du* 4 *mai* 1832, *Journ. milit.*, page 356.) *Voyez* Certificat d'effectif. 6. Certificats d'effectif.

7. Certificats d'acceptation et d'aptitude à délivrer par les chefs de corps.

Les chefs de corps peuvent délivrer des certificats d'acceptation et d'aptitude aux engagés volontaires et rengagés. (*Voy.* ACCEPTATION, APTITUDE, ENGAGEMENTS, art. 40, et RENGAGEMENTS, art. 7.)

Les conseils d'administration des corps établissent des *congés de réforme, de renvoi* et *de libération* pour les militaires sous les drapeaux qui y ont droit.

Ils ne perdront pas de vue la distinction établie aux n°s 38 et 39 de l'*Instruct. du 30 mars* 1832, *Journ. milit.*, page 217, entre les *Congés de réforme* et les *Congés de renvoi.* (Voir ces mots au présent Dictionnaire.)

8. Durée du temps de service des engagés volontaires portés sur les registres matricules.

Les conseils d'administration auront soin d'annoter sur leurs registres-matricules la durée du temps de service auquel sont obligés les engagés volontaires et rengagés.

9. Un engagé volontaire ne peut être renvoyé en congé illimité sans son consentement.

Ils ne perdront pas de vue non plus que le 3e paragraphe de l'art. 33 de la *Loi du* 21 *mars* 1832 ne permet pas qu'aucun engagé volontaire soit envoyé en congé illimité sans son consentement. (Art. 157 et 158 de l'*Instruct. du* 30 *mars* 1832, *Journ. milit.*, page 242.)

10. Cas où l'engagé volontaire est reconnu impropre au service.

Si, à son arrivée au corps, un engagé volontaire est reconnu impropre au service, on l'admet provisoirement et on en rend compte au lieutenant général qui, suivant les circonstances, statuera immédiatement sur la position de l'engagé, ou en renverra l'examen à la prochaine revue trimestrielle. (Art. 94 de l'*Instruct. du* 4 *mai* 1832, *Journal milit.*, page 366.)

On vérifiera en même temps si l'engagé volontaire se trouve dans le cas prévu au n° 1 de l'art. 14 de la *Loi du 21 mars* 1832, c'est-à-dire s'il est déjà lié au service à quelque titre que ce soit, et si son numéro de tirage a été appelé à l'activité. (Art. 95, *id.*) 11. Vérifier si l'engagé est déjà lié au service.

Dans le premier cas, si l'engagé volontaire trouvé impropre au service de l'arme, est cependant reconnu propre à servir dans une autre, il sera, *qu'il y consente ou non* (*Ordonn. du* 15 *janv.* 1837, *Journ. milit.*, page 19), dirigé sur l'un des corps de l'arme à laquelle il aura été reconnu propre. (96, *id.*) 12. Dirigé sur une autre arme.

Si après vérification, il est constaté que l'engagé volontaire reconnu impropre au service d'une arme, fait partie du contingent d'une classe non libérée, et que son numéro de tirage ait été appelé à l'activité, le lieutenant général donnera à ce jeune soldat, pour destination, un des corps de l'arme pour laquelle il aura été reconnu pouvoir servir. L'engagement volontaire de ce militaire sera dès-lors considéré comme nul et non avenu. (Art. 99, *id.*) 13. Si l'engagé fait partie du contingent d'une classe.

Si l'engagé est reconnu impropre à toutes les armes, il sera renvoyé dans ses foyers. (Art. 100, *idem.*) 14. Renvoyé dans ses foyers s'il est reconnu impropre au service.

Dans tous les cas, lorsqu'un engagé volontaire est trouvé impropre à l'arme à son arrivée au corps, compte doit être rendu au ministre de la guerre, afin qu'il puisse statuer à l'égard des officiers qui auront délivré le certificat d'acceptation. (Art. 101, *id. Voy.* ENGAGÉS VOLONTAIRES, art. 96.) 15. Compte à rendre au ministre.

Le militaire qui veut se rengager doit en faire la demande au chef du corps dans lequel il sert, s'il 16. Rengagé, à qui il doit s'adresser.

veut y rester, ou au chef du corps dans lequel il veut continuer à servir.

Si sa demande est accueillie, il lui sera délivré une attestation portant :

17. Pièces à lui délivrer si sa demande est accueillie.

1° Qu'il réunit les qualités requises pour faire un bon service ;

2° Qu'il a toujours tenu une bonne conduite pendant son séjour au corps ;

3° Qu'il peut rester ou être admis dans le corps pour lequel il se présente. (Art. 22 de la *Loi du* 28 *avril* 1832, *Journ. milit.*, page 338.)

Si le militaire veut se rengager pour le corps dans lequel il sert, l'attestation ci-dessus sera délivrée toute entière par le chef de ce corps.

Mais si au contraire il demande à se rengager pour un autre corps, le chef de ce corps aura à délivrer l'attestation qui constate que le militaire peut y être admis. Les deux autres circonstances seront toujours attestées par le chef du corps auquel le militaire appartient. (Art. 111 à 114 de l'*Instruct. du* 4 *mai* 1832, *Journ. milit.*, page 369.)

18. Le militaire en congé qui veut se rengager, doit être dans sa dernière année de service.

Le militaire en congé qui voudra se rengager justifiera, par un certificat du chef de son corps, qu'il est dans la dernière année de son service, condition sans laquelle le rengagement ne peut avoir lieu. (Art. 120, *id.*)

19. Certificat qu'il doit produire.

Il produira en même temps un certificat du chef du corps pour lequel il demande à contracter un rengagement, constatant qu'il peut *rester* ou *être admis* dans ce corps. (Art. 124, *id.*)

Les conseils d'administration des corps de toutes

armes remarqueront que les annotations à faire concernant les jeunes soldats et engagés volontaires qui ne se sont pas rendus à leur destination, doivent être faites sur les registres et contrôles que tiennent les officiers de recrutement et non sur le registre-matricule des corps, lequel n'est ouvert que pour les hommes déjà incorporés par suite de leur arrivée sous les drapeaux. (Art. 15 de l'*Instruct. du* 12 *oct.* 1832, *Journ. milit.*, page 377.)

20. Remarque à faire par les conseils d'administration.

Lorsqu'il y aura lieu de délivrer des *congés illimités* aux militaires sous les drapeaux, les conseils d'administration et chefs de corps consulteront l'*Instuct. du* 11 *août* 1834, relative à la délivrance de ces congés (*Journ. milit.*, page 65), et se conformeront d'ailleurs aux Instructions ministérielles qui leur seront adressées à cet égard. *Voyez* Congés illimités.

21. Congés illimités à délivrer dans les corps.

Les conseils d'administration des corps fourniront aux commandants des dépôts de recrutement qui leur en feront la demande, tous les renseignements dont ces officiers pourraient avoir besoin pour établir les congés définitifs des militaires à libérer dans la réserve. Ils seront informés du domicile des militaires envoyés en congé illimité ou en congé d'un an, qui seront successivement libérés dans la réserve pour qu'ils puissent annoter ces mutations et tenir compte à ces hommes du montant de leur masse individuelle, ainsi qu'il est prescrit par l'art. 848 de l'*Ordonn. du* 19 *mars* 1823, et par les *Circul. des* 29 *août* 1829 et 19 *avr.* 1830. (*Circul. du* 12 *mars* 1834, *Journ. milit.* page 69.)

22. Renseignements que les conseils d'administration doivent fournir aux commandants des dépôts de recrutement.

23. Ils seront informés des militaires appartenant à leurs corps, libérés dans la réserve, et de leur domicile pour leur faire parvenir leur masse individuelle.

24. *Exactitude des renseignements que doivent contenir les contrôles signalétiques.* Les renseignements que doivent présenter les contrôles signalétiques ou feuilles de compagnie à établir par les corps, pour les hommes envoyés en congé illimité, seront relevés avec la plus rigoureuse exactitude sur le registre-matricule du corps, car il est important que les officiers de recrutement auxquels ces contrôles sont adressés puissent établir leur signalement et leurs services sur des données à l'abri de toute erreur. (*Circul. du* 14 *mars* 1834, *Journ .milit.*, page 71.)

CONSEILS DE GUERRE.

1. *Insoumis, justiciables des conseils de guerre.* Les jeunes soldats ou engagés volontaires prévenus d'insoumission sont justiciables des conseils de guerre.

2. *Cas où ils sont arrêtés.* En conséquence, lorsqu'un *insoumis* aura été arrêté ou se sera présenté volontairement, il sera conduit sous escorte à la prison militaire du lieu où siége le conseil de guerre permanent de la division dans laquelle l'arrestation ou la présentation volontaire aura eu lieu. (Art. 35 de l'*Instruct. du* 12 *octob.* 1832, *Journ. milit.* page 382.)

3. *Ordre d'informer par le lieutenant général.* Le lieutenant général commandant la division, au reçu de la plainte (Modèle n° 8) portée par le commandant du dépôt de recrutement (art. 37 *id.*), donnera immédiatement l'ordre d'informer contre le prévenu, afin qu'il soit jugé le plus tôt possible par l'un des conseils de guerre de la division. Il veillera à ce qu'un extrait en bonne forme du jugement soit immédiatement envoyé au commandant du dépôt de recrutement, afin que cet officier en fasse mention sur les contrôles des insoumis. (Art.

40, *id. Journ. milit.*, page 383.) *Voy.* Lieutenants généraux, art. 15.

4. Peines encourues par les insoumis déclarés coupables.

Aux termes de l'art. 39 de la *Loi du 21 mars* 1832, la peine à appliquer par les conseils de guerre, à un jeune soldat ou engagé volontaire déclaré coupable d'insoumission, ne pourra être moindre d'un mois ni excéder une année d'emprisonnement. (Art. 31, *id.*, page 381.)

CONSEIL GÉNÉRAL du département (Membre du).

1. Un membre du conseil général du département fait partie du conseil de révision.

Un membre du conseil général du département fera toujours partie du conseil de révision, dont il sera membre; il sera désigné par le préfet. (N° 15 de la *Loi*, et n° 365 du *Manuel.*

2. Le préfet peut choisir un second membre pour présider.

Le préfet a la faculté de désigner un second membre du conseil général, qui pourra aussi remplir les fonctions de président. (N° 381 du *Manuel.*)

3. Sa place au conseil.

Les membres des conseils généraux et d'arrondissement devront se placer après le conseiller de préfecture qui ne sera point président, c'est-à-dire le membre du conseil général à la droite de l'officier général ou supérieur, et le conseiller d'arrondissement, à la gauche du conseiller de préfecture. (N° 392 du *Manuel.*)

CONSEILS DE RÉVISION.

1. Attribution des conseils de révision.

Les opérations du recrutement, seront revues; les réclamations auxquelles ces opérations auraient pu donner lieu seront entendues et les causes d'exemption et de déduction seront jugées en séance publique, par un conseil de révision composé :

Du préfet président, ou à son défaut, du conseiller de préfecture qu'il aura délégué;

2. Membres du conseil de révision.

D'un conseiller de préfecture;

D'un membre du conseil général du département;

D'un membre du conseil de l'arrondissement, tous trois à la désignation du préfet;

D'un officier général ou supérieur désigné par le Roi.

(Voir les art. 15, 16 et 17 de la *Loi du* 21 *mars* 1832, en tête du présent Dictionnaire.)

3. Nombre de voix nécessaires.

Aucune décision du conseil de révision ne sera valable, si quatre membres au moins n'y ont concouru, et si elle n'a passé à la majorité de trois voix. (N° 425 du *Manuel.*)

Voix, comment recueillies.

Lorsque le conseil de révision aura à prendre une décision, il conviendra que les voix soient recueillies en commençant par les membres du rang le moins élevé, en remontant dans cet ordre jusqu'au président qui opinera le dernier. (N° 428 de l'*ancien Manuel.*)

Opposition d'un membre du conseil inscrite au procès-verbal des séances.

L'opposition à une décision quelconque du conseil de révision, par l'un des membres, ne peut être mentionnée sur sa demande, au procès-verbal, que du consentement de la majorité des membres du conseil. (N° 426 *idem.*)

4. Sous-intendant militaire suit les opérations du conseil.

Un membre de l'intendance militaire, sans être membre du conseil de révision, assiste aux opérations du conseil; il est entendu toutes les fois qu'il le demande et pourra faire consigner ses observations au registre des délibérations.

Il est autorisé de la sorte à exposer au conseil toutes les observations qu'il croirait utiles pour assurer un bon contingent à l'armée et la stricte exécution de la loi. (Art. 59 de l'*Instruction du* 30 *mars* 1832, *Journ. milit.* page 221.)

5. Sous-préfet de l'arrondissement assiste aux séances du conseil.

Le sous-préfet de l'arrondissement assiste également aux séances. Il y a voix consultative. (Art. 15 de la loi.)

Les conseillers de préfecture qui ont fait, comme délégués du préfet, les opérations du tirage dans plusieurs cantons, peuvent néanmoins exercer les fonctions de membres du conseil de révision. (N° 367 du *Manuel.*)

Les membres civils des conseils de révision, institués par l'article 15 de la loi, sont, en cas d'empêchement légitime, remplacés, savoir :

1° Le préfet, par un conseiller de préfecture qu'il aura délégué à cet effet ;

6. Membres civils comment remplacés.

2° Les autres membres, non militaires, par des administrateurs du même ordre que le préfet désignera.

7. Maréchal de camp, comment remplacé.

Le maréchal de camp est remplacé en cas de maladie ou d'absence, par un officier supérieur désigné au nom du ministre par M. le lieutenant général commandant la division, et pris, autant que possible, parmi les officiers supérieurs des corps stationnés dans l'étendue de la division. (*Circul. du* 21 *mai* 1832, *Journ. milit.*, page 422.)

8. Devoirs de l'autorité militaire.

L'autorité militaire devant, en tout ce qui dépend d'elle, seconder les opérations des conseils de révision, l'intention du ministre est que, sous aucun prétexte, hors le cas de maladie, les maréchaux de camp ou officiers supérieurs commandant les départements, les sous-intendants militaires et les officiers de recrutement qui doivent assister aux séances des conseils de révision, ne puissent être dispensés de remplir leur mission importante.

En conséquence, il ne leur sera accordé aucune permission d'absence et nulle demande de congé ne pourra être adressée au ministre en leur faveur pour tout le temps que dureront les opérations des conseils de révision. (Même *Circulaire, Journ. milit.*, page 422.)

9. Préfets invités à présider eux-mêmes.

Par les mêmes raisons, MM. les préfets sont invités à présider eux-mêmes, autant que possible, les séances du conseil de révision.

10. Certificats signés par les maires.

Les certificats de trois pères de famille, exigés par l'article 16 de la loi, des jeunes gens qui ont certains motifs d'exemption à faire valoir, doivent être signés et approuvés par les maires des communes des réclamants.

Sans cette formalité, ces pièces manqueraient d'une des conditions imposées pour les rendre valables. (N° 61 de l'*Instruction du* 30 *mars* 1832. *Journ. milit.*, page 222.)

11. Substitutions.

L'article 18 de la loi n'autorise les substitutions de numéros que sur *la liste cantonale*, d'où il résulte que l'échange des numéros ne peut avoir lieu qu'entre jeunes gens inscrits sur la liste d'un même canton. (N° 62 *idem.*) *Voyez* SUBSTITUTIONS, art. 3.

12. Remplaçants.

Pour user du droit reconnu par la loi, de se faire remplacer, il faut qu'un jeune homme *soit définitivement compris dans le contingent.* (art. 72, *id.*) *Voy.* REMPLAÇANT, art. 10.

La loi consacre en principe, que les décisions

des conseils de révision, hors les cas qu'elle prévoit, sont définitives et par conséquent irrévocables.

13. Décisions des conseils de révision sont définitives.

Ainsi les conseils de révision n'ont point de juridiction supérieure à laquelle on puisse en appeler. Les membres composant ces conseils sentiront dès-lors combien il importe que, par cette même raison, leurs décisions soient toujours inattaquables. Ils les appuieront donc constamment sur le texte et l'esprit de la loi, qui leur confie une extension de pouvoir qu'elle a jugée indispensable pour assurer le succès des opérations du recrutement. (Art. 109, *idem.*)

14. Recommandation en conséquence.

Les décisions des conseils de révision étant définitives, hors les cas prévus par les art. 26 et 27 de la loi, il est évident qu'un même individu ne peut être l'objet de deux décisions *définitives*, puisque le caractère d'irrévocabilité qu'emporte la première décision, ne peut appartenir à la seconde, qui, de fait et de droit, serait nulle. (Art. 110, *idem.*)

15. Un même individu ne peut être l'objet de deux décisions définitives.

Lorsque des jeunes gens désignés par leur numéro pour faire partie du contingent cantonnal, élèvent des questions relatives à leur état ou à leurs droits civils, et que le conseil de révision ne se croit point appelé à résoudre, l'inscription de ces jeunes gens ne peut avoir lieu que *conditionnellement* sur la liste du contingent de leur canton, puisque l'admission ou le rejet de leur réclamation dépend du jugement à intervenir. (Art. 112, *idem.*)

16. Jeunes gens qui élèvent des questions relatives à leur état ou à leurs droits civils, sont inscrits conditionnellement.

La loi veut ensuite qu'un pareil nombre de jeunes gens soient désignés, suivant l'ordre des numéros de tirage, pour suppléer les réclamants. Leur inscription étant également conditionnelle, ils ne

17. Jeunes gens pris conditionnellement pour les remplacer.

devront être appelés à l'activité que dans les cas où, par l'effet de décisions judiciaires, les réclamants seraient définitivement libérés. (Art. 113, *idem*.)

18. Soins que doivent avoir les préfets.

Soin que doivent avoir les préfets de renvoyer promptement devant les tribunaux les questions élevées par les jeunes gens. (Art. 114, *idem*.) *Voy.* PRÉFET, art. 24.

19. Utilité et importance de l'art. 27 de la loi.

Pour apprécier l'utilité et l'importance des dispositions contenues dans l'art. 27 de la loi, il est à propos de rappeler les inconvénients et les abus auxquels on a voulu remédier. (Art. 115, *id.*)

20. Délai accordé pour productions de pièces.

Le conseil de révision pouvant accorder des délais et retarder même de vingt jours sa décision définitive, en faveur des jeunes gens qui attendraient les pièces justificatives propres à constater leur position ou leurs droits, ils ont tout le temps nécessaire pour produire leurs titres. (Art. 116, *id.*)

21. A qui doivent être appliquées les dispositions de l'article 26 de la loi.

Les dispositions de l'article 26 de la loi sont applicables savoir :

1° Aux hommes qui sont prévenus de s'être rendus volontairement impropres au service;

2° Aux jeunes gens qui obtiendront des délais pour production de pièces justificatives;

3° Aux jeunes gens qui ne se seront pas présentés devant le conseil de révision. (N° 118, *id.*)

22. Les jeunes gens prévenus de s'être mutilés volontairement, sont remplacés conditionnellement dans le contingent.

En conséquence, tout homme qui se sera mutilé ou qui aura contracté volontairement des infirmités afin de se soustraire à l'obligation de servir, et qui, sous la prévention du délit prévu à l'art. 41 de la loi, aura été déféré aux tribunaux, sera remplacé *conditionnellement* dans le contingent de son canton. (Art. 119, *id.*)

23. Ainsi que les jeunes gens qui ont obtenu des délais.

Seront remplacés de même dans le contingent cantonnal, les jeunes gens auxquels le conseil de révision aura accordé des délais pour production de pièces justificatives. (Art. 120, *id.*)

La même marche sera suivie pour les jeunes gens convoqués devant le conseil de révision et qui ne se présenteront pas à son examen. (Art. 121, *id.*)

24. Recommandation aux maires, aux familles et aux jeunes gens appelés relativement aux absents.

La désignation des numéros supplémentaires à mettre en réserve pour les absents, est une obligation qui touche éminemment aux intérêts de la population. En conséquence, les maires, les familles des appelés et les jeunes gens convoqués, ne doivent négliger aucune recherche, afin que le conseil de révision soit promptement en mesure de statuer définitivement sur le sort des absents. (Article 122, *id.*)

25. Durée des délais que le conseil de révision peut accorder.

La loi a fixé à vingt jours la durée des délais que le conseil de révision peut accorder. Il a paru que cette limite devait satisfaire à toutes les exigences; d'abord parce que les familles et les jeunes gens sont toujours informés par l'ordonnance royale relative aux opérations de l'appel, de l'époque à laquelle ils devront se rendre devant le conseil de révision de leur département; que chacun a pu prendre à l'avance ses précautions, afin de se procurer les pièces dont il peut avoir besoin; et ensuite, parce qu'il n'était pas juste de tenir en suspens sur leur sort à venir le plus ou moins grand nombre de jeunes gens qui seraient inscrits conditionnellement sur la liste cantonnale pour le compte des absents.

(Art. 123, *id.*) (*V.* ABSENTS au conseil de révision.)

26. Les opérations de l'appel ont lieu et sont définitives par canton.

Les dispositions nombreuses de l'article 28 de la loi démontrent à l'évidence que toutes les opérations du conseil de révision *sont définitives* pour *et* par *chaque canton* dont il a examiné les jeunes gens et que la libération de ceux qui n'auront point été compris dans le contingent cantonnal, doit être prononcée immédiatement après que le conseil aura statué sur le compte des jeunes gens du canton. (Art. 124, *id.*)

27. Opération du conseil avant d'arrêter et de signer la liste du contingent cantonnal.

Avant d'arrêter et de signer la liste du contigent de chaque canton, le conseil devra procéder à la désignation des jeunes gens qui, aux termes des articles 26 et 27 de la loi, sont appelés les uns à défaut des autres, et ne seront inscrits que *conditionnellement* et sous la réserve de leurs droits. (Article 125, *id.*)

Exemples :

28. Exemple à l'appui.

Si, dans un canton, le contingent à fournir, aux termes de l'art. 4 de la loi, est de trente jeunes gens, que le nombre de ceux qui ont tiré au sort ait été de soixante et dix, et que le dernier numéro compris dans le contingent cantonnal soit 47.

Dans cette supposition, les numéros 48 jusqu'à 70 devraient être libérés; mais parmi les jeunes gens du contingent il y en a plusieurs qui ne sont inscrits que *conditionnellement* et qui doivent être aussi *conditionnellement* remplacés dans ce contingent. (Art. 127, *id.*)

29. Positions diverses des jeunes gens qui doivent être rempla-

Admettons que les jeunes gens désignés par les numéros suivants sont dans l'une des positions prévues aux articles 26 et 27 de la loi, savoir :

Le n° 3 pour question pendante devant les tribunaux; cés conditionnellement dans le contingent cantonnal.

Le n° 9 pour avoir obtenu un délai, afin de produire des pièces justificatives;

Le n° 12 pour absence;

Le n° 18 comme prévenu de s'être mutilé;

Le n° 24, *idem*;

Le n° 30 pour question pendante devant les tribunaux;

Le n° 39 pour avoir obtenu un délai;

Les n°s 40 et 41 pour absence. (Art. 128, *idem*.)

30. Dans quelle série de numéros devront être faites les désignations supplémentaires.

Dans cet état de choses, le conseil de révision aura donc neuf jeunes gens à désigner pour être compris conditionnellement dans le contingent du canton, et ces neuf jeunes gens doivent être pris parmi ceux qui appartiennent à la série des numéros de 48 à 70. (Art. 129, *idem*.)

31. Les désignations supplémentaires ne doivent porter que sur des hommes propres au service.

Les désignations supplémentaires ne devant porter que sur des hommes propres au service, le conseil de révision aura à examiner suivant l'ordre du tirage, dans cette nouvelle série, les jeunes gens qui auraient droit à l'exemption. (Art. 130, *idem*.)

Supposons qu'après cet examen, les neuf numéros qui auront été désignés soient 49, 51, 52, 55, 57, 58, 60, 62, 64, et voyons quel sera leur sort, en raison de la destination des jeunes gens pour lesquels ces numéros ont été mis en réserve.

32. Décision à prendre sur les jeunes gens appelés les uns à défaut des autres.

Il est évident que le conseil de révision aura d'abord à s'occuper des jeunes gens absents ou qui ont obtenu des délais, puisque ces délais sont limités, avant que d'avoir à prononcer sur les jeunes gens qui auront des questions pendantes devant les tribunaux. Ce sont donc les numéros 9, 12, 39, 40 et 41 de l'exemple proposé, qui pourront être l'objet de ses décisions. (Art. 131, *idem.*)

Dans cette hypothèse très probable, le jeune homme qui a le n° 9 obtiendra ou n'obtiendra pas l'exemption. Si sa réclamation est admise, si ses droits sont reconnus, s'il est exempté enfin, aussitôt le n° 49 sera de droit et de fait compris dans le contingent.

33. Circonstances diverses qui peuvent se présenter.

Si au contraire le n° 9 n'est point exempté, et s'il fait par conséquent et *définitivement* partie du contingent, aussitôt la libération du n° 64 devra être proclamée.

Pour le jeune homme ayant le n° 12 le procédé sera le même.

A l'expiration du délai, il se présentera ou ne se présentera pas; s'il se présente, il sera reconnu propre ou impropre au service.

S'il ne se présente pas ou s'il est déclaré propre au service, le n° 62 de l'exemple proposé sera libéré immédiatement, car, dans le premier cas, le conseil de révision, aux termes de l'article 16 de la loi, prononcera à l'égard du n° 12 comme s'il était présent.

Dans le cas où l'absent se soumettrait à l'examen et serait reconnu impropre au service, ce serait le n° 51 qui descendrait *définitivement dans* le contingent cantonnal. (Art. 132, *idem.*)

34. Principe invariable pour l'admission dans le contingent ou la libération des numéros supplémentaires.

Il serait superflu d'étendre ces explications aux autres positions présentées dans l'exemple ci-dessus, mais on peut en tirer cette conséquence incontestable, puisqu'elle est fondée sur l'ordre du tirage (Art.

26 de la loi); c'est que « parmi les numéros mis en « réserve, ce sont toujours les plus faibles qui des- « cendent les premiers dans le contingent, et les « plus forts qui en sont au contraire les premiers « retirés. » (Art. 133, *idem.*)

MM. les préfets, présidents des conseils de révision voudront bien remarquer que le premier paragraphe de l'article 28 de la loi, veut que les noms inscrits sur la liste du contingent cantonnal soient proclamés. Cette proclamation faite en présence des maires et des jeunes gens, a été considérée comme une mesure non moins indispensable que la déclaration que doit faire le même fonctionnaire, au nom du conseil de révision, pour constater que les jeunes gens qui ne sont pas inscrits sur la liste du contingent cantonnal, sont définitivement libérés. (Art. 134, *id.*) 35. Proclamation des noms inscrits sur la liste du contingent cantonnal.

La déclaration ci-dessus, avec l'indication du dernier numéro compris dans le contingent cantonnal, soit définitivement, soit conditionnellement, sera publiée et affichée dans chaque commune du canton. (Art. 135, *idem.*) 36. Déclaration pour constater que les jeunes gens qui ne sont pas inscrits sur la liste du contingent cantonnal sont définitivement libérés.

Appliquant cette disposition à l'exemple qui a été produit plus haut, on voit que la déclaration prescrite au troisième paragraphe de l'article 28 de la loi devrait mentionner le n° 64 comme le dernier inscrit sur la liste du contingent cantonnal, et les n°s 65 et suivants comme définitivement libérés. (Art. 136, *idem.*) 37. Application de cette disposition à l'exemple cité.

L'avant-dernier paragraphe de l'article 28 confirme de nouveau le principe fondamental contenu dans l'article 25 de la loi, lequel article déclare 38. Limite imposée par la loi aux opérations et aux attributions des conseils de révision.

définitives les décisions du conseil de révision, hors les cas prévus aux articles 26 et 27. Une fois la liste du contingent cantonnal arrêtée et signée, le conseil de révision ne peut plus prendre de décisions qu'à l'égard des absents, des jeunes gens qui ont obtenu des délais, ou bien à l'égard de ceux sur lesquels les tribunaux doivent prononcer; enfin, il ne peut plus statuer que sur les demandes de substitution ou de remplacement qui lui seraient faites par les jeunes gens inscrits sur les listes du contingent. Il sortirait donc du cercle de ses attributions, et dépasserait les limites de son pouvoir, si, après la clôture définitive de la liste du contingent d'un canton quelconque, il accueillait des réclamations qui auraient pour objet l'une des opérations du recrutement, sur lesquelles il a déjà prononcé *définitivement*. (Art. 137, *idem.*)

39. Liste du contingent départemental.

Le dernier paragraphe de l'article 28 prescrit la réunion de toutes les listes du contingent de chaque canton d'un même département, pour en former une seule qui prendra le titre de *liste du contingent départemental.* Quant à l'ordre dans lequel les listes cantonnales seront réunies pour former la liste départementale, cet ordre sera réglé par les époques auxquelles chaque liste cantonnale aura été arrêtée et signée par le conseil de révision. Ainsi la liste du canton examiné le premier sera en tête de la liste départementale, et la liste du canton examiné le dernier sera la dernière. (Art. 139, *id.*) Voir pour la manière dont il sera procédé par le préfet à la réunion des listes cantonnales pour former la liste du contingent départemental le mot Préfet, art. 29.

Cette liste départementale ainsi formée sera close, arrêtée et signée par le conseil de révision, au jour que fixera l'ordonnance royale relative à l'appel d'une classe, et remise entre les mains du préfet qui en restera dépositaire. (Art. 139, *idem.*) 40. Déposée entre les mains du préfet.

A l'égard des mutilés volontaires ou affectés de maladies et d'infirmités contractées dans l'intention de se soustraire au service, le conseil de révision, après avoir consulté les gens de l'art, et en se conformant au vœu de l'article 27 de la loi, n'aura qu'une des deux décisions suivantes à prendre. (Art. 175, *idem.*) 41. Mutilés volontaires.

Si la mutilation ne lui paraît pas avoir été faite de dessein prémédité, ou si les infirmités ne lui paraissent pas simulées ou avoir été contractées volontairement, il accordera l'exemption, en déclarant l'homme impropre au service. (Art. 176, *idem.*) 42. Décision à prendre par le conseil de révision à leur égard.

Si au contraire, le conseil de révision estime qu'il y a lieu de soupçonner que le jeune homme s'est mutilé volontairement, que ses infirmités sont simulées, ou que c'est avec intention qu'il a contracté ces infirmités, la décision portera que le prévenu est renvoyé devant les tribunaux et remplacé *conditionnellement* dans le contingent de son canton. (Art. 177.) — *Voy.* INFIRMITÉS VOLONTAIRES. Voir pour les dispenses, exemptions, substitutions et remplacements, les mots DISPENSES, EXEMPTIONS, SUBSTITUTIONS et REMPLACEMENTS.

On doit seulement observer à l'égard des *remplaçants* que les conseils de révision ne peuvent pas, et ne doivent pas renvoyer l'admission de tous les 43.

remplaçants présentés pendant la tournée du conseil aux séances qui se tiennent au chef-lieu du département après la tournée, attendu que les jeunes gens peuvent légalement se faire remplacer dès l'instant où ils sont compris définitivement dans le contingent. (*Circulaire* du 28 *juin* 1835, *Journ. milit.*, page 395.)

D'après les articles 26 et 27 de la loi, les conseils de révision, après la clôture de chaque liste cantonnale ont à prononcer *définitivement*, à l'égard des jeunes gens inscrits *conditionnellement* sur ces listes;

Lorsque les délais sont expirés;

44. **Permanence des conseils de révision.**

Lorsque les tribunaux auront résolu les questions qui leur auront été soumises;

Lorsqu'enfin ils auront porté des jugements sur les jeunes gens prévenus de s'être rendus impropres au service et qui leur auront été déférés.

Après avoir arrêté et signé la liste du contingent de chaque canton, et déclarés libérés les numéros qui n'y sont point compris, l'article 28 de la loi permet aux conseils de révision de statuer *ultérieurement* sur les jeunes gens inscrits sur la liste cantonnale *pour les demandes de substitution et de remplacement.*

De cette continuation d'attributions et de pouvoir, après que les opérations de l'appel sont entièrement terminées, il résulte nécessairement que le conseil de révision est permanent, c'est-à-dire que le président peut en tous temps, en rassembler les membres.

45. **Cessation des fonctions de l'offi-**

Toutefois l'officier supérieur qui aura été désigné pour suppléer le maréchal de camp, dans le cours

cier supérieur désigné pour suppléer le maréchal de camp.

des opérations de l'appel, cessera toujours ses fonctions vingt jours après la réunion des listes cantonnales, et n'aura plus droit à l'indemnité qui lui aura été allouée. (*Instruction du 21 mai 1832, Journ. milit.*, pag. 435.) Voir officiers supérieurs désignés pour suppléer les maréchaux de camp. (Art. 5.)

46 Les maires assistent aux séances des conseils de révision.

Les maires assistent aux séances des conseils de révision tenues dans le canton dont leur commune fait partie. Ils doivent s'y rendre revêtus de leur écharpe. Eux seuls, peuvent la plupart du temps, donner des renseignements positifs sur les cas d'exemption ou de dispense allégués par les jeunes gens de leur commune. Leur présence est également indispensable pour certifier l'idendité des individus. (*Instruction du 12 mai 1833, Journ. milit.*, pag. 323. Voir pour la visite et l'examen des jeunes gens le mot VISITE des jeunes gens devant le conseil de révision).

47. Visite des jeunes gens.

48. Officiers de santé.

Le conseil de révision est libre d'appeler près de lui les médecins ou les chirurgiens qu'il croit plus dignes de sa confiance, mais il est à désirer que leur choix se porte de préférence sur les chirurgiens militaires et les officiers de santé des corps ou des hôpitaux militaires. (*Instruct. id., Journ. milit.*, page 324.) (Voir CHIRURGIENS MILITAIRES.)

49. Toisé des jeunes gens.

Il est à désirer que pour déterminer la taille des hommes il soit fait usage d'une toise unique que les présidents des conseils feraient transporter avec eux, ainsi que cela a lieu dans plusieurs départements. (*Instruction du 25 juin 1834.*) Il est aussi défendu de faire coucher les hommes par terre pour les toiser. (*Circulaire du 17 février 1829.*)

50. Absents. Pour les jeunes gens absents qui ne se présentent pas devant le conseil. (Voir ABSENTS, JEUNES GENS, au conseil de révision.)

CONSEILLERS de préfecture.

1. Un conseiller de préfecture est membre du conseil de révision. Un conseiller de préfecture fait toujours partie du conseil de révision conformément aux dispositions de l'article 15 de la *Loi du 21 mars* 1832.

2. Désigné par le préfet. Il est désigné par le préfet du département.

3. Peut être désigné quand bien même il aurait fait les opérations du tirage. Les conseillers de préfecture qui ont fait comme délégués du préfet les opérations du tirage dans plusieurs cantons, peuvent néanmoins exercer les fonctions de membres du conseil de révision. (N° 367 *du Manuel.*)

4. Leur place au conseil. Dans les séances du conseil de révision, le conseiller de préfecture se place à la gauche du président. (N° 391, *idem.*)

5. Supplée le préfet en cas d'absence de ce fonctionnaire. En cas d'absence du préfet président du conseil, ce fonctionnaire ne peut être suppléé en cette qualité que par un conseiller de préfecture qu'il aura délégué à cet effet.

CONTINGENT.

1. Contingent annuel par classe. Le nombre d'hommes à fournir sur une classe et que l'on appelle le *contingent* de cette classe, est fixé par une loi annuelle. La répartition entre les départements du nombre d'hommes à fournir en vertu de cette loi, y sera annexée et le mode de cette répartition sera fixé par la même loi. (Art. 4 de la *Loi du 21 mars* 1832.)

2. Contingent cantonal comment fourni. Le contingent assigné à chaque canton, sera founi par un tirage au sort entre les jeunes gens qui auront leur domicile légal dans le canton, et qui

auront atteint l'âge de vingt ans révolus dans le courant de l'année précédente. (Art. 5 *id.*) V. LISTE DU CONTINGENT départemental et listes cantonnales.

CONTRE-SEING et Franchise.

Les fonctionnaires envers lesquels le contre-seing du ministre de la guerre opère la franchise, sont, savoir :

1° Les ministres, les conseillers d'État et les maîtres des requêtes;

2° Les préfets, les sous-préfets et les maires;

3° Les maréchaux de France;

4° Les lieutenants généraux, les maréchaux de camp et les inspecteurs d'armes;

5° Les colonels chefs d'état-major;

6° Les commandants de place dans les places de guerre ;

7° Les officiers et commandants des brigades de gendarmerie;

8° Les directeurs et commandants d'artillerie;

9° Les directeurs des fortifications et les officiers du génie ;

10° Les chefs de corps et établissements militaires ;

11° Les conseils d'administration des corps, en nom collectif ou leurs présidents;

12° Les conseils de guerre en nom collectif ou leurs présidents;

13° et 14° Les intendants et sous-intendants militaires;

15° Les administrateurs et économes des Hôpitaux militaires ;

16° Les procureurs généraux et procureurs du roi ;

17° La régie des poudres et salpêtres;

18° Le payeur général de la guerre. (N° 1630 *du Manuel.*)

Les fonctionnaires et préposés du département de la guerre, ci-après dénommés, jouiront de la franchise et contre-seing, mais *sous bandes.*

1° Les gouverneurs des divisions militaires ayant des lettres de service, les lieutenants généraux commandant les divisions, les maréchaux de camp commandant les subdivisions, les colonels chefs d'états-major des diverses divisions militaires, et les officiers inspecteurs d'armes à l'égard des autorités et fonctionnaires ci-dessus désignés (art. 2 à 15 inclusivement), mais seulement dans l'étendue de leur commandement ou arrondissement;

2° Les intendants militaires, l'administrateur de l'Hotel royal des invalides, les inspecteurs généraux, colonels, chefs d'escadron, capitaines et lieutenants de gendarmerie, à l'égard des mêmes autorités et fonctionnaires (art. 2 à 16) dans tous les départements.

3° Les commandants des brigades de gendarmerie à l'égard des officiers et commandants de brigade, mais seulement dans l'arrondissement de la légion de gendarmerie, et, dans tous les départements, à l'égard des fonctionnaires désignés dans l'art. 16 ci-dessus. Par décision du 28 juin 1834, *Journ. milit.*, page 344, les commandants des brigades de gendarmerie correspondent aussi sous bande avec les commandants des dépôts de recrutement.

Sous-intendants militaires.

4° Les sous-intendants militaires, dans tous les

départements, à l'égard des fonctionnaires désignés articles 2 à 15 inclusivement.

5° Les conseils d'administration des corps, à l'égard des commandants et chefs d'administration de ces mêmes corps.

6° Les directeurs des fortifications, les commandants du génie, les directeurs et commandants d'artillerie, et les commandants des places de guerre, et commandants des forts et postes pour leur correspondance entre eux dans leur ressort.

(Nota). Les gouverneurs, les officiers généraux commandant les divisions militaires et les subdivisions, les inspecteurs d'armes et les chefs de l'état-major en l'absence du lieutenant général commandant la division, les officiers commandants de brigades de gendarmerie, les intendants militaires et l'administrateur de l'Hôtel royal des invalides, pourront correspondre par lettres et paquets *fermés* avec les fonctionnaires à l'égard desquels la franchise et le contre-seing leur sont accordés *sous bande*, mais sous la condition que le fonctionnaire qui les expédiera déclarera sur la suscription, par une note signée de lui, qu'il y avait nécessité de fermer la dépêche.

7° Conformément aux nos 2 et 3 ci-dessus, les officiers de gendarmerie doivent correspondre en franchise *sous bandes*, avec les commandants des brigades dans tous les départements. Le contre-seing et la franchise ne sont limités, dans l'étendue de la légion, qu'à l'égard seulement de la correspondance que les commandants des brigades peuvent avoir entre eux.

Sous-intendants militaires.

8° Les sous-intendants militaires et leurs adjoints jouiront de la franchise et du contre-seing pour leur correspondance *sous bande* avec les maires, mais seulement dans les départements dans lesquels ils seront employés et dans tous les départements voisins.

Les sous-intendants militaires et les adjoints à l'intendance sont autorisés à correspondre en franchise *sous bandes* avec le procureur général près la Cour royale dans le ressort de laquelle ils sont placés, et avec les procureurs du roi près les tribunaux du département de leur résidence. (*Décision du 17 juin* 1837, *Journ. milit.*, page 648.)

9° La correspondance sous bande de l'intendant militaire en Corse, avec le payeur à Ajaccio, parviendra en franchise.

10° Les dispositions des n°s 8 et 9 du 1er paragraphe et du n° 6 du second paragraphe en ce qui concerne l'artillerie et le génie sont applicables, savoir :

Gardes du génie.

Aux gardes du génie chargés du commandement dans une place, pour leur correspondance avec les directeurs des fortifications et les commandants du génie;

Aux directeurs généraux des manufactures royales d'armes, des forges et des fonderies, pour leur correspondance avec les directeurs et commandants d'artillerie.

Commandants de dépôts de recrutement et de réserve.

Les commandants des dépôts de recrutement jouissent de la franchise et du contre-seing avec le ministre de la guerre.

Ils doivent correspondre avec les corps *sous*

bandes et sous le contre-seing du sous-intendant militaire chargé du recrutement dans le département.

Ils peuvent correspondre en franchise, non-seulement avec le lieutenant général commandant la division dont ils font partie, avec les maréchaux de camp commandant les subdivisions, mais aussi avec les intendants et sous-intendants militaires, avec les commandants des brigades de gendarmerie et les maires des communes dans le département de leur résidence et entre eux *sous bandes* dans tout le royaume. (*Crculaire du* 28 *juin* 1834. *Journ. milit.*, page 344.)

CONVOCATION (Ordre de) pour paraître devant le conseil de révision.

Ordres de convocation, renseignements qu'ils contiennent,

Ces ordres de convocation doivent être conformes au modèle n° 19, joint à la *Circulaire du* 21 *mai* 1832. *Journ. milit.*, page 463.)

Indépendamment de ce qu'il y est fait mention de tous les cas d'exemption et de dispense ainsi que des pièces à produire suivant l'une des positions indiquées, on y rappelle les obligations que la loi impose à chacune de ces positions. Cet ordre de comparaître devant le conseil de révision, devra être expédié sans retard par le sous-préfet et remis par le maire dès sa réception. (*Circul. des* 21 *mai* 1832, et 12 *mai* 1833. *Journ. militaire*, pages 421 et 321.)

CONTROLES SIGNALÉTIQUES pour les jeunes soldats, modèles n° 7.

1. Envoyés par le commandant du dépôt de recrutement.

Lorsque des jeunes soldats appelés sont mis en route pour rejoindre un corps, ou lorsqu'ils devancent leur mise en activité, leurs contrôles signalétiques sont envoyés par les soins des commandants des dépôts de recrutement aux corps sur lesquels ils ont été dirigés.

2. Renvoyés par les corps.

Dès que ces jeunes soldats sont arrivés au corps, ils y sont immatriculés et leurs contrôles renvoyés avec la date de leur arrivée et leur numéro d'immatriculation.

3. Conservés dans les archives du dépôt de recrutement.

Ces contrôles sont ensuite conservés dans les archives du dépôt de recrutement de leur département, après toutefois qu'on a eu soin d'inscrire sur les registres-matricules des corps auxquels les jeunes soldats appartiennent, les indications comprises sur ces contrôles. (*Voy.* COMMANDANTS des dépôts de recrutement, art. 46 et 47.)

CONTRÔLES SIGNALÉTIQUES, n°s 1 et 2, des insoumis.

(Voir les mots INSOUMIS, art. 19, et COMMANDANTS des dépôts de recrutement, art. 56 et 69.

D.

DÉDUCTION à faire sur le temps de service.

L'article 42 de la loi du 21 mars 1832, porte que le temps passé dans l'état de détention *en vertu d'un jugement*, ne comptera pas pour les années de service exigées par ladite loi.

Pour rendre l'application de cette mesure claire et facile, le ministre de la guerre, par sa *Circulaire du 1er septembre* 1833, *Journal militaire*, page 123, a arrêté les dispositions suivantes :

On ne comptera pas pour les années de service exigées par la loi :

1° Au militaire condamné comme déserteur, et ensuite revenu sous les drapeaux à l'expiration de sa peine, ou par suite de l'obtention de sa grâce : 1.

Le temps qui se sera écoulé depuis le jour de sa désertion jusqu'à celui de sa rentrée dans les rangs de l'armée, c'est-à-dire jusqu'au jour où il aura reçu une feuille de route pour rejoindre son corps.

2° Au jeune soldat qui, avant la promulgation de la loi du 21 mars 1832, aura été déclaré insoumis, et condamné par un conseil de guerre comme déserteur : 2.

Le temps passé depuis le jour où il a été déclaré insoumis, jusqu'à la date de la feuille de route qui lui aura été délivrée pour se rendre à sa destination après l'expiration de sa peine, ou l'obtention de sa grâce.

3° Au jeune soldat déclaré insoumis, et condamé par un conseil de guerre à une détention, conformément à l'art. 39 de la loi du 21 mars 1832 : 3.

Le temps passé depuis le jour où il aura été déclaré insoumis, jusqu'à celui où, après sa sortie de prison, il aura reçu une feuille de route pour être incorporé.

4° Au jeune soldat qui, en vertu d'un jugement rendu depuis la promulgation de la même loi, se trouvera en détention au moment de la formation du contingent dont il fera partie : 4.

Le temps qui se sera écoulé depuis le 1er janvier de l'année où il aura été immatriculé, si sa détention est antérieure à cette époque, jusqu'au jour où ce jeune soldat sera mis en route pour rejoindre le corps auquel il sera destiné ;

Si sa détention est postérieure au 1er janvier, le temps qui se sera écoulé depuis le commencement de cette détention jusqu'au jour où il sera mis en route.

5.

A tout sous-officier, caporal, brigadier ou soldat condamné à une détention par un jugement d'un tribunal civil, correctionnel ou criminel, ou d'un conseil de guerre, depuis la promulgation de la loi du 21 mars 1832 :

Le temps qui se sera écoulé depuis le jour du jugement jusqu'à celui où il aura reçu sa feuille de route pour rentrer à son corps après l'expiration de sa peine ou l'obtention de sa grâce.

6.

6° Au jeune soldat qui, depuis la promulgation de la même loi, ayant perdu ses droits à la dispense et ayant par son numéro de tirage été mis en activité de service :

Le temps écoulé depuis le jour de la cessation des services, fonctions ou études qui lui avaient fait accorder la dispense jusqu'au moment de la déclaration à laquelle il est obligé par l'art. 14 de la loi, ou, à défaut de ladite déclaration, jusqu'au jour où il aura reçu sa feuille de route pour se rendre à son corps.

7.

7° A tout sous-officier, caporal, brigadier ou soldat condamné par un conseil de guerre avant la promulgation de la même loi, à une détention pour tout autre délit que la désertion :

Le temps écoulé depuis le jour de sa condamnation jusqu'à celui où il aura reçu une feuille de route pour rejoindre son corps, soit à l'expiration de sa peine, soit après l'obtention de sa grâce.

On ne doit faire aucune déduction sur les années de service exigées par la loi, savoir :

1° Au jeune soldat qui, déclaré insoumis avant la publication de l'Instruction du 12 octobre 1832, n'aura pas été mis en jugement. 8.

2° Au jeune soldat déclaré insoumis, mis en jugement, soit avant, soit après la promulgation de la loi du 21 mars 1832, et acquitté par un conseil de guerre : 9.

3° Au jeune soldat condamné à la détention par un tribunal civil, correctionnel ou criminel, avant la promulgation de la loi du 21 mars 1832 : 10.

4° A tout sous-officier, caporal, brigadier ou soldat qui, s'étant absenté de ses drapeaux sans congé ou sans permission en bonne forme, et qui, après être rentré volontairement à son corps ou y avoir été ramené par la gendarmerie, n'aura pas été mis en jugement : 11.

5° A tout sous-officier, caporal, brigadier ou soldat qui, mis en jugement comme prévenu d'un délit quelconque aura été acquitté : 12.

6° A tout sous-officier, caporal, brigadier ou soldat qui, mis en jugement comme prévenu de délit de désertion, a été acquitté par un conseil de révision. 13.

7° A tout sous-officier, caporal, brigadier ou soldat, condamné à la détention par un tribunal civil, correctionnel ou criminel antérieurement à la promulgation de la lo 21 mars 1832: 14.

Le ministre recommande la plus scrupuleuse exactitude dans l'exécution des mesures qui sont la conséquence de ces diverses prescriptions; car si la loi impose aux militaires de rigoureux devoirs, elle veut aussi que nul ne puisse être retenu arbitrairement sous les drapeaux après qu'il a payé sa dette à la patrie.

DÉDUCTIONS, DISPENSES. (Voir Dispenses.)

DÉLAIS fixés par l'art. 39 de la loi pour l'arrivée à sa destination d'un jeune soldat mis en route.

Tout jeune soldat qui aura reçu un ordre de route et ne sera point arrivé à sa destination au jour fixé par cet ordre, sera, après *un mois* de

1. Durée du délai accordé par la loi.

délai et hors le cas de force majeure, puni, comme insoumis, d'un emprisonnement qui ne pourra être moindre d'un mois ni excéder une année. (Art. 39 de la loi.)

La même disposition est applicable à l'engagé volontaire qui, après avoir reçu une feuille de route pour rejoindre son corps, ne sera pas arrivé à sa destination *un mois* après le jour fixé par sa feuille de route. (*Voy.* Insoumis, art. 2.)

DÉLAIS que les conseils de révision peuvent accorder aux jeunes gens.

L'art. 27 de la loi du 21 mars 1832 a fixé à *vingt jours* la durée des délais que les conseils de

2. Durée des délais que peuvent accorder les conseils de révision.

révision peuvent accorder aux jeunes gens, soit pour productions de pièces justificatives de leurs droits à l'exemption, soit comme étant absents. Il a paru que cette limite devait satisfaire à toutes les exigences (*Voy.* Conseils de révision), passé ce terme, si les jeunes gens auxquels ces délais ont été

3. Passé ce délai il est procédé à l'égard des jeunes gens comme s'ils étaient présents.

accordés ne produisent pas les pièces justificatives nécessaires ou s'ils ne se présentent pas devant le conseil, il leur sera fait application des dispositions du deuxième paragraphe de l'art. 16 de la loi, c'est-à-dire qu'ils seront déclarés propres au service sans que l'on puisse revenir sur cette décision, quand bien même ils seraient reconnus impropres lors de leur présentation.

DÉLAIS accordés aux militaires de la réserve qui obtiennent des changements de résidence pour d'autres départements.

Si un militaire appartenant à la réserve, ayant obtenu un changement de résidence hors du département, n'est point arrivé à sa nouvelle destination un mois après l'époque où il aurait dû y parvenir (on obtiendra cette date en divisant la distance à parcourir par journées d'étapes) son contrôle sera renvoyé à l'officier de recrutement de la première résidence (*Voy.* COMMANDANTS des dépôts de recrutement, art. 92).

4. Délai d'un mois après le jour fixé pour l'arrivée à la nouvelle destination.

Le militaire en contravention pourra être puni par voie de discipline d'un emprisonnement qui ne pourra excéder quinze jours. (Art. 46 de l'*Instruction du* 16 *novembre* 1833.)

5. Peine encourue par les militaires en retard.

Si c'est un jeune soldat, il pourra être puni d'un emprisonnement de 3 à 6 jours. (Art. 92, *idem.*)

6. Peine encourue par les jeunes soldats.

Ces punitions seront toujours prononcées par le maréchal de camp.

DÉLAI passé lequel les jeunes soldats et engagés volontaires dirigés sur un corps, sont signalés insoumis quand ils n'ont pas rejoint.

Tout jeune soldat ou engagé volontaire qui aura reçu un ordre de route et ne sera point arrivé à sa destination au jour fixé par cet ordre, sera, après *un mois* de délai, et hors le cas de force majeure, puni, comme insoumis, d'un emprisonnement qui ne pourra être moindre d'un mois ni excéder une année. (Art. 39 de la loi.)

Le délai déterminé par les lois et règlements courra, pour les jeunes soldats qui se trouveront hors du royaume, dans les proportions suivantes : à dater du jour de la notification faite à leur domicile, des lettres de mise en activité, savoir :

1° Après deux mois pour ceux qui seraient sur le continent européen.

2° Après six mois pour ceux qui seraient dans les colonies situées en deça du Cap de Bonne espérance ;

3° Après un an pour ceux qui seraient dans les colonies situées au-delà du Cap.

Les dispositions ci-dessus ne seront pas appliquées aux jeunes soldats qui auraient quitté le royaume postérieurement au jour fixé pour le tirage; ceux-ci seront considérés comme présents dans le département. (Art. 1239 à 1243 de l'ancien *Manuel.*)

DÉPOTS de recrutement et de réserve.

L'ordonnauce du 1er janvier 1836 fixe ainsi qu'il suit l'organisation des dépôts de recrutement et de réserve dans tout le royaume.

Art. 1er. Il sera formé au chef-lieu de chaque département, à compter du 1er janvier 1836, un dépôt *de recrutement et de réserve.*

Art. 2. Les quatre-vingt-six départements du royaume seront partagés en deux classes.

Les trente départements suivants formeront la première classe.

Aisne.	Manche.
Bouches-du-Rhône.	Meurthe.
Calvados.	Morbihan.
Côte-d'Or.	Moselle.
Côtes-du-Nord,	Nord.
Dordogne.	Pas-de-Calais.
Finistère.	Puy-de-Dôme.
Gard.	Rhin (Bas).
Garonne (Haute).	Rhin (Haut).
Gironde.	Rhône.
Hérault.	Saône-et-Loire.
Ille-et-Vilaine.	Seine.
Isère.	Seine-Inférieure.
Loire-Inférieure.	Seine-et-Oise.
Maine-et-Loire.	Somme.

Art. 3. Le personnel des dépôts de recrutement et de réserve se composera dans les départements

SAVOIR :

	de 1re classe.	de 2e classe.
Chef de bataillon, ou d'escadron ou major.	1	»
Capitaines.	1	1
Lieutenants.	1	1
Sous-lieutenants.	1	1
Officiers.	4	3

Sous-officiers dans les départements de 1re et de 2e classe, 2.

Personnel des dépôts de 1re classe, 4 officiers et 2 sous-officiers.

De ceux de 2e classe, 3 officiers et 2 sous-officiers.

Les dépôts de recrutement et *de réserve* seront sous les ordres des commandants des divisions et subdivisions territoriales. (Voir, pour les attributions des commandants de ces dépôts, le mot COMMANDANT DES DÉPÔTS DE RECRUTEMENT; voir aussi les mots OFFICIERS ET SOUS-OFFICIERS DE RECRUTEMENT.)

DESTINATION des jeunes soldats.

Les tableaux de répartition qui accompagnent l'ordonnance d'appel à l'activité d'une classe indiquent la destination que doivent recevoir les contingents de chaque département, c'est-à-dire les corps sur lesquels doivent être dirigés les jeunes soldats qui en font partie.

Cette destination ne peut être changée que par ordre supérieur et de la manière ci-après indiquée.

DESTINATION (CHANGEMENT DE).

1\. **Accordé par le maréchal de camp. Conditions.**

L'officier général ou supérieur commandant la subdivision peut autoriser le changement de destination d'un jeune soldat, inscrit sur le registre-matricule d'un corps, si ce jeune soldat pour des motifs fondés, demande à servir de préférence dans un autre corps qui se *recrute dans le département*, et si ayant les qualités requises pour être admis dans l'arme et dans le corps dont il fait choix, ce changement de destination ne fait pas *déficit dans le contingent à fournir par le département aux armes spéciales* (Art. 89 de l'*Instruct. du 4 juill.* 1832, *Journ. militaire*, page 56.)

Tout changement de destination pour un corps qui *ne se recrute pas dans le département* ne peut

2. Cas où ces changements de destination ne peuvent être accordés que pour le lieutenant général commandant la division. Conditions.

être opéré sans le consentement du lieutenant général commandant la division, qui autorise, s'il y a lieu, le changement sollicité, au nom du ministre de la guerre. (Art. 90, *idem.*)

Les changements de destination de cette nature ne seront autorisés par le lieutenant général que sous les conditions suivantes :

1° Lorsque les motifs de la demande seront fondés sur un intérêt réel;

2° Lorsque le jeune soldat aura toutes les qualités requises pour être admis dans l'arme et dans le corps dont il désire faire partie;

3° Lorsque le changement de destination *ne fera pas déficit dans le contingent que le département doit fournir aux armes spéciales.* (Art. 91, *id.*)

3. On ne peu en accorder plus de cinq pour un même corps.

Comme les changements de destination, s'ils se multipliaient pour un même corps, pourraient y occasionner un excédant qu'il importe de prévenir, les changements de destination autorisés par les lieutenants généraux commandant les divisions ne seront jamais accordés, *dans l'étendue de la division, qu'au nombre de cinq pour un même corps.* (Art. 92, *id.*)

4. Attention à avoir pour les armes spéciales et pour l'armée de mer.

Les lieutenants généraux et maréchaux de camp doivent avoir toujours présentes les difficultés que rencontre le recrutement des armes spéciales, et combien il importe cependant d'élever et de maintenir leur effectif au complet déterminé. En conséquence, autant ils se prêteront aux changements de destination qui donneraient de bonnes recrues à ces armes, autant ils veilleront à ce qu'elles ne soient point privées des ressources que leur assure

11.

la répartition du contingent. De même ils observeront qu'aucun changement de destination ne pourra, sous aucun prétexte quelconque, être permis pour les hommes affectés au recrutement de l'armée de mer, à moins d'une permutation consentie par deux jeunes soldats du même contingent et réunissant les mêmes conditions d'aptitude. (Art. 93, *id.*)

5. Cas où ces changements de destination ne peuvent être accordés.

Le changement de destination ne sera point autorisé, si le jeune soldat veut être admis dans un corps qui ne doit rien recevoir d'après les tableaux de répartition envoyés par le ministre, et si ce corps n'est pas compris dans le dernier bulletin indicatif de ceux pour lesquels les engagements volontaires peuvent être reçus. (*Circulaires des* 30 *mai* 1834 et 22 *mars* 1835, *Journ. milit.*, pag. 209 et 78.)

DÉSERTEURS.

1. Déserteurs justiciables des conseils de guerre.

Les déserteurs sont des militaires incorporés qui abandonnent leur drapeaux sans autorisation ou qui ne les rejoignent pas à l'expiration des permissions ou congés qui leur ont été accordés.

Ils sont justiciables des conseils de guerre.

2. Les lieutenants généraux ne peuvent refuser l'information contre les insoumis.

Les lieutenants généraux commandant les divisions militaires ne doivent pas perdre de vue que c'est à l'égard des *déserteurs* seulement qu'ils peuvent user du droit que leur donne l'ordonnance du 23 janvier 1822, de refuser l'information, et que ce droit ne peut pas plus s'étendre aux *insoumis* qu'aux militaires prévenus de tout autre crime ou délit, puisqu'en effet cette ordonnance concerne exclusivement les militaires prévenus de désertion.

(*Instruction du* 12 *octobre* 1832, *Journ. milit.*, page 372.)

DÉSERTION.

Le crime de désertion n'est applicable qu'aux militaires incorporés qui abandonnent leur drapeau sans autorisation, ou qui ne le rejoignent pas à l'expiration des permissions ou congés qui leur sont accordés.

Quant aux jeunes soldats qui n'obéissent pas à l'ordre de route qu'ils ont reçu, ou qui ne rejoignent pas le corps sur lequel ils ont été dirigés, ils se rendent coupables d'insoumission et sont poursuivis comme *insoumis*. *Voy*. INSOUMIS.

DÉTENUS.

1\. Cas dans lesquels les détenus sont exclus du service militaire.

Les jeunes gens qui lors du recensement, du tirage ou de l'appel, sont détenus en vertu de jugements et condamnés à une peine correctionnelle de deux ans d'emprisonnement et au-dessus, et qui en outre ont été placés par le même jugement sous la surveillance de la haute police et interdits des droits civiques, civils et de famille, sont exclus du service militaire; mais le conseil de révision ayant seul qualité pour prononcer l'exclusion de ces individus, les maires auront soin de les porter sur les tableaux de recensement, afin qu'ils prennent part aux opérations du tirage. (Art. 2 de la *Loi*, et art. 3 de l'*Instruction du* 30 *mars* 1832, *Journ. milit.*, pag. 209.)

2\. Doivent être dans certains cas rayés des listes du tirage par les sous-préfets.

Mais aujourd'hui, la répartition et la sous-répartition du contingent devant être basées sur le nombre des jeunes gens inscrits aux listes du tirage de la classe appelée, les individus dont il s'agit dans l'article précédent, s'ils n'étaient pas rayés avant le tirage, occasionneraient une surcharge aux cantons dans lesquels ils se trouvent ; en conséquence, MM. les sous-préfets devront, le cas échéant, les faire disparaître des tableaux de recensement. Toutefois il conviendra de s'abstenir et de laisser au conseil le soin de prononcer dans les cas douteux, et lorsque les causes d'exclusion ne seront pas suffisamment établies. (*Circulaire du* 13 *mai* 1837, *Journ. milit.*, page 431.) *Voyez* SOUS-PRÉFET, art. 11.

3. Détenus pour simples délits en police correctionnelle rappelés au service.

Les jeunes gens qui ne sont détenus que pour simples délits en police correctionnelle doivent, à l'expiration de leur peine, être rappelés au service ; mais le temps passé en état de détention, en vertu d'un jugement, ne doit pas compter dans le temps de service exigé, quelle que soit l'époque où la condamnation aura été prononcée et exécutée. (*Circulaire du* 7 *septembre* 1832, *Journ. milit.*, pag. 285.) *Voy.* DÉDUCTION A FAIRE SUR LE TEMPS DE SERVICE, art. 10.

DEVANCEMENT d'appel.

La faculté de devancer la mise en activité ne peut être exercée que par les *jeunes soldats.* (Art. 104 de l'*Instruct. du* 4 *juillet* 1832, *Journ. mil.*, pag. 59.)

1. A quelle époque les jeunes soldats peuvent devancer leur mise en activité.

Les jeunes soldats admis *conditionnellement* ne peuvent jouir de cette faculté.

Les jeunes soldats d'un canton ne sont reçus à devancer leur mise en activité qu'après que la liste du contingent de ce canton a été arrêtée et signée par le conseil de révision, et ils peuvent, selon leur aptitude être admis, à user de cette faculté dans les deux cas suivants :

1° Avant l'inscription sur les registres-matricules des corps;

2° Après leur immatriculation sur ces registres. (Art. 107, *idem.*)

Dans le premier cas, le devancement de mise en activité peut avoir lieu pour l'un ou l'autre des corps qui se recrutent dans le département auquel les jeunes soldats appartiennent, mais seulement jusqu'à concurrence du contingent affecté à ces corps par l'état de répartition joint à l'instruction ministérielle. (Art. 108, *idem.*) 2. Lorsque les jeunes soldats ne sont point immatriculés.

Dans le second cas, les jeunes soldats ne peuvent être admis à demander leur mise en activité que pour les corps sur les registres-matricules desquels ils ont été inscrits. (Art. 109, *idem.*) 3. Lorsqu'ils sont immatriculés.

Ils doivent avoir la taille et les qualités requises pour les corps dans lesquels ils demandent à être admis. Ceux qui réuniront les conditions d'aptitude auxquelles se recrutent d'après le tableau n° 1, joint à l'*Instruction du* 28 *avril* 1832 (*V.* ce tableau, au mot Armée de terre), les régiments d'artillerie, de cavalerie de ligne et de réserve, ne pourront, sous aucun prétexte, être autorisés à devancer leur mise en activité pour d'autres corps. (Art. 110, *idem.*) 4. Conditions d'aptitude exigées.

Les jeunes soldats autorisés à devancer leur mise en activité, seront comptés en déduction du contingent à fournir au corps dans lequel ils auront été admis. (Art. 111 *idem.*) 5. Les jeunes soldats qui devancent la mise en activité sont comptés en déduction du contingent à fournir aux corps.

Tout jeune soldat qui voudra devancer sa mise en activité, soit avant, soit après l'inscription sur les

6. Le jeune soldat se présente devant l'officier de recrutement.

registres-matricules des corps, se présentera devant l'officier commandant le dépôt de recrutement de son département. (Art. 112, *idem.*)

7. Examen du jeune soldat par l'officier de recrutement.

Cet officier procédera à l'examen du jeune soldat dans les formes prescrites par l'article 7 de l'*Ordonnance du* 28 *avril* 1832 sur les engagements volontaires. Il lui délivrera, s'il y a lieu, un certificat d'aptitude conforme au modèle n° 8, joint à l'*Instruction du 4 juillet* 1832. (Art. 113, *idem.*) (Voir COMMANDANTS DES DÉPÔTS DE RECRUTEMENT, art. 34, et APTITUDE certificat d'.)

8. Nouvel examen de l'officier général ou supérieur commandant.

Muni de ce certificat le jeune soldat se rendra devant le maréchal de camp ou l'officier supérieur commandant le département, qui s'assurera par lui-même que le jeune soldat réunit toutes les conditions d'aptitude voulues pour le corps dans lequel il demande à entrer. (Art. 114, *idem.*)

9. Autorisation à donner par l'officier général ou supérieur commandant.

Après cette vérification, l'officier général ou supérieur autorisera, s'il le juge convenable, le devancement de mise en activité. (Art. 115, *idem.*) (Voir MARÉCHAL DE CAMP, art. 67.)

10. Le jeune soldat reçoit une feuille de route du sous-intendant militaire.

Le jeune soldat se rendra ensuite devant le sous-intendant militaire qui, sur le vu de cette pièce, qu'il gardera, lui délivrera une feuille de route. (Article 116.)

11. Le sous-intendant militaire donne avis à l'officier de recrutement, et celui-ci envoie le contrôle signalétique au corps.

Le sous-intendant militaire fera connaître à l'officier de recrutement les jeunes soldats qui auront été autorisés à devancer leur mise en activité. Cet officier après avoir inscrit les jeunes soldats sur le registre-matricule des corps (si toutefois cette immatriculation n'a point encore été effectuée) fera parvenir les contrôles signalétiques aux conseils d'administration des corps pour lesquels les jeunes soldats auront devancé leur mise en activité. Ces contrôles signalétiques seront conformes au modèle n° 7, joint à l'*Instruction du 4 juillet* 1832. (Art. 117, *id.*)

12. Certificat à produire par les jeunes soldats en résidence dans un département autre que celui auquel ils appartiennent.

Les jeunes soldats en résidence dans des départements autres que ceux dans lesquels ils ont concouru au tirage, et qui demanderaient à devancer leur mise en activité, recevront dans le département de leur résidence l'application des dispositions précédentes, mais ils seront tenus de produire préalablement un certificat de l'officier de recrutement du département de leur domicile, constatant leur qualité de jeunes soldats, et indiquant le corps auquel ils ont paru susceptibles d'être affectés, ou sur le registre-matricule duquel ils ont été inscrits. (Article 118.)

13. Avis que se doivent donner réciproquement les officiers de recrutement.

Les officiers de recrutement auront soin de se signaler réciproquement les jeunes soldats de leur département respectif qui auront été admis à devancer la mise en activité. (Art. 119.)

14 Faculté de devancer l'appel étendue ou restreinte d'après les ordres du ministre.

Au reste, la faculté de devancer la mise en activité peut être étendue ou restreinte selon les dispositions des instructions ministérielles qui accompagnent les états de répartition du contingent; ainsi la *Circulaire du 20 août* 1835 veut que ces devancements d'appel n'aient lieu pour la classe de 1834 et pour la deuxième portion de la classe de 1833 que sur l'autorisation spéciale du ministre.

DISPENSES, DISPENSÉS.

Seront considérés comme ayant satisfait à l'appel et comptés numériquement en déduction du contingent à former, les jeunes gens désignés par leur numéro pour faire partie dudit contingent, qui se trouveront dans l'un des cas suivants :

1. Engagés volontaires et jeunes gens brevetés ou commissionnés.

1° Ceux qui seraient déjà liés au service dans les armées de terre ou de mer, en vertu d'un engagement volontaire, d'un brevet ou d'une commission, sous la condition qu'ils seront, dans tous les cas, tenus d'accomplir le temps de service prescrit par la loi. (Art. 14 de la loi.)

2. Les chirurgiens et pharmaciens élèves commissionnés. Les officiers d'administration des hôpitaux. Les employés commissionnés des subsistances militaires de l'habillement et du campement.

Cette disposition ayant été diversement interprétée dans les conseils de révision, les uns ayant accordé le bénéfice de la dispense aux chirurgiens et pharmaciens élèves, aux officiers d'administration des hôpitaux, aux employés commissionnés des subsistances militaires, et à ceux du service de l'habillement et du campement, tandis que d'autres conseils n'ont pas fait l'application de l'art. 14 précité, aux jeunes soldats placés dans une position identique, le ministre de la guerre a décidé que les dispositions du paragraphe numéroté 1 de l'article 14 de la loi du 21 mars 1832 sont applicables :

Aux chirurgiens et pharmaciens élèves *commissionnés ;*

Aux officiers d'administration des hôpitaux ;

Aux employés commissionnés faisant partie des cadres *entretenus* des subsitances militaires, de l'habillement et du campement ;

Et qu'enfin, pour écarter toute incertitude, les deux avant-derniers paragraphes de l'article 14 de la loi du 21 mars 1832 seront textuellement rappelés dans les commissions dont seront désormais pourvus les pharmaciens, chirurgiens, officiers d'administration des hôpitaux et employés dont il vient d'être parlé. (*Circulaire du* 28 *juin* 1835, *Journ. milit.*, pag. 398.)

Les gardes du génie militaires doivent être dis- **3.** Gardes du génie.
pensés, s'ils sont liés au service par un engagement volontaire; dans le cas contraire, ils n'ont pas droit à la dispense. (N° 644 de l'*Ancien manuel.*)

On ne doit accorder la dispense aux engagés **4.** Engagés non dispensés.
volontaires renvoyés chez eux avec des congés de *réforme* ou de *renvoi* s'ils n'ont pas du reste accompli dans l'armée le temps de service exigé par la loi, et si par leur âge ils doivent concourir à la formation du contingent. Le conseil de révision doit leur appliquer, s'il y a lieu, l'article 13 de la loi et prononcer leur exemption, et non les dispenser. *Solution du* 25 *juin* 1834, *Journ. milit.*, page 359.)

2° Les jeunes marins portés sur les registres-ma- **5.** Les inscrits maritimes et les ouvriers de la marine tels que charpentiers, perceurs, voiliers et calfats.
tricules de l'inscription maritime, conformément aux règles prescrites par les articles 1, 2, 3, 4 et 5 de la loi du 25 octobre 1795 (3 brumaire, an 4), et les charpentiers de navire, perceurs, voiliers et calfats immatriculés conformément à l'article 44 de ladite loi.

Les dispositions de ce paragraphe ne sont appli- **6.** Explications.
cables qu'aux marins et aux ouvriers qui ont été définitivement compris dans l'inscription maritime, après avoir rempli les conditions prescrites par la loi du 3 brumaire an 4, et le décret du 19 mars 1808.

Ils doivent justifier de leurs droits à la dispense,

7. Pièces à produire par les inscrits maritimes. par un certificat de l'officier d'administration chargé de l'inscription maritime dans le quartier où ils sont immatriculés. Cette pièce est la seule qu'ils aient à produire ; elle est délivrée sous la responsabilité de l'administrateur du quartier ; elle n'est que l'extrait de la matricule, et le même registre qui constate l'inscription d'un marin, constate également la durée et la désignation du service qui l'a motivée.

8. Modèles d'inscription à fournir. Les modèles d'inscription joints sous les nos 17 et 18 (lettres L et M) à la *Circul. du* 21 *mai* 1832, *Journ. milit.*, page 431 (V. ces ces modèles sous les nos 14 et 15 à la fin du présent Dictionnaire), sont les seuls à fournir et c'est sur la présentation de l'un ou de l'autre de ces certificats que les conseils de révision admettront à jouir du bénéfice de l'article 14 de la loi, les jeunes gens qui justifieraient ainsi qu'ils sont inscrits maritimes. (*Circulaire du* 21 *mai* 1832, *Journ. milit.*, page 431.)

9. Les jeunes gens embarqués comme novices ne sont pas considérés comme marins classés. Un jeune homme embarqué comme novice sur un vaisseau de l'État, ne doit point être considéré comme marin classé. Cette position ne lui confère aucunement le bénéfice de la dispense. (*Circulaire du* 25 *juin* 1834, *Journal militaire*, page 358.)

10. Elèves de l'école polytechnique. 3° Les élèves de l'école polytechnique, à condition qu'ils passeront, soit dans ladite école, soit dans les services publics, un temps égal à celui fixé par la loi pour le service militaire.

11. Elèves des écoles de Saint-Cyr et d'Alfort. Les élèves des écoles de Saint-Cyr et d'Alfort, qui sont entrés dans ces écoles depuis l'ordonnance des 20 septembre et 28 août 1832, doivent être portés comme dispensés, s'ils sont compris dans le contingent par leur numéro de tirage. (*Circulaires*

des 12 *mai* 1833, *et* 25 *juin* 1834, *Journ. milit.*, page 328 et 359.) *Voy.* ÉCOLES.

4° Ceux qui, étant membres de l'instruction publique, auraient contracté, avant l'époque déterminée pour le tirage au sort, et devant le conseil de l'Université, l'engagement de se vouer à la carrière de l'enseignement. 12. Membres de l'Instruction publique.

La même disposition est applicable aux élèves de l'école normale centrale de Paris, à ceux de l'école dite de *jeunes de langue*, et aux professeurs des institutions royales des sourds-muets. 13. Élèves de l'école normale de Paris, et de l'école dite Jeunes de langue, professeurs des institutions royales des sourds et muets.

Les conseils de révision devront s'assurer, toutes les fois qu'ils auront des décisions à prendre relativement à des jeunes gens qui demanderont à profiter du bénéfice de l'article 14 de la loi, 4ᵉ paragraphe ci-dessus, qu'ainsi que le veut la loi, ils auront contracté l'engagement de se vouer à la carrière de l'enseignement avant *le jour fixé pour le tirage au sort*. 14. Soin que doivent avoir les conseils de révision avant de prendre des décisions sur les jeunes gens qui demandent à profiter du bénéfice de la dispense.

Il faut en outre que cet engagement ait été accepté par le conseil royal de l'Université, *avant le jour fixé pour les opérations du conseil de révision*. (*Circulaire du* 12 *août* 1837, *Journal militaire*, page 8.)

La loi n'exige plus que l'engagement soit décennal, mais elle pourvoit, dans l'intérêt du recrutement, à ce que le jeune homme, quelle que soit la durée de son engagement pour se vouer à l'instruction publique, puisse être, aussitôt qu'il l'aura rompu, requis pour le service militaire. (Art. 45 de l'*Instruct. du* 30 *mars* 1832, *Journ. milit.*, page 218.) 15. Membres de l'Instruction publique.

16. Elèves des grands séminaires.

5° Les élèves des grands séminaires régulièrement autorisés à continuer leurs études ecclésiastiques; les jeunes gens autorisés à continuer leurs études pour se vouer au ministère dans les autres cultes salariés par l'État, sous la condition, pour les premiers, que, s'ils ne sont pas entrés dans les ordres majeurs à vingt-cinq ans accomplis, et pour les seconds, que, s'ils n'ont pas reçu la consécration dans l'année qui suivra celle où ils auraient pu la recevoir, ils seront tenus d'accomplir le temps de service prescrit par la loi.

D'après les dispositions du paragraphe ci-dessus, le certificat de M. l'évêque doit non-seulement attester que le jeune homme continue ses études ecclésiastiques, mais qu'il en poursuit le cours *dans un grand séminaire*. L'étudiant placé dans d'autres établissements ou auprès d'un curé, ne serait pas dans la position prévue par la loi, et ne pourrait être déduit numériquement du contingent, ou, en d'autres termes, obtenir le bénéfice de la dispense conditionnelle du service militaire.

17. Explications sur quelques observations.

Quelques observations ayant été adressées au sujet des étudiants ecclésiastiques qui par le seul motif d'insuffisance de local n'habitent pas dans le grand séminaire, le ministre a décidé que, pour remplir le vœu de la loi, il suffit qu'un seul fait soit constaté par MM. les évêques, c'est que tel jeune homme est *élève d'un grand séminaire* et qu'il est régulièrement autorisé à continuer ses études. (*Circulaire du 25 juin 1834, Journ. milit.*, page 360.)

Les élèves des grands séminaires pourront jouir

du bénéfice de la dispense jusqu'à l'âge de vingt-cinq ans accomplis. A cette époque, ou ils seront entrés dans les ordres majeurs, ou ils n'y auront point été admis. Dans le premier cas, leur sort est fixé, et ils seront considérés comme ayant définitivement satisfait à l'appel; dans le second cas, ils devront être tenus d'accomplir le temps de service prescrit par la loi, sous les conditions qu'elle stipule à la fin de l'article 14. (Art. 47 de l'*Instruct. du* 30 *mars* 1832, *Journ. milit.*, page 218.)

18. Elèves des grands séminaires.—Comment dispensés.

L'époque de la consécration variant suivant le culte dans les autres cultes salariés par l'état, la loi n'a pas pu déterminer l'âge où cette consécration devrait avoir été effectuée.

19. Elèves des autres cultes salariés par l'Etat.

Une instruction spéciale sur la matière mettra les conseils de révision et les autorités civiles à même d'assurer l'exécution de la loi à l'égard de ces étudiants. En attendant, la dispense pourra être accordée aux jeunes gens qui par l'attestation du ministre du culte auquel ils veulent se vouer, justifieront qu'ils continuent leurs études. (Art. 49 de *l'Instruction du* 30 *mars* 1832, *Journ. milit.*, pag. 219.)

20. Seront l'objet d'une instruction particulière.

Il sera fait mention sur les listes du tirage des cas où des motifs de déduction que les jeunes gens, ou leurs parents ou les maires des communes se proposeront de faire valoir devant le conseil de révision. Le sous-préfet y ajoutera ses observations. (Art. 12 de la loi.) (*Voy.* SOUS-PRÉFET, art. 24.)

21. Mention à faire sur les listes du tirage.

6° Les jeunes gens qui auront remporté les grands prix de l'institut ou de l'université.

22. Jeunes gens qui ont remporté de grands prix.

La dispense accordée à ces jeunes gens n'est soumise à aucune condition, et équivaut à une exemption, c'est-à-dire que le bénéfice de la dispense leur est définitivement acquis. (Art. 50 de l'*Instruction du* 30 *mars* 1832, *Journ. milit.*, pag. 219.)

23. Pièces et certificats à produire

Quant aux pièces et certificats à produire devant les conseils de révision pour réclamer le bénéfice de la dispense, voir à cet égard le bordereau annexé à la *Circulaire du* 21 *mai* 1832, *Journal militaire*, pag. 464. Le même bordereau est joint sous le numéro 2, à la fin du présent Dictionnaire.

Voir aussi les mots ci-après : ENGAGEMENTS et ENGAGÉS ; INSCRITS MARITIMES ; ECOLE POLYTECHNIQUE, élèves de l'; ECOLE NORMALE et CENTRALE de Paris, (élèves de l'); ECOLE dite jeunes de langue, (élèves de l'); PROFESSEURS des Institutions royales des sourds et muets; ECOLES DE ST-CYR et d'ALFORT, (élèves) ; ELÈVES DES GRANDS SÉMINAIRES; PRIX (jeunes gens qui ont remporté les grands), de l'institut ou de l'université.

DISPENSÉS à quelque titre que ce soit qui cessent de suivre la carrière en vue de laquelle ils auront été comptés en déduction du contingent.

24. Déclaration à faire par les jeunes gens qui renoncent à la dispense.

Les jeunes gens désignés par leurs numéros pour faire partie du contingent cantonnal, et qui auront été déduits conditionnellement en exécution des numéros 1, 3, 4 et 5 de l'article 14 de la loi, lorsqu'ils cesseront de suivre la carrière en vue de laquelle ils auront été comptés en déduction du contingent, seront tenus d'en faire la déclaration au maire de leur commune, dans l'année où ils auront cessé leurs services, fonctions ou études, et de retirer eux-mêmes expédition de leur déclaration.

25. *On ne peut changer la position que confère la dispense.*

Il résulte aussi de cette disposition si claire et si précise, qu'un jeune homme déduit du contingent ne peut renoncer à la position que lui a conférée la dispense pour se vouer à une autre carrière.

Ainsi par exemple : un étudiant ecclésiastique qui cesse ses études dans l'intention de se vouer à l'instruction publique, perd inévitablement le bénéfice de l'article 14. Dans ce cas, la loi veut que le dispensé rejoigne les drapeaux. (*Circulaire du* 25 *juin* 1834, *Journ. milit.*, pag. 360.)

26. *Peines dont ils seront passibles s'ils ne font pas cette déclaration.*

Faute par eux de faire cette déclaration, et de la soumettre au visa du préfet du département dans le délai d'un mois, ils seront passibles des peines prononcées par le premier paragraphe de l'article 38 de la loi.

27. *Sont rétablis sur le contingent de leur classe.*

Ils seront rétablis dans le contingent de leurs classes, sans déduction du temps écoulé depuis la cessation desdits services, fonctions ou études, jusqu'au moment de la déclaration. (Article 14 de la *Loi.*)

28. *Renvoyés devant l'autorité militaire.*

Ils seront renvoyés devant l'autorité militaire, qui constatera leur aptitude physique au service, et les fera diriger s'il y a lieu, sur le corps pour lequel ils auront été primitivement désignés. (*Circulaire du* 29 *janvier* 1830, pag. 23.)

29. *Surveillance des préfets à l'égard des dispensés.*

MM. les préfets doivent continuer à surveiller les mutations qui peuvent survenir parmi les dispensés, afin de mettre l'autorité militaire en mesure de les reprendre pour le service, si leur numéro les appelle à l'activité. (*Circulaire du* 21 *mai* 1832, *Journ. milit.*, pag. 432.)

Les trois derniers paragraphes de l'article 14 de

30. Dispositions de l'art. 14 non applicables aux dispensés des classes antérieures à celle de 1831.

la loi ne sont point applicables aux *dispensés* des classes antérieures à celles de 1831, *s'ils ont perdu le bénéfice de la dispense avant la promulgation de cette loi.* (*Circulaire*, idem.)

31. Dans quel cas ces mêmes dispositions leur sont applicables.

Ceux qui parmi les *dispensés* des classes antérieures à celle de 1831, *perdraient actuellement le bénéfice de la dispense, sont soumis dès à présent aux obligations imposées par les trois derniers paragraphes de l'art. 14 de la loi.*

32. Inscrits maritimes, cas où ils perdent la qualité de dispensés.

Quant aux inscrits maritimes, ils ne perdent la qualité qui les *dispense* du recrutement de l'armée que lorsqu'ils renoncent volontairement à la navigation, ou aux professions maritimes; mais dans ce cas, ils sont remis à la disposition du département de la guerre pour y servir jusqu'à l'époque de la libération de la classe à laquelle ils appartiennent. (*Circul. du* 21 *mai* 1832, *Journ. milit.*, pag. 433.)

Il résulte de toutes les dispositions ci-dessus énoncées :

☞ 33. Résultat ou résumé des explications précédentes.

1° Que les jeunes gens qui perdent le bénéfice de l'art. 14 de la loi, ou y renoncent, doivent, dans le cours de l'année où ils ont cessé leurs services, fonctions ou études, en faire la déclaration au maire de leur commune ;

2° Qu'ils doivent retirer une expédition de cette délaration ;

3° Qu'ensuite, et dans le délai d'un mois, ils doivent la soumettre au visa du préfet du département dans lequel ils ont concouru au tirage ;

4° Que la loi déterminant le temps pendant lequel la déclaration doit être faite et l'expédition en être soumise au préfet, ces jeunes gens ne sont point justiciables des tribunaux, du moment qu'ils ont fait leur déclaration dans l'année où ils ont cessé leurs services, fonctions ou études;

5° Que dans ce cas, le préfet doit donner avis à l'autorité militaire, afin qu'aux termes de la loi, les dispensés soient rétablis aussitôt dans le contingent de leur classe, et qu'ils suivent la chance de leur numéro de tirage; 34. Obligations des préfets à l'égard des jeunes gens déduits du contingent.

6° Que si, au contraire, l'année s'est écoulée sans que la déclaration ait été faite et l'expédition de cette déclaration remise au préfet, ce fonctionnaire devra, aussitôt qu'il sera instruit du fait, le déférer aux tribunaux ordinaires; (Art. 54, *idem.*)

7° Que si le dispensé est condamné, le temps écoulé depuis la cessation de ses services, fonctions ou études, ne lui sera pas compté pour le temps de service fixé par la loi, non plus que le temps passé dans la détention par suite du jugement dont il aura été l'objet; (Art. 55 *id.*) *Voy.* Déduction des services, art. 2. 35. Temps de service; comment compté pour le jeune homme condamné par les tribunaux.

8° Qu'à tout dispensé, quand bien même il n'aurait point encouru les peines indiquées au premier paragraphe de l'article 38, il sera fait déduction sur le temps de service que devra la classe dont il fait partie, du temps qui se sera écoulé depuis la cessation de ses services, fonctions ou études, jusqu'au moment où il aura fait la déclaration prescrite au maire de sa commune. (Art. 56, *idem.*) 36. Temps de service; comment compté pour les jeunes gens qui ont renoncé au bénéfice de l'art. 14 ou qui l'ont perdu.

Par ces divers motifs, il est du plus grand intérêt pour que les dispensés sentent la nécessité de faire promptement la déclaration voulue par la loi, qu'ils aient connaissance des peines dont ils sont passibles, 37. Avertissement important à donner aux jeunes gens qui demandent à jouir du bénéfice de l'art. 14.

et des dommages qu'ils éprouveraient en la retardant.

Il importe donc de donner tous ces avertissements aux jeunes gens qui réclameront le bénéfice des paragraphes notés 1°, 4° et 5° de l'art. 14 de la loi, afin qu'ils n'ignorent pas les conditions sévères que la loi attache à la dispense. (Art. 57 de l'*Instruction du* 30 *mars* 1832, *Journ. mil.*, pag. 221.)

DOMICILE.

L'art. 5 de la *Loi du* 21 *mars* 1832, porte :

Le contingent assigné à chaque canton sera fourni par un tirage au sort entre les jeunes Français qui auront leur *domicile légal* dans le canton, etc., etc.

Art. 6. Seront considérés comme légalement domiciliés dans le canton :

1. Considérés comme légalement domiciliés :

1° Les jeunes gens, même émancipés, engagés, établis au dehors, expatriés, absents ou détenus, si d'ailleurs leurs père, mère ou tuteur ont leur domicile dans une des communes du canton, ou s'ils sont fils d'un père expatrié qui avait son dernier domicile dans une desdites communes ;

2. Mariés.

2° Les jeunes gens mariés, dont le père, ou la mère à défaut de père, sont domiciliés dans le canton, à moins qu'ils ne justifient de leur domicile réel dans un autre canton ;

3. Mariés et domiciliés.

3° Les jeunes gens mariés et domiciliés dans le canton, alors même que leur père ou leur mère n'y seraient pas domiciliés ;

4. N'ayant ni père, ni mère.

4° Les jeunes gens nés et résidant dans le canton qui n'auraient ni leur père, ni leur mère, ni tuteur ;

5. N'étant dans aucun des cas précédents.

5° Les jeunes gens résidant dans le canton qui ne seraient dans aucun des cas précédents, et qui ne justifieraient pas de leur inscription dans un autre canton.

Le domicile légal d'un mineur est, conformément à l'art. 108 du code pénal, chez ses père et mère ou tuteur, c'est-à-dire dans la commune où ceux-ci ont leur principale habitation et où ils résident habituellement.

Le domicile d'un jeune homme majeur et qui lui-même n'a point de résidence fixe, tel par exemple qu'un ouvrier ambulant ou un domestique, est, conformément à l'art. 109 du code civil, le même que celui de la personne qu'il sert ou chez laquelle il travaille lorsqu'il demeurera avec elle et dans la même maison. 6. Sans résidence fixe.

Le domicile légal d'un fonctionnaire public est (s'il n'exerce que des fonctions temporaires ou révocables), celui qu'il avait auparavant, à moins qu'il n'ait manifesté une intention contraire; mais, si conformément à l'article 107 du code civil, il exerce des fonctions conférées à vie, son domicile légal est dans le lieu même où il exerce. 7. Domicile légal d'un fonctionnaire.

Un enfant trouvé ou abandonné, élevé dans un hospice, n'a d'autre domicile que la commune où est situé l'hospice. 8. Enfant trouvé.

Le domicile légal d'un orphelin de père et de mère et sans tuteur, est le lieu de sa naissance, à moins que d'après les articles 103 et 104 du code civil, il ne justifie en avoir un autre. 9. Orphelin.

Ces articles sont ainsi conçus :

« Art. 103. Le changement de domicile s'opérera « par le fait d'une habitation réelle dans un autre

« lieu, joint à l'intention d'y fixer son principal « établissement. »

11. Changement de domicile.

« Art. 104. La preuve de l'intention résultera « d'une déclaration expresse faite tant à la municipalité du lieu qu'on quittera, qu'à celle du lieu « où l'on aura transféré son domicile. »

Mais lorsque les élèves des hospices ont atteint leur majorité avant l'époque déterminée pour le tirage, ils doivent être inscrits et concourir dans le canton où ils résident. (*Circul. du* 1er *avril* 1837.)

DOUANES (préposés des).

Les frères des préposés des douanes n'ont pas droit à l'exemption. (N° 575 de l'ancien *Manuel.*)

Les brigades des douanes ne faisant pas partie de l'armée, les hommes qui les composent ne sont pas susceptibles d'être dispensés. (N° 658 de l'ancien *Manuel.*)

DRAGONS.

1. Nombre de régiments dont se composent les dragons, conditions d'admission.

Il y a dans l'armée douze régiments de dragons, classés comme cavalerie de ligne ; pour y être admis comme jeune soldat ou comme volontaire, il faut avoir la taille de 1 mètre 706 millimètres ou 5 pieds 3 pouces au moins, et 1 mètre 757 millimètres ou 5 pieds 4 pouces 6 lignes au plus. Il faut en outre être sain, robuste, bien constitué, et pour l'engagé volontaire avoir, autant que possible, l'habitude des chevaux.

DROITS CIVIQUES, civils et de famille.

1. Les individus interdits des droits civiques, civils et de famille sont exclus du service.

Les individus interdits des droits civiques, civils et de famille par suite d'un jugement, sont exclus du service militaire. (Art. 2 de la *Loi.*)

Les conseils de révision ont seuls qualité pour

prononcer cette exclusion, ainsi les individus dans cette position doivent être portés sur les tableaux de recensement par les maires, afin qu'ils prennent part aux opérations du tirage.

2. Conseils de révision prononcent sur cette exclusion.

Mais aujourd'hui (à partir de 1837) la répartition et la sous-répartition du contingent devant être basées sur le nombre des jeunes gens inscrits aux listes de tirage de la classe appelée, les individus dont il s'agit, s'ils n'étaient pas rayés avant le tirage, occasionneraient une surcharge aux cantons dans lesquels ils se trouvent; en conséquence, MM. les sous-préfets devront, le cas échéant, les faire disparaître des tableaux de recensement. Toutefois, il conviendra de s'abstenir et de laisser au conseil de révision le soin de prononcer dans les cas douteux, et lorsque les causes d'exclusion ne seront pas suffisamment établies. *Circulaire du* 13 *mai* 1837, *Journ. milit.*, pag. 431.)

3. Sous-préfets autorisés à les rayer des listes du tirage.

(*V.* Exclusion du service militaire.)

DURÉE DU SERVICE.

La durée du service des jeunes soldats appelés era de *sept ans,* qui compteront du 1er janvier de 'année où ils auront été inscrits sur les registres-ıatricules des corps de l'armée. (Art. 30 de la loi.)

1. Durée de service fixée par la loi pour les jeunes soldats.

Le 31 décembre de chaque année, en temps de ɟix, les soldats qui auront achevé leur temps de ɐrvice recevront leur congé définitif. (Art. *idem.*)

2. Libération en temps de paix.

Ils le recevront en temps de guerre, immédiatement après l'arrivée au corps du contingent destiné àes remplacer. (Art. 30, *idem.*)

3. Libération en temps de guerre.

La durée de l'engagement volontaire sera de sept a. (Art. 33 de la loi.)

4. Durée de service pour l'engagement volontaire fixé à sept ans.

5. Engagements de deux ans en temps de guerre.

En cas de guerre, tout Français qui n'appartient à aucun contingent et qui a satisfait à la loi de recrutement, pourra être admis à contracter un engagement volontaire de deux ans. Ces engagements ne donneront pas lieu aux exemptions prononcées par les nos 6 et 7 de l'art. 13 de la loi.

6. Les actes d'engagement doivent contenir en toutes lettres la durée du temps de service fixé par la loi.

Les maires doivent indiquer en toutes lettres dans les actes d'engagements volontaires, la durée du temps de service déterminé par la loi.

(*Voy.* ENGAGEMENTS VOLONTAIRES, art. 73.)

7. La durée du service pour l'engagé doit compter du jour de son acte d'engagement.

La durée de l'engagement étant de sept ans, cette durée doit commencer du jour où l'homme a contracté son engagement. (Art. 61 de l'*Instruction du 4 mai* 1832, *Journ. milit.*, pag. 361.)

8. Même observation pour les jeunes soldats qui s'engagent avant l'appel.

De même, les jeunes soldats désignés par le sort pour faire partie du contingent d'une classe, lorsqu'ils s'engageront volontairement, ne peuvent compter leur temps de service que du *jour où ils ont souscrit leur acte d'engagement*, et non pas du jour que détermine l'article 30 de la loi. (Art. 62 de l'*Instruction du 4 mai* 1832, *Journ. milit.*, pag. 361.)

E.

ÉCOLE DE CAVALERIE.

1. Conditions d'admission à l'école de cavalerie.

Pour être admis à l'école de cavalerie il suffit d[e] savoir lire et écrire, avoir au moins la taille d'u[n] mètre 679 millimètres, 5 pieds 2 pouces, et être e[n] outre sain, robuste et en état de faire un bon ser[]vice.

Les pièces et certificats à produire sont les m[êmes]

mes que celles exigées pour les autres engagés volontaires. *Voy.* ENGAGEMENTS, ENGAGÉS, art. 20.

ÉCOLE MILITAIRE DE ST-CYR.

Les élèves de l'école militaire doivent être déduits du contingent et considérés comme ayant satisfait à l'appel.

1. Doivent être considérés comme dispensés.

Lorsqu'ils réclament le bénéfice de la dispense, ils doivent produire à l'appui de leur demande une ampliation de la lettre d'avis de nomination et un certificat de présence à l'école. *Voyez* DISPENSES, DISPENSÉS, art. 11.

ÉCOLE D'ALFORT (Elèves vétérinaires de l').

Les élèves de l'école vétérinaire d'Alfort qui sont entrés dans cette école depuis les ordonnances des 28 août et 20 septembre 1832, doivent être portés comme dispensés, s'ils sont compris dans le contingent par leur numéro de tirage, attendu que d'après l'art. 3 de l'ordonnance du 20 août précitée, ces élèves n'ont pu être admis qu'après avoir contracté un engagement volontaire. (*Circulaire du* 12 *mars* 1833, *Journ. milit.*, pag. 328.)

1. Doivent être considérés comme dispensés.

A l'avenir *et sous aucun prétexte*, les jeunes soldats qui seront *surnuméraires* ou *élèves civils* dans une école vétérinaire, ne pourront être conservés dans ladite école, qu'après avoir été incorporés dans le corps de cavalerie le plus voisin de l'établissement. D'où il suit que les lettres de *passe* prescrites par la *Circulaire du* 12 *décembre* 1820, ainsi que les dispositions de celles *du* 20 *septembre* 1832, sont entièrement abrogées.

2. Ne pourront être conservés à l'Ecole qu'après avoir été incorporés dans la cavalerie.

2° Par conséquent, au moment de l'appel à l'activité, les jeunes soldats *surnuméraires* ou *élèves*

3. Affecté à un corps de cavalerie lors de l'appel à l'activité.

civils, seront affectés, par les soins de l'autorité militaire, au corps de cavalerie le plus voisin de l'école, dans lequel ils seront incorporés;

4. Demande du directeur de l'école au ministre, pour conserver les *surnuméraires* ou *élèves civils* affectés à la cavalerie.

3° En même temps, le directeur de l'école vétérinaire adressera au lieutenant général commandant la division, qui la transmettra au ministre avec son avis, une demande dans laquelle ce directeur rendra compte des motifs qui lui font désirer de conserver dans l'école, pour y continuer leurs études, les ***surnuméraires*** ou ***élèves civils***, qui auront été affectés au corps de cavalerie le plus voisin. Le directeur fera connaître aussi l'époque à laquelle les études devront être terminées;

5. Cas où le ministre accueille la demande.

4° Si le ministre accueille la proposition, des ordres seront donnés par le bureau d'arme, pour que les militaires compris dans la demande du directeur soient immédiatement considérés comme *détachés de leur corps*, pendant tout le temps qui sera jugé indispensable pour atteindre le terme de leurs études. (*Circulaire du* 26 *mai* 1835, *Journal milit.*, pag. 184.)

ÉCOLE POLYTECHNIQUE (ÉLÈVES DE L').

1. Sont considérés comme dispensés.

Les dispositions de l'article 14 de la loi sont applicables aux élèves de l'école polytechnique, qui doivent en conséquence être considérés comme ayant satisfait à l'appel et être comptés numériquement en déduction du contingent à former, s'ils sont désignés par leur numéro pour faire partie dudit contingent.

2. Pièces à produire devant les conseils de révision.

Ils doivent produire, devant les conseils de révision, une ampliation de la lettre d'avis de nomination et un certificat de présence à l'école, ou dans un service public. *Voy.* DISPENSES, DISPENSÉS, art. 10.

ÉCOLE NORMALE ET CENTRALE DE PARIS ET ÉCOLE DITE DE **JEUNES DE LANGUES** (ÉLÈVES DE L').

Les élèves desdites écoles qui auront contracté, avant l'époque déterminée pour le tirage au sort et devant le conseil de l'Université, l'engagement de se vouer à l'enseignement, seront *dispensés* et considérés comme ayant satisfait à l'appel. (Art. 14 de la loi.)

1. Considérés comme dispensés lorsqu'ils auront contracté l'engagement de se vouer à l'enseignement.

Les élèves de l'école normale doivent produire pour réclamer le bénéfice de la dispense : un certificat constatant l'acceptation par le conseil de l'Université de l'engagement de se vouer à la carrière de l'enseignement, contracté par eux devant ledit conseil, et avant l'époque déterminée pour le tirage au sort, plus un certificat de présence à l'école.

2. Pièces à produire devant le conseil de révision.

Les élèves de l'école dite de *jeunes de langue*, produiront un certificat délivré par le ministre des affaires étrangères. *Voyez* DISPENSES, DISPENSÉS, art. 13.

ÉLÈVES des grands séminaires.

Les élèves des grands séminaires, régulièrement autorisés à continuer leurs études, sont considérés comme ayant satisfait à l'appel et comptés numériquement en déduction du contingent, sous la condition que s'ils ne sont pas entrés dans les ordres majeurs à vingt-cinq ans accomplis, ils seront tenus d'achever le temps de service prescrit par la *Loi du* 21 *mars* 1832.

1. Dispensés par l'art. 14 de la loi.

Pour réclamer le bénéfice de la dispense devant

les conseils de révision, les *élèves des grands séminaires* doivent produire un certificat de l'évêque diocésain, visé par le préfet pour légalisation de la signature, constatant que le réclamant est *élève* dans *un grand séminaire* et qu'il est régulièrement autorisé à continuer ses études ecclésiastiques. (Voir, pour de plus amples détails, les mots DISPENSES, DISPENSÉS, art. 16.)

2.
Pièces à produire pour profiter de la dispense.

ÉLÈVES DES HOSPICES. (*Voy.* RECENSEMENT tableaux de), art. 8 et 9, et PRÉFET, art. 2 bis.

ÉLÈVES de 1re et de 2e classe de la marine.

Les élèves de 1re et de 2e classe de la marine confèrent l'exemption à leurs frères, mais non pas ceux de 3e classe. (*Circulaire du* 28 *juin* 1835, *Journ. milit.*, page 397. *Voyez* EXEMPTIONS, art. 15, 16 et 17.)

EMPLOYÉS ENTRETENUS des subsistances militaires, de l'habillement et du campement.

1.
Le ministre a décidé que ces employés devaient être considérés comme ayant satisfait à l'appel.

Le ministre a décidé le 28 juin 1835, *Journ. milit.*, page 398, que les dispositions du paragraphe numéroté 1 de l'article 14 de la loi, sont applicables aux employés ci-dessus désignés.

2.
Pièces à produire par eux.

En conséquence, lorsque lesdits employés auront à faire valoir leurs droits à la dispense, ils devront produire outre un certificat de présence à l'administration dont ils font partie, la commission dont ils sont pourvus et qui doit porter textuellement les deux avant-derniers paragraphes de l'article 14 de la *Loi du* 21 *mars* 1832. *V.* DISPENSES, DISPENSÉS, art. 2.

ENFANTS NATURELS.

Les enfants naturels non légitimés ne sont pas

admis à l'exemption prononcée par l'article 13 de la *Loi du* 21 *mars* 1832, et il ne pourra être excipé de leur existence, soit pour faire obtenir, soit pour faire refuser cette exemption aux enfants légitimes de la famille. (N° 500 de l'ancien *Manuel.*)

1. Ne sont pas admis à l'exemption lorsqu'ils ne sont pas légitimés.

Les enfants naturels qui ont été *reconnus*, lorsqu'ils se trouvent dans les cas prévus par les paragraphes numérotés 3°, 4°, 5°, 6e et 7° de l'article 13 de la loi, ont droit au bénéfice de l'exemption, l'article précité ne faisant aucune distinction entre les *frères naturels* et les *frères légitimes*; et le code civil, dans plusieurs de ses dispositions, notamment dans l'article 756 (*Titre des successions*), désigne comme frères *naturels*, les enfants *naturels légalement reconnus.* (*Circulaire du* 12 *août* 1837, *Journ. milit.*, pag. 7.)

ENFANTS DE TROUPE.

1. Ne peuvent pas s'engager avant 18 ans.

Les enfants de troupe et les autres jeunes gens employés dans les corps comme tambours, trompettes ou autrement, ne peuvent pas contracter d'engagements volontaires devant l'officier de l'état civil avant l'âge de 18 ans accomplis. Ils doivent, dans ce cas, comme les autres engagés, produire un certificat d'acceptation et les autres pièces exigées pour contracter un engagement. (N° 17 du *Manuel*, *Voy.* le mot.)

Les enfants de troupe tant qu'ils n'ont pas contracté d'engagement n'exemptent pas leurs frères. (N° 560 du *Manuel.*)

ENFANTS TROUVÉS. (*Voy.* RECENSEMENT, tableaux de), art. 8 et 9, et PRÉFET, art. 2 bis.

EFFECTIF. Voir le mot CERTIFICAT D'EFFECTIF.

1. Comment se recrute l'armée.

ENGAGÉS VOLONTAIRES ET ENGAGEMENTS.

L'armée se recrute par des appels et des *engagements volontaires.* (Art. 1er de la *Loi du 21 mars* 1832.)

2. Ni prime en argent ni prix quelconque pour les engagements.

Il n'y aura dans les troupes françaises ni prime en argent, ni prix quelconque pour l'engagement. (Art. 31, *idem.*)

Tout Français qui voudra contracter un engagement volontaire, ne pourra être reçu à contracter cet engagement qu'aux conditions suivantes :

3. Conditions pour être admis à s'engager.

1° S'il veut entrer dans l'armée de mer, avoir 16 accomplis, sans être tenu d'avoir la taille prescrite par la loi, mais sous la condition qu'à l'âge de 18 ans il ne pourra être reçu s'il n'a pas cette taille ;

2° S'il entre dans l'armée de terre, avoir 18 ans accomplis et au moins la taille d'un mètre cinquante-six centimètres ;

3° Jouir de ses droits civils ;

4° N'être ni marié, ni veuf avec enfants ;

5° Être porteur d'un certificat de bonnes vie et mœurs, délivré dans les formes prescrites par l'article 20 de la loi, et s'il a moins de vingt-ans, justifier du consentement de ses père, mère ou tuteur.

Ce dernier devra être autorisé par une délibération du conseil de famille.

Le certificat de bonnes vie et mœurs dont il est parlé ci-dessus, doit être délivré par le maire de la commune où l'engagé avait son dernier domicile. S'il ne compte pas une année de séjour dans cette commune, il sera tenu d'en produire un autre du maire de la commune ou des maires des communes où il aura été domicilié dans le cours de cette année.

Ce certificat devra contenir le signalement de l'engagé, et attester :

1° La durée du temps pendant lequel il a été domicilié dans la commune;

2° Qu'il jouit de ses droits civils;

3° Qu'il n'a jamais été condamné à une peine correctionnelle pour vol, escroquerie, abus de confiance ou attentat aux mœurs.

4. Cas où le maire de la commune ne connaîtrait pas l'individu qui réclame un certificat de bonnes vie et mœurs.

Dans le cas où le maire de la commune ne connaîtrait pas l'individu qui ferait la demande de ce certificat, il devra en constater légalement l'identité, et recueillir les preuves et témoignages qu'il jugera convenables pour arriver à la connaissance de la vérité. (Art. 20 de la loi.)

5. Ces certificats ne seront délivrés qu'une seule fois dans la même année.

Ces certificats ne seront délivrés qu'une seule fois dans la même année au même individu ; ils devront être conformes au modèle joint à loi du 21 mars 1832, et à l'ordonnance du 28 avril 1832. (Voir ce modèle sous le n° 19, à la fin du présent Dictionnaire. Voir aussi le mot CERTIFICAT de bonnes vie et mœurs.)

6. Durée de l'engagement.

La durée de l'engagement volontaire sera de sept ans.

7. Engagement de deux ans en cas de guerre.

En cas de guerre, tout Français qui n'appartient à aucun contingent, et qui a satisfait à la loi du recrutement, pourra être admis à contracter un engagement volontaire de deux ans. Ces engagements ne donneront pas lieu aux exemptions prononcées par les n°s 6 et 7 de l'art. 13 de la loi, c'est-à-dire

8. *Ne procurent pas l'exemption aux frères des engagés.*

que ceux qui les auront contractés n'excempteront pas leurs frères. (Art. 33 de la loi.)

9. *Formes prescrites pour les engagements.*

Des engagements volontaires seront contractés dans les formes prescrites par les articles 34, 35, 36, 37, 38, 39, 40, 42 et 44 du code civil, devant les maires des chefs-lieux de canton.

10. *Conditions insérées dans l'acte.*

Les conditions relatives à la durée des engagements seront insérées dans l'acte même.

11. *Autres conditions lues aux contractants.*

Les autres conditions seront lues au contractant, avant la signature, et mention en sera faite à la fin de l'acte; le tout sous peine de nullité. (Art. 34, *idem.*)

12. *Maires des 12 arrondissements de Paris considérés comme maires de chefs-lieux de canton.*

Les maires des douze arrondissements de la ville de Paris étant considérés comme maires de chefs-lieux de canton, pourront recevoir les actes d'engagement volontaire. (Art. 20 *de l'Ordonnance du* 28 *avril* 1832, *Journal militaire*, page 338.)

13. *Etat sommaire des engagements présenté aux chambres.*

L'état sommaire des engagements volontaires de l'année précédente, sera communiqué aux chambres lors de la présentation de la loi du contingent annuel. (Art. 25 de la loi.)

Indépendamment des conditions ci-dessus indiquées aux articles précités de la loi du 21 mars 1832, il en est d'autres exigées par la loi du 28 avril 1832 sur les engagements et rengagements.

14. *Conditions d'aptitude et d'admissibilité exigées par l'ordonnance du 28 avril 1832.*

Ainsi l'individu qui veut contracter un engagement volontaire doit être,

1° Sain, robuste et bien constitué;

2° Ne pas être âgé de plus de 30 ans, s'il n'a pas encore servi;

3° Avoir, selon l'arme à laquelle il se destine, et le corps dans lequel il demande à entrer, *au moins* le minimum et au plus le maximum de taille, tels qu'ils sont fixés au tableau joint à l'ordonnance du 28 avril 1832. (Voir ce tableau au mot ARMÉE DE TERRE, et le mot ARMÉE DE MER pour les conditions d'admission dans les troupes de la marine.)

4° Remplir l'une des conditions d'aptitude, ou exercer l'une des professions indiquées au même tableau. (Art. 3 de l'*Instruct. du 4 mai 1832*, *Journ. milit.*, page 335.)

15. Recommandation aux autorités civiles et militaires.

Les autorités civiles et militaires ne perdront pas de vue qu'en vertu des articles 32 et 36 de la loi du 21 mars 1832, les conditions d'aptitude et d'admissibilité exigées par l'ordonnance royale du 28 avril 1832 sont obligatoires, de même que celles qui sont insérées dans la loi. (Art. 4, *idem.*)

16. Conditions particulières et professions exigées pour certains corps.

Nul ne sera donc admis à s'engager pour (art. 5, *idem*),

17. Vétérans.

Les compagnies de vétérans,

S'il n'a déjà servi. (Art. 6, *idem.*)

18. Bataillon d'ouvriers d'administration.

Le bataillon d'ouvriers d'administration,

S'il n'est boulanger ou boucher, botteleur ou charpentier, serrurier, menuisier ou maçon. (Art. 7, *idem.*)

19. Infirmiers entretenus.

Les infirmiers entretenus,

S'il ne sait lire et écrire. (Art. 8, *idem.*)

20. Ecole de cavalerie.

L'école de cavalerie,

S'il ne sait lire ou écrire. (Art. 9, *idem.*)

21. Bataillon de pontonniers.

Le bataillon de pontonniers,

S'il n'est batelier ou cordier, charpentier de bateaux ou de bâtiments, charron, ouvrier en fer ou calfat. (Art. 10, *idem.*)

22. Compagnies d'ouvriers d'artillerie.

Les compagnies d'ouvriers d'artillerie,

S'il n'est forgeur ou serrurier, taillandier ou charron, charpentier, menuisier ou tonnelier. (Art. 11, *idem.*)

23. Escadrons du train des parcs d'artillerie.

Les escadrons du train des parcs d'artillerie,

S'il n'est sellier ou bourrelier, maréchal ferrant, habitué à soigner les chevaux ou à conduire les voitures. (Art. 12, *idem.*)

24. Régiments du génie.

Les régiments du génie,

S'il n'est ouvrier en fer ou en bois, ouvrier des mines ou carrières, ou maçon. (Art. 13, *idem.*)

25. Compagnie d'ouvriers du génie.

La compagnie d'ouvriers du génie,

S'il n'est forgeur ou serrurier, taillandier ou charron, charpentier ou menuisier. (Art. 14, *id.*)

26. Train du génie.

Le train du génie,

S'il n'est sellier ou bourrelier, maréchal ferrant, habitué à soigner les chevaux ou à conduire les voitures. (Art. 15, *id.*)

27. Train des équipages militaires.

Le corps du train des équipages militaires,

S'il n'est sellier ou bourrelier, maréchal ferrant, habitué à soigner les chevaux ou à conduire les voitures. (Art. 16, *id.*)

28. Compagnie d'ouvriers du même corps.

Les compagnies d'ouvriers du train des équipages militaires,

S'il n'est forgeur, serrurier, taillandier, cloutier, charron, charpentier ou menuisier. (Art. 17, *idem.*)

29. Les Français qui ont déjà servi peuvent s'engager jusqu'à l'âge de 35 ans.

Les Français qui ont déjà servi peuvent s'engager jusqu'à *trente-cinq* ans révolus, mais passé l'âge de trente ans, leur engagement ne peut avoir lieu que pour un corps de l'arme dont ils auront fait partie, à moins qu'ils n'exercent une profession utile à l'arme dans laquelle ils veulent servir. (Art. 18, *idem.*)

30. Exception en faveur des hommes qui, passé 30 ans, veulent servir dans une arme autre que celle dont ils ont fait partie.

Ainsi, par exemple, si un militaire âgé de plus de trente ans, et qui a toujours servi dans l'infanterie, demande à s'engager pour un corps de cavalerie, ou le bataillon de pontonniers, ou une compagnie d'ouvriers d'artillerie, son engagement pourra être reçu s'il est maréchal ferrant, batelier ou cordier, etc., forgeur ou serrurier, etc., etc. (Art. 19, *id.*)

31. Les militaires âgés de plus de 35 ans ne peuvent s'engager que jusqu'à 45, et pour les vétérans seulement.

L'engagement pour les anciens militaires est limité à 45 ans, et seulement pour les compagnies de vétérans. (Art. 20, *id.*)

32. Engagements des Français comme gagistes.

Tout gagiste qui contractera un engagement volontaire, conformément à la loi, sera reçu à compter, *comme temps de service militaire*, le temps qu'il aura passé sous les drapeaux en qualité de gagiste, mais à partir seulement de l'âge de 18 ans. (Art. 21, *id.*)

33. Annotation à faire sur le registre-matricule du corps auquel appartiennent les gagistes.

En conséquence, du moment qu'un gagiste qui comptera un certain nombre d'années passées dans un corps, en ladite qualité, aura contracté un engagement de 7 ans, le conseil d'administration annotera au registre-matricule le temps de service qui sera déjà acquis au gagiste engagé en vertu de l'art. 4 de l'ordonnance du 28 avril 1832. (Art. 22, *id.*)

34. Les engagements des gagistes n'auront lieu que sur l'autorisation des inspecteurs généraux.

L'engagement volontaire des gagistes n'aura lieu que sur l'autorisation des inspecteurs généraux d'armes. (Art. 23, *id.*)

Les engagements des gagistes ne sont restreints

35. par aucune limite d'âge passé 18 ans, mais ils ne peuvent être reçus avant cet âge. (Nos 23 et 24 de l'*Instruct. du 4 mai* 1832, *Journ. milit.*, p. 355.)

36. L'engagement est toujours contracté pour l'arme à laquelle l'engagé se destine.

L'engagement volontaire sera toujours contracté pour l'arme dans laquelle l'homme qui se présente désire servir; mais l'acte d'engagement devra toujours aussi faire mention du corps dans lequel l'engagé désire être admis. (Art. 25, *id.*)

37. La disposition ci-dessus est abrogée par les suivantes.

L'article ci-dessus et les articles 5, 13 et 24 de l'ordonnance du 28 avril 1832, sont abrogés par les dispositions suivantes :

38. Les engagements seront contractés sans distinction de corps ni d'arme.

Art. 1er. Les engagemens volontaires et les rengagements seront contractés sans distinction de corps ni d'arme, et dans les formes prescrites par les articles 34 et 37 de la loi du 21 mars 1832.

39. Nouveaux modèles d'actes d'engagement et de rengagement.

Art. 2. Les actes d'engagement et de rengagement seront conformes aux modèles annexés à la présente. (*Ordonnance du* 15 *janvier* 1837, *Journ. militaire*, pages 19 et 20.)

Tout homme qui demande à s'engager doit d'abord faire constater qu'il a les qualités requises pour l'arme dont il a fait choix.

40. Officiers devant lesquels l'engagé doit se présenter pour faire constater son aptitude physique.

Il se présentera à cet effet devant le chef du corps dans lequel il désire prendre du service, ou devant le commandant du dépôt de recrutement du département ou devant l'officier de gendarmerie le plus voisin de sa résidence. (Art. 27 de l'*Instruct. du 4 mai* 1832, *Journ. milit.*, page 356.)

41. Ces officiers sont les seuls ayant qualité pour constater l'aptitude physique des engagés.

Ces officiers sont les seuls désignés par l'Ordonnance royale du 28 avril 1832, comme ayant qualité pour constater l'aptitude militaire des engagés volontaires. (Art. 28, *id.*)

42. Vérification à faire sur le bulletin indicatif.

L'officier devant lequel l'engagé se présentera, s'assurera avant de procéder à tout autre examen que le corps dans lequel il demande à entrer est porté sur le dernier *bulletin indicatif* reçu du ministre. (Art. 30, *id.*)

43. Certificat d'effectif à délivrer par les corps.

Si le corps désigné n'est pas compris parmi ceux pour lesquels les engagements volontaires sont ouverts, l'officier exigera la production d'un certificat constatant que l'effectif du corps désigné permet de recevoir l'homme porteur de cette pièce. (Art. 31, *id.*) *Voy.* Certificat d'effectif.

44. Examen de l'homme qui veut s'engager.

Si l'effectif du corps permet l'engagement, l'officier vérifiera si l'homme qui se présente a la taille et les autres qualités exigées tant par l'article 1er de l'Ordonnance du 28 avril 1832, que par le tableau joint à la même ordonnance. (Voir ce tableau au mot Armée de terre, art. 33, *id.*)

45. L'officier doit faire constater que l'homme n'a point d'infirmité apparente ou cachée.

L'officier fera constater ensuite en sa présence par un docteur en médecine ou en chirurgie, et à défaut de l'un ou de l'autre, par un officier de santé employé pour les actes de l'état civil ou de la police judiciaire, ou attaché à un hospice civil ou militaire, si l'homme n'a aucune infirmité apparente ou cachée; si, en un mot, il est sain, robuste et bien constitué. (Art. 13, *id.*)

46. Certificat d'acceptation délivré par l'autorité militaire.

Cette formalité remplie, et si l'homme est reconnu propre à faire un bon service, l'officier lui délivrera un certificat d'acceptation conforme au modèle joint à l'*Instruct. du 4 mai* 1832. (Art. 35 de la même *Instruction.*)

47. L'homme qui veut s'engager doit

Muni de ce certificat, qui constate son acceptation par l'autorité militaire, l'homme qui veut s'en-

se présenter devant le maire d'un chef-lieu de canton.

gager se présentera devant le maire d'un chef-lieu de canton, qui seul, d'après l'article 34 de la loi, est appelé à dresser l'acte d'engagement. (N° 37, *idem.*)

48. *Les hommes engagés par des maires autres que ceux de chef-lieu de canton, ne seront point reçus au corps.*

Les sous-intendants militaires ne délivreront point de feuille de route aux hommes dont l'engagement n'aura point été contracté devant un maire de chef-lieu de canton, et les chefs de corps ne pourront, sous aucun prétexte, les recevoir au drapeau. (N° 38, *id.*)

49. *Première vérification à faire par le maire.*

Le maire, après s'être fait présenter le certificat d'acceptation délivré par l'autorité militaire, devra s'assurer que l'homme qui demande à s'engager remplit les conditions voulues par l'article 32 de la loi, et qu'il n'est compris dans aucun des cas d'exclusion prévus par l'article 2 de cette même loi. (N°. 39, *id.*)

50. *Conditions exigées par la loi.*

La première condition exigée par la loi, est celle de l'âge. (Art. 40, *idem.*)

51. *Age.*

L'engagé justifiera de son âge par un acte de naissance, ou à défaut de cette pièce par l'acte de notoriété prescrit par l'article 70 du code civil, ou encore par un titre produit conformément à l'art. 46 du même code.

Les mêmes pièces serviront à reconnaître que l'engagé ne dépasse pas l'âge fixé par les articles 1, 2 et 3 de l'Ordonnance royale, suivant qu'il a encore ou n'a pas servi. (Art. 41, *id.*)

52. *Taille et aptitude physique.*

Le certificat d'acceptation constatera la taille, l'aptitude physique et les conditions prescrites au tableau joint à l'*Ordonn. du* 28 *avril* 1832. (Art.

42, *idem.*) Voir ce tableau au mot ARMÉE DE TERRE.

L'engagé justifiera qu'il jouit de ses droits civils par la production du certificat dont il devra être porteur, aux termes de l'art. 20 de la *Loi du* 21 *mars* 1832. (N° 43, *id.*) 53. Droits civils.

De sa conduite antérieure par un certificat de bonnes vie et mœurs, conforme au modèle n° 5, joint à l'*Instr. du* 4 *mai* 1832. 54. Certificat de bonne conduite.

Si l'homme s'engage dans le département où il a son domicile, la légalisation de la signature du maire par le sous-préfet, et celle du sous-préfet par le préfet, ne sont pas indispensables. (N° 44, *idem.*)

La condition que l'engagé volontaire ne soit ni marié, ni veuf avec enfants, ne pouvant être garantie par la production d'aucune pièce suffisante, il y sera suppléé par la déclaration que prescrit l'article 9 de l'*Ordonnance du* 28 *avril* 1832, ainsi conçu : (N° 45, *id.*) 55. Ni marié ni veuf avec enfants.

Le maire constatera l'identité du contractant, et lui fera déclarer, en présence des deux témoins exigés par l'art. 37 du Code civil, 26. Les maires doivent constater l'identité de l'homme qui veut s'engager.

1° Qu'il n'est ni marié, ni veuf avec enfants;

2° Qu'il n'est lié au service de terre ou de mer, ni comme engagé volontaire ou rengagé, ni comme appelé ou substituant, ni comme remplaçant, ni comme inscrit maritime. 57. Déclaration que doit faire l'homme qui veut s'engager.

Ladite déclaration sera insérée dans l'acte d'engagement, modèle n° 1, joint à la *Circulaire du* 15 *janvier* 1837. (N° 50 de l'*Instruct. du* 4 *mai* 1832, *Journ. milit.* page 359.) 58. Elle sera insérée dans l'acte d'engagement.

59. Cas où l'homme qui veut s'engager a déjà servi.

Si l'homme qui demande à s'engager a déjà servi, il devra justifier qu'il est dégagé des obligations qui lui étaient imposées, et produire en conséquence le titre en vertu duquel il est rentré dans ses foyers, ou a été congédié ou licencié. (N° 51, *idem.*)

60. Pièces qu'il doit produire.

Cette justification aura lieu selon les positions suivantes, par la production de l'une des pièces ci-après indiquées. (N° 52, *id.*)

S'il a été jeune soldat ayant fait partie du contingent d'une classe,

61. S'il a été jeune soldat d'une classe.

Il produira un certificat provisoire de libération ou congé définitif du service actif,

Un congé de réforme, ou

Un congé de renvoi. (N° 53, *id.*)

S'il a servi comme engagé volontaire ou rengagé,

62. S'il a servi comme engagé volontaire ou rengagé.

Un certificat provisoire de libération, ou congé définitif du service actif;

Un congé de réforme;

Un congé de renvoi;

Une annulation judiciaire ou administrative de l'acte d'engagement ou de rengagement.

S'il a servi comme remplaçant,

63. S'il a servi comme remplaçant.

Certificat provisoire de libération ou un congé définitif du service actif;

Un congé de réforme;

Un congé de renvoi;

Une annulation de l'acte de remplacement.

S'il a été inscrit maritime,

64. S'il a été inscrit maritime.

Il produira un acte de déclassement signé par le

commissaire de l'inscription maritime de son quartier. (N° 56, *id.*)

65. S'il a été réformé.

La loi du 21 mars 1832 ne permet pas de recevoir en qualité de remplaçant, les militaires qui ont été réformés. (Voir le mot REMPLAÇANT, art. 1.) Mais elle ne défend pas que ces militaires puissent être reçus comme engagés volontaires, s'ils réunissent d'ailleurs les conditions d'aptitude prescrites par l'*Ordonn. du* 28 *avril* 1832.

En conséquence, tout homme qui a reçu un congé de *renvoi ou de réforme* peut être admis à contracter un engagement volontaire, si l'autorité militaire le reconnaît et le déclare propre au service. (N° 57, *id.*)

66. Engagement des jeunes soldats désignés par le sort pour faire partie du contingent de leur classe.

Les jeunes soldats désignés par le sort pour faire partie du contingent de leur classe, ne seront reçus à s'engager que jusqu'au jour de la clôture de la liste *du contingent de leur canton*. (N° 58, *id.*)

67. A quelle époque cesse pour eux la faculté de s'engager et commence celle de devancer leur mise en activité.

Passé cette époque ils ne peuvent plus s'engager, mais lorsque l'immatriculation du contingent de leur classe aura été effectuée, ils pourront demander à devancer leur mise en activité, si toutefois les instructions ministérielles ne s'y opposent pas. (N° 59, *id.*)

Voy. DEVANCEMENT D'APPEL, art. 1.

68. Durée de l'engagement.

La durée de l'engagement est fixée à sept ans, excepté dans le cas prévu au second paragraphe de l'article 33 de la loi. A moins donc qu'une ordonnance royale n'ait autorisé les engagements volontaires pour *deux ans*, l'acte que souscriront les maires de chef-lieu de canton devra toujours mentionner la durée de l'engagement, telle qu'elle est réglée au premier paragraphe de l'article 33 précité. (N° 60, *idem.*)

69. Durée du service de l'engagé volontaire.

Cette durée doit commencer du jour où l'homme a contracté son engagement. (N° 61, *id.*)

70. De quel jour doit compter le temps de service pour les jeunes gens désignés par le sort lorsqu'ils se sont engagés.

Dès-lors, les jeunes gens désignés par le sort pour faire partie du contingent d'une classe, lorsqu'ils s'engagent ne peuvent compter leur temps de service *que du jour où ils ont souscrit l'acte d'engagement*, et non pas du 1er janvier de l'année où ils auront été inscrits sur les registres-matricules des corps de l'armée, comme le veut l'art. 30 de la loi, pour les jeunes soldats appelés. (N° 62, *id.*)

71. Modèle de l'acte d'engagement remplacé par un nouveau.

L'ordonnance royale du 28 avril 1832, donne un modèle d'acte d'engagement auquel les maires des chefs-lieux de canton doivent strictement se conformer sans y rien changer, ajouter ou retrancher. (Ce modèle est remplacé par celui joint à la *Circulaire du 15 janvier* 1837, *Journ. milit.*, pag. 19.)

72. Observations à ce sujet.

A cet effet, ils ne perdront pas de vue que l'art. 44 de la loi punit des peines portées dans l'art. 185 du code pénal, tout fonctionnaire ou officier public, civil ou militaire, qui aura donné arbitrairement une extension quelconque, soit à la durée, soit *aux règles ou conditions des engagements.* (N° 65, *id.*)

73. Durée de l'engagement insérée dans l'acte.

La durée de l'engagement sera toujours mentionnée dans l'acte, ainsi que l'époque à partir de laquelle cette durée commence. Cette époque est déterminée par la date même de l'acte. (N° 67, *id.*)

74. Lecture aux engagés des conditions imposées par la loi.

Avant la signature de l'acte, les maires liront au contractant les articles 2, 31, 32, 33 et 34 de la *Loi du* 21 *mars* 1832. (N° 68, *idem.*)

Ils lui liront aussi les dispositions des articles 16

et 17 de l'*Ordonnance royale du* 28 *avril* 1832, concernant les engagés volontaires trouvés hors de la route qui leur a été tracée, et ceux qui ne seraient pas rendus à leur destination dans les délais prescrits. (N° 69, *id.*) 75. Et des dispositions répressives de l'ordonnance royale.

Enfin, les maires liront au contractant l'acte entier qu'il doit souscrire, afin qu'il n'ignore aucune des clauses ou conditions qui y sont mentionnées. (Art. 71, *id.*) 76. Lecture de l'acte d'engagement.

Tous les certificats et pièces quelconques produites par l'engagé volontaire resteront annexés à la minute de l'acte, afin qu'on puisse recourir à ces pièces, dans le cas où il y aurait lieu de statuer sur la légalité de cet acte, s'il était attaqué en nullité soit par le contractant, soit par l'administration. (N° 72, *idem.*) 77. Les certificats et toutes les pièces produites resteront annexés à la minute de l'acte d'engagement.

Tout fonctionnaire ou officier public, civil ou militaire, qui, sous quelque prétexte que ce soit, aura donné arbitrairement une extension quelconque, soit à la durée, soit aux règles ou conditions des engagements ou rengagements, sera coupable d'abus d'autorité, et puni des peines portées dans l'article 185 du code pénal, sans préjudice des peines plus graves prononcées par ce code dans les autres cas qu'il a prévus. (Article 44 de la Loi.) 78.

Immédiatement après la signature de l'acte d'engagement, l'engagé volontaire recevra, avec une expédition de cet acte, un ordre de route pour se rendre à son corps par la voie la plus directe. (N°73 de l'*Instruction du* 4 *mai* 1832, *Journ. milit.*, pag. 363.) 79. L'engagé volontaire sera mis en route pour se rendre à son corps.

Voir pour la feuille de route que l'engagé doit recevoir, les détails compris au mot SOUS-INTENDANT MILITAIRE, art. 28.

80. *L'engagé volontaire qui vient à décéder en route, meurt en activité de service.*

L'engagé volontaire qui vient à décéder en route en se rendant à son corps, meurt en activité de service. Son frère a droit à l'exemption aux termes du n° 7 de l'article 13 de la *Loi du* 21 *mars* 1832. (N° 84 de l'*Instruction du* 4 *mai* 1832, *Journal militaire*, pag. 365.) *Voy.* EXEMPTIONS, art. 25.

81. *L'engagé qui tombe malade en route doit être admis dans un hôpital.*

Si l'engagé volontaire tombe malade en route, il sera admis dans un hôpital, et l'on se conformera aux dispositions ci-après. (Art. 82, *id.*) *V.* SOUS-INTENDANT MILITAIRE, art. 33.)

82. *Engagé volontaire trouvé hors de sa route.*

Tout engagé volontaire trouvé hors de sa route par la gendarmerie, devra être conduit devant le commandant de la gendarmerie de l'arrondissement qui, suivant l'examen des motifs le fera remettre sur le chemin qu'il doit suivre, ou conduire de brigade en brigade à son corps. (N° 85, *idem.*)

83. *Si l'engagé volontaire n'est pas arrivé à son corps un mois après le jour où il aurait dû y arriver, il est poursuivi comme insoumis.*

Si un mois après le jour où l'engagé volontaire aura dû arriver au corps il ne s'y est pas rendu, et si le chef de corps n'a point été informé de son entrée à l'hôpital ou de son décès en route, l'engagé volontaire sera poursuivi comme insoumis, et puni, conformément à l'article 39 de la *Loi du* 21 *mars* 1832, d'un emprisonnement qui ne pourra être moindre d'un mois ni excéder une année. (Art. 17 de l'*Ordonnance du* 28 *avril* 1832, *Journ. milit.*, pag. 337.) *V.* INSOUMIS, art. 2.

84. *A qui doit être adressée la réclamation d'un engagé*

Tout engagé volontaire qui prétendrait que l'acte qui le lie au service militaire est illégal ou irrégulier, devra adresser sa réclamation au préfet du département où l'acte a été contracté, ou s'il se trouve sous les drapeaux, au lieutenant général commandant la division.

volontaire qui prétendrait que l'acte qui le lie au service est illégal.

85. Cas où le ministre fait droit à la réclamation.

Les lieutenants généraux et les préfets transmettront les demandes en annulation d'acte d'engagement volontaire, au ministre de la guerre, qui statuera s'il y a lieu, ou renverra la contestation devant les tribunaux. (Art. 18 de l'*Ordonnance du* 28 *avril* 1832, *Journ. milit.*, pag. 337.)

86. Un engagé volontaire ne peut plus aujourd'hui contracter un engagement exclusivement pour un corps.

L'article 19 de l'ordonnance précitée rappelait un principe général qui était qu'aucun engagé volontaire ne pût être contraint de servir dans une arme autre que celle dont il avait fait choix, et qui devait être mentionné dans son acte d'engagement.

87. Les engagements seront contractés sans distinction de corps ni d'arme.

Une nouvelle ordonnance du 15 janvier 1837 abroge cette disposition, et veut au contraire, article premier, que les engagements volontaires et les rengagements soient contractés sans distinction de corps ni d'arme, et dans les formes prescrites par les articles 34 et 37 de la *Loi du* 21 *mars* 1832.

En conséquence, le Ministre de la guerre pourra faire changer de corps et d'arme, après incorporation, les militaires engagés, lorsque l'intérêt ou les besoins du service l'exigeront. (*Ordonnance du* 15 *janvier* 1837, *Journ. milit.*, page 19.)

88. Nouveau modèle d'acte d'engagement.

L'art. 2 de la même ordonnance donne un nouveau modèle d'acte d'engagement et de rengagement.

Enfin, l'art. 3 abroge les articles 5, 13 et 24 de l'ordonnance du 28 avril 1832.

Si, à son arrivée au corps, l'engagé est reconnu impropre au service de l'arme, on doit première-

89. Cas où l'engagé volontaire est reconnu impropre au service de l'arme ou du corps sur lequel il avait été dirigé.

ment l'admettre provisoirement, et en rendre compte au lieutenant général commandant la division, qui, suivant les circonstances, statuera immédiatement sur la position de l'engagé, ou en renverra l'examen à la prochaine revue trimestrielle. (N° 94 de l'*Instruction du 4 mai* 1832, *Journ. milit.*, pag. 366.)

90. Vérification de la position de l'engagé sous le rapport du recrutement.

Secondement, on doit vérifier si l'engagé volontaire se trouve dans le cas prévu au n° 1 de l'art. 14 de la loi du 21 mars 1832, et si son numéro de tirage a été appelé à l'activité. (N° 95, *id.*)

91. Dirigé sur un autre corps selon son aptitude et qu'il y consente ou non.

Dans le premier cas, si l'engagé trouvé impropre au service de l'arme, est cependant reconnu propre à servir dans une autre, il sera (qu'il y consente ou non, d'après les dispositions de la nouvelle *ordonnance du* 15 *janvier* 1837, *Journ. milit.*, page 19), dirigé sur un autre corps désigné par le lieutenant-général commandant la division, d'après l'aptitude de l'homme, et il lui sera délivré une feuille de route pour se rendre à sa destination.

92. Avis donné.

Avis de la décision qu'aura prise, à cet égard, le lieutenant général commandant la division, sera donné par le conseil d'administration du corps sur lequel l'engagé volontaire avait été dirigé, au sous-intendant militaire du département dans lequel se trouve la commune où l'engagement aura été contracté, et au nouveau corps sur lequel l'engagé aura été dirigé.

93. Cas où l'engagé ferait partie d'une classe appelée.

Si après vérification, il est constaté que l'engagé volontaire reconnu impropre au service d'une arme, fait partie d'une classe non libérée, et que son numéro de tirage ait été appelé à l'activité, le lieutenant général donnera à ce jeune soldat pour destination, un corps de l'arme dans laquelle il aura été reconnu pouvoir servir.

L'engagement volontaire sera dès-lors considéré comme nul et non avenu. (N° 99 de l'*Instruct. du 4 mai* 1833, *Journ. milit.*, pag. 367.)

Si l'engagé volontaire est reconnu impropre à toutes les armes, copie de la décision prise à son égard par le lieutenant général sera écrite au dos de l'expédition de l'acte d'engagement dont il se trouvera porteur, certifiée par les membres du conseil d'administration, et visée par le sous-intendant militaire. Il lui sera ensuite délivré une feuille de route portant indemnité pour rentrer dans ses foyers. (N° 97 et 100, *id.*) 94. Engagé reconnu impropre à toutes les armes.

Les engagés volontaires renvoyés chez eux avec des congés *de réforme ou de renvoi* pour inaptitude au service, s'ils n'ont pas du reste accompli dans l'année le temps de service exigé par la loi, et si par leur âge ils doivent concourir à la formation du contingent, seront, s'il y a lieu, *exemptés* par les conseils de révision et non *dispensés*. (*Circul. du* 33 *juin* 1834, *Journ. milit.*, page 359. *Voyez* DISPENSES, DISPENSÉS, art. 4, et EXEMPTIONS, article 28. 95. Cas d'exemptions pour les engagés volontaires.

Dans tous les cas, lorsqu'un engagé volontaire est trouvé impropre à l'arme à son arrivée au corps, compte doit être rendu au ministre de la guerre, afin qu'il puisse statuer à l'égard des officiers qui auront délivré le certificat d'acceptation. (N° 101, *id.*) 96. Compte à rendre au ministre.

Un étranger ne peut être admis à contracter un engagement volontaire pour les troupes françaises, 97. Un étranger ne peut contracter un engagement pour les troupes françaises. et ne peut être reçu en cette qualité que dans la légion étrangère. *Voy.* LÉGION ÉTRANGÈRE et ÉTRANGERS.

ÉQUIPAGES DE LIGNE. (MARINE.)

Ce corps fait partie de l'armée de mer, il se recrute par la voie des appels et les engagements volontaires. Pour y être admis, il faut avoir la taille d'un mètre 625 millimètres au moins, avoir un tempérament robuste, la poitrine large, les dents saines, et n'être pas âgé de plus de 23 ans. *V.* ARMÉE DE MER.

ÉQUIPAGES MILITAIRES (TRAIN DES).

Ce corps, destiné aux transports de l'armée, se compose, savoir :

1. Composition et recrutement. De 14 compagnies du train, et de 3 compagnies d'ouvriers.

Il se recrute, comme les autres corps de l'armée, par la voie des appels et des engagements volontaires.

2. Conditions d'admission. Pour y être admis comme engagé volontaire, il faut, indépendamment de l'aptitude physique, avoir au moins la taille d'un mètre 679 millimètres (5 pieds et deux pouces), et pour les compagnies du train avoir en outre l'une des professions ci-après indiquées, savoir :

Être sellier ou bourrelier, maréchal ferrant, être habitué à soigner les chevaux ou à conduire les voitures; pour les compagnies d'ouvriers la même taille que celle indiquée ci-dessus, et être en outre, forgeur, serrurier, taillandier, cloutier, charron, charpentier ou menuisier. *V.* ENGAGÉS VOLONTAIRES ET ENGAGEMENTS.

ÉTRANGERS et fils d'étranger.

1. Nul ne peut être admis dans les troupes françaises s'il n'est Français.

Nul ne sera admis à servir dans les troupes françaises s'il n'est Français.

2. Exception.

Il n'y a d'exception à cet égard que pour la légion étrangère qui se recrute par des étrangers. *Voy.* Légion étrangère.

3. Cas où les individus nés en France de parents étrangers, sont soumis aux obligations imposées par la loi de recrutement.

Tout individu né en France de parents étrangers sera soumis aux obligations imposées par la loi du 21 mars 1832, immédiatement après qu'il aura été admis à jouir du bénéfice de l'article 9 du Code civil. (Art. 2 de la *Loi.*)

4. Explication de l'art. 9 du Code civil.

La formalité qui confère définitivement et irrévocablement la qualité de Français dans le cas prévu par l'article 9 du Code civil, n'est autre que la déclaration à faire devant le maire de la commune.

En conséquence il suffit, si l'individu étranger réside en France, qu'il déclare, dans l'année qui suit l'époque de sa majorité, que son intention est d'y fixer son domicile. Cette déclaration sera reçue par le maire de la commune, ainsi que le prescrit l'article 104 du même Code pour le cas de changement de domicile.

5. Cas où l'individu réside à l'étranger.

Si l'individu réside à l'étranger, il doit dans l'année qui suit l'époque de sa majorité, faire sa soumission de rentrer en France, réaliser ensuite cette soumission dans un nouveau délai d'un an, et établir enfin son domicile dans une des communes du royaume. Ces premières formalités remplies, il fera sa déclaration devant le maire de cette commune, ainsi qu'il est prescrit à l'article précédent.

6. N'est soumis aux obligations impo-

Ce n'est qu'à compter du jour de la déclaration faite devant le maire de la commune, que l'individu

sées par la loi, qu'à compter du jour de sa déclaration.

né en France de parents étrangers, est soumis aux obligations que lui impose l'art. 2 de la *Loi du* 21 *mars* 1832.

7. A partir de ce même jour sera inscrit sur les tableaux de recensement.

A partir de ce même jour, le maire qui a reçu la déclaration, inscrira l'étranger sur le tableau de recensement de sa commune, afin qu'il puisse concourir aux opérations du recrutement de la classe appelée dans l'année de son inscription.

8. Passé le délai fixé par l'art. 9 du Code civil, l'étranger est déchu du droit de réclamer le bénéfice de cet article.

Attendu que le délai fixé par l'article 9 du Code civil est fatal, l'étranger qui aura laissé expirer ce délai sans en profiter, c'est-à-dire sans faire sa déclaration dans l'année qui a suivi l'époque de sa majorité, est déchu du droit de réclamer le bénéfice de cet article, et ne peut plus acquérir la qualité de Français, qu'en remplissant les conditions imposées aux étrangers par les lois sur la naturalisation. (*Circulaire du* 12 *mai* 1833, *Journ. milit.*, p. 319 et 320.)

9. Les lettres de naturalité délivrées au père ne peuvent profiter aux enfants.

En principe, les lettres de naturalité qui sont délivrées au père, ne peuvent profiter aux enfants déjà nés, et changer leur état. Le bénéfice de la naturalisation est personnel à celui qui l'obtient, et pour l'obtenir, il est nécessaire de justifier d'une déclaration préalable d'intention qui ne peut être faite que par la personne même, et seulement lorsqu'elle est parvenue à sa majorité. Le père lui-même ne pourrait valablement consentir pour son fils à un pareil changement d'état. (*Instruction du* 28 *juin* 1835, *Journ. milit.*, page 392.)

10. L'individu inscrit sur le tableau de recensement qui

Tout individu inscrit sur le tableau de recensement de sa commune, et qui prouvera qu'il est *étranger*, ne sera point soumis aux obligations de la loi de recrutement. (Art. 1er de l'*Instruction du* 30 *mars* 1832, *Journ. milit.*, page 207.)

prouvera qu'il est étranger, ne sera point soumis aux obligations imposées par la loi.

Conformément à l'article 2 de la loi, et ainsi qu'il a été dit plus haut, dès qu'un étranger aura été admis à jouir du bénéfice de l'article 9 du Code civil, le maire de sa commune devra l'inscrire sur le tableau de recensement de la classe qui sera appelée dans l'année.

EXAMEN des jeunes gens devant le conseil de révision. (V. Visite des jeunes gens.)

EXAMEN des tableaux de recensement. (V. l'article 10 de la loi, et le mot Sous-Préfet, art. 1.)

EXCLUS, EXCLUSIONS.

Sont exclus du service militaire, et ne pourront à aucun titre servir dans l'armée,

1° Les individus condamnés à une peine afflictive ou infamante;

1. Motifs d'exclusion du service militaire.

2° Ceux condamnés à une peine correctionnelle de deux ans d'emprisonnement et au-dessus, et qui en outre ont été placés par le jugement de condamnation sous la surveillance de la haute police, et interdits des droits civiques, civils et de famille. (Art. 2 de la *Loi du* 21 *mars* 1832.)

2. Explication des peines afflictives et infamantes.

Les peines afflictives et infamantes sont (non compris la mort):

Les travaux forcés à perpétuité ou à temps;

La déportation;

La détention dans l'une des forteresses situées sur le territoire continental du royaume;

La réclusion dans une maison de force.

Les peines infamantes sans être afflictives sont:

Le bannissement;

La dégradation civique.

Les peines correctionnelles sont :

L'emprisonnement à temps dans un lieu de correction ;

L'interdiction à temps de certains droits civiques, civils et de famille ;

L'amende.

3. Observations à cet égard.

Ces classifications et définitions sont assez claires et précises pour qu'il ne puisse y avoir incertitude sur l'exclusion à prononcer contre les individus frappés d'une peine afflictive et infamante, ou seulement infamante; mais à l'égard de ceux qui auraient été condamnés à un *emprisonnement* de deux ans et au-dessus, on ne doit pas perdre de vue qu'il faut en outre la *réunion* complète des aggravations de peine ci-après : 1° *surveillance de la haute police*; 2° *interdiction des droits civiques, civils et de famille*; ainsi, l'absence d'une seule de ces aggravations suffit pour que l'exclusion ne soit pas prononcée. (*Circulaire du* 13 *mai* 1837, *Journal militaire*, page 431.)

4. Les sous-préfets sont autorisés à rayer des tableaux de recensement les individus exclus par la loi, sauf le cas où il y aurait doute.

MM. les sous-préfets sont autorisés à faire disparaître des tableaux de recensement les individus qui se trouveraient dans l'un des cas d'exclusion indiqués ci-dessus. Toutefois il conviendra de s'abstenir et de laisser au conseil de révision le soin de prononcer dans les cas douteux et lorsque les causes d'exclusion ne seront pas suffisamment établies. (Même *Circulaire.*)

EXEMPTÉS, EXEMPTIONS.

Voir pour les pièces à produire par les jeunes gens qui ont des droits à l'exemption, le Bordereau modèle n° 1, à la fin du présent Dictionnaire.

1. Cas d'exemption.

Seront exemptés et remplacés dans l'ordre des numéros subséquents, les jeunes gens que leur numéro désignera pour faire partie du contingent, et qui se trouveront dans un des cas suivants, savoir :

1 bis. Ceux qui n'auront pas la taille de 1 mètre 56 centimètres.

1° Ceux qui n'auront pas la taille d'un mètre *cinquante-six centimètres.*

2. Les infirmes.

2° Ceux que leurs infirmités rendront impropres au service.

3. Ces derniers seront examinés devant le conseil.

Dans les cas d'exemption pour infirmités, les gens de l'art seront consultés et les jeunes gens seront examinés en présence du conseil de révision, par un officier de santé. *Voy.* VISITE.

4. L'aîné d'orphelins.

3° L'aîné d'orphelins de père et de mère.

5. Pièces à produire.

Le jeune homme qui se trouvera dans cette position devra pour établir ses droits à l'exemption produire un certificat de trois pères de famille, conforme au modèle n° 3, à la fin du présent Dictionnaire. *Voy.* ORPHELINS, art. 3.

6. Fils unique ou petit-fils unique de veuve, de père aveugle ou septuagénaire.

4° Le fils unique, ou l'aîné des fils, ou, à défaut de fils ou de gendre, le petit-fils unique, ou l'aîné des petits-fils d'une femme actuellement veuve, ou d'un père aveugle ou entré dans sa soixante-dixième année.

7. Le frère puîné jouira de l'exemption si son aîné est aveugle ou infirme.

Dans les cas prévus par les paragraphes ci-dessus notés 3° et 4°, le frère puîné jouira de l'exemption, si le frère aîné est aveugle ou atteint de toute autre infirmité incurable qui le rende impotent.

8. Moyen de constater les infirmités du frère aîné.

A cet effet et pour que le bienfait de la loi ne se change pas en abus, les conseils de révision n'en feront l'application qu'après avoir bien constaté l'état physique de l'aîné d'orphelins ou de l'aîné des fils ou petits-fils qui devra procurer l'exemption à son frère puîné.

Les infirmités du frère aîné ne peuvent être constatées par un simple certificat, mais comme toutes celles qui procurent l'exemption directe à ceux qui en sont atteints, elles doivent être constatées en présence du conseil par un examen des gens de l'art.

9. Cas où il ne pourrait se présenter en personne, S'il arrivait que l'infirmité du frère aîné ne permît pas qu'il se présentât en personne, sa position serait alors constatée au moyen d'une enquête et par une visite faite à domicile. (*Instruction du* 21 *mai* 1832, *Journ. milit.*, pag. 428.)

9 bis. Le plus âgé de deux frères appelés au même tirage. 5° Le plus âgé de deux frères appelés à faire partie du même tirage et désignés tous deux par le sort si le plus jeune est reconnu propre au service.

10. Application de cette disposition. Dans l'application de cette disposition, plusieurs circonstances peuvent se présenter et faire naître des difficultés qu'il importe de prévoir. (N° 29 de l'*Instruction du* 30 *mars* 1832, *Journal militaire* pag. 215.)

Des exemples les rendront plus sensibles.

11. Exemple à l'appui. Le frère aîné qu'on supposera propre au service, peut avoir obtenu au tirage un des premiers numéros ou un des plus élevés.

Avec la première chance, il sera nécessairement appelé à faire partie du contingent; avec la seconde il peut arriver qu'il n'y soit pas compris.

Le frère puîné, comme l'aîné, aura aussi obtenu un bon ou un mauvais numéro.

Il convient de voir dans ces diverses hypothèses,

de quelle manière le conseil de révision devra opérer. (N° 29, *id.*)

Il est évident que, pour exécuter la loi, si le puîné a obtenu un numéro qui précède celui de son frère aîné, le conseil de révision n'aura qu'à reconnaître si le plus jeune est propre au service.

12. Cas où le frère puîné a obtenu un numéro moins élevé que celui qu'a obtenu le frère aîné.

Le fait constaté, l'aîné qui comparaîtra ensuite sera exempté de droit.

Si, au contraire, le frère puîné était reconnu impropre au service, il n'y aurait plus de droit d'exemption pour l'aîné en supposant que lui-même fût propre au service. (N° 30, *idem.*)

Mais si c'est le frère aîné qui, par l'ordre des numéros de tirage, précède le puîné, et que ce dernier ait un numéro qui puisse le comprendre dans le contingent du canton, le conseil de révision ne pourra statuer sur le frère aîné (en supposant toujours qu'il soit propre au service) avant d'avoir constaté l'aptitude physique du frère cadet. (N° 31, *idem.*)

13. Cas où le frère aîné a obtenu un numéro moins élevé que celui qu'a obtenu le frère puîné.

Or, il sera indispensable, ou que le conseil suspende sa décision jusqu'au moment où il pourra procéder à l'examen du frère puîné, ou bien qu'il procède immédiatement à cet examen, afin de pouvoir prononcer ensuite en parfaite connaissance de cause sur le sort du frère aîné; alors si le frère puîné est reconnu propre au service, l'exemption sera due à l'aîné, mais dans le cas seulement où le frère cadet ferait partie du contingent. En effet si le frère cadet était libéré par son numéro de tirage, le frère aîné n'aurait pas droit à l'exemption, par la

14. Comment devra opérer le conseil de révision dans les deux cas prévus.

raison que sur deux frères ayant concouru au même tirage, la loi en destine un à l'armée.

De ces deux manières d'opérer la plus sûre et la plus convenable paraît être la première. (Nº 32, *id.*)

L'exemption ne saurait être accordée au frère d'un officier en solde de congé, par non-activité, attendu que les officiers, sous le rapport du recrutement, ne sont considérés comme *étant sous les drapeaux, que lorsqu'ils sont employés activement.* Voir le tableau annexé au mot ACTIVITÉ de service. (*Circulaire du* 12 *août* 1837, pag. 6.)

De même l'exemption ne peut être accordée au frère d'un jeune soldat mort dans ses foyers avant d'avoir été appelé à l'activité, le paragraphe numéroté 7 de l'article 13 de la loi voulant que le militaire soit *mort en activité de service.* (*Circulaire idem*, pag. 6.)

15. Celui dont un frère sera sous les drapeaux.

6º Celui dont un frère sera sous les drapeaux à tout autre titre que pour remplacement. (Art. 13 de la *Loi.*)

16. Le frère d'un remplaçant sous les drapeaux n'a pas droit à l'exemption.

En conséquence, les jeunes gens qui réclameront l'exemption comme frères de militaires sous les drapeaux devront justifier que ceux-ci ne servent pas en qualité de remplaçants. (Nº 34 de l'*Instruction du* 30 *mars* 1832, *Journ. milit.*, pag. 216.)

17. Tableau des militaires sous les drapeaux.

Le tableau joint au mot ACTIVITÉ de service du présent Dictionnaire, fait connaître d'une part aux conseils de révision quels sont les militaires de tous grades qui par leur position doivent être considérés comme étant *sous les drapeaux*, et procurent par cette raison l'exemption à leurs frères; et, de l'autre, les militaires qui ne doivent point être considérés comme étant *sous les drapeaux* et ne confèrent pas l'exemption à leurs frères.

Les élèves de 1re et de 2e classe de la marine, mais non pas ceux de 3e classe, confèrent l'exemption à leurs frères et doivent être rangés dans la catégorie des officiers désignés dans le tableau ci-dessus indiqué. (*Circulaire du* 28 *juin* 1835, *Journ. milit.*, pag. 397.)

Les inscrits maritimes embarqués sur les bâtiments de la marine royale *en temps de guerre seulement*, confèrent l'exemption à leurs frères.

Le fait de la présence d'un frère sous les drapeaux est constaté devant le conseil de révision par un certificat de présence au corps, délivré par les conseils d'administration des corps et présenté par le réclamant. 18.

Certificat de présence au corps, à produire.

Ce certificat, dont le modèle est joint au présent Dictionnaire sous le n° 21, devra en tous points être conforme à ce modèle et contenir avec exactitude tous les renseignements qui y sont demandés. (Art. 18 *bis*.)

Les jeunes gens admis à remplacer leurs frères en vertu de l'article 19 de la loi, ne doivent pas être exemptés. En effet, ces jeunes gens n'ont pas droit au bénéfice du paragraphe numéroté 6 de l'article 13 de la loi, puisque leurs frères ne sont pas *sous les drapeaux*; ils ne peuvent pas non plus être *dispensés* en vertu de l'article 14, car ils ne se trouvent dans aucun des cas de déduction prévus par le 1er paragraphe de cet article. Les conseils de révision doivent donc les comprendre dans le contingent, en les faisant annoter simplement comme étant déjà sous les drapeaux à titre de remplaçants de leurs frères.

Enfin, il ne faut pas oublier que l'exemption prévue par l'article 13 de la loi est absolue et définitive, tandis que la dispense qui fait l'objet de l'article 14 peut n'être que transitoire, puisqu'elle met celui qui l'obtient dans le cas d'être repris pour le service militaire, s'il abandonne cette position avant la libération de sa classe. En conséquence les conseils de révision doivent appliquer l'exemption de préférence à la dispense, aux jeunes gens qui ont en même temps des droits à l'une et à l'autre. (*Circul. du 12 août* 1837, pag. 6, *Journ. milit.*, pag. 97.)

19. Certificat d'inscription dans la réserve à produire pour les jeunes soldats et militaires qui en font partie.

Les militaires et les jeunes soldats qui font partie de la réserve conférant le droit d'exemption à leurs frères, leur présence dans la réserve doit être constatée par un *certificat d'inscription dans la réserve* délivré par le commandant du dépôt de recrutement du département où est en résidence le jeune soldat ou le militaire. Ce certificat sera conforme au modèle n° 20, à la fin du présent Dictionnaire.

20. Recommandation aux commandants des dépôts de recrutement.

Il est expressément recommandé à MM. les commandants des dépôts de recrutement de satisfaire sans délai aux demandes de pièces de cette nature qui leur seront adressées. (*Circulaire du* 23 *avril* 1836, *Journ. milit.*, pag. 299.)

21. Frère mort au service.

7° Celui dont un frère sera mort en activité de service, ou aura été réformé, ou admis à la retraite pour blessures reçues dans un service commandé, ou infirmités contractées dans les armées de terre ou de mer.

Le Français dont un frère est mort ou aura reçu

des blessures qui le rendent incapable de servir dans l'armée en combattant pour la liberté dans les journées de juillet, jouira de l'exemption accordée par le n° 7 précédent, à celui dont un frère est mort en activité de service, ou a été admis à la retraite pour blessures reçues dans un service commandé.

22. Frère mort en combattant dans les journées de juillet 1830.

23. La mort d'un frère dans la garde nationale mobilisée emporte exemption.

Les gardes nationaux, lorsqu'ils sont mis en activité et placés sous la direction du ministre de la guerre, sont assimilés aux troupes de ligne. En conséquence si des gardes nationaux faisant partie des bataillons de leur arme appelés à l'activité, sont morts ou ont été blessés pendant la durée de l'activité, leurs frères sont fondés à réclamer l'exemption. (N° 569 de l'ancien *Manuel.*)

L'exemption accordée conformément aux numéros 6 et 7 de la loi, sera appliquée dans la même famille, autant de fois que les mêmes droits s'y reproduiront. (Art. 13 de la *Loi.*)

Seront comptées néanmoins en déduction desdites exemptions, les exemptions déjà accordées aux frères vivants, en vertu de l'article 13 de la loi, à tout autre titre que pour infirmité. (Art. 13, *idem.*)

24. Frères de militaires morts en activité de service ou réformés, etc., etc.

Il est à remarquer que dans l'article 7 de la loi, l'exception indiquée au paragraphe noté 6° de l'ancienne loi du recrutement, et qui est relative au frère du remplaçant *qui est sous les drapeaux*, n'a plus lieu pour les frères des remplaçants, lorsque ceux-ci sont morts en activité de service, ou ont été réformés, ou admis à la retraite pour blessures reçues dans un service commandé, ou infirmités contractées dans les armées de terre ou de mer. Le droit est commun pour tous les frères des militaires placés dans les catégories qui viennent d'être indiquées et quel que soit le titre en vertu duquel ces militaires étaient au service. (N° 36 de l'*Instruction du* 30 *mars* 1832, *Journ. milit.*, pag. 216.)

25. **Distinction à faire pour les militaires morts en activité de service.**

Mais relativement aux militaires morts en *activité de service*, il faut bien se pénétrer de ce que le législateur a entendu par ces mots. Ainsi les militaires de tous grades, lorsqu'ils ne sont pas employés activement, lorsqu'ils sont en congé temporaire, envoyés ou laissés dans leurs foyers avec permission ou autorisation, s'ils viennent à décéder, ne meurent point en activité de service et ne confèrent pas par conséquent le droit d'exemption à leurs frères. (N° 37, *idem.*)

26. **Nouvelles explications.**

Il est inutile de dire que ceux qui au moment de leur décès étaient présents à leur corps, ou dans les hôpitaux, ou en détachemens, sont dans les termes de la loi et procurent à leurs frères le droit d'exemption, mais il est des dispositions qui, hors ces cas, peuvent faire naître des doutes, le tableau ci-après a pour objet de dissiper toute incertitude. Il indique les diverses positions dans lesquelles les militaires décédés hors les cas spécifiés ci-dessus doivent ou non être considérés comme *étant morts en activité de service*, et conférer à leurs frères le droit à l'exemption. (*Circulaire du* 22 *juin* 1832, *Journ. milit.*, pag. 514.)

***TABLEAU** destiné à servir d'interprétation au paragraphe numéroté 7° de l'article 13 de la loi du 21 mars 1832, en ce qui concerne l'exemption accordée au frère du militaire* mort en activité de service.

***Militaires** qui, décédés dans l'une des positions ci-après, doivent être considérés comme* étant morts en activité de service, *et confèrent à leurs frères le droit à l'exemption.*

Officiers généraux des armées de terre et de mer, Membres de l'intendance militaire, Officiers supérieurs ou autres d'état-major et des corps de toutes armes des armées de terre et de mer, Officiers de santé des armées de terre et de mer,	Pourvus de lettres de service. En disponibilité. En solde de congé. En congé de convalescence. En congé de semestre. En congé temporaire. Absents par permission. Absents par autorisation.
Sous-officiers, caporaux, brigadiers, soldats, tambours, clairons et trompettes de tous les corps faisant partie des armées de terre et de mer.	En congé de semestre. En congé d'un an. En congé illimité. En congé de convalescence. En congé temporaire. Absents par permission. Absents par autorisation.
Engagés volontaires, jeunes soldats appelés, substituants ou remplaçants.	En route pour rejoindre un corps.

Militaires qui, décédés dans l'une des positions ci-après, ne doivent pas être considérés comme **étant morts en activité de service** ***et ne confèrent pas à leurs frères le droit à l'exemption.***

Officiers généraux des armées de terre et de mer, Membres de l'intendance militaire, Officiers supérieurs et autres d'état-major et des corps de toutes armes des armées de terre et de mer, Officiers de santé des armées de terre et de mer.	En réforme avec ou sans traitement.
Sous-officiers, caporaux, brigadiers, soldats, tambours, clairons et trompettes de tous les corps faisant partie des armées de terre et de mer.	En état de désertion.
Les jeunes soldats immatriculés et laissés dans leurs foyers.	En congé illimité. En congé d'un an. Porteurs d'un sursis de départ. Porteurs d'un certificat provisoire de renvoi.

Les gagistes (musiciens, maîtres ouvriers et ouvriers), non liés au service comme appelés, substituants, engagés volontaires ou rengagés.

---

27. Distinction à faire pour les militaires réformés.

Les militaires porteurs d'un *congé de réforme* procurent l'exemption à leurs frères par la raison que ces militaires ont obtenu ce *congé de réforme* dans les termes de la loi, c'est-à-dire, pour *blessu-*

res reçues dans un service commandé ou pour *infirmités contractées dans les armées de terre ou de mer.*

Les conseils de révision auront donc soin de ne pas confondre les militaires qui seront porteurs d'un *congé de renvoi* avec ceux qui présenteront un *congé de réforme.* (N° 38, *idem.*)

28. Le militaire qui est, ou rentre dans ses foyers avec un *congé de renvoi*, ne procure pas l'exemption à son frère.

Le militaire qui est, ou rentre dans ses foyers avec un *congé de renvoi*, ne donne point droit à son frère de réclamer l'exemption, parce que le titre seul de ce congé suffit pour indiquer que celui qui en est porteur n'a point reçu ses blessures dans un service commandé, ou que ses infirmités ont été contractées antérieurement à son incorporation. (N° 39, *idem.*)

29. Engagés volontaires, dans quel cas exemptés et non dispensés.

Les engagés volontaires renvoyés chez eux avec des *congés de réforme* ou *de renvoi*, pour inaptitude physique au service, s'ils n'ont pas du reste accompli dans l'armée le temps de service exigé par la loi, et si par leur âge ils doivent concourir à la formation du contingent, doivent, s'il y a lieu, être *exemptés* et non *dispensés.* (*Circulaire du 25 juin 1834, Journ. milit.*, pag. 359.)

30. Les omis ne pourront réclamer l'exemption si les causes de ces exemptions sont survenues postérieurement à la clôture des listes du contingent de leur classe.

Le jeune homme omis qui ne se sera pas présenté par lui ou ses ayant-cause, pour concourir au tirage de la classe à laquelle il appartenait, ne pourra réclamer le bénéfice des exemptions indiquées par les numéros 3, 4, 5, 6 et 7 de l'article 13 de la loi, si les causes de ces exemptions ne sont survenues que postérieurement à la clôture des listes du contingent de sa classe. (Art. 13, paragraphe noté 7° de la *Loi.*) *Voy.* Omis.

31. Cette mesure s'applique à tous les omis indistinctement.

Les conseils de révision devront observer que la loi applique cette exception à tous les *omis* indistinctement, et non pas seulement à ceux qui auraient été condamnés en vertu de l'article 38 de la loi.

Cette mesure, juste et sévère, fera connaître aux familles combien il leur importe de faire avec exactitude, au maire de leur commune, la déclaration prescrite par l'art. 8 de la loi. (N° 43 de l'*Instruction du* 30 *mars* 1832, *Journ.milit.*, p. 218.)

32. Mention sera faite sur les listes du tirage des motifs d'exemption que les jeunes gens se proposeront de faire valoir.

Il sera fait mention sur les listes du tirage, des cas ou des motifs d'exemption que les jeunes gens ou leurs parents, ou les maires des communes se proposeront de faire valoir devant le conseil de révision. Le sous-préfet y ajoutera ses observations. (Art. 12 de la loi.)

33. Infirmités constatées par des gens de l'art.

Dans les cas d'exemption pour infirmités, les gens de l'art seront consultés.

34. Autres cas d'exemption jugés sur production de pièces.

Les autres cas d'exemption ou de déduction seront jugés sur la production de documents authentiques, ou, à défaut de documents, sur des certificats signés de trois pères de famille domiciliés dans le même canton, dont les fils sont soumis à l'appel ou ont été appelés. Ces certificats devront en outre être signés par le maire. (Art. 16 de la loi.)

35. Les réclamations pour faire valoir des droits à l'exemption ne peuvent suspendre le départ d'un jeune soldat.

Toute réclamation qui aurait pour objet de faire valoir des droits à l'exemption, ne peut donner lieu de suspendre le départ d'un jeune soldat, par la raison que les décisions des conseils de révision sont définitives, aux termes de la loi et par conséquent irrévocables. (N° 88 de l'*Instruction du* 4 *juill.* 1832, *Journ. militaire*, pag. 56.)

Les congés d'un an accordés aux jeunes soldats

36. Congés d'un an accordés comme fils aînés de veuve, aînés d'orphelins, etc.

et aux militaires devenus fils aînés de veuve, aînés d'orphelins, etc., etc., depuis la clôture de la liste du contingent, ou depuis leur entrée au service, ou bien qu'on présente comme indispensables soutiens de leur famille, sont renouvelables chaque année, tant que les circonstances ne s'y opposent pas, c'est-à-dire tant que leur position n'a pas changé.

37. Congés d'un an accordés pour des droits à l'exemption.

Ceux accordés aux jeunes soldats qui avaient des droits à l'exemption, mais qui, par des circonstances indépendantes de leur volonté, n'en ayant pas justifié en temps utile ont été compris dans le contingent. Ces congés sont renouvelables chaque année tant que les circonstances ne s'y opposent pas.

38. Accordés pour infirmités temporaires.

Ceux accordés aux hommes maintenus ou renvoyés dans leurs foyers pour cause de maladies ou d'infirmités considérées comme les rendant momentanément impropres au service. Ces congés sont également renouvelables jusqu'à ce que ces hommes soient en état de rejoindre.

39. Pour excédant au complet.

Ceux accordés pour excédant au complet.

40. Les militaires dans ces positions exemptent leurs frères, mais ils doivent eux-mêmes être mis en route à moins d'ordres contraires.

Dans ces diverses positions, les militaires peuvent procurer l'exemption à leurs frères, mais dans ce cas, ils doivent être mis en route immédiatement pour se rendre à leurs corps, à moins d'une disposition contraire de la part du ministre de la guerre.

41. Quant à ceux qui ont reçu des congés d'un an comme compris par erreur dans le contingent, ils ne peuvent conférer l'exemption à leurs frères.

Quant à ceux qui ont reçu des congés d'un an comme ayant été compris dans le contingent, soit par erreur, soit par une fausse interprétation ou une violation de l'article 13 de la loi, comme ceux-là ont reçu un *congé d'un an renouvelable jusqu'à la libération de leur classe*, ils ne peuvent par conséquent procurer l'exemption à leurs frères, puisqu'eux-mêmes sont libérés de fait. (*Circul. du* 12 *mai* 1833, *Journ. milit.*, pag. 327.)

42. Les militaires en congé illimité confèrent l'exemption à leurs frères.

Les militaires porteurs de congés illimités et qui à ce titre sont compris dans la réserve, confèrent l'exemption à leurs frères.

43. Les jeunes soldats disponibles également.

Les jeunes soldats qui n'ont pas passé au drapeau et qui ont été laissés dans leurs foyers en attendant leur mise en activité, confèrent également l'exemption à leurs frères. (*Circulaire du* 25 *juin* 1834, *Journal militaire*, pag. 357.)

44. Les élèves de 1re et 2e classe de la marine également.

Les élèves de première et de deuxième classe de la marine confèrent l'exemption à leurs frères. (*Circulaire du* 28 *juin* 1835, *Journ. milit.*, pag. 397.)

45. Les frères consanguins, utérins ou germains, ont tous également droit à l'exemption lorsqu'ils ont un frère au service.

Les demandes des frères consanguins, utérins ou germains qui réclament le bénéfice de l'exemption comme ayant un frère au service, à tout autre titre que pour remplacement, doivent être accueillies, les uns et les autres sont frères dans les termes de la loi, ils ne forment qu'une seule et même famille, et ils doivent conséquemment, par confusion de droits, jouir du bénéfice de l'exemption que la loi accorde. (*Circul. du* 11 *juillet* 1836, *Journ. milit.*, pag. 26.)

On a demandé si le droit à l'exemption existait pour les *enfants naturels* qui se trouvent dans les cas prévus par les paragraphes numérotés 3, 4, 5, 6 et 7 de l'article 13 de la loi. Evidemment ce bénéfice ne peut être refusé à ceux de ces jeunes gens qui ont été *reconnus*. (*Circulaire du* 12 *août* 1837.)

Quant aux certificats et pièces à fournir devant les conseils de révision pour réclamer l'exemption,

tion, voir les modèles à la fin du présent Dictionnnaire.

EXPATRIÉS.

Seront considérés comme légalement domiciliés dans le canton :

Les jeunes gens même émancipés, engagés, établis au dehors, *expatriés*, absents ou détenus, si d'ailleurs leur père, mère ou tuteur ont leur domicile dans une des communes du canton, ou s'ils sont fils d'un père *expatrié* qui avait son dernier domicile dans une desdites communes. (Art. 6 de la loi.)

F.

FEUILLE D'APPEL à établir pour les appels dans la réserve.

Ces feuilles d'appel sont établies par les officiers de recrutement chargés des appels de la réserve. Il y en a une par chaque canton ou commune, d'après l'itinéraire tracé et arrêté par le maréchal de camp. Elles doivent présenter tous les militaires de la réserve compris dans la commune ou le canton, et sont tenues au courant jusqu'au moment du départ pour l'appel. (N° 11 de la *Circulaire du 9 juin* 1836, *Journ. milit.*, pag. 571.) 1. Les officiers de recrutement établis seuls les feuilles d'appel.

C'est muni de la feuille d'appel du canton, que l'officier chargé de cette opération procédera à l'appel des hommes de la réserve. (N° 15, *idem.*) 2. Muni de cette feuille, l'officier procédera à l'appel.

Le maire du canton signe la feuille d'appel lorsque l'opération est terminée. (N° 17, *idem.*)

Le commandant du dépôt de recrutement réunit les feuilles d'appel et les adresse au général com- 3. Le commandant du dépôt de recrutement réunit les feuilles d'appel. mandant avec ses observations particulières. Ces feuilles où seront consignées les décisions du général seront renvoyées au commandant du dépôt. (N° 18, *idem.*)

4. Feuille d'appel séparée pour les hommes sortant des corps qui ne se recrutent pas par la voie des appels, et pour les hommes de la marine.

Une feuille d'appel séparée sera établie pour les militaires sortant des corps qui ne se recrutent pas par la voie des appels, et pour les hommes appartenant à l'armée de mer. (N° 30.) *Voyez* Officiers de recrutement et Appels de la réserve, art. 5.

FEUILLE DE ROUTE.

1. Sont délivrées par les sous-intendants militaires.

Les feuilles de route avec ou sans indemnité sont délivrées par les sous-intendants militaires, ou à leur défaut par les conseillers de préfecture, les sous-préfets, les majors et commandants de place et les maires.

1° Aux jeunes soldats appelés et mis en route sur un ordre du ministre de la guerre ;

2° Aux engagés volontaires et rengagés qui ont été reçus et qui sont dirigés sur un corps;

3° Aux militaires de toutes armes mis en route par ordre supérieur.

Les feuilles de route délivrées par les suppléants des sous-intendants militaires, ne sont valables que jusqu'à la plus prochaine résidence d'un sous-intendant.

2. Elles servent de passe-port à ceux qui en sont porteurs.

Ces feuilles de route servent de passe-port ou sauf-conduit aux jeunes soldats ou militaires qui en sont porteurs.

3. Elles sont individuelles ou collectives.

Elles sont individuelles ou collectives : individuelles quand les hommes voyagent isolément, collectives quand ils sont réunis en détachement. Dans ce dernier cas, la feuille de route collective est remise au chef du détachement.

4. Indications que doit porter la feuille de route d'un jeune soldat ou militaire voyageant isolément.

La feuille de route de chaque homme voyageant isolément doit contenir son signalement, le lieu et la date de son départ, et la désignation du lieu où il doit se rendre. La route à parcourir doit ensuite y être indiquée gîte par gîte, et le jeune soldat ou militaire qui en est porteur, ne doit, sous aucun prétexte s'en écarter, sous peine, s'il est trouvé hors de la direction qu'il doit tenir, d'être arrêté et conduit de brigade en brigade par la gendarmerie jusqu'à sa destination.

5. La feuille de route donne droit au logement et à une indemnité fixée par grade.

Cette feuille de route donne droit au logement pendant la route, et dans tous les lieux d'étapes les jeunes soldats et les militaires qui en sont porteurs ont droit en outre à une indemnité unique, fixée pour chaque grade, et qui est de 1 franc par jour pour les soldats, caporaux ou brigadiers, et de 1 franc 25 centimes pour les sous-officiers.

6. Cas où le jeune soldat ou militaire perd sa feuille de route; comment il y est suppléé.

Celui qui perd sa feuille de route en fait la déclaration au maire du premier gîte, en désignant, la date, le lieu de la délivrance et le signataire. S'il exhibe des titres authentiques qui justifient la qualité qu'il a prise dans sa déclaration, le maire lui en donne acte avec un sauf-conduit pour aller jusqu'à la résidence la plus prochaine d'un sous-intendant militaire.

7. Doit arriver à sa destination au jour fixé par sa feuille de route.

A moins d'empêchement légitime, le jeune soldat ou militaire porteur d'une feuille de route doit arriver à sa destination à l'époque prescrite par l'itinéraire qui y est tracé, sous peine d'être signalé comme insoumis ou déserteur.

8. Cas où il est obligé d'entrer à l'hôpital en route.

S'il est obligé d'entrer dans un hôpital en route, sa feuille de route lui est retirée et ne lui est rendue qu'à sa sortie, avec indication du temps qu'il a passé dans ledit hôpital.

FEUILLE SIGNALÉTIQUE.

1. Jeune soldat qui a fixé sa résidence sans autorisation dans une commune.

Lorsqu'un jeune soldat disponible d'une classe aura fixé sa résidence *sans autorisation* dans une mmune, le commandant du dépôt de recrutement en sera informé, ainsi qu'il est prescrit aux articles 112 et 113 de l'*Instruction provisoire du* 16 *novembre* 1833.

2. Feuille signalétique à un voyageur par le commandant du dépôt de recrutement.

Si le jeune soldat n'appartient pas au département, l'officier de recrutement établira une feuille *signalétique* conforme au modèle n° 12, joint à l'instruction susdite, et l'enverra à l'officier de recrutement du domicile. (Art. 114 de l'*Instruction du* 16 *novembre* 1833.) *Voy.* COMMANDANTS DES DÉPÔTS DE RECRUTEMENT, art. 107.

FILS UNIQUE ou aîné des fils;

PETIT-FILS UNIQUE ou aîné des petits-fils d'une femme actuellement veuve. (Motif d'exemption, article 13 de la *Loi du* 21 *mars* 1832.)

Le jeune homme qui se trouve dans l'un des deux cas spécifiés ci-dessus, et qui comme tel demande à jouir de l'exemption accordée par la loi, doit,

1. Déclaration à faire.

En faire la déclaration lors du tirage, et lorsqu'il est appelé devant le conseil de révision, produire à l'appui de sa demande les pièces ci-après indiquées: des documents authentiques, ou des certificats de trois pères de famille domiciliés dans le canton, conformes aux modèles ci-joints, n°s 3 et 5. Voir à la fin du présent Dictionnaire. 2. Certificats à produire.

Ces certificats devront être signés et approuvés par le maire de la commune et visés par le sous-préfet de l'arrondissement. (*Circulaire du* 21 *mai* 1832, *Journ. milit.*, pages 428, 446, 449, 450 et 464.)

FILS UNIQUE ou aîné des fils;

PETIT-FILS UNIQUE ou aîné des petits-fils d'un père aveugle. (Motif d'exemption, article 13 de la loi.) Voir l'article précédent et les certificats, modèles n°s 6 et 7, à la fin du présent Dictionnaire.

FILS UNIQUE ou aîné des fils;

PETIT-FILS UNIQUE ou aîné des petits-fils d'un père entré dans sa soixante-dixième année. (Motif d'exemption, article 13 de la loi.) Voir les deux articles précédents et les certificats, modèles n°s 8 et 9, à la fin du présent Dictionnaire.

FONCTIONNAIRE PUBLIC. *V.* Fraude.

FRAIS DE RECRUTEMENT.

Les frais de recrutement sont classés de la manière suivante, savoir :

1° Frais d'acte d'engagement;

2° Vacations des officiers de santé appelés près les conseils de révision;

3° Frais de déplacement des fonctionnaires civils et militaires, membres des conseils de révision; 1. Classification des frais de recrutement.

4° Frais d'impression des cadres de listes et tableaux;

5° Frais de recrutement;

6° Indemnités allouées aux sous-préfets;

7° Indemnités mensuelles aux colonels délégués

comme membres des conseils de révision, dans les départements où il n'y a pas de maréchaux de camp en résidence ;

8° Indemnités annuelles aux commandants des dépôts de recrutement dans les départements.

9° Supplément de solde aux officiers et sous-officiers employés momentanément à des opérations de recrutement, et complément de solde d'activité pour ceux en non activité employés au même service. (N° 1588 de l'ancien *Manuel.*)

FRAIS D'ACTE D'ENGAGEMENT.

2. Taux de ces frais. Il est accordé 3 francs pour chacun des 25 premiers actes reçus par la même mairie, à dater du premier janvier de chaque année, 2 francs pour chacun de ceux qui dépassent ce nombre jusqu'à celui de 100, et un franc pour chacun des actes au-dessus de ce dernier nombre. (*Circulaire du* 25 *janvier* 1832, *Journ. milit.*, pag. 31.) *Voy.* Maire, art. 42.

Vacations des officiers de santé. *Voy.* Officiers de santé et Chirurgiens militaires, art. 2.

FRAIS DE DÉPLACEMENT des fonctionnaires civils et militaires, membres des conseils de révision.

3. Indemnité accordée aux fonctionnaires civils et militaires membres des conseils de révision. Il est alloué une indemnité de déplacement aux fonctionnaires civils et militaires qui sont membres du conseil de révision, ou qui sont tenus d'assister à toutes les séances. (N° 1597 de l'ancien *Manuel.*)

4. Désignation de ces fonctionnaires. Ces fonctionnaires sont le conseiller de préfecture, l'officier général ou supérieur, le sous-intendant militaire et le commandant du dépôt de recrutement du département. (N° 1598 de l'ancien *Manuel.*)

Il n'est point alloué d'indemnité aux préfets ; il n'en est point alloué non plus aux deux membres civils qui ne sont pas fonctionnaires, et qui interviennent dans les matières du recrutement comme membres des conseils généraux de département et d'arrondissement; d'ailleurs les préfets doivent choisir ces deux membres parmi les conseillers de département et d'arrondissement qui résident dans l'étendue de la sous-préfecture où le conseil doit opérer. (N° 1599, *idem.*) 5. Il n'est point alloué d'indemnité aux préfets ni aux membres non fonctionnaires.

Les colonels ou officiers supérieurs en non-activité qui sont nommés membres des conseils de révision pour suppléer le maréchal de camp, reçoivent pendant la durée de leurs fonctions, une indemnité mensuelle et indépendante de celle de déplacement. (N° 1600.) 6. Indemnité mensuelle accordée aux colonels membres des conseils.

Cette indemnité est de 200 fr. par mois. *V.* OFFICIERS SUPÉRIEURS.

Les indemnités mensuelles des colonels ou officiers supérieurs membres des conseils de révision, sont payées chaque mois, par les soins de l'intendant militaire, suivant le taux qui lui aura été indiqué.

L'intendant militaire fait aussi acquitter les indemnités qui auront pu être allouées aux officiers généraux ou supérieurs, remplissant momentanément les fonctions de membres militaires des conseils de révision. (N° 1616.) 7. Frais de déplacement des membres du conseil.

Immédiatement après la clôture de la liste du contingent, les préfets adressent directement au ministre l'état relatif aux frais de déplacement des conseils de révision. (N° 1622 de l'ancien *Manuel.*)

Ils n'auront pas à s'occuper des frais qu'aurait

8. Officier général ou supérieur membre du conseil.

fait l'officier général ou supérieur membre du conseil, pour se rendre du lieu de sa résidence habituelle au chef-lieu du département, et qui sont payés suivant les règles tracées par les réglements pour les militaires en route. (N° 1625, *idem.*)

FRAIS D'IMPRESSION. (Recrutement.)

9. Frais d'impression alloués aux préfets.

L'impression des cadres de tableaux et listes nécessaires pour les opérations confiées aux fonctionnaires civils, s'effectue sur les lieux, et cette dépense est remboursée par voie d'abonnement passé avec les préfets. (N° 1601, *idem.*)

10. Frais d'impression alloués aux sous-intendans militaires.

L'impression des tableaux, états, listes, lettres de mise en activité, etc., etc., nécessaires pour les opérations confiés à MM. les sous-intendants militaires chargés du recrutement, est également remboursée au moyen d'un abonnement passé avec ces fonctionnaires. (N° 1602, *idem.*)

11. Abonnement pour frais d'impression.

Le paiement du prix de l'abonnement pour frais d'impression a lieu dans le cours du 1er trimestre de chaque année; il est donné avis aux préfets de l'expédition des ordonnances. (N° 1613, *id.*)

FRAIS DE JUSTICE. (Recrutement.)

12. Frais de justice à charge de l'administration.

L'administration ne peut être constituée débitrice des frais de justice en matière de recrutement que dans le cas où elle succomberait, et aurait été condamnée au paiement des frais faits par la partie contre laquelle elle a plaidé. Les préfets ne perdront pas de vue qu'ils doivent défendre l'administration sur de simples mémoires, et ne se servir d'avoués que lorsque des circonstances extraordinaires auraient déterminé ce mode de procéder. (N°1604, *id.*)

Les affaires qui, en matière de recrutement sont

de la compétence des tribunaux, devant être vidées sommairement et d'urgence sur simple mémoire, MM. les préfets n'auront point à se servir du ministère d'un avoué.

13. Les préfets doivent consulter le ministre avant d'interjeter appel.

Ils doivent consulter le ministre avant d'interjeter appel d'une instance en matière de recrutement, dans laquelle l'administration aurait succombé.

Dans ce cas aussi l'administration ne peut être constituée en frais de justice, qu'autant que le jugement la condamnerait au paiement des frais faits par la partie contre laquelle elle a plaidé.

14. États de frais à dresser en double expédition.

Lorsque l'administration sera condamnée aux dépens, MM. les préfets feront établir en double expédition, dont une sur papier timbré, des mémoires ou états de ces frais, qui devront être réglés et arrêtés par l'autorité judiciaire, suivant l'usage.

Les préfets adresseront ces états de frais de justice au ministre, au fur et à mesure qu'ils auront été produits, ainsi qu'une expédition du jugement qui sera intervenu. (*Circulaire du* 22 *mars* 1835, *Journ. milit.*, page 406.)

15. Cas d'insolvabilité des parties condamnées.

Elle peut encore avoir à payer les frais qui auraient été faits pour elle, même en cas de succès, lorsque les parties condamnées seraient insolvables, mais alors l'insolvabilité doit être constatée par voie administrative. (N° 1604, *id.*)

16. Bordereau des frais de justice.

S'il y a lieu dans un département à des discussions judiciaires, et par suite, à des frais mis ou restant à la charge de l'administration, les préfets font établir, en double expédition, des mémoires ou bordereaux de ces frais, qui seront réglés suivant l'usage par l'autorité judiciaire, et qu'ils viseront eux-mêmes. Ils adressent ces mémoires, avec les pièces justificatives de tous les articles de frais, au sous-intendant militaire qui est chargé d'en faire la liquidation, et de provoquer le paiement de la somme à laquelle cette liquidation aura été arrêtée, auprès de l'intendant. (N° 1617, *id.*)

17. Indemnités accordées à divers fonctionnaires.

INDEMNITÉS aux sous-préfets. *V.* SOUS-PRÉFETS, art. 45.

INDEMNITÉS aux sous-intendants militaires. *V.* SOUS-INTENDANS MILITAIRES, art. 7.

INDEMNITÉS aux capitaines de recrutement. *V.* COMMANDANS DES DÉPÔTS DE RECRUTEMENT.

INDEMNITÉS aux officiers et sous-officiers de recrutement. *V.* OFFICIERS DE RECRUTEMENT et SOUS-OFFICIERS DE RECRUTEMENT.

LIQUIDATION ET PAIEMENT des dépenses.

18. Délai de rigueur pour l'envoi des mémoires de dépenses.

Chaque mémoire ou état de proposition ne doit contenir que des dépenses de même nature, faites pendant le même exercice. Il doit être envoyé en double expédition, avec les pièces justificatives à l'appui, au ministre, ou remis au sous-intendant militaire, sous peine de déchéance, dans les six mois qui suivront le trimestre pendant lequel la dépense a eu lieu. (N° 1610, *id.*)

19. Comment s'opère le paiement.

Le paiement des dépenses de recrutement se fait, soit au moyen d'ordonnances directes au nom des préfets, soit par les soins des intendants militaires. (N° 1611, *id.*)

20. Quels frais doivent être liquidés préalablement.

Il y a lieu à liquidation préalable des vacations et indemnités des officiers de santé; 2° des indemnités de déplacement des membres des conseils de révision ; 3° des frais d'actes d'engagements volontaires. (N° 1620, *id.*)

Les préfets ne peuvent, pour les fonctionnaires membres du conseil, ni pour les officiers de santé, dépasser dans leurs états les fixations arrêtées par le ministre de la guerre. S'il y a pour les uns et pour les autres un surcroît de dépense reconnu nécessaire, ils doivent en référer d'abord au ministre. (N° 1626, *id.*) 21. Les indemnités sont fixées par le ministre de la guerre.

C'est seulement après l'avis que les intendants militaires auront reçu de la liquidation des indemnités ou frais, qu'ils peuvent faire opérer le paiement des sommes allouées dont le montant leur aura été notifié. (N° 1627, *id.*) 22. Epoque où les frais peuvent être payés.

Les intendants militaires doivent adresser au commencement de chaque mois (bureau du recrutement) un bordereau des mandats qu'ils auront délivrés et fait payer pendant le mois précédent, sur les crédits qui leur auront été ouverts pour le service du recrutement. 23. Epoque de l'envoi des bordereaux des mandats délivrés.

Immédiatement après l'expiration du délai pendant lequel ils peuvent faire usage de ces crédits, ils sont tenus d'envoyer un compte définitif d'emploi des crédits, constatant le restant libre arrêté de concert avec le payeur du trésor. (N° 1628, *id.*)

Ils feront connaître en même temps et en détail, ceux des mandats compris dans les bordereaux mensuels qui n'auraient pas été payés. (N° 1629, *id.*) 24. Idem des mandats non payés.

FRANCHISE et **CONTRE-SEING**. *Voy.* CONTRE-SEING.

FRAUDE en matière de recrutement.

Toutes fraudes ou manœuvres par suite desquelles un jeune homme aura été omis sur les tableaux de 1. Peines portées contre les omis.

recensement, seront déférées aux tribunaux ordinaires, et punies d'un emprisonnement d'un mois à un an.

2. Cas où l'omis est condamné par les tribunaux.

Le jeune homme omis, s'il a été condamné comme auteur ou complice desdites fraudes ou manœuvres, sera à l'expiration de sa peine inscrit sur la liste du tirage, ainsi que le prescrit l'article 11 de la loi. (Art. 38 de la loi.)

3. Soin que doivent avoir les autorités locales pour dénoncer les omis volontaires.

En conséquence, lorsque les autorités locales découvriront une omission qui leur paraîtra être le résultat d'une fraude ou manœuvre quelconque, plainte devra être portée par le préfet au procureur du roi contre l'individu prévenu d'être omis *volontaire.* (N° 170 de l'*Instruction du 30 mars* 1832, *Journal militaire*, page 244.) *Voy.* Omis.

4. Personnes qui recèlent les insoumis.

Quiconque sera reconnu coupable d'avoir recélé ou d'avoir pris à son service un insoumis, sera puni d'un emprisonnement qui ne pourra excéder six mois; selon les circonstances, la peine pourra être réduite à une amende de vingt à deux cents francs.

5. Qui favorisent l'évasion d'un insoumis.

Quiconque sera convaincu d'avoir favorisé l'évasion d'un insoumis, sera puni d'un emprisonnement d'un mois à un an.

6. Qui empêchent ou retardent le départ des jeunes soldats.

La même peine sera prononcée contre ceux qui, par des manœuvres coupables, auraient empêché ou retardé le départ des jeunes soldats.

7. Cas où le délinquant est fonctionnaire public.

Si le délinquant est *fonctionnaire public*, employé du gouvernement, ou ministre d'un culte salarié par l'état, la peine pourra être portée jusqu'à deux années d'emprisonnement, et il sera en outre condamné à une amende qui ne pourra excéder deux mille francs. (Art. 40 de la loi.)

Les jeunes gens appelés à faire partie du contingent de leur classe, qui seront prévenus de s'être rendus impropres au service militaire, soit temporairement, soit d'une manière permanente, dans le but de se soustraire aux obligations imposées par la loi, seront déférés aux tribunaux par les conseils de révision, et s'ils sont reconnus coupables, ils seront punis d'un emprisonnement d'un mois à un an.

8. Jeunes gens prévenus de s'être rendus impropres au service déférés aux tribunaux.

Seront également déférés aux tribunaux et punis de la même peine, les jeunes soldats qui, dans l'intervalle de la clôture du contingent de leur canton à leur mise en activité, se seront rendus coupables du même délit.

A l'expiration de leur peine, les uns et les autres seront à la disposition du ministre de la guerre pour le temps que doit à l'état la classe dont ils font partie.

9. Sont à l'expiration de leur peine à la disposition du ministre de la guerre.

La peine portée au présent article sera prononcée contre les complices.

10. Peines prononcées contre les complices, cas où ces complices sont des médecins, chirurgiens, officiers de santé, etc., etc.

Si les complices sont des médecins, chirurgiens, officiers de santé, ou pharmaciens, la durée de l'emprisonnement sera de deux mois à deux ans, indépendamment d'une amende de deux cents francs à mille francs qui pourra être prononcée, et sans préjudice de peines plus graves, dans les cas prévus par le code pénal. (Art. 41 de la loi.)

Toute substitution, tout remplacement effectué soit en contravention de la présente loi, soit au moyen de pièces fausses ou de manœuvres frauduleuses, sera déféré aux tribunaux et, sur le jugement qui prononcera la nullité de l'acte de substitution ou de remplacement, l'appelé sera tenu de

11. Substitution ou remplacement effectué en contravention à la loi.

rejoindre son corps, ou de fournir un remplaçant dans le délai d'un mois, à dater de la notification de ce jugement.

12. Peines portées contre les auteurs ou complices de substitutions ou remplacements frauduleux.

Quiconque aura sciemment concouru à la substitution ou au remplacement frauduleux, comme auteur ou complice, sera puni d'un emprisonnement de trois mois à deux ans, sans préjudice de peines plus graves en cas de faux. (Art. 43 de la loi.)

Voir pour les cas de contravention aux dispositions de la loi pour les actes de substitution ou de remplacement, les mots SUBSTITUTION, art. 7, et REMPLACEMENT, art. 15.

13. *Idem* contre les fonctionnaires ou officiers publics prévenus de fraude en matière de recrutement.

Tout fonctionnaire ou officier public, civil ou militaire, qui, sous quelque prétexte que ce soit, aura autorisé ou admis des exemptions, déductions ou exclusions autres que celles déterminées par la présente loi, ou qui aura donné arbitrairement une extension quelconque, soit à la durée, soit aux règles ou conditions des appels, des engagements ou des rengagements sera coupable d'abus d'autorité, et puni des peines portées dans l'article 185 du code pénal, sans préjudice des peines plus graves prononcées par ce code dans les autres cas qu'il a prévus. (Art. 44 de la loi.)

14. Peines portées contre les médecins, chirurgiens ou officiers de santé qui assistent le conseil de révision et reçoivent des dons.

Les médecins, chirurgiens ou officiers de santé qui, appelés au conseil de révision à l'effet de donner leur avis conformément à l'article 16 de la loi, auront reçu des dons ou agréé des promesses pour être favorables aux jeunes gens qu'ils doivent examiner, seront punis d'un emprisonnement de deux mois à deux ans,

Cette peine leur sera appliquée, soit qu'au moment des dons ou promesses ils aient déjà été désignés pour assister au conseil, soit que les dons ou promesses aient été agréés dans la prévoyance des fonctions qu'ils auraient à y remplir.

Il leur est défendu, sous la même peine, de rien recevoir même pour une réforme justement prononcée. (Art. 45 de la loi.)

15. Action des tribunaux civils et militaires dans tous les cas non prévus.

Dans tous les cas non prévus par les dispositions précédentes, les tribunaux civils et militaires, dans les limites de leur compétence, appliqueront les lois pénales ordinaires aux délits auxquels pourra donner lieu l'exécution du mode de recrutement déterminé par la loi.

Pour les délits militaires, les juges pourront user de la faculté énoncée en l'article 595 du code d'instruction criminelle.

Dans tous les cas où la peine d'emprisonnement est prononcée par la loi, les juges pourront, suivant les circonstances, user de la faculté exprimée dans l'article 463 du code pénal. (Art. 46 de la loi.)

FRÈRES consanguins, utérins ou germains. Voir Exemptions, art. 41.

FRÈRES (le plus âgé de deux), appelés à faire partie du même tirage et désignés tous deux par le sort. *V*. Exemptions, art. 9 bis.

FRÈRE PUINÉ (de deux), *idem*. *Voy*. Exemptions.

FRÈRE d'un militaire sous les drapeaux à tout autre titre que pour remplacement.

1. Déclaration à faire au tirage et pièces à produire.

Le jeune homme qui désire réclamer l'exemption comme ayant un frère au service à tout autre titre que pour remplacement, doit en faire la déclaration au tirage, et produire devant le conseil de révision un certificat de trois pères de famille, conforme au modèle n° 12. Voir à la fin du présent Dictionnaire.

Il doit en outre présenter un certificat de présence au corps délivré par le conseil d'administration du corps où sert son frère, ou tout autre document authentique, constatant la présence de ce frère sous les drapeaux. Si le frère du réclamant est disponible dans ses foyers ou militaire en congé illimité, ce dernier produira un certificat du commandant du dépôt de recrutement du département où réside son frère, constatant son inscription sur les contrôles de la réserve de ce département. (*Circulaire du 21 mai 1832, Journ. milit.*, pages 428, 446, 457 et 464. Voir le modèle du certificat d'inscription dans la réserve à la fin du présent Dictionnaire, sous le n° 20, et le mot EXEMPTIONS, art. 15.

FRÈRE d'un militaire mort en activité de service, ou réformé, ou admis à la retraite pour blessures reçues dans un service commandé, ou infirmités contractées dans les armées de terre et de mer.

2.7 Déclaration à faire au tirage, et pièces à produire.

Le réclamant doit faire sa déclaration au tirage, et produire devant le conseil de révision un certificat de trois pères de famille conforme au modèle n° 13. (Voir à la fin du présent Dictionnaire.) Il doit en outre justifier du décès, des blessures, de la réforme ou de l'admission à la retraite de son frère, par l'acte de décès, ou le congé de réforme, ou le titre, ou copie du titre de pension de ce frère, ou par tout autre document authentique faisant connaître les droits du réclamant à l'exemption. (*Circulaire du 21 mai 1832.*)

FRÈRE d'un Français mort, ou qui a reçu des blessures qui le rendent incapable de servir dans l'armée, en combattant pour la liberté dans les journées de juillet 1830.

Le jeune homme qui se trouve dans le cas spécifié ci-dessus, et qui comme tel demande à jouir de l'exemption accordée par la loi, doit : 1° en faire la déclaration au tirage, et lorsqu'il est appelé devant le conseil de révision, produire à l'appui de sa demande les mêmes pièces que celles indiquées dans l'article précédent. (*Circulaire du 21 mai 1832, Journ. milit.*, pages 428, 446, 459 et 464. *V.* Exemptions, art. 22.

3. Déclaration au tirage et pièces à produire.

G.

GAGISTES, ouvriers, musiciens, etc., etc.

Tout Français servant comme gagiste dans un corps de troupes françaises, et qui contractera un engagement volontaire conformément à la loi, sera reçu à compter comme temps de service militaire, le temps qu'il aura passé sous les drapeaux en qualité de gagiste.

1. Sont reçus à compter comme temps de service militaire, le temps passé sous les drapeaux.

Le temps passé dans un corps comme gagiste avant l'âge de 18 ans accomplis, ne sera pas compté comme temps de service militaire.

2. Le temps ne sera pas compté avant l'âge de 18 ans.

L'engagement volontaire des gagistes n'aura lieu que sur l'autorisation des inspecteurs généraux d'armes.

3. Engagement des gagistes autorisé par les inspecteurs généraux.

Les engagements des gagistes ne sont restreints par aucune limite d'âge passé 18 ans accomplis, mais ils ne peuvent être reçus avant cet âge. (N° 23

4. Les engagements ne sont restreints par aucune limite d'âge passé 18 ans.

de l'*Instruct. du 4 mai* 1832, *Journ. milit.*, page 355.

4 (bis). Si aux termes de l'*Ordonnance du 28 avril* 1832, art. 4, et de l'*Instruction du 4 mai* de la même année, explicative de cette ordonnance, n° 23, *les engagements volontaires des gagistes ne sont restreints par aucune limite d'âge, passé 18 ans*; il ne s'ensuit pas que ces engagements puissent être affranchis des conditions exigées par la loi du 21 mars 1832 sur le recrutement de l'armée.

En conséquence et conformément aux règles générales déterminées par l'article 32 de ladite loi, tout gagiste doit, pour être autorisé par MM. les inspecteurs généraux d'armes à contracter un engagement volontaire :

Avoir 18 ans accomplis et la taille d'un mètre 56 centimètres au moins;

Jouir de ses droits civils;

N'être ni marié, ni veuf avec enfants;

N'avoir jamais été condamné à une peine correctionnelle pour vol, escroquerie, abus de confiance et attentat aux mœurs, et s'il a moins de 20 ans, justifier du consentement de ses père, mère ou tuteur. (*Note ministérielle du 5 juillet* 1837, *Journ. milit.*, page 16.)

5. Annotation à faire sur le registre-matricule du corps auquel appartiennent les gagistes.

Du moment qu'un gagiste qui compte un certain nombre d'années passées dans un corps en ladite qualité, aura contracté un engagement de sept ans, le conseil d'administration annotera au registre-matricule, le temps de service qui sera déjà acquis au gagiste, en vertu de l'article 4 de l'*Ordonnance du 28 avril* 1832. (N° 22, *id.*)

Les inspecteurs généraux d'armes, en usant de la faculté qui leur est dévolue par l'ordonnance précitée du 28 avril, ne perdront pas de vue qu'ils ne peuvent, sous aucun prétexte, autoriser l'engagement volontaire d'un gagiste, qui n'aurait pas dix-huit ans d'âge, ou le minimum de la taille (un mètre cinquante-six centimètres, quatre pieds neuf pouces sept lignes et demie), puisque cet âge et ce minimum de taille sont exigés par la loi sur le recrutement de l'armée. (Art. 24 de l'*Instruction du 4 mai* 1832, *Journ. milit.*, page 355.) 6. Recommandation aux inspecteurs généraux d'armes.

Les maîtres ouvriers gagistes dans les corps auront seulement les marques distinctives du grade de sergent, et les droits de discipline qui en résultent. (*Décision ministérielle du* 29 *décembre* 1831, *Journ. milit.*, page 365.)

GARDES DU GÉNIE MILITAIRE.

Les gardes du génie militaire doivent être dispensés, s'ils sont liés au service par un engagement volontaire, dans le cas contraire ils n'ont pas droit à la dispense. (N° 644 de l'ancien *Manuel.*) 1. Gardes du génie, engagés volontaires sont dispensés.

GARDES CHAMPÊTRES ET FORESTIERS.

Ils doivent se concerter avec la gendarmerie pour la recherche et l'arrestation des insoumis, et lui transmettre tous les renseignements et avis qu'ils pourront se procurer sur le lieu de leur retraite. 1. Doivent se concerter avec la gendarmerie pour la recherche et l'arrestation des insoumis.

Ils ont droit à la gratification de 25 francs alloués pour l'arrestation d'un insoumis lorsqu'ils en sont capteurs. (Nos 18 et 26 de l'*Instruction du* 12 *octobre* 1832, *Journal militaire*, pages 378 et 379.) 2. Ont droit à la gratification de 25 francs.

GARDES-CHIOURMES.

Les gardes-chiourmes qui sont liés au service

1. Morts ou blessés dans un service actif, procurent l'exemption à leurs frères.

comme *appelés*, *substituants*, *engagés volontaires* ou *réengagés*, et qui à ce titre sont considérés comme étant *sous les drapeaux*, doivent conférer l'exemption à leurs frères. (*Circulaire du* 12 *août* 1837, pag. 8.)

GARDES NATIONAUX.

Les gardes nationaux, lorsqu'ils sont mis en activité et placés sous la direction du ministre de la guerre, sont assimilés aux troupes de ligne. En conséquence, si des gardes nationaux faisant partie des bataillons de leur arme appelés à l'activité, sont morts ou ont été blessés pendant la durée de l'activité, leurs frères sont fondés à réclamer l'exemption. (N° 569 de l'ancien *Manuel.*)

2. Peuvent être admis à s'engager jusqu'à 35 ans.

Les hommes qui ont fait partie des bataillons de gardes nationales mobilisées peuvent être reçus à s'engager jusqu'à 35 ans révolus, mais seulement si ces bataillons ont fait partie d'une armée active. (N° 872, de l'ancien *Manuel.*)

GENDARMERIE (CONCOURS DE LA), relativement à la recherche et la poursuite des insoumis.

1. Registre des insoumis à tenir par les capitaines de gendarmerie.

Les capitaines de gendarmerie tiennent concurremment avec les commandants des dépôts de recrutement deux contrôles des insoumis, conformes aux modèles n°s 5 et 6 annexés à l'*Instruction du* 12 *octobre* 1832. L'un est destiné à l'inscription des jeunes soldats signalés insoumis, l'autre pour celle des engagés volontaires prévenus du même délit.

Ces contrôles doivent être tenus dans le même ordre que ceux des commandants des dépôts de recrutement, au moyen de feuilles de signalement que ce commandant doit transmettre au capitaine de gendarmerie, d'après les articles 9 et 39 de l'instruction précitée. (Art. 14 de l'*Instruction du* 12 *octobre* 1832, *Journ. milit.*, pag. 377.)

2. Avis au capitaine de gendarmerie relatif aux insoumis.

Dès qu'un capitaine de gendarmerie aura avis qu'un insoumis est réfugié dans un autre département que celui de son domicile, il aura soin d'en prévenir sur-le-champ le capitaine de gendarmerie de ce département, et de lui transmettre le signalement de cet insoumis. (Art. 24, *idem.*)

3. Dans quel cas est due la gratification de 25 francs pour chaque arrestation.

La gratification de vingt-cinq francs qui est allouée pour l'arrestation d'un jeune soldat ou engagé volontaire, signalé comme prévenu d'insoumission, est due pour celle d'un jeune soldat illégalement en retard, ou qui aurait abandonné en route, sans autorisation ou motif légitime, le détachement dont il faisait partie, si cette arrestation est faite 48 heures après le jour fixé par l'ordre de route, ou après celui de sa disparition du détachement. (Art. 25, *id.*)

4. Vérification des passe-ports.

La gendarmerie doit vérifier avec le plus grand soin les passe-ports des voyageurs qui, par leur âge, paraissent appartenir aux classes appelées. (Art. 23, *idem.*)

5. Avis à donner par les capitaines de gendarmerie aux commandants des dépôts de recrutement.

Les capitaines de gendarmerie doivent donner avis aux commandants des dépôts de recrutement de toutes les mutations parvenues à leur connaissance sur les jeunes soldats ou engagés volontaires prévenus d'insoumission. (Art. 18, *idem.*)

Les maires doivent seconder avec zèle les recherches de la gendarmerie, ainsi que les gardes champêtres et forestiers. (Art. 19 et 26.) *Voy.* Maires, art. 44; et Gardes champêtres.

6. Au besoin emploi d'une force auxiliaire.

Une force auxiliaire peut, en cas de nécessité, être employée concurremment avec la gendarmerie pour la recherche et la poursuite des insoumis. (Art. 29, *id.*) *Voy.* INSOUMIS, art. 11.

7. Les officiers de gendarmerie délivrent des certificats d'acceptation aux engagés volontaires.

Les officiers de gendarmerie, comme les chefs de corps et commandants des dépôts de recrutement, ont qualité pour constater l'aptitude militaire des engagés volontaires, et délivrent, s'il y a lieu, à ceux-ci des certificats d'acceptation conformes au modèle annexé à l'*Ordonnance du* 28 *avril* 1832, (Nos 27 et 28 de l'*Instruction du* 4 *mai* 1833, *Journal militaire*, page 356.)

GENDARMERIE, concours et surveillance à l'égard des jeunes soldats disponibles et des militaires en congé illimité ou en congé d'un an qui font partie de la réserve.

8. Envoi aux commandants des états nominatifs des militaires renvoyés en congé.

Les commandants des brigades de gendarmerie recevront par les soins des commandants des dépôts de recrutement les états nominatifs des militaires auxquels des congés ont été délivrés, ainsi que le nom du canton et de la commune dans lesquels chacun de ces militaires a déclaré vouloir se retirer. (Art. 48 de l'*Instruction du* 16 *novembre* 1833.)

9. Cet état renvoyé promptement au commandant du dépôt de recrutement.

Ces états seront renvoyés le plus promptement possible à l'officier de recrutement, avec les renseignements nécessaires sur l'arrivée de ces militaires. (Art. 49, *idem.*)

En renvoyant ces états, les commandants des brigades de gendarmerie y joindront les feuilles de route dont doivent être porteurs les militaires arrivés dans leurs foyers.

Quant à ceux compris sur ces états, et dont l'arrivée ne serait pas constatée, le commandant de la brigade de gendarmerie en tiendra note, et il aura soin de prévenir le commandant du dépôt de recrutement, de l'époque à laquelle chaque militaire en retard aura paru dans le lieu de sa résidence. (Art. 51, *idem.*)

10. Note à prendre sur les militaires en retard.

Lorsque le militaire en congé illimité ou en congé d'un an, a besoin de s'absenter pour plus de 15 jours, afin de se rendre dans une autre localité du même département, il en fait la demande à l'officier ou au sous-officier de gendarmerie du canton dont il fait partie. (Art. 54, *id.*)

11. Permission d'absence de plus de 15 jours dans le département.

Cette permission sera toujours accordée, à moins de circonstances graves. (Voir Absence, autorisation d', dans le département pour les militaires en congé illimité ou en congé d'un an.)

12. Sera toujours accordée à moins de circonstances graves.

Il en sera de même pour les autorisations d'absence hors du département lorsqu'elles n'excéderont pas *deux mois*.

13 De même pour les autorisations d'absence hors du département.

Les permissions d'absence de plus de trois mois dans le département ne seront accordées que par l'officier de recrutement à qui le congé illimité du militaire devra être transmis. (*Circulaire du 3 mai 1834, Journ. milit.*, pag. 157.)

14. Permission d'absence de plus de 3 mois.

Les permissions d'absence de plus de deux mois, hors du département, doivent être approuvées par le maréchal de camp commandant le département (même Circulaire). *Voy.* Absence, autorisation d'. hors du département.

15. Permissions de plus de 2 mois hors du département.

Il ne peut être accordé de permission d'absence pour l'étranger aux jeunes soldats qu'avec l'autori-

16. Absence à l'étranger ne peut être ac-

cordée que par le ministre.

sation du ministre de la guerre. (Art. 111. de l'*Instruction du* 16 *novembre* 1833.)

17. Les commandants des brigades visent les passe-ports des jeunes soldats.

Les commandants des brigades de gendarmerie visent les passe-ports des jeunes soldats qui ont obtenu des permissions d'absence hors du département lorsqu'ils partent pour s'y rendre, comme aussi lorsqu'ils rentrent à leur résidence, et ils en prennent note. (Art. 103 et 109, *idem.*)

18. Soins que doivent avoir les commandants des brigades pour les permisions d'absence.

Les commandants des brigades de gendarmerie doivent avoir soin de n'accorder des permissions d'absence, soit dans le département, soit hors du département, aux époques des revues, des exercices ou des appels de la réserve, qu'autant qu'il y aurait urgence, circonstance qui devra être spécifiée dans la demande et certifiée par le maire, ou qu'autant que la durée de la permission demandée permettrait au militaire d'être de retour au lieu de son domicile pour remplir les devoirs qui lui sont imposés comme étant compris dans la réserve. (Art. 95 *idem.*)

19. Demande de changement de résidence.

Si le militaire qui est en congé illimité ou en congé d'un an, a besoin d'aller habiter dans un autre département, il en fait la demande au commandant de la gendarmerie de son canton, lui remet son congé et indique le département, l'arrondissement et la commune dans lesquels il se propose de se fixer. (Art. 68.)

Ce congé et ces renseignements sont envoyés immédiatement au commandant du dépôt de recrutement du département, qui y donne la suite convenable. *Voy.* COMMANDANTS des dépôts de recrutement, art. 83 et 87.

Lorsque l'autorisation de changement de résidence a été accordée, le commandant du dépôt de recrutement en donne avis au commandant de la brigade de gendarmerie, en lui renvoyant le congé du militaire, revêtu de l'autorisation nécessaire signée par le maréchal de camp, et l'homme peut dès-lors se mettre en route pour la nouvelle destination qu'il a choisie. (Art. 70 *idem.*) 20. Cas où elle est accordée.

Si le militaire, après avoir quitté sa première résidence, n'arrive pas dans celle qu'il avait choisie, et si l'on parvient à connaître le lieu où il se trouve, la gendarmerie en sera informée au besoin par les officiers de recrutement, et l'ordre sera donné au militaire de rejoindre sa destination. Avis de l'exécution de cet ordre sera donné par le commandant de la gendarmerie du département dans lequel le militaire en contravention aura été trouvé, tant à l'officier de recrutement de la première résidence, qu'à celui de la nouvelle. (Art. 77, *id.*) 21. Cas où le militaire n'arrive pas à sa nouvelle résidence

La gendarmerie ne perdra pas de vue qu'il lui est d'autant plus facile de surveiller avec fruit les militaires en congé illimité qui changent de résidence sans autorisation, que ces hommes n'ont pas de passe-ports au moyen desquels ils puissent facilement déguiser leur position; ils n'ont pas non plus de feuille de route, et ne peuvent par conséquent être pris pour des militaires qui rejoignent leurs corps. L'autorisation qui leur est nécessaire pour aller résider dans un autre département, est inscrite au dos du congé illimité, et ils doivent en justifier à la gendarmerie.(Art. 79, *id.*) 22. Surveillance facile de la gendarmerie pour les militaires en congé illimité.

Lorsque le commandant d'une brigade aura été

23. Jeune soldat étranger fixé dans une commune sans autorisation.

informé par le maire d'une commune, qu'un jeune soldat étranger à ladite commune y a fixé sa résidence sans autorisation, il prendra le signalement de l'étranger, y relatera le plus exactement possible la commune, le canton, l'arrondissement et le département auxquels il appartient, et enverra sans délai ce signalement à l'officier de recrutement. (Art. 112, *id.*)

24. Soins que doivent avoir les commandants des brigades pour connaître les mutations qui surviennent parmi les jeunes soldats.

Dans tous les cas, les commandants des brigades auront soin de s'informer et de donner exactement connaissance à leur capitaine de toutes les mutations qui surviendront parmi les jeunes soldats domiciliés dans les communes de leur arrondissement. Ce dernier en informera sans délai l'officier de recrutement. (Art. 116.)

25. Les officiers et sous-officiers de gendarmerie se conforment aux dispositions de l'Instruction du 16 novembre 1833.

Les officiers de gendarmerie ainsi que les commandants des brigades se conformeront aux dispositions contenues dans l'*Instr. du* 16 *nov.* 1833 (dont les articles qui les concernent ont été rapportés ci-dessus) et correspondront avec les officiers généraux et les officiers de recrutement, afin de les tenir constamment au courant et informés de tout ce qui aurait rapport aux hommes faisant partie de la réserve. (Art. 171)

GENDARMERIE, appels de la réserve.

26. Le capitaine de gendarmerie mettra à l'ordre de ses brigades l'ordre du général pour les appels de la réserve.

L'ordre du général commandant le département qui déterminera l'époque des réunions dans chaque canton ou commune pour les appels de la réserve, sera notifié par les soins du préfet au capitaine de gendarmerie qui le mettra immédiatement à l'ordre de ses brigades, afin qu'elles concourent à en assurer l'exécution. (Art. 8, de l'*Instruct. du* 9 *juin* 1836, *Journ. mil.*, pag. 570.)

Dans l'intérêt de l'ordre public, la gendarmerie assistera aux appels de la réserve. (Art. 16, *id.*)

GÉNIE (ARME DU).

L'arme du génie se compose de trois régiments du génie, d'une compagnie d'ouvriers du génie et du train du génie. Ce corps, comme les autres corps de l'armée, se recrute par les appels et par des engagements volontaires. (Voir pour les conditions d'admission le tableau qui suit le mot ARMÉE DE TERRE au présent Dictionnaire, et ENGAGEMENT, art. 24. 1. Composition, recrutement.

Le tableau joint au mot armée de terre, fixe le minimum de la taille des *engagés volontaires* pour les régiments du génie, à 1 metre 706 millimètres, mais l'ordre du 13 décembre 1829 sur l'organisation de ces régiments, permet de les recruter en hommes de la taille de 1 mètre 679 millimètres. (Art. 20 de l'*Instruction du 4 juillet* 1832, *Journ. milit.*, pag. 44.) *V.* MARÉCHAUX DE CAMP, art. 31.

H.

HABILLEMENT (employés commissionnés de l'). 1. Sont dispensés.

Seront considérés comme ayant satisfait à l'appel et comptés numériquement en déduction du contingent, les employés commissionnés faisant partie des cadres *entretenus* de l'habillement. (*Circulaire du* 28 *juin* 1835, *Journ. milit.*, pag. 398.) *V.* DISPENSES, DISPENSÉS, art. 2.

HOPITAUX MILITAIRES (officiers d'administration des).

Seront considérés comme ayant satisfait à l'appel et comptés numériquement en déduction du con- 1. Sont dispensés.

tingent, les officiers d'administration des hôpitaux militaires. (*Circul. du* 28 *juin* 1835, *Journ. milit.*, pag. 398.) Voir Dispenses, Dispensés.

HOPITAUX MILITAIRES. Infirmiers.

2. Les infirmiers entretenus doivent être d'une moralité connue et savoir lire et écrire.

Les jeunes soldats à affecter aux *hôpitaux militaires* étant destinés à servir en qualité d'*infirmiers entretenus*, ce service, vu sa spécialité, ne sera point imposé comme destination obligée; mais ceux qui consentiront à s'y vouer devront être d'une moralité bien connue, habitués à une vie régulière et laborieuse, et savoir, autant que possible, lire et écrire. (*Circulaire du* 22 *mars* 1835, *Journ. milit.*, page 77.) *Voy.* Infirmiers.

I.

IMMATRICULATION des jeunes soldats.

1. Répartition entre les corps des jeunes soldats appelés.

L'art. 29 de la *Loi du* 21 *mars* 1832, veut qu'aussitôt les opérations du conseil de révision terminées, les jeunes gens définitivement appelés soient immédiatement répartis entre les corps de l'armée, et inscrits sur les régistres-matricules des corps pour lesquels ils auront été désignés.

2. Registres-matricules.

Les commandants des dépôts de recrutement sont chargés de la tenue de ses registres. *Voy.* Commandants des dépôts de recrutement, art. 16, et Registres-matricules.

3. Les jeunes soldats inscrits sur les registres-matricules des corps, ne peuvent se faire remplacer que par des hommes ayant la taille et les autres conditions d'aptitude exigées pour l'arme et le corps

pour lesquels ils sont eux-mêmes désignés. (Art. 42, *idem.*)

Il n'y a d'exception à cet égard que pour les hommes inscrits *Conditionnellement. Voyez* MARÉCHAL DE CAMP, art. 37 et 38.

4. Les jeunes soldats définitivement appelés sont inscrits selon l'ordre des cantons et de leurs numéros de tirage.

Ils doivent y inscrire les jeunes soldats appelés selon l'ordre des cantons et de leurs numéros de tirage. (N° 30 de l'*Instruct. du 4 juillet* 1832, *Journ. milit.*, pag. 45.)

5. Appel à l'activité des jeunes soldats; contrôles signalétiques dressés.

Lorsque les jeunes soldats d'une classe seront appelés à l'activité et mis en route, ou qu'ils devanceront leur mise en activité, les commandants des dépôts de recrutement dresseront pour chacun d'eux des contrôles signalétiques relevés sur les registres-matricules, et les enverront aux corps sur lesquels ils auront été dirigés.

6. Arrivée au corps, renvoi des contrôles.

Lorsque ces jeunes soldats seront arrivés au corps, ils y seront immédiatement incorporés et immatriculés, et le conseil d'administration renverra sans délai leurs contrôles signalétiques à l'officier de recrutement, avec indication de la date de leur arrivée et du numéro sous lequel ils auront été immatriculés au corps. Cette date et le numéro d'immatriculation seront de suite inscrits sur le registre-matricule du corps, tenu par le commandant du dépôt de recrutement.

INDEMNITÉ de déplacement allouée aux membres des conseils de révision. *Voy.* FRAIS DE DÉPLACEMENT, art. 3.

INDEMNITÉ de route et de séjour aux jeunes soldats appelés.

Il est accordé une indemnité de route et de séjour à tout jeune soldat appelé à l'activité, et auquel un ordre de route a été adressé pour se rendre d'abord au chef-lieu du département.

1. Cette indemnité est de 1 franc par jour et par étape à partir du chef-lieu de canton.

Cette indemnité leur est payée à leur arrivée sur la présentation de leur ordre de route, et à raison d'un franc par jour et par étape, à partir du chef-lieu de canton dans lequel est fixée leur résidence.

Si du chef-lieu du département ils sont dirigés isolément sur le corps qui leur est assigné, ils auront droit à la même indemnité jusqu'à leur destination. Si, au contraire, ils sont réunis en détachement, ils n'ont plus droit qu'à la solde de route fixée par les réglements, et qui est de 55 centimes par journée d'étape.

2. Le jeune soldat qui ne se présente pas au jour fixé par son ordre de route perd ses droits à l'indemnité.

Tout jeune soldat qui ne se présente pas au chef-lieu du département au jour indiqué par son ordre de route, perd ses droits à l'indemnité de route, à moins qu'il ne justifie, par des pièces en règle, des motifs de son retard.

INDEMNITÉ de route accordée aux officiers de recrutement chargés des appels de la réserve.

3. Feuille de route délivrée aux officiers chargés des appels.

Une feuille de route sera délivrée à chaque officier chargé des appels, elle sera établie d'après l'itinéraire qui aura été réglé par le général commandant, et portera allocation.

1° De l'indemnité de deux francs par poste pour les distances parcourues par chaque officier, sans distinction de grade;

2° De l'indemnité ordinaire de séjour, selon le grade pour chaque journée de station; le jour du départ et celui d'arrivée seront toujours comptés comme journée de station, et par conséquent l'indemnité de séjour sera allouée indépendamment de celle de deux francs par poste. 4. Allocations.

Les sous-officiers recevront également, le cas échéant, une feuille de route. Ils auront droit à la double indemnité de route, pour toute la durée de leur déplacement. 5. Feuille de route aux sous-officiers.

Ces allocations seront payées sur le fonds affecté au service des indemnités de route, suivant le mode déterminé pour les dépenses de cette nature (N° 12 de *l'Instruction du 9 juin* 1836, *Journ. milit.*, page 571.) *Voy.* OFFICIERS ET SOUS-OFFICIERS DE RECRUTEMENT. 6. Fonds sur lesquels les allocations seront payées.

INDEMNITÉ annuelle pour frais de bureau, aux commandants des dépôts de recrutement.

Les commandants des dépôts de recrutement et de réserve, reçoivent une indemnité de frais de bureau fixée annuellement par le ministre de la guerre, selon le classement des dépôts. (*Ordonnance du* 1er *janvier* 1836, *Journ. milit.*, page 4.) 7. Indemnité de frais de bureau aux commandants des dépôts de recrutement.

INFANTERIE DE LIGNE ET LÉGÈRE.

L'arme de l'infanterie se compose, savoir :

De 67 régiments d'infanterie de ligne ;

21 régiments d'infanterie légère.

Elle se recrute par la voie des appels et les engagements des volontaires. 1. Composition, conditions d'admission.

Pour y être admis, il suffit d'avoir le minimum de la taille fixée par la loi du 21 mars 1832, 1 mètre 56 centimètres, ou 4 pieds 9 pouces 7 lignes et demie, être en outre sain, robuste et bien constitué.

INFANTERIE DE MARINE.

Les conditions d'admission pour entrer dans l'in- 1. Conditions d'admission.

fanterie de marine sont les mêmes que celles exigées pour l'infanterie de ligne et légère. (Armée de terre.) *Voy.* ENGAGEMENTS VOLONTAIRES, art. 3.

INFIRMIERS ENTRETENUS.

1. *Doivent savoir lire et écrire.*

Pour être reçu dans le corps des infirmiers entretenus de l'armée de terre, il faut savoir lire et écrire.

Les hommes qui en font partie, lorsqu'ils sont en activité de service et qu'ils y servent comme engagés volontaires ou appelés, procurent l'exemption à leurs frères.

2. *Il n'est point établi de registre-matricule pour les infirmiers entretenus.*

Il n'est point établi de registre-matricule pour les infirmiers entretenus, par la raison que ce service qui ne peut être imposé, ne se recrute que par des hommes destinés ou déjà affectés aux régiments d'infanterie, et ce n'est qu'à la revue sur le terrain, que des désignations peuvent être faites en faveur des jeunes soldats qui se présentent de bonne volonté. (Art. 28 de l'*Instruction du 4 juillet* 1832, *Journ. milit.*, page 45.) *V.* HÔPITAUX MILITAIRES, INFIRMIERS.

INFIRMITÉS VOLONTAIRES OU SIMULÉES.

1. *Les jeunes gens prévenus de s'être rendus impropres au service sont déférés aux tribunaux.*

Les jeunes gens appelés à faire partie du contingent de leur classe, qui seront prévenus de s'être rendus impropres au service militaire, soit temporairement, soit d'une manière permanente, dans le but de se soustraire aux obligations imposées par la loi, seront déférés aux tribunaux par les conseils de révision, et s'ils sont reconnus coupables, ils seront punis d'un emprisonnement d'un mois à un an. (Art. 41 de la *Loi.*) *Voy.* FRAUDE et CONSEILS DE RÉVISION.

2. Lorsque les jeunes gens déférés aux tribunaux par les conseils de révision, en vertu de l'art. 41 de la loi, auront été condamnés, et par suite compris dans le contingent, MM. les préfets en donneront immédiatement avis à MM. les lieutenants généraux commandant les divisions militaires, en leur faisant connaître la peine que ces jeunes gens ont encourue, et l'époque à laquelle devra expirer cette peine.

3. Les lieutenants généraux prescriront les mesures nécessaires pour qu'à leur sortie de prison, les jeunes gens soient *sur-le-champ* dirigés sur la 2e compagnie de pionniers de discipline, à Béfort; ils rendront compte ensuite au ministre. (Bureau du recrutement et de la réserve, de l'exécution de ces mesures.) (*Instruct. du* 28 *juin* 1835, *Journ. milit.*, pag. 404.)

La même disposition est applicable aux jeunes soldats qui se seront rendus coupables du même délit dans l'intervalle de la clôture du contingent de leur canton à leur mise en activité. (Art. 41 de la *Loi.*) (*Voy.* Maréchal de camp, art. 50.)

4. Ceux qui n'ont point été déférés aux tribunaux, peuvent être poursuivis d'office par le ministère public.

Les jeunes gens prévenus de s'être rendus impropres au service militaire, mais qui n'auraient point été déférés aux tribunaux par les conseils de révision, conformément à l'art. 41 de la loi rapporté ci-dessus, peuvent être poursuivis d'office par le ministère public. (*Instruct. du* 25 *juin* 1834, *Journ. milit.*, pag. 369.)

5. Distinction à faire.

On ne peut déférer aux tribunaux les jeunes gens qui auraient *tenté de se soustraire au service militaire, au moyen d'infirmités simulées*, mais seulement ceux qui se seraient effectivement *rendus impropres au service, soit temporairement, soit d'une manière permanente.* (V. l'*Instruction du* 28 *juin* 1835, *Journ. milit.*, pag. 402.)

INSCRITS MARITIMES.

Doivent être considérés comme ayant satisfait à l'appel et comptés en déduction du contingent. *Voy.* DISPENSES, DISPENSÉS, art. 5.

INSOUMIS, INSOUMISSION.

1. Un jeune soldat ou un engagé volontaire en retard doit être immédiatement recherché.

Le jeune soldat, substituant, remplaçant ou engagé volontaire auquel un ordre de route aura été notifié ou qui aura reçu une feuille de route pour rejoindre un corps, et qui, sans en avoir obtenu l'autorisation, ne se présentera pas au jour fixé par cet ordre, au chef-lieu du département pour y être passé en revue, ou qui ne se sera pas mis en route pour rejoindre, sera immédiatement recherché.

A cet effet le commandant du dépôt de recrutement fera les diligences nécessaires pour assurer la prompte arrestation du jeune soldat ou de l'engagé volontaire en retard, en le signalant à la gendarmerie ainsi qu'aux autorités locales. (Art. 1er de l'*Instruct. du* 12 *octobre* 1832, *Journ. milit.* pag. 373.)

2. Peut être conduit à sa destination par la gendarmerie, s'il est arrêté ou s'il se représente avant l'expiration des délais; dans le cas contraire il est noté, signalé et poursuivi comme insoumis.

S'il est arrêté ou s'il se présente volontairement avant l'expiration du délai d'un mois fixé par le § 1er de l'art. 39 de la *Loi du* 21 *mars* 1832, il sera, s'il y a lieu, conduit à sa destination sous l'escorte de la gendarmerie.

Mais s'il a laissé passer ce délai, et si ce retard ne provient pas du cas de force majeure, prévu par le premier paragraphe de l'art. 39 de la loi, c'est-à-dire si le jeune soldat ou l'engagé volontaire n'est point entré dans un hôpital, ou n'est point retenu chez lui pour cause de maladie grave régulièrement constatée, il sera immédiatement noté, signalé et poursuivi comme prévenu d'insoumission, par le commandant du dépôt de recrutement. (Art. 2, *id.*)

Voir COMMANDANTS des dépôts de recrutement, RECHERCHE des insoumis, art. 52.

Le délai déterminé par les lois et réglements courra pour les jeunes soldats qui se trouveront hors du royaume, dans les proportions suivantes, à dater du jour de la notification faite à domicile, des lettres de mise en activité, savoir :

1° Après deux mois, pour ceux qui seraient sur le continent européen;

2° Après six mois, pour ceux qui seraient dans les colonies situées en deçà du cap de Bonne-Espérance;

3° Après un an, pour ceux qui seraient dans les colonies situées au delà du Cap.

Les dispositions ci-dessus ne seront pas appliquées aux jeunes soldats qui auraient quitté le royaume postérieurement au jour fixé pour le tirage; ceux-ci seront considérés comme présents dans le département. (Art. 1239 à 1243 du *Manuel.*)

3. Il n'y a point de prescription pour le délai d'insoumission.

L'insoumission constitue le jeune soldat en état permanent de culpabilité qui empêche la prescription de courir, puisque c'est un délit successif qui se renouvelle et se perpétue tant que l'insoumis n'a pas été arrêté, ou ne s'est pas représenté volontairement.

En effet, tant que la soumission à la loi de recrutement n'est pas opérée, la désobéissance ou l'état d'insoumission se prolonge, et tant que l'obligation de servir n'a pas reçu d'exécution, cette obligation subsiste et le service peut être exigé. (Art. 11, *id.*)

4. La libération de la classe ne profite pas à l'insoumis qui en fait partie.

De même, la circonstance de la délibération d'une classe ne profite pas aux jeunes soldats de cette classe qui n'ont pas satisfait à la loi. Les recherches ou poursuites contre ces hommes ne doivent pas être discontinuées. (Art. 12, *idem.*)

5. Les hommes en état d'insoumission ne peuvent se faire remplacer. (*Circulaire du* 29 avril 1838, *Journ. milit.*, page 277.)

Annotations relatives aux insoumis faites dans le département et non au corps. (Art. 15.) *V.* Conseils d'administration et Chefs de corps, art. 20.

6. Correspondance entre les divers fonctionnaires relativement aux insoumis.

Les sous-préfets et maires correspondront exactement avec les préfets, les commandants des brigades de gendarmerie avec le commandant de la gendarmerie du département, pour leur rendre compte de toutes les mutations parvenues à leur connaissance dans la position des jeunes soldats et engagés volontaires prévenus d'insoumission. (Art. 16, *id.*)

7. Préfets.

Correspondance entre les préfets, et ordres à donner par eux. (Art. 17 et 18, *id.*) *V.* Préfets, art. 55.

8. Maires.

Les maires doivent seconder la gendarmerie avec zèle, sous leur responsabilité et dans l'intérêt même des familles. (Art. 19, 20, 21 et 26, *id.*) *V.* Maires, art. 44.

Ils doivent surveiller les étrangers qui viennent s'établir dans le ressort de leur commune. (Art. 22, *id.*) *V.* Maires, art. 47.

Devoirs de la gendarmerie dans la poursuite des insoumis. (Art. 23, 24 et 25, *id.*) *V.* GENDARMERIE. 9. Gendarmerie.

Vérification à faire pendant la tournée des conseils de révision. (Art. 27 et 28, *id.*) *V.* COMMANDANTS des dépôts de recrutement, art. 12. 10. Commandants des dépôts de recrutement.

Si un grand nombre d'insoumis se trouvent réfugiés sur un même point, et si en raison des difficultés que pourraient offrir les localités, la gendarmerie se trouvait insuffisante, il y aurait lieu pour le commandant de cette arme, de solliciter auprès de l'officier général ou supérieur commandant le département, l'envoi d'un détachement de troupe de ligne. (Art. 29, *id.*) 11. Force armée auxiliaire en cas d'insuffisance de la gendarmerie.

Lorsqu'à défaut de gendarmerie, ou pour toute autre cause, les lieutenants généraux sont dans le cas d'employer la troupe de ligne à la recherche des insoumis, il convient de remarquer que les troupes, même hors des lignes d'étapes, ont droit d'être logées chez l'habitant pendant trois jours sans indemnités aucune, que, quand leur séjour excède ce temps, il y a lieu d'accorder aux particuliers ou aux communes une indemnité dont la quotité est déterminée par le réglement annexé à la loi du 23 mai 1792, et dont il est tenu compte, à la charge par eux de remplir les formalités prescrites pour constater leurs droits; mais, dans aucun cas, la subsistance de la troupe ne peut être à la charge des habitants; il doit y être pourvu au moyen des allocations déterminées par les réglements, suivant la position dans laquelle cette troupe se trouve. (Art. 30, *id.*) 12. Allocations et indemnités que l'emploi de cette force entraîne.

Des peines dont sont passibles les insoumis, ceux qui les recèlent ou qui favorisent la désobéissance à la loi du recrutement.

13. Peines qu'encourent les insoumis.

Aux termes de l'article 39 de la loi du 21 mars 1832, la peine à appliquer à un jeune soldat, ou engagé volontaire, déclaré coupable d'insoumission, ne pourra être moindre d'un mois, ni excéder une année. (Art. 31, *id.*)

14. Peines qu'encourent les personnes qui recèlent des insoumis.

Pour les peines qu'encourent les personnes qui recèlent un insoumis ou qui favorisent la désobéissance à la loi de recrutement. *Voy.* le mot Fraude et l'art. 40 de la loi.

15. Recommandation aux autorités civiles et militaires.

Il est recommandé aux autorités civiles et militaires, chacune dans les limites de leurs attributions, de faire poursuivre et livrer aux tribunaux toutes personnes qui se rendraient coupables de l'un des délits prévus par l'art. 40 de la loi. (Art. 34 *de l'Instruct. du* 12 *octobre* 1832, *Journ. milit.*, page 381.)

Arrestation ou présentation volontaire des insoumis.

16. Les insoumis arrêtés doivent être écroués à la prison militaire; avis à donner aux commandants des dépôts de recrutement.

Lorsqu'un insoumis aura été arrêté ou se sera représenté volontairement, il sera conduit, sous escorte, à la prison militaire du lieu où siége le conseil de guerre permanent dans laquelle l'arrestation ou la présentation volontaire aura eu lieu. M. le lieutenant général commandant cette division donnera des ordres pour qu'il y soit écroué, et en informera immédiatement le commandant du dépôt de recrutement du département auquel l'insoumis appartient (Art. 35, *id.*) *V.* LIEUTENANT GÉNÉRAL.

Examen que doit faire le commandant du dépôt de recrutement avant de porter plainte. (Art. 37, *id.*) *V.* COMMANDANTS des dépôts de recrutement, art. 54 et 55. 17.

Pièces qui doivent être jointes à la plainte. (Art. 38, *id.*) V. *idem*, art. 65. 18.

Envoi du signalement constatant la rentrée de l'insoumis. (Art. 39, *id.*) V. *idem*, art 64. 19.

Suite à donner à la plainte portée contre l'insoumis. (Art. 40, *id.*) *Voy.* LIEUTENANT GÉNÉRAL, art. 14.

Destination à donner à un individu qui aurait été arrêté, ou qui se serait représenté comme insoumis, et qui ne serait pas reconnu comme tel. (Art. 41, *id.*) *V.* LIEUTENANT GÉNÉRAL, art. 16. 20.

Compte mensuel de l'officier général commandant le département. (Art. 42, *id.*) *V.* MARÉCHAL DE CAMP, art. 74. 21.

Surveillance des lieutenants généraux pour le renvoi des contrôles signalétiques et des actes d'engagement concernant les jeunes soldats ou engagés volontaires qui n'ont pas paru aux corps qui leur étaient assignés. (Art. 43, *id.*) *V.* LIEUTENANT GÉNÉRAL. 22.

Radiation des contrôles des jeunes soldats ou engagés volontaires qui seraient reconnus pour ne devoir pas y figurer. (Art. 44, *id.*) *V.* COMMANDANTS des dépôts de recrutement, art. 72. 23

Comptes à rendre au Ministre.

24. *Par les lieutenants généraux. V.* LIEUTENANT GÉNÉRAL.

Par les préfets. V. PRÉFETS, art. 56.

25. *Par les commandants des dépôts de recrutement. V.* COMMANDANTS des dépôts de recrutement, art. 73.

INSPECTEURS GÉNÉRAUX ET INSPECTIONS.

1. Se feront présenter les jeunes soldats récemment arrivés au drapeau.

Les inspecteurs généraux d'armes se feront présenter les jeunes soldats appelés, récemment arrivés sous les drapeaux, et examineront la taille et la conformation de chaque homme, pour juger de son aptitude au service de l'arme à laquelle il appartient, et faire d'après cet examen les rapports ou propositions qu'ils croiront dans l'intérêt du service.

2. Les remplaçants admis par les conseils de révision et ceux admis par les corps.

Les remplaçants seront divisés en deux classes, ceux qui ont été admis par les conseils de révision, et ceux qui l'ont été par le corps. Ils seront examinés sous les mêmes rapports que les jeunes soldats, et en outre, pour ceux qui ont été admis par le corps, l'inspecteur général se fera représenter l'autorisation en vertu de laquelle ils ont été reçus.

Il examinera si les dispositions des instructions en vigueur, sur les conditions à exiger pour les remplacements dans les corps, ont été exactement suivies, notamment si, à l'égard des remplaçants qui étaient militaires libérés ou qui n'avaient pas servi, on a eu soin d'exiger :

1° Les certificats de bonne conduite prescrits par les articles 20 et 21 de la *Loi du* 21 *mars* 1832, et par les nos 89 à 100 de la *Circulaire du* 30 *mars* de la même année;

2° De la déclaration voulue par les nos 79 et 81 de la même circulaire.

Engagés volontaires.

3. Les engagés volontaires.

L'inspecteur général vérifiera si les engagés volontaires ont l'âge requis, si leur engagement a été légalement contracté, et si l'on s'est conformé aux instructions données à ce sujet. (*Instr. du* 24 *juin* 1834 pour les revues d'inspection, *Journ. milit.*, page 269.) Dispositions rappelées dans les instructions postérieures.

4. Renverra dans leurs foyers les remplaçants reconnus impropres au service.

S'il se trouvait des remplaçants qui lui parussent incapables de faire un bon service, l'inspecteur général les ferait rayer des contrôles, et ferait dresser par le sous-intendant militaire, un procès-verbal de son opération, à l'effet de constater pour quels motifs il a prononcé la réforme ou le renvoi, et si l'inaptitude des hommes provient de causes antérieures ou postérieures à leur admission au corps, et dans le premier cas, à quoi on doit imputer la faute de cette admission. (N° 1337 de l'ancien *Manuel.*)

5. Rendra compte au Ministre de ce renvoi.

Ce procès-verbal sera adressé au ministre de la guerre, mais le remplacement admis dans les formes prescrites par la loi et les instructions en vigueur, sera toujours considéré comme définitif, et le remplacé ne pourra être tenu à aucune responsabilité pour le fait du renvoi de son remplaçant par suite de réforme, à moins qu'il n'y eût eu fraude lors de l'admission, et que les formes prescrites n'aient pas été suivies, auquel cas il en sera fait mention au procès-verbal envoyé au ministre. (Nos 1338 et 1339 de l'ancien *Manuel.*)

6. On remettra au remplaçant, en le renvoyant, une copie de la décision de l'inspecteur général et une feuille de route.

Le remplaçant que l'inspecteur général aura jugé impropre au service, sera renvoyé dans ses foyers. A cet effet, il lui sera remis une copie de la décision de l'inspecteur général, laquelle sera écrite au dos de l'expédition de l'acte de remplacement; 2° une feuille de route portant indemnité jusqu'à sa destination. (N° 1340 de l'ancien *Manuel.*)

7. On suivra la même marche à l'égard des engagés volontaires et rengagés.

La même marche sera suivie à l'égard des engagés volontaires et rengagés reconnus impropres au service. (*Instruct. du* 24 *juin* 1832, *Journ. milit.*, page 269.)

INSPECTION dans la réserve. *Voy.* Réserve.

INSTRUCTION PUBLIQUE (Membres de l').

Seront portés comme dispensés, s'ils sont compris dans le contingent par leur numéro de tirage;

1. Elèves, membres de l'instruction publique sont dispensés.

Les élèves qui étant membres de l'instruction publique auraient contracté, avant l'époque déterminée pour le tirage au sort et devant le conseil de l'université, l'engagement de se vouer à la carrière de l'enseignement.

2. Même disposition pour les élèves de l'école normale de Paris, et pour les professeurs des institutions des sourds et muets.

La même disposition est applicable aux élèves de l'école normale, centrale de Paris, à ceux de l'école dite *jeunes de langue* et aux professeurs des institutions royales des sourds et muets. (Art. 14 de la Loi.) *V.* Dispenses, Dispensés, art. 13.

3. Pièces à produire devant le conseil de révision.

La dispense sera prononcée en faveur des jeunes gens ci-dessus indiqués sur le vu d'un certificat constatant l'acceptation par le conseil de l'Université, de l'engagement de se vouer à la carrière de l'enseignement, contracté par eux devant ledit conseil, et avant l'époque déterminée pour le tirage au sort, plus un certificat de présence à l'école, pour les élèves de l'école dite *jeunes de langue.* Ils produiront un certificat délivré par le ministre des affaires étrangères. *Voy.* DISPENSES, DISPENSÉS, ÉCOLES.

INSTRUCTION des jeunes soldats.

1. Mesures à prendre par les sous-préfets pour connaître l'instruction des jeunes soldats.

La *Circulaire du 27 mai* 1828, pag. 6, indique les mesures à prendre par les sous-préfets lors du tirage au sort, pour s'assurer de l'instruction des jeunes gens soumis à ce tirage. *V*, MAIRES, art. 9.

2. Idem pour les maires.

La circulaire du 13 mai 1837, en rappelant les dispositions de la circulaire précitée, invite MM. les maires des communes, lors de la formation des tableaux de recrutement, à se faire fournir des détails de même nature, qui seraient inscrits en regard de chaque nom sur une expédition de ces tableaux. *V.* MAIRES, art. 9.

3. Ces indications reportées sur les registres-matricules et les contrôles signalétiques.

Enfin, MM. les commandants des dépôts de recrutement doivent avoir soin dans la colonne 2 du registre-matricule, de rappeler au moyen du procédé abréviatif indiqué, le degré d'instruction des jeunes soldats; ces mêmes signes seront reportés sur les contrôles signalétiques qui seront envoyés aux corps. *V.* COMMANDANTS des dépôts de recrutement, art. 25.

INTENDANTS MILITAIRES.

1. Les intendants militaires indiquent à l'avance aux préfets,

Les intendants militaires divisionnaires indiqueront à l'avance à MM. les préfets tous les officiers de santé des hôpitaux militaires et des corps qui se

les officiers de santé qui se trouvent à leur disposition.

trouveraient à leur disposition, pour assister les conseils de révision. Toutefois ils auront soin, si la chose est possible, de ne pas désigner pour un département l'officier de santé qui, l'année précédente, aurait suivi le conseil de révision dans ce même département; ils rappelleront aussi à ces officiers qu'ils doivent s'abstenir de visiter les jeunes gens de la classe appelée ou ceux qui se proposent pour remplaçants avant que ces individus aient comparu devant le conseil de révision. (*Circul. du 29 janvier* 1830, page 18.)

2. Ils exigent que les fonctionnaires sous leurs ordres fournissent aux commandants des dépôts de recrutement tous les renseignements dont ils auraient connaissance sur les jeunes soldats.

Les commandants des dépôts de recrutement étant personnellement responsables de la régularité des écritures auxquelles donneront lieu tous les déplacements et mutations qui surviennent parmi les jeunes soldats, MM. les intendants militaires exigeront que les fonctionnaires, placés sous leurs ordres, communiquent aux commandants des dépôts de recrutement tous les renseignements dont ils auraient connaissance. (N° 1028 de l'ancien *Manuel.*)

L'art. 35 de la loi du 21 mars 1832 porte que l'état sommaire des engagements volontaires de l'année précédente sera communiqué aux Chambres, lors de la présentation de la loi du contingent annuel.

3. Adressent au Ministre des états numériques des engagements volontaires reçus chaque mois dans les départements de leur division.

Pour mettre le ministre de la guerre en mesure de se conformer aux dispositions de cet article, MM. les intendants militaires auront le plus grand soin d'adresser régulièrement au ministre les états numériques des engagements volontaires reçus dans le cours de chaque mois dans les départements de leurs divisions. (Art. 164 de l'*Instruction du 30 mars* 1832, *Journ. milit.*, page 243.)

D'après la *Circulaire du* 23 *avril* 1836, *Journ. milit.*, page 297, ces états numériques ne seront plus adressés au ministre par MM. les intendants militaires, qu'une fois par an, du 1er au 20 janvier au plus tard.

Les frais d'acte d'engagement pour la marine doivent être distincts de ceux de l'armée de terre. (Voir pour plus amples explications la *Circulaire du* 4 *juillet* 1834, *Journ. milit.*, page 3.)

4. Frais d'acte d'engagement pour la marine, distincts de ceux pour l'armée de terre.

Le paiement des dépenses de recrutement se fait soit au moyen d'ordonnances directes au nom des préfets, soit par les soins des intendants militaires. (N° 1611 de l'ancien *Manuel.*)

5. Font payer les dépenses de recrutement.

Les intendants militaires sont aussi chargés de faire acquitter les indemnités dues aux sous-intendants militaires et celles des commandants des dépôts de recrutement, mais seulement après qu'ils auront reçu l'autorisation. (N° 1618 de l'ancien *Manuel.*)

6. Ainsi que les indemnités dues aux sous-intendants militaires aux capitaines de recrutement.

Ils font aussi acquitter les suppléments et compléments de solde accordés aux officiers et sous-officiers en non activité appelés en cas de besoin à suppléer aux officiers et sous-officiers de recrutement dans la conduite des jeunes soldats ou dans tout autre service du recrutement. (N° 1619, *id.*)

7. Les suppléments de solde aux officiers et sous-officiers en non-activité employés à la conduite des jeunes soldats.

C'est seulement après l'avis que les intendants militaires auront reçu de la liquidation des indemnités ou frais qu'ils peuvent opérer le paiement des sommes allouées dont le montant leur aura été notifié. (N° 1627, *id.*)

8. Après avis de liquidation

9. Envoi chaque mois d'un bordereau des mandats délivrés par eux dans le mois précédent pour le service du recrutement.

Les intendants doivent adresser au commencement de chaque mois (bureau du recrutement) un bordereau des mandats qu'ils auront délivrés; ils font payer le mois précédent, sur les crédits qui leur auront été ouverts pour le service du recrutement. (N° 1628, *id.*)

INVALIDES.

1. Les militaires admis aux invalides exemptent leurs frères.

Les frères des sous-officiers et soldats admis à la retraite ou à l'Hôtel-des-Invalides doivent jouir de l'exemption, parce qu'il y a lieu de penser que les militaires qui ont des frères dans les classes appelées n'ont pu obtenir la retraite ou l'admission aux Invalides que par suite de blessures ou d'infirmités. (N° 577 de l'ancien *Manuel*.)

ITINÉRAIRE des conseils de révision. *Voyez* PRÉFETS, art. 6; et TOURNÉE DES CONSEILS, art. 2.

J.

JEUNES GENS autorisés à continuer leurs études, soit comme élèves de l'instruction publique, soit comme élèves ecclésiastiques, etc. *Voy.* DISPENSES, DISPENSÉS, art. 16.

JEUNES GENS qui ont remporté les grands prix de l'Institut ou de l'Université. *V.* DISPENSES, DISPENSÉS, art. 22.

JEUNES GENS frères de militaires en activité de service, ou morts sous les drapeaux. *Voy.* FRÈRE et EXEMPTÉS, EXEMPTIONS, art. 15 et 42.

JEUNES SOLDATS.

1. Les jeunes gens compris définitive-

Dès que les jeunes gens qui, d'après leurs numéros de tirage ont été appelés à faire partie du

mentdans le contingent de leur classe sont : *jeunes soldats.*

contingent d'une classe, ont été examinés par le conseil de révision et admis définitivement dans le contingent par ledit conseil, ils sont *jeunes soldats.*

2. Font partie de la réserve.

Ils rentrent dans leurs foyers pour y attendre leur appel à l'activité, mais dès-lors ils sont compris dans la réserve de leur département, et soumis aux diverses obligations qui résultent de leur nouvelle position.

3. Ne peuvent ni s'absenter, ni se marier sans en avoir obtenu la permission.

Ils ne peuvent ni s'absenter de leur domicile, ni changer de résidence, ni se marier sans en avoir obtenu l'autorisation. (*Voy.* les mots ABSENCE, permission d', pour les jeunes soldats; COMMANDANTS des dépôts de recrutement, art. 83 et 87, et MARIAGE.)

4. Sont sous les ordres de l'autorité militaire.

Enfin ils sont sous les ordres de l'autorité militaire et soumis à toutes les mesures de police et de surveillance relatives à la réserve. (Art. 41 de l'*Instruction du* 16 *novembre* 1833.

5. Sont répartis entre le, corps de l'armée.

Les jeunes gens définitivement compris dans le contingent ou ceux qui ont été admis à les remplacer seront, aussitôt après la clôture des opérations du conseil de révision, répartis entre les corps de l'armée et inscrits sur les registres-matricules des corps pour lesquels ils seront désignés. *Voy.* MARÉCHAL DE CAMP, art. 11.

6. Et divisés en deux classes.

Néanmoins ils seront, d'après l'ordre de leurs numéros et les proportions déterminées par les lois annuelles du contingent, divisés en deux classes, composées : la première, de ceux qui devront être mis en activité, et la seconde, de ceux qui seront laissés dans leurs foyers.

7. Les jeunes soldats de la seconde classe ne peuvent être mis en activité que par ordonnance royale.

Les jeunes soldats compris dans la seconde classe ne pourront être mis en activité qu'en vertu d'une ordonnance royale. (Art. 29 de la Loi.)

8. Durée des services.

La durée du service des jeunes soldats appelés sera de sept ans, qui compteront du 1er janvier de l'année où ils auront été inscrits sur les registres-matricules des corps de l'armée. (Art. 30, *id.*)

9. Peuvent se faire remplacer jusqu'au moment de l'appel à l'activité. Observations à cet égard.

Tout jeune soldat compris *définitivement* dans le contingent de son canton peut se faire remplacer et user de cette faculté jusqu'au moment de l'appel à l'activité; mais il est une observation importante à faire, c'est que, lorsqu'il n'a pas été inscrit sur les registres-matricules d'un corps, conformément à l'art. 29 de la loi, il pourra présenter un remplaçant n'ayant que le minimum de la taille exigée par la loi (un mètre cinquante-six centimètres), tandis que s'il est déjà immatriculé, le remplaçant qu'il présentera devra avoir la taille et l'aptitude fixée pour l'arme et le corps auquel le jeune soldat aura été affecté. En effet, aux termes de l'art. 29 déjà cité, le jeune soldat a reçu une destination; il appartient à un corps, et il ne peut plus s'y faire remplacer que par un homme ayant au moins le minimum de la taille exigée pour ce corps. (Art. 83 de l'*Instruction du* 30 *mars* 1832, *Journ. milit.*, page 226.) *V.* REMPLAÇANTS, art. 16.

10. Surveillance à laquelle sont soumis les jeunes soldats dans la réserve.

Ainsi que nous l'avons dit plus haut, les jeunes soldats laissés dans leurs foyers, qui n'ont pas passé au drapeau, font partie de la réserve, et sous les ordres et la surveillance des officiers généraux commandant les divisions et subdivisions militaires. Toutefois cette surveillance sera exercée sans préjudice de celle que les lois en vigueur attribuent aux fonctionnaires civils, et sans déroger aux dispositions de la loi du 21 mars 1832, relatives aux jeunes soldats laissés dans leurs foyers. (Art. 42 de l'*Instruction du* 16 *novembre* 1833.)

11. Seront soumis aux tribunaux ordinaires en cas d'infractions prévues par les lois civiles.

Ils sont soumis aux tribunaux ordinaires s'ils se rendent coupables d'infractions prévues par les lois civiles. (Art. 91, *id.*)

12. Sont passibles des conseils de guerre lorsqu'ils ne rejoignent pas.

Ces jeunes soldats sont toutefois passibles des conseils de guerre, aux termes de l'art. 39 de la loi du 21 mars 1832, s'ils ne rejoignent pas la destination qui leur est assignée, dans le délai prescrit, car alors ils sont *insoumis*. *V*. INSOUMIS, art. 2.

13. Peines de discipline.

Enfin ils peuvent être punis d'une peine de discipline, s'ils ne se conforment pas aux ordres qui leur seront donnés, en exécution du dernier paragraphe de l'art. 30 de la loi du 21 mars 1832. (Art. 91, *id.*)

Cette peine sera infligée par le général commandant le département, et sera selon le cas d'un emprisonnement de trois jours, augmenté jusqu'à six en cas de récidive. (Art. 92, *id.*)

14. Ne sont pas soumis aux mêmes peines de discipline que les militaires en congé illimité.

Les jeunes soldats, bien que réunis pour les revues périodiques ou des exercices militaires, ne seront point soumis aux mesures de discipline prescrites dans ce cas pour les militaires envoyés en congé illimité, car ils ne sont pas passés au drapeau. (Art. 93, *id.*)

15. Reçoivent à l'expiration du temps de service imposé par la loi un congé définitif par les

Tout jeune soldat immatriculé laissé dans ses foyers, qui, à l'expiration du temps de service imposé par la loi, n'aura pas été appelé à l'activité, recevra un congé définitif conforme au modèle n° 17

soins du commandant du dépôt de recrutement.

annexé à l'*Instruction du* 16 *novembre* 1833. (Art. 148 *id.*)

Ce congé lui sera délivré par les soins du commandant du dépôt de recrutement du département. (*Circulaire du* 12 *mars* 1834.) *V.* COMMANDANTS des dépôts de recrutement, art. 115.

16. Reçoivent dans les corps l'instruction prescrite pour les écoles primaires.

Les jeunes soldats appelés au service en exécution de la loi du 21 mars 1832, recevront dans le corps auquel ils seront attachés et autant que le service militaire le permettra, l'instruction prescrite pour les écoles primaires. (Art. 47 de la loi.)

17. Les jeunes soldats qui lors de l'appel à l'activité sont mutilés, seront déférés aux tribunaux.

Les jeunes soldats laissés dans leurs foyers et qui, au moment de leur appel à l'activité seraient reconnus affectés de mutilations ou d'infirmités soupçonnées volontaires, qui les rendraient impropres au service, seront déférés aux tribunaux. *V.* INFIRMITÉS VOLONTAIRES, et MARÉCHAL DE CAMP, art. 50.

18. Peuvent obtenir des sursis de départ s'ils sont présents à la revue.

Les jeunes soldats qui, au moment de l'appel à l'activité, auraient besoin d'un *sursis de départ* pour régler des affaires d'intérêt ou de famille, ou pour rétablir leur santé, en feront la demande à la revue passée par le maréchal de camp; mais la première condition exigée pour obtenir cette faveur est d'être *présens à la revue.*

19. Cas où ils sont malades chez eux.

Ceux auxquels une maladie ou des infirmités ne permettront point de se rendre à la revue, seront tenus de justifier des motifs qui les ont empêchés d'obéir à leur ordre de route, s'ils ne veulent point être déclarés prévenus d'insoumission et poursuivis comme tels. Ils devront faire présenter leur *ordre de route*, et produire, avec une déclaration des gens de l'art un certificat du maire de leur commune, visé par le sous-préfet de l'arrondissement, attestant l'impossibilité où ils sont de se rendre au chef-lieu du département. (Art. 77 et 80 de l'*Instruction du 4 juillet* 1832, *Journ. milit.*, pages 53 et 54.) *V.* MARÉCHAL DE CAMP, art. 48, et SURSIS de départ.

20. Peuvent devancer l'appel.

Les jeunes soldats laissés dans leurs foyers en attendant leur appel à l'activité peuvent être admis à devancer l'appel, mais aux conditions et avec les restrictions prescrites par les réglements en vigueur. *V.* DEVANCEMENT d'appel, art. 1 et 2.

JOURNAL MILITAIRE.

Le Journal militaire contient les lois, ordonnances, réglements, instructions, tarifs, modèles d'états, décisions, circulaires, et enfin tous les actes d'un intérêt général, concernant le département de la guerre. Il contient de plus toutes les nominations et promotions à des grades qui ont lieu dans l'armée.

1. Envoyé *gratuitement* aux fonctionnaires militaires ci-après désignés.

A partir du 1er janvier 1831 l'envoi du Journal militaire sera fait *gratuitement* aux officiers et fonctionnaires militaires dont notre ministre secrétaire d'État au département de la guerre, aura arrêté la liste. (*Ordonnance du* 31 *décembre* 1830, *Journal milit. du 1er semestre* 1831, pag. 4.)

Conformément à l'ordonnance du Roi précitée, le ministre secrétaire d'état de la guerre a arrêté ainsi qu'il suit, la liste de MM. les officiers, fonctionnaires et agents de ce département auxquels l'envoi de ce recueil sera fait gratuitement à partir du 1er janvier 1831.

SAVOIR :

MM.

2. Les maréchaux de France,

3. Le gouverneur de l'Hôtel royal des Invalides,

4. Les généraux commandant en chef une armée ou corps d'armée,

5. Les lieutenants généraux et maréchaux de camp commandant les divisions et subdivisions militaires,

6. Les lieutenants généraux et maréchaux de camp employés aux armées,

7. Les intendants, sous-intendants militaires et adjoints employés dans les divisions de l'intérieur ou aux armées,

8. Les commandants de place de 1re, 2e et 3e classe, les directeurs d'artillerie, de manufactures d'armes, les sous-inspecteurs des forges, fonderies, et les inspecteurs des poudreries et raffineries,

9. Les directeurs des fortifications et de l'arsenal du génie,

10. Les commandants des dépôts de recrutement,

Les conseils d'administration

11. De l'école polytechnique,

12. De l'école d'application du corps d'état-major,

13. De l'école militaire,

14. De l'école de cavalerie,

15. De l'école d'application d'artillerie et du génie,

16. Des écoles d'artillerie,

17. De l'Hôtel des Invalides et de la succursale, — des parcs de construction des équipages militaires,

18. Des régiments d'infanterie de ligne et d'infante-

rie légère (deux exemplaires à chaque régiment),

Des régiments de cavalerie, 19.

Des régiments d'artillerie, 20.

Du bataillon de pontonniers, 21.

Des compagnies d'ouvriers d'artillerie, 22.

Des escadrons des parcs d'artillerie, 23.

Des régiments du génie, 24.

De la compagnie d'ouvriers du génie, 25.

De la compagnie du train du génie, 26.

Du corps du train des équipages militaires, 27.

Des compagnies d'ouvriers des équipages militaires, 28.

Des compagnies de sous-officiers de fusiliers et de canonniers sédentaires, 29.

Des compagnies de vétérans, 30.

Des compagnies de discipline, 31.

Du bataillon temporaire d'ouvriers d'administration, 32.

Des compagnies de gendarmerie départementale et des arrondissements maritimes,

Du bataillon des voltigeurs corses. (*Circulaire du* 16 *janvier* 1831, *Journ. milit.*, pag. 5.)

33. Recommandation aux fonctionnaires militaires qui reçoivent le Journal militaire.

Les officiers généraux et autres fonctionnaires auxquels le Journal militaire est adressé, doivent porter leur attention sur les lois, ordonnances, circulaires et autres actes qu'il renferme, et se pénétrer de leurs dispositions ; car elles doivent être la règle habituelle de leur conduite.

34. L'insertion au Journal militaire tient lieu de notification.

L'insertion au Journal militaire d'une décision quelconque de l'autorité, tiendra lieu désormais de notification pour tout fonctionnaire à qui son exécution est attribuée par les réglements ; il devient dès ce moment responsable de cette exécution. (*Circulaire du* 25 *janvier* 1831, *Journ. milit.*, pag. 21.)

35. Réclamation de numéros non parvenus ; délais.

Nota. Les réclamations ayant pour objet l'envoi de numéros du Journal militaire non parvenus, doivent être adressés au ministre (bureau de la correspondance générale et des lois et archives), aussitôt qu'il y a interruption dans la série des numéros reçus. On ne fera pas droit à celles qui, sans motifs légitimes, seraient faites après le délai d'un mois. (*Circulaire du* 16 *janvier* 1831, *Journ. milit.*, pag. 5.)

L.

LÉGION ÉTRANGÈRE.

La légion étrangère créée par ordonnance royale du 10 mars 1831, est destinée à recevoir les étrangers qui désirent entrer au service de France, mais elle ne peut être employée que hors du territoire continental du royaume.

1. Pour être reçu dans la légion étrangère, il ne faut pas être âgé de plus de 40 ans, et de moins de 18.

Pour être reçu à s'y engager, les étrangers devront n'avoir pas plus de quarante ans, et avoir au moins dix-huit ans accomplis et la taille d'un mètre *cinquante-cinq* centimètres.

Ils devront en outre être porteurs :

2. Pièces dont doivent être porteurs les étrangers.

1° De leur acte de naissance ou de toute autre pièce équivalente ;

2° D'un certificat de bonnes vie et mœurs;

3° D'un certificat d'acceptation de l'autorité militaire, constatant qu'ils ont les qualités requises pour faire un bon service.

En l'absence des deux premières pièces indiquées ci-dessus, l'étranger sera renvoyé par-devant l'officier général commandant, qui décidera si l'engagement peut être reçu. 3. En l'absence de ces pièces en référer au maréchal de camp.

L'étranger contractera un engagement volontaire devant le sous-intendant militaire. 4. Contracte un engagement devant le sous-intendant militaire.

La durée de l'engagement sera de trois ans au moins, et de cinq ans au plus. (*Ordonnance du* 10 *mars* 1831, *Journ. milit.*, page 276.) 5. Durée de l'engagement.

Cette légion étant passée au service d'Espagne, les engagements volontaires ont été indéfiniment suspendus; et par ordonnance du 29 juin 1835, cette légion a cessé de faire partie de l'armée française. (*Journ. milit.*, page 252.) 6. Cette légion a cessé de faire partie de l'armée française.

Une nouvelle ordonnance du 16 décembre 1835 a prescrit la formation d'une nouvelle légion étrangère, et en conséquence les dispositions de l'ordonnance du 10 mars 1831 précitée, ont été remises en vigueur. (*Journ. milit.*, 2e semestre 1835, page 367.) 7. Ordonnance créant une nouvelle légion étrangère.

LEVÉE.

On entend par *levée*, l'appel annuel d'une classe en vertu d'une loi votée par les Chambres. (*V.* APPELS, *et les art.* 1 *et* 4 *de la loi du* 21 *mars* 1832.). 1. Définition.

LIBÉRATION.

Le 31 décembre de chaque année, en temps de paix, les soldats qui auront achevé leur temps de service, recevront leur congé définitif.

Ils le recevront en temps de guerre immédiatement après l'arrivée au corps du contingent destiné à les remplacer. (Art. 30 *de la loi du* 21 *mars* 1832.) 1. Epoque de la libération.

Les militaires présents sous les drapeaux au mo-

2. Militaires présents au drapeau.

ment où ils auront droit à leur libération, recevront leurs congés définitifs par les soins des conseils d'administration de leur corps. *V.* CONSEILS D'ADMINISTRATION.

3. Jeunes soldats et militaires dans la réserve.

Les jeunes soldats et les militaires en congé illimité ou en congé d'un an, qui atteindront dans la réserve l'époque de leur libération, y recevront leur congé définitif. Ces congés seront libellés au nom des commandants des dépôts de recrutement, et délivrés par leurs soins. (*Circulaire du* 12 *mars* 1834, *Journ. milit.*, page 68.) *V.* CONGÉS de libération, COMMANDANTS des dépôts de recrutement, art. 114 et suivants, et RÉSERVE, revues d'inspection, art. 31.

LICENCIEMENT.

Le licenciement d'un corps de troupes peut avoir lieu par ordonnance royale.

Il consiste à dissoudre le corps licencié, et à renvoyer dans leurs foyers ou à incorporer dans d'autres corps, les officiers, sous-officiers et soldats qui en font partie.

Des instructions spéciales indiquent alors la marche à suivre pour procéder à cette opération, dont l'exécution est ordinairement confiée à des officiers généraux.

LIEUTENANTS GÉNÉRAUX commandant les divisions militaires.

1. Soin que doivent avoir MM. les lieutenants généraux avant les opérations relatives à l'appel d'une classe.

Les lieutenants généraux commandant les divisions militaires doivent, avant les opérations relatives à l'appel d'une classe, faire mettre à l'ordre des régiments ou des corps de troupes stationnés dans l'étendue de leur commandement, « que les militaires « qui ont un frère susceptible d'être appelé à faire

« partie du contingent de la classe appelée, sont in-« vités à réclamer un certificat de présence au corps « afin de le transmettre immédiatement à leur fa-« mille. » Ils recommanderont en même temps aux conseils d'administration des corps de faire droit sans délai à ces sortes de demandes. (*Circulaire du* 21 *mai* 1832, *Journ. milit.*, page 430.)

Les lieutenants généraux désigneront à l'avance, au nom du ministre de la guerre, pour les départements de leur division où il n'y aurait pas de commandant titulaire, ou pour ceux dans lesquels, par des motifs de service ou de santé le maréchal de camp ne pourrait faire partie du conseil de révision, l'officier supérieur qui devra remplacer cet officier général. Cet officier supérieur sera pris de préférence parmi ceux en activité de service dans la division; il n'y aurait lieu de déroger à cette règle qu'autant qu'il n'existerait, dans l'étendue de la division, aucun officier supérieur en activité susceptible d'être désigné. Dans ce cas, il en sera rendu compte au ministre immédiatement par le lieutenant général commandant la division. (*Circulaires des* 21 *mai* 1832, *Journ. milit.*, page 422, et 14 *août* 1834, *Journ. militaire*, page 84.) *Voy.* OFFICIERS SUPÉRIEURS, art. 2. 2.

2. Désigneront à l'avance les officiers supérieurs qui devront remplacer les maréchaux de camp.

Lors de la réception d'un ordre du ministre de la guerre pour la mise en route des jeunes soldats disponibles, les lieutenants généraux prennent les dispositions nécessaires pour que les *ordres de route* soient transmis sans délai aux jeunes soldats qui font partie du corps dont le contingent est appelé sous 3.

3. Veilleront à la transmission des ordres de route aux jeunes soldats appelés à l'activité.

les drapeaux. (Art. 47 *de l'Instruct. du 4 juillet* 1832, *Journ. milit.*, page 48.)

4. Jeunes soldats qui au moment de l'appel à l'activité seraient atteints de mutilations ou d'infirmités soupçonnées volontaires.

Les jeunes soldats qui, au moment de leur mise en activité, se présenteraient affectés d'infirmités ou de mutilations présumées volontaires, seront examinés par le maréchal de camp, qui en rendra compte au lieutenant général commandant la division. Ce dernier, au lieu et place du conseil de révision, déférera le prévenu aux tribunaux, ou lui fera délivrer *un congé de renvoi* pour rester dans ses foyers. (Art. 178 *de l'Instruct. du* 30 *mars* 1832, *Journ. milit.*, page 245.)

5. Le lieutenant général informe le ministre des jugements rendus.

Le ministre de la guerre, informé par le lieutenant général du résultat des jugements rendus contre ces jeunes soldats, statuera sur la destination qui devra être affectée aux condamnés que les tribunaux auront mis à sa disposition. (Art. 179 *id.*)

6. Les seconds sursis de départ ne peuvent être accordés que par le lieutenant général.

Les maréchaux de camp commandant les subdivisions, ne peuvent accorder un second sursis de départ au même jeune soldat sans l'autorisation du lieutenant général commandant la division; et le lieutenant général ne peut consentir à ce qu'il soit délivré un second sursis de départ que pour cause de maladie, d'infirmités ou tout autre motif grave. (Art. 85 *de l'Instruct. du 4 juillet* 1832, *Journ. milit.*, page 55.)

7. Réclamation pour l'exemption ou la dispense.

Toute réclamation d'un jeune soldat au moment de l'appel à l'activité, qui aurait pour objet de faire valoir des droits à l'exemption ou au bénéfice de l'art. 14 de la loi, ne peut donner lieu de suspendre le départ d'un jeune soldat, par la raison que les décisions des conseils de révision sont définitives aux termes de la loi, et par conséquent irrévocables. Mais rien ne s'oppose à ce que l'officier général ou supérieur accueille la réclamation du jeune soldat qui paraîtrait lésé dans ses droits. Dans ce cas, et après avoir pris l'avis du préfet, il transmet les pièces au lieutenant général, qui en réfère au ministre s'il y a lieu. (Art. 88, *id.*)

8. Changement de destination pour un corps qui ne se recrute pas dans le département.

Tout changement de destination pour *un corps qui ne se recrute pas dans le département*, ne peut être opéré sans le consentement du lieutenant général commandant la division, qui autorise s'il y a lieu, le changement sollicité au nom du ministre de la guerre. (Art. 90, *idem.*)

Les changements de destination de cette nature ne seront autorisés par le lieutenant général que sous les conditions suivantes :

9. Conditions à observer dans ce cas.

1° Lorsque les motifs de la demande seront fondés sur un intérêt réel ;

2° Lorsque le jeune soldat aura toutes les qualités requises pour être admis dans l'arme et dans le corps dont il désire faire partie ;

3° Lorsque le changement de destination *ne fera pas déficit dans le contingent que le département doit fournir aux armes spéciales.* (Art. 91, *idem.*)

10. Nombre de changements de destination qui peuvent être autorisés pour un corps.

Comme les changements de destination, s'ils se multipliaient pour un même corps, pourraient y occasionner un excédant qu'il importe de prévenir ; les changements de destination autorisés par les lieutenants généraux commandant les divisions, ne seront jamais accordés *dans l'étendue de la division, qu'au nombre de cinq pour un même corps.* (Art. 92, *idem.*)

11. Observations au sujet des changements de destination.

Autant les lieutenants généraux se prêteront aux changements de destination qui donneraient de bonnes recrues aux armes spéciales, autant ils veilleront à ce qu'elles ne soient point privées des ressources que leur assure la répartition du contingent. De même ils observeront qu'aucun changement de destination ne pourra sous aucun prétexte quelconque être permis pour les hommes affectés au recrutement de l'armée de mer, à moins d'une permutation consentie par deux jeunes soldats du même contingent et réunissant les mêmes conditions d'aptitude. (Art. 93, *idem.*) *Voy.* DESTINATION (changement de), art. 4.

Aux termes de l'*Instruction du 4 juillet* 1832, n° 120, et de la *Circulaire du 7 juillet* 1833, des congés d'un an dans la proportion de cinq sur mille hommes, ou un pour deux cents pouvaient être accordés aux jeunes soldats reconnus être les soutiens indispensables de leur famille.

12. Jeunes soldats maintenus dans leurs foyers comme soutiens de leur famille.

Depuis lors est intervenue la *Circulaire du 24 février* 1834, *Journ. milit.*, pag. 47, d'après laquelle il ne doit plus être accordé de congé d'un an, mais comme le principe en faveur des soutiens de famille n'a pas été modifié, il en résulte que la forme seule a changé. Ainsi, au lieu de recevoir des congés d'un an suivant les formes déterminées par l'*Instruction du* 8 *juin* 1827, ces jeunes soldats seront à l'avenir, et à raison de leur position toute spéciale, maintenus dans leurs foyers où ils feront partie de la réserve.

Par la *Circulaire du* 12 *août* 1837, le ministre de la guerre a décidé que le nombre des jeunes gens, que les conseils de révision sont autorisés à proposer pour être maintenus dans leurs foyers comme soutiens de famille, serait porté au double de la proportion fixée par la *Circulaire du* 25 *juin* 1834 ; c'est-à-dire à *dix* au lieu de *cinq* sur mille hommes du contingent.

En conséquence, le lieutenant général fera suspendre l'effet des ordres de route qui leur auront été adressés. L'officier de recrutement les annotera dans ce sens sur les registres-matricules, et il les portera *sur le compte rendu* de la réserve (modèle n° 25 de l'*Instruction du* 16 *novembre* 1833) dans le tableau qui présente les *jeunes soldats* auxquels il a été accordé des congés d'un an *non renouvelables* jusqu'à l'époque de leur libération. (*Circul. du* 30 *mai* 1834, *Journ. milit.*, pag. 211.) *V.* SOUTIENS DE FAMILLE, art. 2.

INSOUMIS.

13. Les insoumis arrêtés ou qui se présentent volontairement doivent être écroués à la prison militaire.

Lorsqu'un insoumis qui aura été arrêté ou qui se sera représenté volontairement, aura, conformément aux dispositions de l'art. 35 de l'*Instruction du* 12 *octobre* 1832, été conduit à la prison militaire du lieu où siége le conseil de guerre permanent de la division, dans laquelle son arrestation ou sa présentation volontaire aura eu lieu, M. le lieutenant général commandant cette division donnera des ordres pour qu'il y soit écroué, et en informera immédiatement le commandant du dépôt de recrutement auquel l'insoumis appartient. (Art. 35 de l'*Instruct. du* 12 *octobre* 1832, *Journ. milit.* page 382.)

Cet avis sera accompagné :

14. Avis en est donné au commandant du dépôt de recrutement.

1° Du signalement de l'insoumis, ainsi que des pièces pouvant servir à constater son identité ;

2° Du procès-verbal constatant l'arrestation ou la présentation volontaire ;

3° D'un extrait du registre d'écrou certifié par le concierge de la prison militaire, visé par le commandant de la gendarmerie. (Art. 36, *idem.*)

15. Suite à donner à la plainte portée contre l'insoumis.

Au reçu de la plainte dressée par l'officier de recrutement auquel les pièces ci-dessus auront été adressées, le lieutenant général commandant la division, donnera immédiatement l'ordre d'informer contre le prévenu, afin qu'il soit jugé le plus tôt possible par l'un des conseils de guerre de la division. Il veillera à ce qu'un extrait en bonne forme du jugement soit immédiatement envoyé au commandant du dépôt de recrutement (sous le couvert du sous-intendant militaire), afin que cet officier en fasse mention sur les contrôles (modèle n° 5 ou 6), ainsi que sur le registre-matricule sur lequel le jeune soldat est inscrit. (Art. 40, *idem.*)

16. Destination à donner à un individu qui aurait été arrêté ou qui se serait représenté volontairement comme insoumis et qui ne serait pas reconnu comme tel.

Dans le cas où l'individu qui aurait été arrêté ou qui se serait présenté volontairement, ne serait pas reconnu pour être l'insoumis signalé, le commandant du dépôt de recrutement en informerait sans délai M. le lieutenant général qui lui aurait donné avis de l'arrestation ou de la présentation volontaire, afin que cet officier général pût donner les ordres nécessaires pour constater la véritable position de cet individu, et lui assigner ensuite la destination qu'il appartiendrait. (Art. 41, *idem.*)

MM. les lieutenants généraux commandant les

divisions, ne peuvent d'après l'art. 39 de la *Loi* du 21 *mars* 1832, user à l'égard des *insoumis* de la faculté de refuser l'information, mais lorsque des insoumis se présentent volontairement, ils sont autorisés lorsqu'ils jugeront, en se concertant avec l'autorité civile, que les circonstances et les localités ne s'y opposent pas, les faire diriger librement sur le chef-lieu de la division où ils se trouvent, au lieu d'y être conduits par la gendarmerie comme ceux qui sont arrêtés. (*Circulaire du* 29 *avril* 1833, *Journ. milit.*, pag. 278.) 17. MM. les lieutenants généraux ne peuvent refuser l'information contre les insoumis.

Les lieutenants généraux commandant les divisions, doivent veiller à ce que les capitaines de gendarmerie se préviennent mutuellement des mutations relatives aux insoumis, et rendre compte de l'exactitude qui y sera apportée ainsi que des résultats obtenus. (Art. 24 de l'*Instruction du* 12 *octobre* 1832, *Journ. milit.*, pag. 379.) 18. Ils veillent à ce que les capitaines de gendarmerie se préviennent mutuellement des mutations sur les insoumis.

Ils peuvent en cas d'urgence, et sur la demande qui leur en sera faite par le commandant de la gendarmerie, envoyer des détachements de troupes comme auxiliaires pour la recherche et la poursuite des insoumis. (Art. 29 et 30, *idem.*) 19. Ils peuvent envoyer une force armée auxiliaire lors de l'insuffisance de la gendarmerie.

Le lieutenant général résumera les comptes qui lui auront été rendus concernant les jeunes soldats ou engagés volontaires prévenus d'insoumission, et en fera la matière d'un compte général et trimestriel qu'il adressera au ministre de la guerre (bureau de la justice militaire) dans les premiers jours de janvier, avril, juillet et octobre. 20. Compte rendu par les lieutenants généraux.

Ce compte sera dressé conformément au modèle

joint à l'*Instruct. du* 12 *octobre* 1832. (Art. 45, *id.*)

21. Surveillance des lieutenants généraux pour le renvoi des contrôles signalétiques concernant les jeunes soldats qui n'ont pas paru aux corps qui leur étaient assignés.

Lors de la mise en activité des jeunes soldats d'une classe, MM. les lieutenants généraux renouvelleront leurs ordres pour que les chefs des corps stationnés dans leur division, renvoient aux commandants des dépôts de recrutement, dans le délai d'un mois après le jour fixé par les ordres de route pour l'arrivée des jeunes soldats à leur destination, les pièces servant à constater leur non-arrivée à ces corps. (Art. 43, *idem.*)

Les mêmes ordres seront donnés pour le renvoi des actes d'engagement concernant les engagés volontaires qui n'ont pas paru aux corps sur lesquels ils avaient été dirigés. (Art. 43, *id.*)

Réserve.

22. La réserve est sous les ordres des officiers généraux commandant les divisions et subdivisions militaires.

Tous les hommes qui font partie de la réserve sont sous les ordres et sous la surveillance des officiers généraux commandant les divisions et subdivisions militaires.

23. L'organisation par bataillons, escadrons, etc., est indéfiniment suspendue.

L'organisation de la réserve par bataillons, escadrons, compagnies, etc., ayant été indéfiniment suspendue, il n'y a pas lieu de s'occuper des dispositions prescrites à cet égard par l'*Instruction du* 16 *novembre* 1833, à laquelle d'ailleurs on pourra se reporter en cas de besoin.

24. Les demandes des militaires de la réserve, qui désirent rentrer dans les rangs de l'armée

MM. les lieutenants généraux commandant les divisions transmettront au ministre, avec un état conforme au modèle n° 11 joint à l'*Instruction du* 16 *novembre* 1833, les demandes des militaires en congé illimité ou en congé d'un an, qui voudraient rentrer dans l'armée active, comme manquant de moyens d'existence chez eux. Ces demandes seront accompagnées d'une déclaration du maire de la commune où réside le militaire, constatant qu'il ne peut trouver aucune ressource dans sa famille, et qu'il est lui-même incapable de gagner sa vie. (Art. 89 de l'*Instruction du* 16 *novembre* 1833.)

active, sont envoyées au ministre par les lieutenants généraux.

Des revues d'inspection, des réformes, des retraites et des libérations à effectuer dans la réserve. *V.* RÉSERVE, INSPECTIONS, art. 16.

Hors l'époque des inspections, les inspecteurs-généraux seront suppléés dans leurs fonctions par les lieutenants généraux commandant les divisions militaires qui, à leur tour pourront, suivant ce qui sera ordonné par le ministre, désigner pour la revue d'inspection les maréchaux de camp commandant les subdivisions. (Art. 122, *id.*)

25.
Hors le temps des inspections, les inspecteurs généraux sont suppléés par les lieutenants généraux commandant les divisions.

Lorsque les congés définitifs de libération destinés aux jeunes soldats et militaires compris dans la réserve auront été établis et visés par le sous-intendant militaire, ils seront adressés au lieutenant général commandant la division, qui les approuvera et en fera le renvoi au maréchal de camp commandant le département.

26.
Les congés définitifs de libération pour les hommes de la réserve sont approuvés par le lieutenant général commandant la division.

Cet officier général les transmettra à l'officier de recrutement, lequel les fera parvenir par l'intermédiaire de la gendarmerie aux militaires qu'ils concernent. (Art. 145, *id.*)

Les lieutenants généraux commandant les divisions militaires veilleront, avec le plus grand soin, à la stricte exécution des mesures d'organisation et

27.
Ils veillent à la stricte exécution des dispositions de l'instruction du 16 no-

vembre 1833, et communiquent entre eux pour toutes les dispositions d'ordre nécessaires.

de surveillance prescrites par l'*Instruct. provisoire du 16 novembre* 1833.

Ils communiqueront entre eux pour toutes les dispositions d'ordre que les hommes compris dans la réserve pourraient exiger. D'un autre côté, ils se feront adresser de fréquents rapports par les maréchaux de camp sur la situation de la réserve dans chaque département. Ces rapports seront résumés par les lieutenants généraux, dans un *compte général*, présentant leur avis particulier, lequel sera transmis au ministre tous les trois mois avec la situation modèle n° 6, dont l'envoi est prescrit par l'art. 40 de l'instruction précitée. (Art. 172, et *Circul. du 3 mai* 1834.)

28. Lors des appels semestriels de la réserve, les lieutenants généraux commandant les divisions autoriseront les maréchaux de camp, sous leurs ordres, à arrêter à l'avance pour chaque canton et commune l'ordre des appels dans l'étendue de leur commandement respectif. (Art. 3 de l'*Instruct. du 9 juin* 1836, *Journ. milit.*, pag. 569.)

29. Ils recevront d'eux et transmettront au ministre, avec leurs propres observations, les rapports des commandants des dépôts de recrutement sur les appels de la réserve. (Art. 21, *id.*)

30. Les lieutenants généraux peuvent être autorisés par le ministre à disposer pour le service des militaires en congé illimité.

Aux termes de l'art. 43 de l'*Instruction provisoire du 16 novembre* 1833, les lieutenants généraux commandant les divisions militaires peuvent être autorisés par le ministre à disposer pour le service de la totalité ou d'une partie des militaires envoyés en congé illimité.

En conséquence, dans le cas où des troubles se

manifesteraient dans quelques localités et prendraient un caractère de rébellion contre l'autorité du gouvernement, l'officier général commandant la division, et même s'il y a urgence, le maréchal de camp commandant le département, pourront appeler et faire réunir sur un point désigné tous les sous-officiers, caporaux, brigadiers et soldats en congé illimité ou en congé d'un an, qui se trouveront dans l'arrondissement ou dans le département.

31. Dispositions à prendre pour réunir ces militaires sur un point en cas de troubles.

Ces hommes seraient mis aussitôt en subsistance, et, autant que possible, suivant leur arme, dans les corps de la division les plus rapprochés de leur domicile.

32. Mis en subsistance.

La convocation aurait lieu par un ordre de départ ainsi conçu :

Il est ordonné au sieur (indiquer les nom et prénoms, ainsi que le corps et le grade) en congé (illimité ou d'un an) qui fait partie de la réserve, de se rendre sans délai à le où il recevra de nouveaux ordres pour sa destination.

33. Ordre de départ.

A le 183

Le maréchal de camp commandant le département d

Les sous-officiers, caporaux et soldats mis ainsi en *subsistance* seraient utilisés pour le service, d'après leur position, pendant tout le temps de leur présence au corps.

34. Utilisés pour le service.

Enfin, à moins d'ordres contraires du ministre, ils seraient renvoyés dans leurs foyers, lorsque le lieutenant général commandant la division, après

35. Renvoyés dans leurs foyers.

s'être entendu avec l'autorité administrative, ne jugerait plus nécessaire leur présence au drapeau.

36. Cette mesure ne doit être mise à exécution qu'en cas d'urgence.

Cette mesure ne devant être prise qu'autant que le repos public serait mis en péril par de coupables manœuvres, le lieutenant général commandant la division rendrait compte au ministre dans les vingt-quatre heures, par les moyens les plus prompts, des mesures qu'il aurait ordonnées d'après les dispositions qui précèdent.

37. Le lieutenant général fera connaître au ministre le nombre des militaires de la réserve mis en subsistance.

Cet officier général ferait également connaître au ministre (Bureau du recrutement et de la réserve) le nombre exact des sous-officiers, caporaux, brigadiers et soldats en congé illimité ou en congé d'un an, mis en subsistance, ainsi que les corps dans lesquels ils auraient été placés. (*Circulaire du 3 mai* 1834, *Journ. milit.*, pages 159 et 160.)

38. Les lieutenants généraux ne peuvent pas délivrer des congés illimités sans l'autorisation spéciale du ministre.

Sous aucun prétexte et *dans aucun cas*, les officiers généraux commandant les divisions ou subdivisions, ainsi que les chefs de corps, ne doivent accorder de *congés illimités* sans l'autorisation spéciale du ministre de la guerre, qui, seul, détermine l'époque de leur délivrance et en fixe le nombre, aux termes de l'art. 30 de la loi du 21 mars 1832. (*Circul. du* 11 *août* 1834, *Journ. milit.*, p. 70.) *V.* CONGÉS ILLIMITÉS, art. 30.

Engagés volontaires.

39. Peuvent autoriser l'admission d'un engagé volontaire dans un corps quand bien même ce corps

Le lieutenant général commandant la division pourra autoriser l'admission dans un corps, dont l'effectif est au complet, des engagés volontaires qui demanderaient à y être admis, lorsque ces hommes seront par leur position, par leur aptitude au service, ou leur profession, une bonne acquisition pour l'armée. (Art. 32 de l'*Instruction du 4 mai* 1832, *Journ. milit.*, pag. 357.) *V.* CONSEILS d'administration et chefs de corps, art. 6. serait au complet?

40. Transmettre au ministre les réclamations des engagés volontaires.

Les lieutenants généraux transmettront au ministre de la guerre les réclamations qui leur seraient adressées par des engagés volontaires sous les drapeaux, qui prétendraient que l'acte qui les lie au service militaire est illégal ou irrégulier.

Le ministre statuera, s'il y a lieu, sur ces réclamations, ou renverra la contestation devant les tribunaux. (Art. 18 de l'*Ordonnance du* 28 *avril* 1832, *Journ. milit.*, pag. 337.) *Voy.* ENGAGEMENTS VOLONTAIRES, art. 89.

41. Engagé volontaire reconnu impropre au service de l'arme dont il a fait choix.

Lorsqu'un engagé volontaire est reconnu impropre au service de l'arme dont il a fait choix, il en est rendu compte au lieutenant général commandant la division, qui, suivant les circonstances, statuera immédiatement sur la position de l'engagé, ou en renverra l'examen à la prochaine revue trimestrielle. (Art. 94 de l'*Instruction du 4 mai* 1832, *Journal. milit.*, pag. 366.) *V.* ENGAGEMENTS volontaires, art. 89, et CONSEILS d'administration et CHEFS DE CORPS.

LISTES CANTONNALES.

1. Ce que l'on entend par liste cantonnale.

Après que le conseil de révision aura statué sur les exemptions, déductions, substitutions, remplacements, ainsi que sur toutes les réclamations auxquelles les opérations du recrutement auront pu donner lieu, la liste du contingent de chaque canton sera définitivement arrêtée et signée par le conseil de révision, et les noms inscrits seront proclamés. Cette liste est appelée *liste cantonnale*, il y en a une par chaque canton, et la réunion de toutes les *listes cantonnales* d'un même département forme la *liste départementale* de ce département.

2. Inscrits conditionnels.

Les jeunes gens qui, aux termes des articles 26 et 27 de la *Loi* du 21 *mars* 1832, sont appelés les uns à défaut des autres, ne seront inscrits sur la liste du contingent du canton que *conditionnellement*, et sous la réserve de leurs droits.

3. Ceux non inscrits sur la liste sont libérés.

Le conseil déclarera ensuite que les jeunes gens qui ne sont pas inscrits sur cette liste, sont définitivement libérés. Cette déclaration, avec l'indication du dernier numéro compris dans le contingent cantonnal, sera publiée et affichée dans chaque commune du canton.

4. La libération des jeunes gens admis conditionnellement est proclamée après les délais expirés.

Dès que les délais accordés en vertu de l'art. 27 seront expirés, ou que les tribunaux auront statué en exécution des articles 26 et 41, le conseil prononcera de la même manière la libération des réclamants ou des jeunes gens conditionnellement désignés pour les suppléer.

5. Le conseil ne peut plus statuer sur les jeunes gens compris sur ces listes que pour substitution ou remplacement.

Le conseil de révision ne pourra statuer ultérieurement sur les jeunes gens portés sur les listes du contingent, que pour les demandes de substitution et de remplacement. (Art. 28 de la *Loi* du 21 *mars* 1832.) *V*. CONSEILS DE RÉVISION.

LISTE DU CONTINGENT DÉPARTEMENTAL.

1. La réunion des listes cantonnales forme la liste départementale.

La réunion de toutes les listes du contingent de chaque canton d'un même département forme la *liste du contingent départemental.* (Art. 28 de la *Loi.*)

Quant à l'ordre dans lequel les listes cantonnales seront réunies pour former la liste départementale, cet ordre sera réglé par les époques auxquelles chaque liste cantonnale aura été arrêtée et signée par le conseil de révision. Ainsi la liste du canton examiné le premier, sera en tête de la liste départementale, et la liste du canton examiné le dernier, sera la dernière. 2. Ordre dans lequel les listes cantonnales sont réunies.

Cette liste départementale, ainsi formée, sera close, arrêtée et signée par le conseil de révision, au jour que fixera l'ordonnance royale relative à l'appel de la classe, et remise ensuite entre les mains du préfet qui en restera dépositaire. (Art. 139 de l'*Instruction du* 30 *mars* 1832, *Journ. milit.*, pag. 238.)

Cette opération qui n'est qu'une simple formalité, sera constatée par une délibération conçue dans les termes suivants, et inscrite tant au procès-verbal des séances du conseil de révision, que sur la feuille qui enveloppera les listes cantonnales réunies en un seul cahier. 3. Clôture de la liste départementale, et copie remise au sous-intendant militaire et au commandant des dépôts de recrutement.

« Les listes cantonnales au nombre de
« contenant les noms de tous les jeunes gens de
« chaque canton appelés définitivement ou condi-
« tionnellement (ceux-ci sous la réserve de leurs
« droits) à faire partie du contingent de la classe
« de ont été réunis le
« selon le vœu de la loi du recrutement de l'armée,
« et conformément à l'ordonnance royale du
« pour former la liste du contingent
« départemental du département d
« après quoi, dépôt de ladite liste a été effectué

« le même jour entre les mains de M. le préfet du « département, pour, par lui, copie certifiée con- « forme, être remise dans le délai de douze jours à « M. le sous-intendant militaire chargé du service « du recrutement, ainsi qu'à l'officier commandant « le dépôt de recrutement du département.

« Fait à le

« et signeront le président et les membres du con- « seil de révision. »

4. Le commandant du dépôt de recrutement mettra à cet effet un sous-officier à la disposition du préfet.

Afin de faciliter ce travail dans les bureaux de la préfecture, le commandant du dépôt de recrutement mettra, s'il est nécessaire, un sous-officier de recrutement à la disposition de M. le préfet, jusqu'au jour fixé pour la remise desdites copies.

Ces copies ne doivent présenter que les hommes compris dans le contingent, soit d'une manière définitive, soit conditionnellement à l'époque de la réunion de toutes les listes des contingents de chaque canton. (*Circulaires des* 21 *mai* 1832 *et* 28 *juin* 1835, *Journ. milit.*, pages 434 et 405.)

LISTE DU TIRAGE. *V*. TIRAGE AU SORT.

MAIRES, recensement et tirage au sort.

1. Epoque à laquelle doivent être dressés les tableaux de recensement.

Dans les premiers jours de janvier de chaque année, les maires des communes font le recensement des jeunes gens domiciliés dans leur commune, qui auront accompli leur vingtième année avant le 1er du mois. (N° 220 de l'ancien *Manuel.*)

Cette inscription a lieu :

2. Inscriptions.

1° Sur la déclaration à laquelle sont tenus les jeunes gens, leurs parents ou tuteurs, d'après l'article 8 de la *Loi* ;

2° D'office, d'après les registres de l'état civil et

tous autres documents ou renseignements. (Art. 8, *idem.*)

3. Omis sur les classes antérieures.

Ils porteront aussi sur les tableaux de recensement les jeunes gens *omis* sur les classes antérieures, même ceux qui auraient trente ans accomplis, afin qu'ils aient à justifier de leur âge, conformément à l'art. 7 de la *Loi.* (Art. 13 de l'*Instruction du* 30 *mars* 1832, *Journ. milit.*, page 212.) *Voy.* Omis.

4. Absents.

Les jeunes gens *absents* doivent appeler plus particulièrement l'examen de MM. les maires. Ces fonctionnaires devront s'assurer que l'existence de ces absents ne laisse aucun doute, et que leur existence est connue. Les renseignements obtenus, soit des parents, soit de la population, devront être consignés avec détail dans la colonne des observations des tableaux de recensement. Mais dans le cas où l'existence des absents ne serait pas notoire, leurs noms devront être rayés de ces tableaux par les soins des sous-préfets. (*Circulaire du* 12 *mai* 1833, *Journ. milit.*, page 319.) *V.* Sous-préfets, art. 11, et Absents au recensement.

5. Etrangers ou fils d'étrangers.

Les individus nés en France de parents étrangers ne peuvent être portés sur les tableaux de recensement de la commune où ils sont nés, qu'autant qu'ils auront été admis à jouir du bénéfice de l'art. 9 du Code civil. (Art. 2 de la loi.) *Voy.* Étrangers et fils d'étranger.

6. Elèves des hospices.

Les élèves des hospices qui atteindront leur *majorité* avant l'époque fixée pour le tirage de leur clase, devront être inscrits sur les tableaux de recensement du canton dans lequel ils ont leur résidence, tandis que ceux qui sont encore *mineurs* seront portés sur les tableaux du canton où est situé l'établissement auquel ils appartiennent. (*Circulaire du 1er avril* 1837, *Journ. milit.*, page 185.)

7. Vagabons ou gens sans aveu.

La loi du 21 mars 1832 n'exclut pas des rangs de l'armée les vagabonds ou gens sans aveu, déclarés tels par jugement ; elle ne fait porter cette exclusion que sur ceux qui ont été condamnés à une peine afflictive ou infamante, et sur ceux qui ont été condamnés à une peine correctionnelle de deux ans d'emprisonnement et au-dessus ; mais seulement lorsqu'ils auront été placés par le jugement de condamnation sous la surveillance de la haute police, et lorsqu'ils auront été interdits des droits civiques civils et de famille. (*Voy.* Peines afflictives ou infamantes.

8. Sur le tableau.

Le conseil de révision ou les sous-préfets ayant seuls qualité pour prononcer l'exclusion de ces individus, les *maires* auront soin de les porter sur les tableaux de recensement, afin qu'ils prennent part, s'il y a lieu, aux opérations du tirage. (Art. 3 *de* l'*Instruct. du* 30 *mars* 1832, *Journ. mil.*, page 209, et *Circul. du* 13 *mai* 1837, *Journ. milit.*, page 429.)

9. Instruction des jeunes gens.

Au moment de la formation des tableaux de recensement, MM. les maires se feront fournir des renseignements sur l'instruction des jeunes gens portés sur ces tableaux. Ils inscriront ces renseignements en regard de chaque nom sur une expédition de ces tableaux, et par les signes abréviatifs ci-après indiqués. Cette expédition sera ensuite remise à M. le sous-préfet, chargé de la rédaction définitive de ce travail.

Les abréviations adoptées sont :

Le chiffre (1) pour le jeune homme qui sait lire,

Les chiffres (1 et 2) pour le jeune homme qui sait lire et écrire,

Le chiffre (0) pour le jeune homme qui ne sait ni lire ni écrire,

La lettre (D) pour le jeune homme dont on ignore le degré d'instruction.

Voir, pour le domicile légal des jeunes gens, le mot DOMICILE. 10. Domicile légal.

Les tableaux de recensement une fois dressés, ils seront publiés et affichés dans chaque commune et dans les formes prescrites par les articles 63 et 64 du Code civil. 11. Tableaux publiés.

Un avis publié dans les mêmes formes indiquera les lieu, jour et heure où il sera procédé à l'examen desdits tableaux et à la désignation, par le sort, du contingent cantonnal. (Art. 8 de *la loi du* 21 *mars* 1832.) *Voy.* TIRAGE au sort. 12. Avis de l'examen des tableaux de recensement.

Les maires des communes de chaque canton doivent, conformément à ce que prescrit l'art. 10 de la loi, assister à l'examen des tableaux de recensement et au tirage au sort des jeunes gens, qui ont lieu au chef-lieu de canton, en présence du sous-préfet de l'arrondissement. 13.

Les opérations du recrutement seront revues; les réclamations auxquelles ces opérations auraient pu donner lieu seront entendues, et les causes d'exemption et de déduction seront jugées en séance publique par un conseil de révision. (Art. 15 de la loi.)

Les maires doivent également assister aux séances du conseil de révision, tenues dans le canton dont

14. Les maires des communes doivent assister aux séances des conseils de révision tenus dans le canton dont leur commune fait partie.

leur commune fait partie, et y paraître revêtus de leur écharpe, marque distinctive de leurs fonctions. Ils doivent comprendre qu'eux « seuls peuvent la « plupart du temps donner des renseignements po« sitifs sur les cas d'exemption et de dispense allé« gués par les jeunes gens de leur commune ; que « l'absence de ces renseignements empêche souvent « le conseil d'admettre des prétentions justes au « fond, mais non suffisamment justifiées, et qu'il « en résulte que les jeunes gens élèvent des récla« mations qui sont plus tard sans succès, lorsque le « conseil de révision n'a pu les accueillir, parce que « sa décision est toujours définitive, hors les cas « prévus aux art. 26 et 27 de la loi. » (*Circul. du* 21 *mai* 1832, *Journ. milit.*, page 423.)

15. Ils signent les certificats de trois pères de famille pour exemptions.

Les maires fourniront donc aux conseils de révision tous les renseignements à leur connaissance sur les réclamations élevées par les jeunes gens de leur commune. Ils signeront les certificats de trois pères de famille que doivent présenter au conseil les jeunes gens qui réclameraient l'exemption comme se trouvant dans l'un des cas prévus par les art. 13 et 49 de la loi du 21 mars 1832. (*Voy.* Exemptions et certificats, ainsi que les modèles de ces certificats à la fin du présent dictionnaire.) Voir aussi le bordereau modèle n° 2 à la fin du dictionnaire.

16. Signifient sans retard aux jeunes soldats les ordres de convocation pour comparaître devant le conseil de révision.

Les maires signifient sans retard les ordres de convocation qui leur sont adressés par les sous-préfets pour les jeunes gens appelés à comparaître devant le cons. de révis. (*Circ. des* 21 *mai* 1832 *et* 12 *mai* 1833, *Journ. milit.*, pages 421 et 321.) *Voy.* Convocation (ordre de) et Sous-préfets, art. 30,

Les maires dressent, sous leur responsabilité per- 17. Feuilles de renseignements pour les absents.
sonnelle, des feuilles de renseignements conformes au modèle n° 20 joint à la circulaire du 21 mai 1832, pour les jeunes gens absens lors du recensement ou du tirage, et les remettront au sous-préfet, qui les joindra à l'extrait séparé de la liste du tirage, qu'il doit envoyer au préfet. (*Circulaire du 21 mai* 1832, *Journ. milit.*, page 427.)

MM. les maires, les familles des appelés et les
jeunes gens convoqués ne doivent négliger aucune 18.
démarche, aucune recherche afin que le conseil de révision soit promptement en mesure de statuer définitivement sur le sort des jeunes gens absents qui ne se présenteraient pas devant le conseil. (Art. 122 *de l'Instruct. du* 30 *mars* 1832, *Journ. milit.*, page 234.) *Voy.* Conseils de révision, art. 24.

Ils délivrent également, sous leur responsabilité
personnelle, des certificats de bonnes vie et mœurs 19. Certificats de bonnes vie et mœurs.
aux hommes qui veulent s'engager volontairement, à ceux qui désirent se faire admettre comme remplaçants, soit qu'ils aient ou n'aient pas servi, et aux militaires en congé temporaire ou illimité qui veulent se rengager. Ces certificats ne sont délivrés qu'une seule fois par an au même individu. — A Paris, ils sont établis par les commissaires de police sur la déclaration de deux témoins patentés. — On doit ensuite les échanger à la Préfecture de police. (*V.* le mot Certificat, et les modèles à la fin du présent Dictionnaire, et le mot Remplacement, 11.

Lors de l'appel d'une classe à l'activité, MM. les

20. Obligations des maires pour la remise et notification des ordres de route.

maires sont chargés non seulement de faire remettre et notifier les ordres de route qui leur sont envoyés par le préfet, aux jeunes soldats qu'ils concernent, mais aussi de veiller à ce que ces jeunes soldats s'y conforment.

21. Quand le jeune soldat est présent.

Le modèle d'ordre de route rappelle à cet effet les positions de l'art. 40 de la loi, relatives aux peines dont sont passibles ceux qui, par des manœuvres coupables, auraient empêché ou retardé le départ des jeunes soldats. (Art. 53 de l'*Instruction du 4 juillet* 1832, *Journal militaire*, page 49.)

22. Quand le jeune soldat est absent mais sans avoir changé de domicile ou de résidence.

Lorsque le jeune soldat est présent au lieu du domicile ou de la résidence, le maire déclare, sur l'ordre de route, que cet ordre a été remis et notifié au jeune soldat lui-même. (Art. 54, *id.*)

23. Quand le jeune soldat est domicilié ou en résidence dans une autre commune de son département.

Quand le jeune soldat est absent, mais sans avoir changé de domicile ou de résidence, la déclaration que le maire doit insérer sur l'ordre de route, indique les nom et prénoms de la personne à laquelle cet ordre a été remis. (Art. 55, *id.*)

24. Lorsque le jeune soldat est domicilié ou en résidence dans un autre département.

Si le jeune soldat est domicilié ou en résidence dans une autre commune de son département, le maire qui a reçu l'ordre de route le transmettra immédiatement au maire de cette commune, soit directement si les localités sont rapprochées, soit par l'intermédiaire du sous-préfet de l'arrondissement, suivant les distances. (Art. 56, *id.*)

Lorsque le jeune soldat sera domicilié ou en résidence dans un autre département que celui où il a concouru au tirage, le maire fera le renvoi de l'ordre de route au préfet qui le lui a adressé, ou directement ou par l'intermédiaire du sous-préfet. (Art. 57, *id.*)

25. Quand le jeune soldat est domicilié ou en résidence hors du royaume ou que sa résidence et son domicile sont inconnus.

La même marche sera suivie par le maire, si le jeune soldat est domicilié ou en résidence hors du royaume, ou si l'on ignore absolument le lieu de son domicile et de sa résidence. (Art. 56, *id.*)

26. Enregistrement des notifications faites par les maires et de la transmission ou du renvoi des ordres de route.

Les maires tiendront un registre conforme au modèle joint à la *Circulaire du 4 juillet* 1832, *Journ. milit.*, page 127; ils y inscriront les notifications, les transmissions et les renvois de tous les ordres de route qui leur auront été adressés. (Art. 59, *id.*)

27. Extraits du registre des notifications à envoyer au préfet.

Aussitôt que les maires auront fait remise et notification ou transmission des ordres de route, ils adresseront au préfet de leur département, par l'intermédiaire du sous-préfet, un extrait du registre des notifications. Cet extrait sera conforme au modèle n° 6 joint à l'*Instruction du 4 juillet* 1832, *Journ. milit.*, page 130. Il ne sera point adressé d'extrait de notification pour les jeunes soldats dont les ordres auront été renvoyés au préfet, ainsi qu'il est dit aux articles 57 et 58 ci-dessus. (Art. 60, *id.*)

28. Recommandation aux maires pour les notifications.

Il est prescrit aux maires d'apporter le plus grand soin et la plus grande exactitude dans la notification, la transmission, le retour des ordres de route, et l'envoi des extraits du registre des notifications. (Art. 61, *id.*)

29. Les maires doivent s'assurer et rendre compte des changements qui surviennent dans la po-

Les jeunes soldats qui, au moment de leur appel à l'activité, auront obtenu d'être maintenus dans leurs foyers comme soutiens de famille, seront l'objet d'une surveillance spéciale de la part des

sition des jeunes soldats maintenus chez eux comme soutiens de famille.

maires qui devront faire connaître au préfet les changements qui surviendraient dans leur position, Ces changements seront communiqués par le préfet au conseil de révision qui rectifiera sa liste. (Art. 125, *id.*)

Engagements volontaires.

30. *Les maires des chefs-lieux de canton dressent seuls les actes d'engagement.*

Les maires des chefs-lieux de canton sont seuls, d'après l'art. 34 de la loi, appelés à dresser les actes d'engagements volontaires.

31. *Des maires des 12 arrondissements de Paris, considérés comme maires de cantons.*

Les maires des douze arrondissements de la ville de Paris, étant considérés comme maires des chefs-lieux de canton, pourront recevoir les actes d'engagements volontaires. (Art. 20 de l'*Ordonnance du* 28 *avril* 1832, *Journ. milit.*, page 338.)

32. *Les hommes engagés par des maires (autres que ceux de chefs-lieux de canton ne seront point reçus au corps.*

Les sous-intendants militaires ne délivreront pas de feuille de route aux hommes dont l'engagement n'aura point été contracté devant un maire d'un chef-lieu de canton, et les chefs de corps ne pourront sous aucun prétexte les recevoir au drapeau. (N° 38 de l'*Instruction du* 4 *mai* 1832, *Journ. milit.*, page 357.)

33. *Première vérification à faire par le maire.*

Lorsqu'un jeune homme qui voudra s'engager se présentera à cet effet devant un maire de chef-lieu de canton, ce fonctionnaire, après s'être fait présenter le certificat d'acceptation délivré par l'autorité militaire, devra s'assurer que l'homme qui demande à s'engager remplit les conditions voulues par l'art. 32 de la loi sur le recrutement, et qu'il n'est compris dans aucun des cas d'exclusion prévus à l'article 2 de cette même loi. (Art. 39, *id.*) *V.* ENGAGEMENTS, art. 49.

Voir pour les conditions exigées et les formalités à remplir pour dresser et délivrer l'acte d'engagement par le maire, les articles 50 à 79 du mot ENGAGEMENT. 34. Conditions. *Voy.* ENGAGEMENT.

Immédiatement après la signature de l'acte d'engagement, l'engagé volontaire recevra, avec une expédition de cet acte, un ordre de route pour se rendre à son corps par la voie la plus courte. (Art. 73 de l'*Instr. du 4 mai* 1832, *Journ. milit.*, page 363.) 35. L'engagé volontaire sera mis en route pour se rendre à son corps.

A cet effet, et s'il n'y a point de sous-intendant militaire au chef-lieu de canton, le maire délivrera à l'engagé volontaire une feuille de route provisoire ou sauf conduit, portant injonction de se présenter devant le premier sous-intendant militaire dont la résidence se trouvera sur la ligne à parcourir. (Art. 74, *id.*) 36. Feuille de route provisoire délivrée par le maire.

En même temps, le maire adressera directement au sous-intendant en résidence dans le département où l'engagement a eu lieu, une expédition de l'acte d'engagement. (Art. 75, *id.*) 37. Envoi d'une expédition de l'acte d'engagement au sous-intendant.

Les marins et ouvriers de la marine qui se présentent devant les maires pour contracter des enrôlements, et devant les conseils de révision pour se faire admettre comme remplaçants, ne peuvent être admis que lorsque les individus dont il s'agit ont été légalement libérés des obligations que leur impose la loi du 3 brumaire an IV : cette loi leur accorde la faculté de renoncer au service de la marine; mais elle ne permet de les rayer des matricules 38. Observations sur les marins et ouvriers de la marine qui se présentent pour s'engager volontairement ou pour se faire admettre comme remplaçants.

qu'un an après la date de leur renonciation, si toutefois ils n'ont pas repris l'exercice de leur état avant l'expiration de ce délai.

Ainsi les inscrits maritimes qui n'ont pas rempli les formalités prescrites par la loi ne sont pas libres de s'engager dans un corps de l'armée de terre, soit pour leur propre compte, soit comme *remplaçants :* ce n'est que sur la production d'un acte *de déclassement* que les autorités civiles ou militaires peuvent les admettre.

Ainsi elles ne doivent autoriser l'engagement d'aucun individu ayant appartenu à la classe des marins ou à celle des ouvriers de la marine, s'il n'est porteur de *l'acte de déclassement* dont le modèle a été inséré au *Manuel de recrutement*, n° 66, (Voir le modèle sous le n° 26, à la fin du présent Dictionnaire) ou s'il n'a obtenu une autorisation spéciale du ministre de la marine. (*Circulaire du 21 mai* 1832, *Journ. milit.*, page 438.)

39. Les jeunes-gens faisant partie du contingent d'une classe ne peuvent être admis à s'engager que jusqu'au jour de la clôture de la liste du contingent cantonnal de leur classe.

Les jeunes gens faisant partie d'une classe ne peuvent être admis à s'engager que jusqu'au jour de la clôture de la liste du contingent cantonnal de leur classe. MM. les maires des chefs-lieux de canton ayant seuls qualité pour recevoir les actes d'engagements volontaires, pourront facilement surveiller l'exécution de cette disposition, il leur suffira de vérifier si le jeune homme qui se présentera pour s'engager, après la clôture de la liste du contingent cantonnal, est ou n'est pas compris sur cette liste. (*Circulaire, id.*)

40. Les frais des engagements contractés

Les frais d'engagements volontaires seront refusés par le ministre de la guerre aux maires des chefs-lieux de canton pour tous les actes passés en contravention aux prescriptions de l'*Ordonnance du 28 avril* 1832, détaillées dans les articles ci-dessus. (*Circulaire du* 25 *juin* 1834, *Journ. milit.*, page 371.)

en contravention de l'ordonnance du 28 avril 1832, seront refusés par le ministre.

41. Tout fonctionnaire ou officier public, civil ou militaire, qui, sous quelque prétexte que ce soit, aura autorisé ou admis des exemptions, déductions ou exclusions autres que celles déterminées par la loi, ou qui aura donné une extension quelconque, soit à la durée, soit aux règles ou conditions des appels, des engagements ou des rengagements, sera coupable d'abus d'autorité et puni des peines portées dans l'art. 185 du code pénal, sans préjudice des peines plus graves prononcées par ce code dans les autres cas qu'il a prévus. (Art. 44 de la loi.)

42. Indemnité allouée pour les frais d'acte d'engagement.

Il est accordé trois francs pour chacun des vingt-cinq premiers actes d'engagement reçus par la même mairie, à dater du 1er janvier de chaque année, deux francs pour chacun de ceux qui dépassent ce nombre jusqu'à celui de cent, et un franc pour chacun des actes au-dessus de ce dernier nombre. (*Circulaire du* 25 *janvier* 1832, *Journ. milit.*, page 31.) *V.* Frais d'acte d'engagement, art. 2.

Insoumis.

Devoirs des maires dans la recherche et la poursuite des insoumis.

43. Correspondance des maires avec les

Les maires correspondront exactement avec les préfets pour leur rendre compte de toutes les mu-

préfets, relativement aux insoumis. tations parvenues à leur connaissance dans la position des jeunes soldats et engagés volontaires prévenus d'insoumission. (N° 16 de l'*Instruction du 12 octobre* 1832, *Journal militaire*, 377.)

44. Les maires doivent seconder la gendarmerie avec zèle.

Ils doivent seconder avec zèle les recherches de la gendarmerie, et s'empresser de lui communiquer tous les renseignements et indices parvenus à leur connaissance sur le lieu présumé de la retraite des insoumis. (Art. 19, *id.*)

45. Et sous leur responsabilité.

Ils sont tenus sous leur responsabilité personnelle de coopérer de tout leur pouvoir à l'effet des mesures prescrites pour faire rejoindre les insoumis, soit en fournissant à la gendarmerie toutes les indications propres à seconder son action, soit en employant toutes les ressources de leur influence pour établir, parmi les jeunes gens appelés, l'entière conviction qu'ils ne sauraient se soustraire impunément à l'obligation du service. (Art. 20, *id.*)

46. Dans l'intérêt même des familles.

En contribuant à faire rejoindre les jeunes soldats avant l'expiration du délai d'un mois fixé par l'art. 39 de la *Loi du* 21 *mars* 1832, et en les faisant même arrêter par la gendarmerie, les maires sauvent ces jeunes soldats de condamnations qui, quelques jours plus tard, seraient prononcées contre eux. (Art. 21, *id.*)

47. Doivent surveiller les étrangers.

Les maires doivent porter une attention sévère sur les étrangers qui viennent s'établir dans le ressort de leur commune, et recommander à tous les agents de l'administration de vérifier avec soin les passeports des voyageurs qui, par leur âge, paraissent appartenir au recrutement. (Art. 22.)

Il est recommandé aux maires de faire connaître

aux gardes champêtres et forestiers, et même aux habitants, que la gratification de 25 francs est due au capteur quel qu'il soit, pour l'arrestation d'un insoumis. (Art. 26, *id.*)

48. Gardes champêtre ou forestiers et habitants, ont droit à une gratification de 25 francs pour l'arrestation d'un insoumis.

La *Loi du* 21 *mars* 1832, sur le recrutement de l'armée, prononce par son article 40 des peines contre les personnes reconnues coupables :

49. Peines qu'encourent les personnes qui recèlent un insoumis ou qui favorisent la désobéissance à la loi du recrutement.

1° D'avoir recélé ou d'avoir pris à leur service un insoumis;

2° D'avoir favorisé l'évasion d'un insoumis;

3° D'avoir empêché ou retardé par des manœuvres coupables le départ des jeunes soldats.

Elles doivent être punies, dans le premier cas, d'un emprisonnement qui ne peut excéder six mois. La peine, toutefois, peut être réduite selon les circonstances à une amende de 20 à 200 francs.

Dans le second et le troisième cas, la peine d'emprisonnement ne peut être moindre d'un mois ni excéder une année. (Art. 32, *id.*)

50. Peines encourues si le délinquant est fonctionnaire public.

Mais si l'un de ces délits est commis par un fonctionnaire public ou par un employé du gouvernement, ou enfin par le ministre d'un culte salarié par l'État, la peine peut être portée jusqu'à deux années d'emprisonnement, et le délinquant doit en outre être condamné à une amende qui ne peut excéder 2,000 francs. (Art. 33 *id.*)

51. Recommandation aux autorités civiles et militaires de faire poursuivre les délinquants

Il est recommandé aux autorités civiles et militaires, chacune dans les limites de leurs attributions, de faire poursuivre et livrer aux tribunaux toutes personnes qui se rendraient coupables d'un des délits prévus par l'art. 40 de la loi, et détaillés ci-dessus. (Art. 34, *id.*)

52. Réunion des maires du canton devant les préfets.

Les maires fournissent au préfet tous les renseignements pouvant servir à la découverte des insoumis, lorsque ce fonctionnaire leur en fait la demande à la suite des séances du conseil de révision, conformément à ce qui est prescrit par l'art. 27 de l'*Instruct. du* 12 *octobre* 1832, *Journ. milit.*, page 379.

Réserve.

Devoirs des maires relativement aux jeunes soldats laissés dans leurs foyers et aux militaires en congé illimité ou en congé illimité ou en congé d'un an faisant partie de la réserve.

53. Absence dans le département.

Pour les permissions d'absence *dans le département* à accorder par les maires aux jeunes soldats. Voir le mot ABSENCE (autorisation d').

54. Absence hors du département.

Pour les permissions à l'étranger, Voir le mot ABSENCE (autorisation d'), pour se rendre à l'étranger.

55. Permission pour aller à l'étranger.

Pour les permissions *hors du département*, Voir ABSENCE (autorisation d').

56. Permission de mariage.

Pour les permissions de mariage en faveur des jeunes soldats, Voir le mot MARIAGE (permissions d').

57. Les militaires en congé illimité ou d'un an s'adressent au commandant des brigades de gendarmerie.

Les militaires en congé illimité ou en congé d'un an qui ont besoin d'obtenir les mêmes permissions que celles indiquées ci-dessus, s'adressent au commandant des brigades de gendarmerie dans l'arrondissement duquel ils se trouvent en résidence.

58. Les maires ne doivent point délivrer de passeports aux militaires.

Les maires des communes ne doivent, sous aucun prétexte, leur délivrer de passeports civils et ne peuvent les marier sans y avoir été autorisés par le maréchal de camp ou l'officier supérieur commandant le département.

59. Changement de résidence pour les jeunes soldats.

Les instructions se taisent sur les changements de résidence accordés aux jeunes soldats disponibles, mais ils peuvent obtenir des permissions d'absence assez prolongées pour pouvoir vaquer à leurs affrires dans d'autres départements; ces permissions peuvent d'ailleurs être facilement renouvelées.

60. Jeune soldat étranger fixé dans une commune sans autorisation.

Dès qu'un maire aura connaissance qu'un jeune soldat, étranger à sa commune, y a fixé sa résidence *sans autorisation*, il en donnera avis au préfet et il en préviendra le commandant de la brigade de gendarmerie, lequel exercera de son côté, à cet égard, une égale surveillance. (Art. 112 de l'*Instruct. du* 16 *novembre* 1833.)

61. Les maires correspondent avec les commandants des dépôts de recrutement.

Les maires correspondront avec le commandant des dépôts de recrutement et transmettront à cet officier tous les renseignements qu'il pourrait leur demander sur les jeunes soldats et les militaires en congé résidant dans leurs communes.

62. Sont informés des libérations dans la réserve.

Ils seront informés par lui des congés de libération de réforme ou de renvoi qui seraient délivrés à ces jeunes soldats ou militaires et de toute mutation qui entraînerait leur radiation des contrôles de la réserve.

63. Lors des appels de la réserve, les maires font parvenir les avis individuels.

Lors des appels périodiques de la réserve, les maires feront parvenir à domicile les avis qui leur seront adressés par les commandants des dépôts de recrutement pour chaque homme de la réserve en résidence dans leur commune. (*Circulaire du* 4 *février* 1837, *Journ. milit.*, p. 29.)

Ils donneront aux officiers de recrutement char-

64. Donnent les renseignements nécessaires aux officiers chargés des appels sur les absents et signent les feuilles d'appel.

gés des appels tous les avis et renseignements à leur connaissance sur les hommes absents, et signeront les feuilles d'appel établies par ces officiers, et qui leur seront présentées par eux. (*Circulaire* idem.)

Dispenses.

65. Obligations des dispensés qui cessent de suivre la carrière en vue de laquelle ils auront été déduits.

Les jeunes gens dispensés en vertu de l'art. 14 de la loi et qui cesseront de suivre la carrière en vue de laquelle ils auront été comptés en déduction du contingent, sont tenus d'en faire la déclaration au maire de leur commune dans l'année où ils ont cessé leurs services, fonctions ou études et de retirer expédition de leur déclaration.

66. Avis à donner par les maires aux autorités supérieures.

Ceux qui manqueraient à cette obligation seront dénoncés par les maires à l'autorité supérieure pour que ces jeunes gens soient rétablis dans le contingent de leur classe. *V.* DISPENSES, DISPENSÉS, art. 34.

MALADES (JEUNES SOLDATS). *V.* JEUNES SOLDATS, art. 19 et SURSIS DE DÉPART.

MALADIES (SIMULÉES). *V.* INFIRMITÉS VOLONTAIRES.

MANUFACTURES D'ARMES (OUVRIERS DES).

1. Ne peuvent réclamer la dispense qu'autant qu'ils sont liés au service comme engagés volontaires ou jeunes soldats.

Les employés et ouvriers des manufactures d'armes de guerre ne sont pas fondés à réclamer la dispense, s'ils ne sont pas liés au service de l'armée de terre ou de mer par un engagement volontaire ou comme jeunes soldats appelés faisant partie du contingent d'une classe. (N° 645 ancien *Manuel.*)

MARÉCHAUX DE CAMP commandant les départements ou subdivisions.

Les maréchaux de camp commandant les départements sont membres des conseils de révision (art. 15 de la loi) et siégent à la droite du président du conseil. 1. Sont membres des conseils de révision.

En leur absence ou en cas de maladie, ils sont remplacés dans ces fonctions par des officiers supérieurs désignés, au nom du ministre, par M. le lieutenant général commandant la division et pris, autant que possible, parmi les officiers supérieurs des corps stationnés dans l'étendue de la division. (*Circulaire du* 21 *mai* 1832, *Journal militaire*, pag. 422.) 2. Comment remplacés?

Il n'y aura lieu de déroger à cette règle qu'autant qu'il n'existerait, dans l'étendue de la division, aucun officier supérieur en activité susceptible d'être désigné. Dans ce cas, il en sera rendu compte au ministre immédiatement. (*Circulaire du* 14 *août* 1834, *Journ. milit.*, p. 84.) *V.* LIEUTENANTS GÉNÉRAUX. 3. Cas où il n'y aurait pas d'officier supérieur en activité de service qui pût être chargé de cette mission.

L'autorité militaire devant, en tout ce qui dépend d'elle, seconder les opérations des conseils de révision, l'intention du ministre de la guerre est que, sous aucun prétexte, hors le cas de maladie, MM. les maréchaux de camp ou les officiers supérieurs commandant les départements, les sous-intendants militaires et les officiers de recrutement qui doivent assister aux séances des conseils de révision, ne puissent en être dispensés. 4. Il ne sera accordé ni permission d'absence, ni congé aux membres militaires des conseils de révision pendant tout le temps que dureront les opérations des conseils de révision.

En conséquence, il ne leur sera accordé aucune permission d'absence, et nulle demande de congé ne pourra être adressée au ministre en leur faveur pour tout le temps que dureront les opérations des conseils de révision. (*Circulaire du* 21 *mai* 1832, *Journ. milit.*, page 422.)

5. **Liste nominative à établir par le maréchal de camp', le sous-intendant militaire et l'officier de recrutement, pendant les séances des conseils de révision.**

Le maréchal de camp, membre du conseil de révision, ou l'officier supérieur qui le remplace devra, concurremment avec le sous-intendant militaire et l'officier de recrutement, se conformer aux dispositions de l'art. 149 de l'*Instruction du* 30 *mars* 1832. Ils auront, en conséquence, l'attention scrupuleuse de prendre, au moment où les jeunes gens sont examinés et entendus par le conseil de révision, une note exacte de l'aptitude militaire de chaque homme sous le rapport de la profession, de la taille et de la constitution physique. Ces renseignements importants et destinés à effectuer l'inscription des jeunes soldats sur le registre matricule tenu par l'officier de recrutement pour chaque corps seront consignés dans une liste nominative conforme au modèle, joint à la *Circulaire du* 21 *mai* 1832, *Journ. milit.*, page 437 et 472.

D'après les dispositions de la *circulaire du* 12 *août* 1837, l'établissement de cette liste n'est plus obligatoire pour le maréchal de camp et le sous-intendant militaire, l'officier de recrutement qui assiste aux séances en étant seul chargé. (*Circulaire du* 12 *août* 1837, page 10, *Journ. milit.*, page 97.)

Les jeunes gens compris *définitivement* ou *conditionnellement* dans le contingent, seront portés sur cette liste, et le ministre n'a prescrit qu'elle fût à la fois dressée par l'officier général ou supérieur, le sous-intendant militaire et l'officier de recrutement qu'afin d'établir par là un moyen de contrôle et de vérification qui puisse permettre de rectifier les erreurs ou les inexactitudes commises de part ou d'autre. (*Circulaire du* 21 *mai* 1832, *Journ. milit.*, page 437.)

6. Rapports des préfets, maréchaux de camp et sous-intendants militaires sur les opérations de l'appel.

Les préfets, les maréchaux de camp ou officiers supérieurs, membres des conseils de révision et les sous-intendants militaires adresseront au ministre dans un délai fixé par lui et après la clôture des opérations du conseil de révision, un rapport sur ces opérations. Ce rapport, dont le modèle est annexé chaque année à l'instruction ministérielle relative à l'appel de la classe, doit signaler les abus, démontrer les inconvénients et proposer les améliorations compatibles avec la nécessité de la loi.

Les divers fonctionnaires chargés de l'établir, doivent faire attention qu'il ne résulte pas pour eux de la contexture de ce compte rendu, l'obligation de répondre à chacun des articles qu'il renferme. Cette division spéciale et détaillée de la matière a été adoptée pour leur indiquer, au contraire, qu'ils sont libres de faire un choix. (*Circulaires des* 21 *mai* 1832, 12 *mai* 1833, 25 *juin* 1834 *et* 28 *juin* 1835.)

7.

Les maréchaux de camp et sous-intendants militaires signaleront au ministre, dans leurs rapports sur les opérations de l'appel, les corps qui auraient négligé d'envoyer, en temps utile, des certificats de présence ou qui auraient délivré des certificats dans lesquels les détails exigés ne seraient point relatés et dont l'inexactitude aurait été, pour le conseil de révision, un objet de doute ou de plainte. (*Circulaire du* 25 *juin* 1834, *Journ. milit.*, page 358.)

8. Répartition des jeunes soldats entre les corps de l'armée.

Les opérations du conseil de révision terminées, et les listes cantonnales réunies en une seule liste dite du *contingent départemental*, les jeunes gens définitivement appelés, ou ceux qui ont été admis à les remplacer seront immédiatement répartis entre les corps de l'armée, et inscrits sur les registres-matricules des corps pour lesquels ils seront désignés.

9. Divisés en deux classes.

Néanmoins ils seront, d'après l'ordre de leurs numéros et les proportions déterminées par les lois annuelles du contingent, divisés en deux classes composées, la première, de ceux qui devront être mis en activité, et la seconde de ceux qui seront laissés dans leurs foyers.

10. La seconde classe ne poura être mise en activité que par ordonnance royale.

Les jeunes soldats compris dans la seconde classe ne pourront être mis en activité qu'en vertu d'une ordonnance royale. (Art. 29 de la *Loi.*)

Répartition.

11. Comment doit s'opérer la répartition du contingent entre les corps.

La répartition du contingent de chaque département, entre les corps désignés par le ministre, aura lieu par les soins du maréchal de camp commandant la subdivision, d'après les annotations portées sur les listes nominatives dressées par l'officier de recrutement, en exécution de ce qui est prescrit par la *Circulaire du* 12 *août* 1837.

12. Ordre à observer dans la désignation des jeunes soldats pour les corps auxquels ils doivent être affectés.

Les jeunes soldats seront ensuite désignés, selon leur aptitude physique et leur profession, pour chaque corps, suivant l'ordre dans lequel les corps sont inscrits sur l'état de répartition envoyé par le ministre.

Ainsi l'armée de mer recevra son contingent avant l'armée de terre. (Art. 3, *idem.*)

13. Dispositions particulières à l'armée de mer.

Le maréchal de camp procédera à la désignation des jeunes soldats destinés à faire partie de l'armée de mer par canton dans l'ordre absolu des numéros de tirage, et comme il est dit ci-après. (Art. 4, *id.*)

14. Dans quel ordre seront servis les corps de l'armée de mer.

Les corps de l'armée de mer seront servis les premiers et dans l'ordre suivant, savoir :

1° Le régiment d'artillerie de marine,

2° Les équipages de ligne,

3° Les régiments de la marine. (Art. 5, *idem.*)

15. Régiment d'artillerie de marine.

Le contingent du régiment d'artillerie de marine se composera de jeunes soldats ayant au moins la taille d'un mètre 706 millimètres. (Art. 6, *id.*)

16. Equipages de ligne.

Le minimum de taille, pour les équipages de ligne, est d'un mètre 625 millimètres, et les jeunes soldats qui seront désignés pour ces corps doivent avoir un tempérament robuste, la poitrine large, les dents saines, et n'être pas âgés de plus de vingt-trois ans. (Art. 7, *id.*)

Les marins, sortant des équipages de ligne, qui ont été admis comme remplaçants par les conseils de révision, bien qu'ayant plus de vingt-trois ans, ainsi que le permet l'*Instruction du* 25 *juin* 1834, *Journ. milit.*, pag. 361, peuvent, dans la répartition du contingent, être désignés pour ce corps. *Voy.* REMPLAÇANTS, art. 26.

17. Régiments de la marine.

Pour les régiments de la marine, le minimum de la taille est le même que celui qui est fixé pour l'infanterie de ligne, c'est-à-dire que ce minimum est d'un mètre 560 millimètres. (Art. 8, *id.*)

L'officier général observera, comme règle inva-

18. Dispositions essentielles à observer dans la formation du contingent de l'armée de mer.

riable, dans la formation du contingent pour l'armée de mer :

1° Que les jeunes gens inscrits conditionnellement sur les listes du contingent cantonnal, et les jeunes soldats *dispensés* ou *déduits* conformément à l'art. 14 de la loi, ne doivent point entrer dans la formation de ce contingent;

2° Qu'au contraire, les jeunes gens qui demanderont à servir dans l'armée de mer entreront en déduction du contingent à fournir;

3° Que les jeunes soldats qui, sans être inscrits maritimes ou liés au service dans l'armée de mer, seraient déjà employés sur les vaisseaux de l'État ou dans la marine marchande, seront, quel que soit leur numéro de tirage, affectés de préférence aux équipages de ligne comme manifestant de la vocation pour ce service, et devant y être plus propres qu'à tout autre;

4° Que les jeunes gens que leur numéro de tirage appellera à faire partie du contingent de l'armée de mer et qui n'auront point été examinés par le conseil de révision, ou sur la position desquels on n'aurait aucun renseignement, ne seront affectés qu'aux régiments de la marine. (Art. 9, *idem.*)

19. Observations relatives à la désignation du contingent pour l'armée de mer.

Le contingent de l'armée de mer devant être formé de jeunes soldats *disponibles*, désignés *par canton* et dans *l'ordre absolu de leur numéro* de tirage, il arrivera nécessairement que le nombre de ces jeunes soldats qui est fixé proportionnellement à la force du contingent départemental,

Sera :

Ou égal
Ou supérieur } au nombre des cantons.
Ou inférieur
(Art. 10, *idem.*)

Si le nombre des jeunes soldats demandés pour l'armée de mer est égal au nombre des cantons, la désignation aura lieu à raison d'un homme *par canton* et elle portera *sur le numéro le moins élevé* réunissant, suivant l'arme, les conditions de taille ou d'aptitude exigées. (Art. 11, *idem.*)

20. Cas où le nombre des jeunes soldats est égal à celui des cantons.

Si le nombre des jeunes soldats est supérieur au nombre des cantons, la désignation s'effectuera d'abord comme ci-dessus à raison d'un homme par canton. Ce qui restera à fournir sera réparti ensuite entre les cantons dont le contingent est le plus élevé.

21. Cas où le nombre des jeunes soldats est supérieur à celui des cantons.

Soit pour exemple le département du Nord.

Quatre-vingt-six jeunes soldats lui sont demandés pour l'armée de mer, et le nombre des cantons n'est que de soixante.

Il y aura donc vingt-six cantons qui devront fournir deux hommes, et ces cantons seront ceux dont le contingent est le plus fort. (Art. 12, *id.*)

Si au contraire le nombre des jeunes soldats est inférieur au nombre des cantons, la désignation portera sur les cantons dont le contingent est relativement plus fort. Ces cantons fourniront ainsi chacun un homme.

22. Cas où le nombre des jeunes soldats est inférieur à celui des cantons.

Soit pour exemple le département des Hautes-Alpes.

Douze jeunes soldats lui sont demandés pour

l'armée de mer, et le nombre des cantons est de vingt-quatre.

Il n'y aura donc que douze cantons qui devront fournir chacun un homme à l'armée de mer, et ces cantons seront ceux que désignera le chiffre successivement le plus élevé de leur contingent. (Art. 13, *idem.*)

Armée de terre.

23. **Désignation des jeunes soldats pour l'armée de terre.** La désignation des jeunes soldats pour les corps de l'armée de terre, aura lieu d'après leur aptitude physique et leur profession, en suivant l'ordre dans lequel les corps sont portés sur l'état de répartition envoyé par le ministre. (Art. 14, *idem.*)

24. **Les dispensés sont affectés aux régiments d'infanterie.** Les jeunes soldats *dispensés* ou *déduits* en vertu de l'art. 14 de la loi, et qui ne sont pas sous les drapeaux, seront répartis proportionnellement entre les régiments d'infanterie qui se recrutent dans le département. (Art. 15, *idem.*)

25. **Corps qui doivent supporter les non-valeurs du contingent.** Les régiments d'infanterie supporteront toutes les non-valeurs résultant de la formation du contingent, excepté celles qui, d'après le paragraphe noté 4°, du n° 9 ci-dessus, art. 19, doivent entrer dans la composition du contingent des régiments de la marine. Ainsi les absents ou jeunes soldats qui n'auront point été examinés par les conseils de révision, seront affectés aux régiments d'infanterie, de même que tous les inscrits conditionnels à l'égard desquels aucune décision définitive n'aurait encore été rendue au moment de l'immatriculation. (Art. 16, *idem.*)

Le ministre a décidé (*Circulaire du 11 juillet* 1836) qu'à l'avenir, au moment où il sera procédé à la répartition du contingent de chaque département entre les corps, les jeunes soldats absents dont il s'agit dans l'article précédent seraient désignés exclusivement, soit pour l'un des corps de l'armée de mer, si toutefois leur numéro de tirage les appelle à en faire partie, soit pour l'un des corps des armes spéciales de l'armée de terre, sauf à changer la destination de ceux de ces hommes qui, lorsqu'ils se présenteront pour servir personnellement, seraient reconnus ne pas réunir les conditions d'aptitude exigées pour le service auquel ils auront été affectés. (*Circulaire du 11 juillet* 1836, *Journ. milit.*, pag. 25.) 26. Nouvelles dispositions à cet égard.

Le tableau n° 1 joint à l'*Ordonnance du* 28 *avril* 1832 sur les engagements volontaires (Voir ce tableau au mot Armée de terre), sera consulté quant au minimum, au maximum des tailles et aux professions exigées pour chaque arme et chaque corps, sauf les exceptions suivantes. (Art. 17 de l'*Instruction du* 4 *juillet* 1832, *Journ. milit.*, pag. 43.) 27. Tableau à consulter pour les conditions d'aptitude.

Dans le cas où il n'y aurait pas un nombre suffisant d'hommes de la taille d'un mètre 733 millimètres pour composer ou compléter le contingent des régiments de cuirassiers, l'officier général est autorisé à désigner des jeunes soldats ayant au moins la taille d'un mètre 721 millimètres. (Art. 18, *id.*) 28. Régiments de cuirassiers, tolérance de taille.

Une tolérance pareille est autorisée pour les régiments de dragons et de lanciers, dont le minimum de taille est fixé à un mètre 706 millimètres. 29. Régiments de dragons et lanciers, tolérance de taille.

L'officier général pourra désigner des jeunes soldats ayant la taille d'un mètre 693 millimètres. (Art. 19, *idem.*)

30. Régiments du génie.

Le tableau n° 1, cité ci-dessus, fixe le minimum de taille des *engagés volontaires* pour les régiments du génie, à un mètre 706 millimètres; mais l'*Ordonn. du* 13 *décembre* 1829, sur l'organisation de ces régiments, permet de les recruter en hommes de la taille d'un mètre 679 millimètres.

C'est donc sur ce minimum de taille que l'officier général devra se régler pour la formation du contingent des régiments du génie.

Il ne perdra pas de vue aussi que, conformément à ladite ordonnance de 1829, les hommes destinés à l'arme du génie doivent être forts et bien constitués, et qu'autant que possible, ils doivent être pris, sous le rapport des professions, à raison de

5 Trentièmes parmi les ouvriers en bois,
3 Trentièmes parmi les ouvriers en pierre,
2 Trentièmes parmi les ouvriers en fer.
(Art. 20, *idem.*)

31. Dispositions spéciales pour les régiments de cavalerie. Les remplaçants qui ont servi dans l'infanterie ou dans la marine, ne doivent pas être désignés pour la cavalerie.

L'officier général aura la plus grande attention de ne destiner, autant qu'il le pourra, aux régiments de cavalerie, que des jeunes soldats habitués à conduire ou à soigner les chevaux, ou dont les professions peuvent être utiles dans cette arme. (Art. 21, *idem.*)

Les remplaçants qui auraient déjà servi, soit dans l'infanterie, soit dans la marine, ne doivent pas, lors de la répartition, être désignés pour les troupes à cheval. (*Instruction du* 5 *septembre* 1834, *Journ.*

milit., pag. 90.) *Voyez* Remplaçants, art. 36.

32. Ecole de cavalerie. Les hommes affectés au recrutement de l'école de cavalerie seront tous choisis parmi les maréchaux ferrant ayant au moins le minimum de la taille fixée au tableau précité, c'est-à-dire 1 mètre 679 millimètres. (Art. 22, *idem.*)

33. Bataillon de pontonniers. Les jeunes soldats destinés au bataillon de pontonniers devront exercer les professions de batelier, d'ouvrier en fer ou en bois, et avoir la taille de 1 mètre 706 millimètres. (Art. 23, *id.*)

34. Répartition terminée. Aussitôt la répartition ainsi faite, les jeunes soldats seront inscrits par le commandant du dépôt de recrutement sur les registres-matricules des corps pour lesquels ils auront été désignés. (Art. 25, *id.*) *Voy.* Commandants des dépôts de recrutement, art. 20.

35. Les registres-matricules des corps sont vus et vérifiés par le sous-intendant militaire et approuvés par l'officier général. Dès que ces registres-matricules seront établis et dressés, ils seront soumis à la vérification du sous-intendant militaire qui les visera, et à l'approbation du maréchal de camp. (Art. 37, *id.*)

36. Dispositions particulières pour les jeunes gens inscrits conditionnellement. Les jeunes gens inscrits conditionnellement sur les registres des corps, jouissent de la faculté (lorsqu'ils auront été l'objet de décisions ultérieures qui les auront compris *définitivement* dans le contingent de leur canton), de présenter et de faire admettre des remplaçants n'ayant que le minimum de la taille déterminé par la loi. (Art. 44, *id.*)

37. Changement de destination à opérer en ce cas. Dans le cas où, par suite de cette disposition, un remplaçant admis par le conseil de révision n'aurait pas la taille exigée pour le corps auquel appartenait le remplacé, le maréchal de camp ou l'officier supérieur commandant la subdivision, ordonnera le

changement de destination du remplaçant et l'affectera immédiatement à l'arme et au corps dans lequel il peut être reçu. Le remplaçant sera alors inscrit au registre-matricule de ce corps. (Art. 45, *idem.*)

Mise en route des jeunes soldats.

38. Les jeunes soldats immatriculés et disponibles sont mis en route sur l'ordre du ministre.

Les jeunes soldats inscrits sur les registres-matricules des corps et disponibles, ne sont mis en route que sur l'ordre du ministre de la guerre, adressé au lieutenant général commandant la division, ou en cas d'urgence au maréchal de camp commandant la subdivision. (Art. 46, *id.*)

39. Ordres de route.

Les ordres de route sont dressés par le sous-intendant militaire, et transmis par lui au préfet du département qui les fait parvenir aux maires des communes. *Voy.* SOUS-INTENDANT MILITAIRE, art. 9, PRÉFETS, art. 41, et MAIRES, art. 20.

40. Destination du jeune soldat domicilié ou en résidence dans un département autre que le sien.

L'ordre de route adressé à un jeune soldat qui se trouve hors du département dans lequel il a concouru au tirage, portera toujours et invariablement pour destination le corps pour lequel le jeune soldat a été primitivement désigné; cependant, selon l'aptitude de l'homme, sa destination pourra être changée par l'officier général ou supérieur commandant le département, mais seulement *pour l'un des corps qui se recrutent dans le département du jeune soldat, et jamais pour un corps qui se recrute dans le département où se trouve le jeune soldat.* (Art. 66, *idem.*)

La revue des jeunes soldats appelés sous les dra-

41. Revue des jeunes soldats appelés sous les drapeaux.

peaux aura lieu au jour et à l'heure qui auront été fixés par l'officier général ou supérieur commandant la subdivision. (Art. 71 , *idem.*)

42. Le sous-intendant militaire et l'officier de recrutement y assistent.

Le sous-intendant militaire et l'officier commandant le dépôt de recrutement, assistent à cette revue. L'officier de recrutement y apporte, s'il est nécessaire, les registres-matricules des corps dont les contingents doivent être mis en route. (Art. 72, *idem.*)

43. Officiers de différentes armes qui peuvent être appelés à la revue.

S'il se trouve au chef-lieu du département des officiers d'artillerie, du génie et de cavalerie, l'officier général peut les autoriser à assister à la revue, afin de prendre leur avis sur l'aptitude des hommes qui seraient désignés pour ces armes. (Art. 73, *id.*)

44. Rectifications à faire lors de la revue sur le terrain.

C'est à la revue sur le terrain que l'officier général peut encore rectifier les erreurs qui auraient été commises dans la répartition du contingent entre les corps. Il peut en conséquence ordonner les changements de destination qui seraient nécessités par le degré ou le défaut d'aptitude et les différentes professions des hommes. (Art. 74, *id.*)

45. L'officier général est accompagné d'un officier de santé.

L'officier général est accompagné d'un officier de santé dont il prend l'avis pour statuer sur la position des jeunes soldats qui seraient ou se diraient infirmes. (Art. 75 , *id.*)

Si, parmi les jeunes soldats malades ou infirmes et présents à la revue, il en est qui demandent à rester chez eux pendant quelques jours, afin de se rétablir, l'officier général pourra leur accorder un sursis de départ comme il est dit ci-après.

46. Hommes malades ou infirmes présents à la revue.

Si les jeunes soldats ne demandent pas à se faire soigner chez eux, l'officier général pourra autoriser leur entrée à l'hôpital, d'où ils seront dirigés plus tard sur le corps pour lequel ils ont été désignés.

Dans ce dernier cas, le sous-intendant militaire garde, par devers soi, l'ordre de route dont le jeune soldat est porteur, et lui délivre en échange un billet d'hôpital. (Art. 76, *id.*)

47. Hommes malades ou infirmes qui ne se présentent point à la revue.

Les hommes auxquels une maladie ou des infirmités ne permettront point de se rendre à la revue, seront tenus de justifier des motifs qui les ont empêchés d'obéir à leur ordre de route, s'ils ne veulent point être déclarés prévenus d'insoumission et poursuivis comme tels. Ils devront faire présenter *leur ordre de route* et produire, avec une déclaration des gens de l'art, un certificat du maire de leur commune, visé par le sous-préfet de l'arrondissement, attestant l'impossibilité où ils sont de se rendre au chef-lieu du département. Le certificat du maire devra faire connaître en même temps à quelle époque ce onctionnaire présume que le jeune soldat sera en état de se mettre en route. (Art. 77, *idem.*)

48. Jeunes soldats reconnus impropres au service.

Les hommes qui se prétendraient atteints d'infirmités de nature à les rendre impropres au service seront renvoyés à une revue du lendemain, pour qu'ils soient visités et contre-visités conformément aux instructions sur les revues d'inspection. Ceux qui seraient reconnus être *évidemment impropres au service* recevront immédiatement *un congé de renvoi* qui sera établi à la diligence du commandant du recrutement.

Il sera fait application des dispositions prescrites au n° 76 ci-dessus, à ceux qui, par suite de cette visite, ne seraient point trouvés absolument impropres au service. (Art. 78, *id.*)

49. Mutilés volontaires.

Si, dans le nombre des jeunes soldats reconnus impropres au service, il s'en trouve qui soient prévenus de s'être mutilés ou de s'être volontairement occasionné une maladie ou des infirmités, l'officier général en rendra compte immédiatement au lieutenant général qui, suivant les circonstances, devra aux termes de l'art. 41 de la loi, déférer le prévenu aux tribunaux.

En attendant le jugement, le jeune soldat infirme ou malade sera traité et soigné à l'hôpital du lieu, il y sera consigné. Le jeune soldat mutilé qui ne sera ni malade ni infirme, sera mis en subsistance dans la compagnie de vétérans la plus voisine. (Art. 79, *id.*)

50. Compte à rendre au ministre de la guerre.

Le ministre de la guerre informé par le lieutenant général du résultat du jugement rendu, statuera sur la destination qui devra être affectée au condamné que les tribunaux auront mis à sa disposition. (Art. 179 de l'*Instruction du* 30 *mars* 1832, *Journ. milit.*, pag. 245.) *Voy.* INFIRMITÉS volontaires, art. 3.)

Sursis de départ.

L'officier général ou supérieur commandant la subdivision peut accorder des sursis de départ.

51. A qui peuvent être accordés des sursis de départ.

1° Aux jeunes soldats *présents à la revue*, qui justifieront de la nécessité de leur séjour dans leurs foyers pour des affaires d'intérêt ou de famille ;

2° Aux jeunes soldats *présents à la revue* qui auraient besoin de quelques jours pour rétablir leur santé et se mettre en état de faire une longue route;

3° Aux jeunes soldats non présents à la revue et qui justifieraient, comme il est dit plus haut (art. 48), des motifs légitimes qui les ont empêchés de se rendre au chef-lieu du département. (Art. 80 de l'*Instruction du 4 juillet 1832*, *Journ. milit.*, pag. 54.)

52. Il n'est point accordé de sursis de départ aux jeunes soldats qui ne se présentent point à la revue.

Hors le cas prévu en l'article précédent, paragraphe 3°, il est expressément interdit d'accorder un sursis de départ au jeune soldat qui ne s'est pas présenté à la revue de l'officier général. Le jeune soldat est tenu d'obéir à son ordre de route, sous les peines prévues à l'art. 39 de la loi. (Art. 81 *id.*)

53. Durée des sursis de départ.

La durée des sursis de départ est réglée par l'officier général en raison de la position du jeune soldat, et des motifs qu'il fait valoir pour l'obtenir; mais il est tenu d'en rendre compte au lieutenant général commandant la division. (Art. 82, *idem.*)

54. Comment est délivré le sursis de départ.

Il n'est délivré aucune pièce aux jeunes soldats pour surseoir à leur départ. Le sursis qui leur est accordé résulte de la date de l'itinéraire qui sera tracé sur leur *ordre de route pour rejoindre leur corps*. Dans ce cas, le jour du départ est fixé au lendemain du jour où le sursis expire. (Art. 83 *id.*) *Voy.* SOUS-INTENDANT MILITAIRE, art. 19.

54 bis. Second, sursi comment accordé.

Le maréchal de camp ne peut accorder un second sursis de départ au même jeune soldat sans l'autorisation du lieutenant général commandant la division. (Art. 85, *idem.*) *Voy.* LIEUTENANTS GÉNÉRAUX, art. 6.

D'après les articles précédents, nos 52 et 55, les

maréchaux de camp et les lieutenants généraux peuvent accorder des sursis de départ, il en résulte que l'effet de l'ordre de route est suspendu, c'est-à-dire que tout jeune soldat qui obtient un sursis de départ doit être considéré comme replacé dans l'état de disponibilité, jusqu'au jour où il doit se remettre en route pour se rendre à la destination qui lui a été assignée, et que dès lors il peut, jusqu'à cette époque, être reçu à se faire remplacer devant le conseil de révision de son département. (*Circul. du* 30 *mai* 1834, *Journ. milit.*, p. 211.) *V.* Remplaçants, art. 37. 55. Sursis de départ pendant lequel un jeune soldat peut se faire remplacer.

Toute réclamation qui aurait pour objet de faire valoir des droits à l'exemption ou au bénéfice de l'art. 14 de la loi, ne peut donner lieu de suspendre le départ d'un jeune soldat, par la raison que les décisions des conseils de révision sont définitives aux termes de la loi, et par conséquent irrévocables. Mais rien ne s'oppose à ce que l'officier général ou supérieur accueille la réclamation du jeune soldat qui paraîtrait lésé dans ses droits. Dans ce cas, et après avoir pris l'avis du préfet, il transmet les pièces au lieutenant général qui en réfère au ministre s'il y a lieu. (Art. 88 de l'*Instruct. du* 4 *juillet* 1832, *Journ. milit.*, p. 56.) 56. Réclamations pour l'exemption ou la dispense.

Changement de destination des jeunes soldats. 57. Changement de destination pour servir dans un corps qui se recrute dans le département.

L'officier général ou supérieur commandant la subdivision peut autoriser le changement de destination d'un jeune soldat inscrit sur le registre-matricule d'un corps, si ce jeune soldat, pour des motifs fondés, demande à servir de préférence dans un autre corps *qui se recrute dans le département*, et si, ayant les qualités requises pour être admis dans l'arme et dans le corps dont il fait choix, ce changement de destination ne fait pas *déficit dans le contingent à fournir par le département aux armes spéciales.* (Art. 89 *idem.*)

58. Changement de destination pour un corps qui ne se recrute pas dans le département.

Tout changement de destination pour *un corps qui ne se recrute pas dans le département,* ne peut être opéré sans le consentement du lieutenant général commandant la division. (Art. 90, *idem.*) *V.* LIEUTENANTS GÉNÉRAUX, art. 8.

59. Nombre de changements de destination qui peuvent être autorisés pour un même corps.

Les changements de destination ne seront jamais accordés *dans l'étendue de la division, qu'au nombre de cinq pour un même corps.* (Art. 92 *id.*)

60. Observations au sujet des changements de destination.

Les lieutenants généraux et maréchaux de camp doivent avoir toujours présentes les difficultés que rencontre le recrutement des armes spéciales, et combien il importe cependant d'élever et maintenir leur effectif au complet déterminé. En conséquence, autant ils se prêteront aux changements de destination qui donneraient de bonnes recrues à ces armes, autant ils veilleront à ce qu'elles ne soient point privées des ressources que leur assure la répartition du contingent ; de même ils observeront qu'aucun changement de destination ne pourra, sous aucun prétexte quelconque, être permis pour les hommes affectés à l'armée de mer, à moins d'une permutation consentie par deux jeunes soldats du même contingent, et réunissant les mêmes conditions d'aptitude. (Art. 93 *idem.*)

Départ des jeunes soldats pour leur destination.

Les jeunes soldats réunis au chef-lieu du département seront mis en route, pour leur destination, dans les vingt-quatre heures, à partir de la revue passée par l'officier général ou supérieur commandant la subdivision. (Art. 94 *idem.*) 61. Mise en route des jeunes soldats.

62. Ordre dans lequel les jeunes soldats doivent marcher. L'officier général ou supérieur qui a passé la revue sur le terrain, décide s'il y a lieu de réunir en détachement les jeunes soldats destinés pour le même corps, et suivant leur nombre, si le détachement doit être commandé par un officier ou par un sous-officier. (Art. 99, *id.*)

63. Conduite des jeunes soldats à leur destination. (Voir pour la désignation du commandant du détachement et des officiers, sous-officiers et caporaux, ainsi que pour la force des détachements, le mot CONDUITE des jeunes soldats à leur destination.)

64. Aussitôt après le départ des jeunes soldats, le maréchal de camp qui aura passé la revue, adressera au lieutenant général commandant la division, un état numérique conforme au modèle n° 1, joint à la *Circul. du* 22 *mars* 1835, présentant la mise en route de la portion du contingent de la classe appelée. (*Circul. du* 22 *mars* 1835, *Journ. milit.*, page 82.)

65. Jeunes soldats laissés dans leurs foyers comme soutiens de famille. Quant aux jeunes soldats qui, au moment de l'appel à l'activité de leur classe, doivent être laissés dans leurs foyers comme soutiens de famille, et dans la proportion de cinq sur mille, ainsi qu'il est dit art. 120 de l'*Instruct. du* 4 *juillet* 1832, *Journ. milit.*, page 61, le maréchal de camp n'a à s'en occuper que comme membre du conseil de révision, pour constater leurs titres à cette faveur.

A l'avenir, la proportion des jeunes soldats à laisser dans leurs foyers comme soutiens de famille, sera de dix sur mille hommes au lieu de cinq. (*Circ. du* 12 *août* 1837, page 10, *Journ. milit.*, pag. .) *V*. Soutiens de famille, art. 2.

Il fera exécuter à leur égard les ordres qui lui seront transmis par le lieutenant général commandant la division, et ils ne seront mis en route que dans le cas où ils auraient cessé d'être soutiens de famille depuis le moment de la proposition faite en leur faveur, jusqu'à celui de l'appel à l'activité de la portion de la classe à laquelle ils appartiennent. (*V*. Maires, art. 29, et Lieutenants généraux, art. 12.)

Devancements d'appel.

66. Examen du jeune soldat par l'officier général ou supérieur commandant et autorisation donnée par lui.

Lorsque le ministre a permis les devancements d'appel, le jeune soldat qui aura, à cet effet, reçu un certificat d'acceptation du commandant du dépôt de recrutement, se rendra devant le maréchal de camp, muni de ce certificat; cet officier général s'assurera par lui-même que le jeune soldat réunit toutes les conditions d'aptitude pour le corps dans lequel il demande à entrer, et autorisera, s'il le juge convenable, le devancement de mise en activité. Cette autorisation sera inscrite sur le certificat d'aptitude. (Art. 114 et 115 de l'*Instruct. du* 4 *juillet* 1832, *Journ. milit.*, pag. 60.) *Voy*. Devancement d'appel, art. 8.

Insoumis.

Lorsqu'un jeune soldat n'aura pas obéi à l'ordre de route qui lui aura été notifié, et qu'il aura laissé dépasser le délai d'un mois fixé par l'art. 39 de la loi, sans que ce retard provienne du cas de force majeure prévu par le premier paragraphe de l'article sus-cité, il sera immédiatement noté, signalé et poursuivi, comme prévenu d'insoumission, par le commandant du dépôt de recrutement du département dans lequel il aura concouru au tirage.

67. Jeune soldat qui n'obéit pas à son ordre de route.

68. Jeune soldat mis en route qui n'arrive pas à sa destination.

De même si un jeune soldat parti en détachement ou isolément n'est point arrivé à sa destination un mois après le jour fixé par son ordre de route, et si ce retard ne provient pas d'un cas de force majeure, le commandant du dépôt de recrutement en sera prévenu par le renvoi des pièces concernant ce jeune soldat, par le chef du corps sur lequel il avait été dirigé. (Art. 5 de l'*Instruct. du* 12 *octobre* 1832, *Journ. milit.*, page 574.) *V.* Insoumis, art. 1.

69. Noté et signalé comme prévenu d'insoumission.

Immédiatement après l'arrivée des pièces susénoncées, le commandant du dépôt de recrutement qui les aura reçues en donnera connaissance à l'officier général ou supérieur commandant le département, et prendra près de lui toutes les informations nécessaires pour constater les causes du retard; et, s'il résulte de l'avis donné par cet officier général ou supérieur, que le jeune soldat ne se trouve pas dans le cas de force majeure prévu par la loi, l'officier de recrutement le notera comme prévenu d'insoumission et le signalera comme tel. (Art. 8, *id.*) *V.* Insoumis, art. 1.

70. Engagés volontaires signalés insoumis.

Il en sera de même pour les engagés volontaires qui n'auraient pas rejoint les corps sur lesquels ils auront été dirigés.

L'officier de recrutement adressera alors à l'offi-

71. Plainte à porter au maréchal de camp.

cier général ou supérieur commandant le département, un rapport en forme de plainte, conforme au modèle n° 4, joint à l'*Instr. du* 12 *octobre* 1832, *journ. milit.*, page 390, contre le jeune soldat ou engagé volontaire prévenu d'insoumission.

Ce rapport ou plainte restera entre les mains du maréchal de camp jusqu'à l'arrestation ou la présentation volontaire du jeune soldat ou engagé volontaire qu'il concerne.

72. Cette pièce retirée lors de l'arrestation ou la présentation volontaire.

Il sera alors retiré, avec les pièces qui l'accompagnent, par l'officier de recrutement qui l'aura dressé, pour être joint à la seconde plainte n° 8, que cet officier doit envoyer au lieutenant général commandant la division dans laquelle l'insoumis aura été arrêté ou se sera présenté volontairement. (Art. 37 et 38 de l'*Instruct. du* 12 *octobre* 1832, *Journ. milit.*, page 382.) *V.* INSOUMIS.

73. Compte mensuel de l'officier général ou supérieur commandant le département.

L'officier général ou supérieur commandant le département rendra compte chaque mois au lieutenant général commandant la division, des dispositions qui auront été prises concernant la recherche des jeunes soldats ou engagés volontaires prévenus d'insoumission, ainsi que des résultats dont ces recherches ont été suivies.

Ce compte devra être circonstancié et traiter de tout ce qui se rattache à la tenue des contrôles, à la poursuite, aux arrestations et présentations volontaires, et à ce qui aura été statué à l'égard des prévenus. (Art. 42, *idem.*)

Réserve.

L'organisation de la réserve en bataillons, escadrons, compagnies ou sections ayant été indéfiniment suspendue par l'ordonnance du 9 mars 1834, il n'y a pas lieu à s'en occuper sous ce rapport.

74. Les hommes de la réserve sont sous les ordres des officiers généraux.

Tous les hommes qui font partie de la réserve sont sous les ordres et sous la surveillance des officiers généraux commandant les divisions et subdivisions. (Art. 41 de l'*Instruct. du* 16 *novembre* 1838.)

75. Ils ne peuvent s'absenter ni se marier sans la permission de l'autorité militaire.

Ils ne peuvent ni s'absenter de leur domicile, ni changer de résidence, ni se marier sans en avoir obtenu la permission de l'autorité militaire. Voir, à cet égard, les mots ABSENCE, COMMANDANTS DES DÉPÔTS DE RECRUTEMENT, art. 83 et 87, et MARIAGE.

76. Militaire en congé illimité qui demande à rentrer dans l'armée active.

Tout militaire en congé illimité ou en congé d'un an qui, manquant de moyens d'existence, demanderait à rentrer dans l'armée active, devra adresser sa demande à l'officier général commandant le département, par l'intermédiaire du maire de la commune dans laquelle il réside. (Art. 88, *idem.*)

77. Déclaration du maire.

Sur la déclaration du maire, constatant que le militaire ne peut trouver aucune ressource dans sa famille, et qu'il est, par lui-même, incapable de gagner sa vie, sa demande sera envoyée immédiatement au lieutenant général commandant la division, qui la transmettra au ministre. (Bureau du recrutement.) *V*. LIEUTENANTS GÉNÉRAUX, art. 24.

78. Ces mutations sont comprises dans le compte numérique

Les mutations de cette nature seront comprises dans le compte numérique et trimestriel que l'offi-

que l'officier de recrutement doit adresser au ministre.

cier de recrutement doit adresser au ministre sur les hommes en congé illimité ou en congé d'un an. *V.* Réserve, Revues d'inspection, art. 16 et suivants.

Voir pour les réformes, les retraites et les libérations à effectuer dans la réserve, les mots Réserve, Revues d'inspection, art. 16 et suiv.

79. Autorisation d'absence de plus de deux mois hors du département.

Les autorisations d'absence hors du département qui excéderaient *deux mois*, sollicitées par des hommes de la réserve, doivent être approuvées par le maréchal de camp. *Voy.* Absence (autorisation d').

80. Comptes à rendre.

Dans les cinq premiers jours de chaque trimestre, l'officier de recrutement adressera au général commandant le département, une situation conforme au modèle n° 24, rectifié, présentant un relevé sommaire des militaires en congé illimité ou en congé d'un an, ainsi que des jeunes soldats laissés dans leurs foyers qui composent la réserve. (*Décision du 21 janvier* 1836, *Journ. milit.* pag. 16.) Cette situation sera établie en double expédition, dont une sera transmise par le maréchal de camp au lieutenant général commandant la division. (Art. 167 de l'*Instruction du* 16 *novembre* 1833.)

81. Réunion de la réserve en cas de troubles.

Dans le cas où des troubles se manifesteraient dans quelques localités et prendraient un caractère de rébellion contre l'autorité du gouvernement, l'officier général commandant la division, et même, s'il y a *urgence*, le maréchal de camp commandant le département pourront appeler et faire réunir, sur un point désigné, tous les sous-officiers, caporaux, brigadiers et soldats en congé illimité ou en congé d'un an qui se trouveront dans l'arrondissement ou dans le département. (*Circul. du 3 mai 1834, Journ. milit.*, p. 160.) *V.* LIEUTENANTS GÉNÉRAUX, art. 31.

Appels périodiques dans la réserve.

82. Appels semestriels dans la réserve.

Des appels auront lieu tous les six mois dans la réserve; ils seront faits par canton ou par commune.

Ils commenceront, pour le 1er semestre, le 1er dimanche de mars, et pour le second semestre, le 1er dimanche de septembre. (N° 2 de l'*Instruction du 9 juin 1836, Journ. milit.*, p. 569.)

83. Jours de l'appel fixés par le maréchal de camp.

Le général commandant le département, autorisé à cet effet par le lieutenant général commandant la division, arrêtera à l'avance, pour chaque canton ou commune, selon l'étendue des circonscriptions, de concert avec le prefet, le jour et l'heure de l'appel à faire sur les lieux des hommes de la réserve. L'ordre sera conforme au modèle n° 1, joint à l'*Instruction du 9 juin* 1836.

84. L'appel sera fait un jour férié.

Afin que ces réunions ne blessent pas des intérêts de localité et puissent s'effectuer sans frais pour l'état, elles auront lieu, autant que le permettront les circonstances, le dimanche ou autre jour férié.

Elles seront en outre déterminées de manière que les hommes de la réserve n'aient généralement à parcourir que les moins grandes distances possibles, et de telle sorte qu'ils puissent toujours rentrer chez eux dans la même journée. (N° 4 *id.*)

22.

85. Cantons réunis pour les appels.

En conséquence, et comme il importe que les opérations de chaque appel semestriel soient terminées le plus promptement possible, lorsque plusieurs cantons voisins n'exigeront pas plus d'une journée de marche pour aller et venir d'une extrémité à l'autre, l'itinéraire indiquera que la réserve de ces cantons sera réunie le même jour et à la même heure dans une des communes centrales. (N° 5 *idem.*)

86. Cantons convoqués pour le même jour quoique non réunis.

Plusieurs cantons seront encore convoqués le même jour, mais à des heures différentes, lorsque les lieux de réunion seront assez rapprochés pour que les officiers de recrutement puissent s'y transporter et terminer l'appel, de manière que les hommes de la réserve aient le temps nécessaire pour retourner à leur domicile dans le même jour. (N° 6, *idem.*)

87. L'ordre pour les réunions sera inséré au Mémorial du département.

L'ordre du général commandant qui déterminera l'époque des réunions dans chaque canton ou commune, sera inséré, pour notification à MM. les maires, par les soins du préfet, dans le Mémorial administratif du département. (N° 7 *id.*)

88. Il sera également notifié au capitaine de gendarmerie. (N° 8 *id.*)

89. Appels faits par les officiers de recrutement.

Le général commandant le département fera, sur la proposition du commandant du dépôt de recrutement et de réserve, la répartition du service des appels par canton ou commune entre les officiers attachés à ce dépôt. (N° 10 *idem.*)

90. Les feuilles d'appel sont transmises au maréchal de camp.

Le commandant du dépôt réunira toutes les feuilles d'appel et les transmettra annotées de ses observations particulières au général commandant, lequel examinera, s'il y a lieu d'appliquer à ceux des militaires ou jeunes soldats qui ne se sont pas présentés à l'appel et qui seraient plus particulièrement répréhensibles, les dispositions de l'art. 46 de l'*Instruction du* 16 *novembre* 1833. Ces feuilles, où seront consignées les décisions du général, seront renvoyées au commandant du dépôt.

Dans tous les cas, les peines de discipline que prononce cet article ne devront être appliquées qu'avec beaucoup de circonspection et qu'autant qu'il y aurait indispensable nécessité. (N° 18, *id.*)

91. Compte à rendre par le commandant du dépôt.

Aussitôt que l'appel semestriel sera terminé, le commandant du dépôt remettra au maréchal de camp, pour être envoyé au lieutenant général commandant la division, un rapport conforme au modèle n° 3 joint à l'*Instruction du* 9 *juin* 1836. (N° 21 *idem.*)

92. Appels supplémentaires.

Si, en dehors des appels semestriels, l'intérêt du service de la réserve venait à exiger de nouveaux appels dans certaines localités où l'on aurait remarqué une négligence blâmable pour se rendre aux réunions, l'officier général commandant pourrait autoriser ces appels supplémentaires, après s'être préalablement concerté avec M. le prefet.

On se conformerait, dans ce cas, aux dispositions d'ordre prescrites ci-dessus et à celles du n° 9 et suivants de l'*Instruct. du* 9 *juin* 1836. (N° 23, *idem.*)

MARIAGE, MARIÉS.

1. Remplaçants ne doivent pas être mariés.

Les hommes qui se présentent pour servir comme remplaçants, ne doivent être ni *mariés*, ni veufs avec enfants. (Art. 19 *de la loi du* 21 *mars* 1832.) *Voy.* REMPLAÇANTS, art. 1.

2. Engagés volontaires ne doivent pas être mariés.

Les hommes qui veulent contracter un engagement volontaire ne doivent être ni mariés ni veufs avec enfants. (Art. 32 *de la loi du* 21 *mars* 1832, et *Instruction du* 4 *mai* 1832, art. 45, 49 et 50. *V.* ENGAGEMENTS, art. 3 et 55.

3. Jeunes soldats et militaires en congé illimité qui veulent se marier.

Les jeunes soldats laissés dans leurs foyers, non plus que les militaires en congé illimité ou en congé d'un an, faisant partie de la réserve, ne peuvent contracter mariage sans en avoir obtenu la permission de l'autorité militaire. (Nos 83 et 117 de l'*Instruct. du* 16 *novembre* 1833.)

4. Font une demande au maréchal de camp.

En conséquence, tout jeune soldat disponible ou tout militaire en congé illimité ou en congé d'un an, qui sera entré dans la dernière année de son service et voudra se marier, sera tenu d'en faire la demande au maréchal de camp ou à l'officier supérieur commandant le département. Toutes les autres demandes seront transmises au ministre de la guerre par M. le lieutenant général commandant la division, accompagnées de son avis motivé, ainsi que de l'opinion de M. le maréchal de camp, commandant la subdivision. (*Circulaire du* 4 *mars* 1837.) (Art. 84 *id.*)

5. La remettre au maire.

Il remettra sa demande au maire de sa résidence, qui la fera parvenir, avec son avis, par l'intermédiaire du préfet, au général commandant le département. Ce dernier l'examinera et donnera ensuite l'autorisation nécessaire, si rien dans l'intérêt du service ne s'y oppose. (Art. 85, *idem.*)

6. Le maréchal de

Le maréchal de camp fera prendre note par l'officier de recrutement de la permission accordée, et la renverra au préfet qui la transmettra au maire. (Art. 86, *id.*)

camp fera prendre note par l'officier de recrutement des permissions accordées.

7. Cet officier indique sommairement dans les comptes mensuels les permissions accordées.

L'officier de recrutement indiquera sommairement dans les comptes mensuels qu'il aura à rendre sur les militaires en congé illimité ou en congé d'un an, les autorisations de mariage qui auront été accordées pendant le mois. (Art. 87, *id.*)

8. Ces permissions doivent être restreintes pour les militaires auxquels il resterait encore un certain temps de service à faire, mais peuvent être accordées sans inconvénient aux hommes qui sont dans leur dernière année de service.

Les permissions de mariage pour les hommes faisant partie de la réserve doivent être restreintes pour ceux d'entre eux qui ont encore un certain temps de service à faire parce qu'ils peuvent être appelés à un service actif, mais il n'y a point d'inconvénient d'accorder l'autorisation de se marier à un homme en congé illimité ou en congé d'un an, qui se trouverait dans la dernière année de son service, par la raison qu'il est à supposer que celui qui en fait la demande renonce à l'état militaire, et que, d'un autre côté, il est très probable, qu'à moins de circonstances extraordinaires, cet homme ne sera pas rappelé sous les drapeaux.

9. Observation à faire au militaire auquel une permission de mariage est accordée.

Du reste, il sera bon, toutes les fois qu'une permission de mariage sera accordée, de faire observer au militaire qui l'obtiendra, que désormais, et en vertu de la loi sur le recrutement de l'armée, il n'a plus, étant marié, de chance pour rentrer dans l'armée comme engagé volontaire ou remplaçant. (*Circulaire du* 21 *février* 1834, *Journal militaire* pag. 38.)

10. Décision nouvelle pour les permissions de mariage.

Les conseils d'administration des corps de troupes doivent indiquer, sur les congés définitifs à délivrer aux militaires libérés, s'ils ont ou n'ont pas *contracté mariage pendant la durée de leur service.*

11. Soins que doivent avoir les conseils d'administration en établissant des congés définitifs de libération.

Ainsi ces congés devront indiquer d'une manière précise,

1° Ou que le militaire qu'ils concernent n'est pas marié,

2° Ou qu'il est veuf avec ou sans enfants;

3° Ou qu'il n'a pas contracté mariage pendant la durée de son service. (*Circul. du* 9 *février* 1834. *Journ. milit.* pag. 37.)

12. Les mêmes indications doivent être portées sur les congés de libération à délivrer dans la réserve.

Les congés de libération à délivrer dans la réserve par les officiers de recrutement devront contenir les mêmes indications. (*Circulaire du* 12 *mars* 1834, *Journ. milit.*, page 69.) *V*. COMMANDANTS DES DÉPOTS DE RECRUTEMENT.

MARINE. *V*. ARMÉE DE MER, MARINS.

MARINS.

1. Jeunes marins inscrits sont dispensés.

Les jeunes marins portés sur les registres-matricules de l'inscription maritime, conformément aux règles prescrites par les articles 1, 2, 3, 4 et 5 de la loi du 25 octobre 1795 (3 brumaire an IV), sont considérés comme ayant satisfait à l'appel, et comptés numériquement en déduction du contingent à fournir pour l'armée de mer. (Art. 14 de la loi.) *V*. DISPENSÉS, art. 5.

2. Volontaires de la marine exemptent leurs frères.

Les volontaires de la marine et inscrits maritimes embarqués sur les bâtiments de la marine royale *en temps de guerre seulement*, procurent l'exemption à leurs frères. *V*. EXEMPTÉS, EXEMPTIONS, art. 17.

3. Anciens inscrits maritimes qui veu-

Tout homme qui veut s'engager et qui a déjà servi doit justifier qu'il est dégagé des obligations qui lui étaient imposées, et s'il a été inscrit maritime, il doit produire un acte de déclassement signé par le commissaire de l'inscription maritime de son quartier. (N° 56 de l'*Instruction du 4 mai* 1832, *Journ. milit.*, page 360.) *Voy.* ENGAGEMENTS, art. 64.

lent s'engager volontairement doivent produire un acte de déclassement.

MATRICULES. *V.* REGISTRES-MATRICULES.

MASSE INDIVIDUELLE *ou de linge et chaussure.*

1. Les militaires de la réserve libérés doivent recevoir le résidu de leur masse individuelle.

Les militaires en congé illimité ou en congé d'un an qui auront fini leur temps de service dans la réserve et auront reçu leurs congés définitifs de libération, recevront, par les soins des conseils d'administration des corps auxquels ils appartiennent, le résidu de leur masse individuelle, dont le montant doit être spécifié sur leur congé illimité ou sur leur feuille matricule mobile, envoyés aux commandants des dépôts de recrutement.

2. Le sous-intendant militaire adresse aux corps les feuilles de route.

A cet effet, MM. les sous-intendants militaires transmettront directement et avec un bordereau nominatif, aux conseils d'administration des corps, les feuilles de route que les commandants des dépôts de recrutement leur auront fait parvenir, en exécution de la Circulaire du 24 février 1835.

3. Cas de perte de la feuille de route.

Dans le cas de déclaration de perte de feuille de route, le sous-intendant constatera cette circonstance par un certificat qu'il adressera au conseil d'administration du corps. Le conseil ne devra alors, suivant le principe consacré par les articles 119, 388 et 853 de l'*Ordonnance du 19 mars* 1823, faire transmettre la masse qu'après l'expiration d'un délai de six mois, à compter de l'arrivée de l'homme libéré dans ses foyers.

4. Recommandation. Il est, du reste, bien entendu que l'on continuera à suivre la marche tracée par l'art. 848 de l'*Ordonnance* précitée et la *Circulaire du* 29 *août* 1829, pour l'envoi des fonds de masse aux hommes, lorsqu'ils seront définitivement libérés. (*Circulaire du* 12 juin 1835, *Journ. milit.*, page 236.) V. Sous-intendant militaire, art. 53.

MÉDECINS. *V.* les mots Chirurgiens militaires, Officiers de santé, Infirmités volontaires, Fraude, et les dispositions de l'art. 41 de la loi du 21 mars 1832.

MEMBRES DES CONSEILS DE RÉVISION. *V.* Conseils de révision.

MEMBRES DE L'INSTRUCTION PUBLIQUE. *Voy.* Instruction publique et dispensés, article 12.

MILITAIRES en congé illimité ou en congé d'un an.

1. Font partie de la réserve et sont soumis aux obligations qu'elle impose. Les militaires renvoyés dans leurs foyers par anticipation ou à tout autre titre, avec des congés illimités ou des congés d'un an, font partie de la réserve et sont soumis à toutes les obligations qu'elle impose, ainsi ils ne peuvent, lorsqu'ils sont arrivés dans le lieu qu'ils ont choisi pour leur résidence, s'absenter hors de ce lieu pour plus de 15 jours, transférer leur domicile ou se rendre dans un autre département, ni se marier sans en avoir obtenu la permission de l'autorité militaire. (Voir à cet égard les mots Absence, Commandants des dépôts de recrutement, art. 83 et 87, et Mariage.)

Lorsqu'ils quittent leurs corps, ils reçoivent une feuille de route, avec indemnité jusqu'au lieu qu'ils ont choisi pour leur résidence.

2. Reçoivent en partant de leur corps une feuille de route avec indemnité.

Ceux qui demandent à résider dans les départements de la Seine et de Seine-et-Oise, ne peuvent y être autorisés qu'autant qu'ils y auraient leur famille établie, ou qu'ils justifieraient qu'ils exercent une profession dont ils doivent tirer parti dans la capitale pour assurer leur existence. (*Circul. du 11 janvier* 1834, rappelée par celle du 24 février 1835, *Journ. milit.*, page 50.)

3. Résidence dans les départements de la Seine et de Seine-et-Oise.

A leur arrivée dans leurs foyers, les militaires renvoyés par anticipation feront remise à l'officier de recrutement, soit directement, soit par l'intermédiaire des commandants des brigades de gendarmerie, de leur feuille de route, et ils recevront de la même manière leur titre provisoire de renvoi, avec le certificat de bonne conduite, s'il y a lieu.

4. Feront remise de leur feuille de route.

Les feuilles de route retirées seront rendues par l'officier de recrutement au sous-intendant militaire qui, après les avoir examinées, fera parvenir ces pièces au corps, ainsi que le prescrit la *Circulaire du* 12 *juin* 1835, afin que les fonds de masse puissent être adressés aux ayants droit, conformément aux règles établies.

5. Ces feuilles de route seront rendues par l'officier de recrutement au sous-intendant militaire.

Les militaires en congé illimité, ou en congé d'un an, ou renvoyés par anticipation, faisant partie de la réserve, sont tenus d'obéir aux ordres qu'ils recevront de l'autorité militaire, soit pour rejoindre leurs corps respectifs, soit pour se rendre au chef-lieu du département de leur résidence, ou sur tout

6. Les militaires de la réserve sont tenus d'obéir aux ordres qu'ils recevront.

autre point indiqué par l'officier général ou supérieur commandant le département.

7. Par qui ces ordres leur sont transmis.

Ces ordres leur seront transmis par l'intermédiaire des commandants des brigades de gendarmerie ou par les maires des communes.

8. Sont régis par les lois civiles.

Ils sont régis par les lois civiles s'ils se rendent coupables d'infractions qu'elles punissent. (Art. 44 de l'*Instruction du* 16 *novembre* 1833.)

9. Lorsqu'ils sont réunis, ils sont soumis aux réglements de discipline qui régissent l'armée.

Lorsque les militaires en congé illimité ou en congé d'un an, seront réunis pour des revues périodiques, ou pour des exercices militaires, ou pour tout autre service, les réglements de discipline qui régissent l'armée leur sont applicables. (Art. 45, *idem.*)

10. Sont punis par voie de discipline par le général lorsqu'ils n'exécutent pas les ordres qui leur sont donnés.

Hors les cas de ces revues, ou réunions, ou services, c'est-à-dire lorsque les militaires envoyés en congé illimité ou en congé d'un an ne recevront *aucune solde ou allocation*, ils pourront être punis, par voie de discipline, par le général commandant, d'un emprisonnement qui ne pourra pas excéder quinze jours, s'ils n'exécutent pas les ordres qui leur seront donnés relativement au service de la réserve, et s'ils ne se rendent pas aux appels périodiques qui seront déterminés. (Art. 46, *id.*)

11. Les mesures d'exécution pour les peines prononcées seront assurées par la gendarmerie.

Lorsqu'un militaire en congé illimité ou en congé d'un an aura été condamné à une peine de discipline, les mesures d'exécution seront assurées, s'il est nécessaire, par les soins de la gendarmerie. (Art. 47, *id.*)

12. Congé de libération.

Tout militaire envoyé en congé illimité ou en congé d'un an, qui aura terminé dans la réserve le temps de service auquel il est tenu par la loi, recevra son congé définitif de libération par les soins du commandant du dépôt de recrutement. (Art. 140, *id.*)

Si depuis son départ du corps un militaire en congé illimité ou en congé d'un an, s'est rendu coupable d'infractions qui le rendent passible d'une déduction dans son temps de service, cette déduction sera opérée conformément aux dispositions de la *Circulaire du 1er septembre* 1833, et seulement dans les cas qu'elle a prescrits conformément à la loi. (Art. 142, *id.*) 13. Déduction dans le temps de service.

MINEURS.

Un jeune homme qui est mineur, c'est-à-dire qui a moins de vingt ans d'âge, ne peut être admis à contracter un engagement volontaire, s'il ne justifie du consentement de ses père et mère ou tuteur, ce dernier dûment autorisé par une délibération du conseil de famille. (Art. 46 de l'*Instruction du 4 mai* 1832, *Journ. milit.*, page 359.) 1. Engagé volontaire âgé de moins de 21 ans.

Il ne peut dans aucun cas s'engager volontairement s'il n'a dix-huit ans accomplis pour entrer dans l'armée de terre, et seize ans accomplis pour l'armée de mer. (*Voy.* Engagements, art. 3, et Armée de mer, art. 3.) 2. Doit avoir 18 ans accomplis pour l'armée de terre et 16 au moins pour l'armée de mer.

MISE EN ACTIVITÉ. *Voy.* Activité (mise en).

MISE EN ROUTE. *Voy.* Maréchaux de camp, Mise en route. (Art. 39.)

MUSICIENS dans le corps. *Voy.* Gagistes.

MUTATIONS.

Les officiers commandant les dépôts de recrutement sont spécialement chargés de suivre, surveiller et annoter toutes les mutations qui peuvent sur- 1. Officiers de recrutement chargés de suivre les mutations des jeunes soldats et des militaires en congé illimité ou en congé d'un an.

venir parmi les jeunes soldats laissés dans leurs foyers à quelque titre que ce soit, les jeunes soldats ou les engagés volontaires prévenus d'insoumission, et les militaires de toutes armes renvoyés en congé illimité ou en congé d'un an.

2. Par qui leur sont fournis les renseignements nécessaires.

Ils doivent être tenus au courant de toutes les mutations qui surviennent parmi les hommes placés dans les positions ci-dessus indiquées, par les maires des communes, les officiers et sous-officiers de gendarmerie, le sous-intendant militaire, le maréchal de camp ou l'officier supérieur commandant le département, et par les préfets.

3. Registres sur lesquels les mutations doivent être inscrites.

Ils inscrivent les mutations relatives aux jeunes soldats disponibles laissés dans leurs foyers, sur les registres-matricules des corps auxquels ces jeunes soldats appartiennent ; celles relatives aux insoumis sur les contrôles, modèles 5 et 6 des insoumis, et enfin celles des militaires en congé illimité ou en congé d'un an sur les registres qui les concernent. *Voy.* COMMANDANTS des dépôts de recrutement, art. 77.

MUTILATIONS VOLONTAIRES. *Voy.* INFIRMITÉS VOLONTAIRES.

N.

NOTIFICATION des ordres de route.

1. Les maires sont chargés de la notification des ordres de route.

Les maires des communes sont chargés de faire remettre et notifier les ordres de route destinés aux jeunes soldats appelés à l'activité, et de veiller à ce que ces jeunes soldats s'y conforment. (Art. 53

de l'*Instruction du 4 juillet* 1832, *Journ. milit.*, pag. 49.) *Voy.* MAIRES, art. 20.

NOTIFICATIONS (Extrait du registre des).

Aussitôt que les maires auront fait remise et notification ou transmission des ordres de route, ils adresseront au préfet de leur département, par l'intermédiaire du sous-préfet, un extrait du registre des notifications. Cet extrait sera conforme au modèle n° 6 joint à l'*Instruction du 4 juillet* 1832. Il ne sera point adressé d'extrait de notification pour les jeunes soldats dont les ordres de route auront été renvoyés au préfet. (Art. 60 de l'*Instruction du 4 juillet* 1832, *Journ. milit.*, p. 50. *Voy.* MAIRES, art. 27. 3. Envoi d'un extrait des registres des notifications au préfet.

NOTORIÉTÉ pour l'âge des jeunes gens.

Seront, d'après la notoriété publique, considérés comme ayant l'âge requis pour le tirage, les jeunes gens qui ne pourront produire ou n'auront pas produit avant le tirage un extrait des registres de l'état civil, constatant un âge différent, ou qui, à défaut de registres, ne pourront prouver ou n'auront pas prouvé leur âge, conformément à l'art. 46 du code civil. (Art. 7 de la *Loi.*) 1. Notoriété publique consultée pour l'âge.

Les autorités administratives doivent dénoncer aux tribunaux les jeunes gens qui, pour ne pas être portés sur les tableaux de recensement, auraient fait usage d'actes de naissance qui ne leur appartiendraient pas. (N° 238 de l'ancien *Manuel.*) 2. Jeunes gens produisant des actes autres que les leurs.

Les maires auront soin de n'inscrire sur les tableaux de recensement que les jeunes gens dont l'existence sera notoire. (N° 268 de l'ancien *Ma-* 3. On n'inscrira que les jeunes gens dont l'existence sera notoire.

nuel, et *Circulaire du* 12 *mai* 1832, *Journ. milit.*, pag. 319.) *Voy.* MAIRES, art. 4.

4. Les sous-préfets rayeront les jeunes gens dont l'existence ne sera pas notoire.

Les sous-préfets rayeront des tableaux de recensement les jeunes gens absents au tirage dont l'existence ne serait pas notoire. (*Circulaire du* 12 *mai* 1833, *Journ. milit.*, pag. 319.) *Voy.* SOUS-PRÉFETS, art. 11.

NULLITÉ pour les engagements volontaires.

1. Causes de nullité des actes d'engagement.

L'omission des conditions relatives à la durée du service ou des formalités prescrites, est une cause de nullité dans les actes d'engagement. (N° 81 de l'ancien *Manuel*, et art. 65 de *l'Instruct. du* 4 *mai* 1832, *Journ. milit.*, pag. 362.)

2. Réclamations des engagés volontaires.

Tout engagé volontaire qui prétendrait que l'acte qui le lie au service militaire est illégal ou irrégulier, devra adresser sa réclamation au préfet du département où l'acte a été contracté, ou, s'il se trouve sous les drapeaux, au lieutenant général commandant la division.

3. Transmises au ministre de la guerre.

Les lieutenants généraux et les préfets transmettront les demandes en annullation d'acte d'engagement volontaire au ministre de la guerre, qui statuera, s'il y a lieu, ou renverra la contestation devant les tribunaux. (Art. 18 de l'*Ordonnance du* 28 *avril* 1832, *Journ. milit.*, pag. 337.) *V.* ENGAGEMENTS, art. 84 et 85.

NUMÉROS matricules des jeunes soldats, numéros d'ordre et numéros sur la liste du contingent départemental.

1. Jeunes soldats inscrits sur les registres matricules.

Les jeunes soldats désignés pour un même corps seront inscrits par ordre de numéros sur le registre-matricule de ce corps dans l'ordre où les cantons ont été examinés par le conseil de révision. Cette inscription se fait par les soins du commandant du dépôt de recrutement chargé de la tenue de ce registre. (Nos 26 et 30 de l'*Instruct. du 4 juillet* 1832, *Journ. militaire*, pag. 45.)

Les jeunes soldats d'un même canton seront inscrits dans l'ordre de leurs numéros de tirage, de manière que le numéro le plus faible occupera la première case du canton, et le numéro le plus élevé la dernière. (Art. 31, *id.*) 2. Dans quel ordre?

La première colonne du registre-matricule est destinée à recevoir le numéro d'ordre par corps. La seconde contient le numéro d'ordre que les jeunes soldats ont pris sur la liste du contingent départemental. La troisième indique le canton où le jeune soldat a concouru au tirage et le numéro qu'il a obtenu. (*Circulaire du 4 juin* 1832, *Journ. milit.*, pag. 491.) *Voy.* REGISTRE-MATRICULE. 3. Destination des colonnes du registre-matricule.

NUMÉROS du tirage. *Voyez* TIRAGE.

O.

OFFICIERS GÉNÉRAUX, supérieurs et autres de toutes armes.

Les officiers désignés ci-dessus, qui sont déjà liés au service dans les armées de terre ou de mer, en vertu d'un engagement volontaire, d'un brevet ou d'une commission, sont considérés comme ayant satisfait à l'appel et comptés numériquement en déduction du contingent à fournir, sous la condition qu'ils seront dans tous les cas, tenus d'accomplir le 1. Sont dispensés quand ils sont liés au service.

temps de service prescrit par la loi. (Art. 14 de la loi.)

2. Officiers démissionnaires.

Ainsi un officier de quelque grade qu'il soit qui donnerait sa démission avant d'avoir accompli le temps de service prescrit par la loi, doit être rappelé comme ayant renoncé à la dispense, et tenu d'achever son temps ou de fournir un remplaçant.

3. Exemptent leurs frères.

Les mêmes officiers exemptent leurs frères quand ils sont en activité de service.

Voir à cet égard le mot Activité et le tableau qui y est annexé.

OFFICIERS D'ADMINISTRATION DES HOPITAUX. *V.* Hopitaux militaires.

OFFICIERS DE GENDARMERIE. *Voy.* Gendarmerie.

OFFICIERS DE RECRUTEMENT.

D'après l'ordonnance du 1er janvier 1836, portant organisation du personnel des dépôts de recrutement et de réserve, il y aura, dans chaque dépôt de première classe, quatre officiers, savoir :

Un chef de bataillon, ou d'escadron, ou major commandant le dépôt ;

1. Composition du personnel des dépôts de recrutement.

Un capitaine ;

Un lieutenant ;

Un sous-lieutenant.

Dans les dépôts de seconde classe, trois officiers, savoir :

Un capitaine commandant le dépôt;

Un lieutenant ;

Un sous-lieutenant.

A l'avenir, ces officiers seront pris dans les corps

d'infanterie et de cavalerie et parmi les officiers en non activité par licenciement ou suppression d'emploi.

2. Attributions spéciales des commandants des dépôts.

Voir, pour les attributions spéciales des commandants des dépôts de recrutement, le mot COMMANDANTS DES DÉPOTS DE RECRUTEMENT.

3. Officiers employés sous ses ordres.

Les officiers placés sous les ordres du commandant du dépôt sont employés sous sa surveillance à tous les détails du service de recrutement, et recevront de lui les instructions qui leur seront nécessaires. (Voir les dispositions de la *Circulaire du 9 juin* 1836, *Journ. milit.*, page 568.)

4. Les officiers de recrutement sont chargés des appels de la réserve.

Les officiers de recrutement sont chargés des appels semestriels à faire dans la réserve ; la répartition de ce service sera faite par le maréchal de camp commandant le département entre les officiers attachés au dépôt. (Art. 10 de l'*Instruction du* 9 *juin* 1836, *Journal. milit.*, pag. 570.)

5. Les officiers établissent les feuilles d'appel.

Lorsque les officiers connaîtront les circonscriptions dans lesquelles ils devront opérer, ils établiront, pour chaque canton ou commune, une feuille d'appel conforme au modèle n° 2 joint à l'instruction précitée, présentant tous les militaires de la réserve compris dans la commune ou le canton. Cette feuille sera tenue au courant jusqu'au moment de leur départ pour procéder à l'appel. (Art. 11, *id.*)

A cette époque, une feuille de route sera délivrée à chaque officier, elle sera établie d'après l'itinéraire qui aura été réglé par le général commandant, et portera allocation :

1° De l'indemnité de deux francs par poste pour

6. Il leur sera délivré une feuille de route portant allocation.

les distances parcourues par chaque officier sans distinction de grade ;

2° De l'indemnité ordinaire de séjour (*selon le grade*) pour chaque journée de station, et, par conséquent, l'indemnité de séjour allouée indépendamment de celle de deux francs par poste. (Art. 12.)

7. Les ordres de route indiqueront si les officiers envoyés dans les cantons devront, dans l'intervalle des appels, revenir au dépôt ou rester dans les cantons.

Les appels ne devant avoir lieu, autant que possible, que les jours fériés, les officiers de recrutement envoyés dans les cantons auront, pendant les intervalles, à revenir au dépôt ou à rester dans les cantons, selon que le permettront les distances à parcourir, et que l'exigera l'économie des dépenses.

Les ordres de route arrêtés par MM. les maréchaux de camp devront donc être combinés en conséquence. (Art. 13, *id.*)

8. Arrivée au chef-lieu de canton.

A son arrivée dans chaque canton ou commune, l'officier de recrutement se présentera au maire, et lui fera connaître l'objet de sa mission. (Art. 14.)

9. Opération de l'appel.

Muni de la feuille modèle n° 2, il procédera à l'appel des hommes de la réserve, et il marquera sur cette feuille tous ceux qui ne se seront pas présentés; il y notera l'avis du maire, ainsi que celui de la gendarmerie sur les causes de leur absence, et ne négligera aucun moyen d'être parfaitement informé à cet égard.

Il inscrira aussi, mais séparément, les hommes qui se seront présentés, et qui appartiendraient à un autre département ou à une autre commune. (Art. 15, *idem.*)

10. La gendarmerie assistera à l'appel.

Dans l'intérêt de l'ordre public, la gendarmerie assistera à ces appels. (Art. 16, *idem.*) *Voy.* GENDARMERIE.

L'opération terminée, l'officier de recrutement présentera la feuille d'appel à la signature du maire, et il la fera parvenir, avec le résultat de ses recherches, au commandant du dépôt. (Art. 17, *id.*)

11. Les officiers supérieurs et capitaines des dépôts de recrutement appartenant à l'infanterie ou à la cavalerie cessent de compter à leur corps.

Les officiers supérieurs et les capitaines des dépôts de recrutement et de réserve appartenant aux armes de l'infanterie et de la cavalerie, cesseront de compter à leur corps, et ils y seront remplacés, mais ils continueront à être portés à leur rang sur la liste générale des officiers de leur arme. (Art. 8, *id.*)

12. Les lieutenants et sous-lieutenants comptent à leur corps.

Les lieutenants et sous-lieutenants ne cesseront pas de compter à leur corps ; ils en seront seulement détachés, ils conserveront leurs droits à l'avancement, à l'ancienneté, dans leur régiment (Art. 10, *idem.*)

13. Les officiers de recrutement peuvent être proposés pour la décoration de la Légion d'honneur.

Les officiers des dépôts de recrutement et de réserve pourront être proposés pour la décoration de la Légion d'Honneur et l'admission dans l'état-major des places par les généraux commandant les divisions territoriales. (Art. 13, *id.*)

14. Conservent l'uniforme du corps auquel ils appartiennent.

Les officiers des dépôts de recrutement et de réserve conserveront l'uniforme du corps auquel ils appartiennent. (Art. 14, *id.*)

15. Solde.

La solde des officiers des dépôts de recrutement et de réserve est celle attribuée à leur grade dans l'arme de l'infanterie et à la dernière classe des grades qui se divisent par classe. (Art. 15, id.)

16. S'accroît d'un cinquième en sus.

Cette solde s'accroît pour chaque journée de présence d'un supplément d'un cinquième en sus pour les capitaines, lieutenants et sous-lieutenants.

17. Indemnité de logement.

Les officiers ont droit, en outre, à l'indemnité de logement ; mais ceux qui par leur grade ou l'arme à laquelle ils appartiennent sont susceptibles de jouir de l'indemnité de fourrages ne pourront, comme par le passé, être admis à recevoir cette indemnité pendant tout le temps qu'ils seront attachés aux dépôts de recrutement et de réserve. (Art. 15, *id.*)

18. Indemnité de fourrages supprimée.

19. Les officiers et sous-officiers employés dans les dépôts de recrutement sont choisis de préférence pour la conduite des jeunes soldats, lorsque rien, dans l'intérêt du service du recrutement, ne s'y oppose. (*Circulaire du 9 mai* 1836, *Journ. milit.*, page 343.) *V.* CONDUITE DES JEUNES SOLDATS, art. 3.

OFFICIERS SUPÉRIEURS *nommés pour remplacer les maréchaux de camp près des conseils de révision.*

1. Pris parmis les officiers supérieurs en activité de service dans la division.

Les officiers supérieurs nommés en remplacement des maréchaux de camp près des conseils de révision, doivent, autant que possible, être pris parmi ceux qui sont en activité de service.

2. Sont nommés, au nom du ministre par le lieutenant général commandant la division.

Ils sont nommés, au nom du ministre de la guerre, par les lieutenants généraux commandant les divisions. *V.* LIEUTENANTS GÉNÉRAUX, art 2.

3. Indemnités dont ils jouissent.

Ces officiers jouissent, indépendamment des frais de déplacement alloués aux membres des conseils de révision, d'une indemnité mensuelle de 200 fr. pendant tout le temps que durent les opérations du conseil de révision. (*Circulaire du 14 août* 1834, *Journ. milit.*, p. 84.)

4. Cas où l'indemnité mensuelle ne leur est pas allouée.

Cette indemnité ne sera payée à l'officier supérieur membre du conseil de révision qu'autant que cet officier aurait été obligé à un déplacement, c'est-à-dire qu'il ne serait pas en activité de service au chef-lieu du département où siége ledit conseil. (*Cir-*

culaire du 3 octobre 1834, *Journal milit.*, page 200.)

5. Quand cessent leurs fonctions.

L'officier supérieur qui aura été désigné pour suppléer le maréchal de camp dans le cours des opérations de l'appel, cessera toujours ses fonctions vingt jours après la réunion des listes cantonnales, et n'aura plus droit à l'indemnité mensuelle qui lui aura été allouée. (*Instruction du* 21 *mai* 1832, *Journ. milit.*, page 435.) *Voy.* MARÉCHAUX DE CAMP.

6.

Les lieutenants généraux commandant les divisions enverront à l'avance après la clôture des listes cantonnales aux préfets des départements de leur division, pour suppléer, en cas de besoin, le maréchal de camp commandant la subdivision, une liste d'officiers supérieurs pris parmi les troupes en garnison au chef-lieu du département ou parmi les officiers en disponibilité ou en réforme qui y sont domiciliés. Ces officiers, désignés de la sorte, pourront être membres du conseil de révision sur la convocation du préfet, mais ils n'auront droit à aucune indemnité. (*Instruction du* 21 *mai* 1832, *Journ. milit.*, page 436.)

OFFICIERS DE SANTÉ *nommés pour assister les conseils de révision.*

1. Choisi par le préfet.

Un officier de santé, pris par le préfet, président du conseil de révision, parmi ceux dont l'intendant militaire aura envoyé la liste, sera présent aux séances du conseil et sera consulté dans les cas d'exemption pour infirmités. (Art. 16 de la loi.)

Il sera alloué à ces officiers une indemnité de déplacement, savoir :

2. Indemnités allouées pour frais de déplacement.

1° De 15 fr. par journée passée hors du chef-lieu du département;

2° 5 fr. par journée de séjour lorsque, déplacés de leur résidence ou de leur garnison, ces officiers assisteront le conseil au chef-lieu du département. (*Circulaire du* 11 *juillet* 1836, *Journ. milit.*, page 32.)

3. Officiers de santé militaires choisis de préférence.

Les officiers de santé des corps ou des hôpitaux militaires, doivent être appelés de préférence devant les conseils de révision, attendu qu'ils ont acquis, par leur position, une plus grande expérience pour déterminer l'aptitude au service militaire. (*Instruction du* 12 *mai* 1833, *Journ. milit.*, page 324.)

4. Le choix ne doit pas se porter deux années de suite sur le même officier de santé.

Il est aussi d'une sage prévoyance que le choix des présidents des conseils ne se porte pas deux années de suite sur le même officier de santé. (*Circulaire du* 12 *mai* 1833, *Journ. milit.*, p. 324.)

5. Peines dont sont passibles les officiers de santé, médecins, chirurgiens, etc., etc.

Les médecins, chirurgiens ou officiers de santé, qui, appelés au conseil de révision à l'effet de donner leur avis, auront reçu des dons ou agréé des promesses pour être favorables aux jeunes gens qu'ils doivent examiner, seront punis d'un emprisonnement de deux mois à deux ans. (Art. 45 de la loi.)

Cette peine leur sera appliquée, soit qu'au moment des dons ou promesses ils aient déjà été désignés pour assister au conseil, soit que les dons ou promesses aient été agréés dans la prévoyance des fonctions qu'ils auraient à y remplir.

Il leur est défendu, sous la même peine, de rien recevoir, même pour une réforme justement prononcée. (Art. 45 de la loi.)

Ils doivent également s'abstenir de visiter aucun homme avant qu'il ne se soit présenté devant le conseil de révision. (*Circulaire du* 12 *mai* 1833.)

MM. les présidents des conseils de révision auront soin de donner connaissance de l'art. 45 de la loi, tel qu'il est rapporté ci-dessus, aux gens de l'art qui seront appelés pour examiner les jeunes gens convoqués.

6 Communication des dispositions de l'art. 45 aux gens de l'art appelés à examiner les jeunes gens.

Les jeunes soldats prévenus de s'être rendus impropres au service militaire, soit temporairement, soit d'une manière permanente, dans le but de se soustraire aux obligations imposées par la loi de recrutement, seront déférés aux tribunaux, et s'ils sont reconnus coupables, ils seront punis d'un emprisonnement d'un mois à un an.

7. Jeunes gens prévenus de s'être rendus impropres au service.

La peine portée au présent article sera prononcée contre les complices. Si les complices sont des médecins, chirurgiens, *officiers de santé* ou pharmaciens, la durée de l'emprisonnement sera de 2 mois à 2 ans, indépendamment d'une amende de 200 f. à mille francs, qui pourra être prononcée, et sans préjudice des peines plus graves, dans les cas prévus par le Code pénal. (Art. 41 de la loi.)

8. Complices.

L'officier de recrutement, le chef de corps ou l'officier de gendarmerie, chargés de délivrer des certificats d'acceptation aux engagés volontaires font constater en leur présence par un docteur en médecine ou en chirurgie ou à défaut de l'un et de l'autre par un officier de santé employé pour les actes de l'état civil, ou de la police judiciaire, ou attaché à un hospice civil ou militaire, si cet engagé n'a aucune infirmité apparente ou cachée, et s'il est

9. Certificats d'acceptation à délivrer aux engagés volontaires signés par l'officier de santé chargé de l'examen.

d'une constitution saine et robuste. Ce certificat sera signé par l'officier de santé chargé de cet examen et par l'officier qui le délivre. (Art. 8 de l'*Ordonnance du* 28 *avril* 1832, *Journ. milit.*, page 336.) *Voy.* ENGAGEMENTS VOLONTAIRES, art. 45, et CERTIFICATS D'ACCEPTATION.

10. Certificat d'aptitude pour les devancements d'appel.

Les jeunes soldats qui demandent à devancer leur mise en activité sont visités par un officier de santé, comme il est dit ci-dessus pour les engagés volontaires. *V.* DEVANCEMENT D'APPEL, art. 7.

11. Un officier de santé accompagne le maréchal de camp lors de la revue sur le terrain.

L'officier général qui passe la revue sur le terrain des jeunes soldats appelés à l'activité, se fait accompagner par un officier de santé dont il prend l'avis pour statuer sur la position des jeunes soldats qui seraient ou se diraient infirmes. *V.* MARÉCHAUX DE CAMP, REVUE SUR LE TERRAIN, art. 22.

12. Réforme dans la réserve.

Lorsqu'il y aura lieu d'admettre à la réforme des militaires compris dans la réserve, l'officier général les fera visiter et contre-visiter en sa présence par *deux officiers de santé.* (Art. 124 et 128 de l'*Instr. du* 16 *novembre* 1833.) *Voy.* RÉSERVE, REVUE d'inspection, art. 22.

13. Officiers de santé en activité de service, confèrent l'exemption à leurs frères.

Les *officiers de santé* des armées de terre et de mer procurent l'exemption à leurs frères lorsqu'ils sont employés activement. Ils ne leur confèrent pas ladite exemption lorsqu'ils ne sont pas employés activement. (*Voir* le tableau joint au mot ACTIVITÉ de service.)

OMIS *sur les tableaux de recensement.*

1. Omis sur les tableaux de recensement.

Si dans les tableaux de recensement des années précédentes, des jeunes gens ont été *omis*, ils seront inscrits sur le tableau de l'année qui suivra celle où l'omission aura été découverte, à moins qu'ils n'aient trente ans accomplis. (Art. 9 de la loi.)

2. Omis ayant 30 ans accomplis.

Les maires devront donc accueillir les réclamations des individus qui prétendront avoir accompli leur trentième année, mais ils ne s'abstiendront pas de porter les réclamans sur le tableau de recensement de la commune, afin que ceux-ci aient à justifier de leur âge, conformément à l'art. 7 de la loi. (Art. 13 de l'*Instruction du* 30 *mars* 1832, *Journ. milit.*, page 212.)

3. Ne peut réclamer le bénéfice des exemptions indiquées par l'art. 13 de la loi.

Le jeune homme *omis* qui ne se sera pas présenté par lui ou ses ayants cause pour concourir au tirage de la classe à laquelle il appartenait, ne pourra pas réclamer le bénéfice des exemptions indiquées par les nos 3, 4, 5, 6 et 7 de l'art. 13 de la loi, si les causes de ces exemptions ne sont survenues que postérieurement à la clôture des listes du contingent de sa classe. (Art. 13 de la loi.)

4. Cette disposition s'applique à tous les *omis* indistinctement.

Les conseils de révision devront observer que la loi applique cette exception à tous les *omis* indistinctement, et non pas seulement à ceux qui auraient été condamnés en vertu de l'art. 38 de la loi. (Art. 43 de l'*Instruct. du* 30 *mars* 1832, *Journ. milit.*, page 218.)

Toutes fraudes ou manœuvres par suite desquelles un jeune homme aura été *omis* sur les tableaux de recencement seront déférées aux tribunaux ordinaires et punies d'un emprisonnement d'un mois à un an.

5. Omis inscrit en tête de la liste du tirage.

Le jeune homme *omis*, s'il a été condamné comme auteur ou complice desdites fraudes ou manœuvres, sera, à l'expiration de sa peine, inscrit en tête de la liste du tirage, ainsi que le prescrit l'art. 11 de la loi. (Art. 38 de la loi.)

6. Par le sous-préfet.

Cette inscription aura lieu par les soins du sous-préfet. *Voy.* SOUS-PRÉFETS et TABLEAUX de recensement.

7. Observations.

L'art. 8 de la loi exigeant que les tableaux de recensement soient dressés sur la déclaration *des jeunes gens, leurs parents ou tuteurs,* il est évident que l'*omission* sera, du moins dans beaucoup de circonstances, le résultat d'une résolution prise par les jeunes gens, leurs parents ou leurs tuteurs, de ne point se soumettre aux obligations de la loi. (Art. 169 de l'*Instruction du* 30 *mars* 1832, *Journ. milit.*, page 243.)

8. Plainte portée par le préfet au procureur du roi contre les *omis* volontaires.

C'est ce délit que doit atteindre l'art. 38 de la loi; en conséquence, lorsque les autorités locales découvriront une omission qui leur paraîtra être le résultat d'une fraude ou manœuvre quelconque, plainte devra être portée par le préfet contre l'individu prévenu d'être *omis volontaire;* et si le jeune homme est condamné comme auteur ou complice desdites fraudes ou manœuvres, il sera, ainsi qu'il est dit ci-dessus, inscrit sur la liste du tirage, à l'expiration de sa peine. (Art. 170, *id.*)

ORDRE DE CONVOCATION pour paraître devant le conseil de révision. *V.* CONVOCATION (ORDRE DE) et MAIRES, art. 16.

ORDRE DE DÉPART. *V.* ORDRE de route.

ORDRE DE ROUTE.

1. Ordre de route transmis aux jeunes soldats.

A la réception des ordres du ministre de la guerre pour la mise en route des jeunes soldats, le lieutenant général prend les dispositions nécessaires pour que des *ordres de route* leur soient transmis sans délai. (Art. 47 de l'*Instruction du 4 juillet* 1832, *Journ. milit.*, page 48.) *V.* LIEUTENANTS GÉNÉRAUX, art. 3.

2. Dressés par le sous-intendant militaire et envoyés au préfet.

Ces ordres de route seront dressés par le sous-intendant militaire qui les transmet au préfet du département. (Art. 48 et 50, *id.*) *V.* SOUS-INTENDANT MILITAIRE, art. 9.

3. Point d'ordre de route pour les inscrits conditionnellement.

Il n'est point expédié d'ordre de route pour les jeunes soldats inscrits conditionnellement. (Art. 49, *id.*)

4. Transmis par le préfet aux maires.

Le préfet, après avoir vérifié ces ordres de route, les transmet aux maires des communes. (Art. 51, *id.*) *V.* PRÉFETS, art. 41.

5. Délai pour l'envoi des ordres de route aux maires des communes.

Les ordres de route doivent, autant que possible, être envoyés aux maires, de manière que les jeunes soldats aient au moins trois jours entiers pour se préparer au départ, non compris le jour où l'ordre de route aura été notifié et le jour fixé pour le départ. (Art. 52.) *V.* PRÉFETS, art. 41.

6. Obligations des maires pour la remise et la notification des ordres de route.

Les maires sont chargés, non seulement de faire remettre et notifier les ordres de route, mais aussi de veiller à ce que les jeunes soldats s'y conforment.

Le modèle de l'ordre de route rappelle à cet effet les dispositions de l'art. 40 de la loi relatives aux peines dont se rendent passibles ceux qui, par des manœuvres coupables, auraient empêché ou retardé le départ des jeunes soldats. (Art. 53, *id.*) *V.* MAIRES, art. 20.

7. Renvoi des ordres de route des absents au préfet.

Les maires renvoient au préfet les ordres de route des jeunes soldats domiciliés ou en résidence dans un autre département, ainsi que ceux des jeunes soldats domiciliés ou en résidence hors du royaume, ou dont la résidence et le domicile sont inconnus. (Art. 57 et 58.) *Voy.* Maires, art. 24.

8. Le préfet en fait l'envoi au sous-intendant militaire.

Le préfet renvoie ces ordres de route au sous-intendant militaire qui est chargé d'y donner la suite convenable. (Art. 64 et 65, *id.*) *V.* Sous-intendants militaires, art. 14.

9. Jeune soldat qui n'obéit pas à son ordre de route est signalé insoumis.

Tout jeune soldat qui n'obéit pas à l'ordre de route qui lui a été notifié est signalé insoumis. (Art. 69, *id.*) *Voy.* Insoumis, art. 2.

ORPHELINS.

1. Aîné d'orphelins exempté.

L'aîné d'orphelins de père et de mère sera exempté et remplacé dans l'ordre des numéros subséquents.

2 Frère puiné d'orphelins exempté si son frère aîné est infirme.

Le frère puîné d'orphelins de père et de mère jouira de l'exemption si le frère aîné est aveugle ou atteint de toute autre infirmité qui le rende impotent. (Art. 13 de la loi.)

3. Pièces à produire.

Lesjeunes gens qui se trouveraient dans l'un ou l'autre des deux cas indiqués ci-dessus, devront, à l'appui de leur réclamation devant le conseil de révision, produire les certificats notés A et H dont les modèles sont ci-joints sous les n° 3 et 10. Voir à la fin du présent Dictionnaire. Indépendamment de

4. Infirmités du frère aîné constatées.

ces certificats, s'il s'agit du frère aîné déclaré impotent, les infirmités de ce frère aîné qui donneraient droit à l'exemption du frère puîné, doivent comme toutes celles qui procurent l'exemption directe à ceux qui en sont atteints, être constatées aux termes de l'art. 16 de la loi, par un examen des gens de l'art devant le conseil de révision. Le certificat noté H ne peut donc suppléer à cet examen. S'il arrivait que l'infirmité du frère aîné ne permît pas qu'il se présentât en personne, sa position serait alors constatée au moyen d'une enquête et par une visite faite à domicile. (*Instruction du* 21 *mai* 1832, *Journ. milit.*, p. 428.)*Voy.* EXEMPTÉS, EXEMPTIONS, art. 4.

OUVRIERS *dans les corps. V.* GAGISTES.

OUVRIERS *d'artillerie, du génie et des équipages militaires. V.* ENGAGEMENTS, articles 22, 25 et 28.

OUVRIERS *de la marine.*

1\. Ouvriers de la marine sont dispensés, s'ils sont inscrits sur les registres-matricules de l'inscription maritime.

Les ouvriers de la marine, tels que *charpentiers de navire, perceurs, voiliers et calfats* sont considérés comme ayant satisfait à l'appel et comptés numériquement en déduction du contingent, s'ils sont portés sur les registres-matricules de l'inscription maritime, conformément à l'art. 44 de la loi du 25 *octobre* 1795, 3 brumaire an IV. (Art. 14 de la loi du 21 mars 1832.)

Ces ouvriers doivent justifier de leurs droits à la dispense, par un certificat de l'officier d'administration chargé de l'inscription maritime dans le quartier où ils sont immatriculés. *V.* DISPENSES, DISPENSÉS, art. 5.

P.

PASSE-PORTS.

1\. Les maires ne doivent point délivrer de passe-ports aux jeunes soldats sans la permission de l'autorité militaire.

Les maires des communes ne doivent délivrer de passe-ports aux jeunes soldats disponibles qui font partie de la réserve que lorsque ces derniers ont obtenu de l'autorité militaire la permission de s'ab-

2. Indications à mettre sur le passe-port délivré.

senter hors de leur domicile pour se rendre dans un autre département.

Lorsque la permission d'absence est demandée pour une autre localité du même département, les maires peuvent, de leur propre autorité, délivrer le passe-port; mais dans l'un ou l'autre cas, il leur est expressément recommandé de faire mention, sur cette pièce, de la qualité de jeune soldat, de l'individu qui en est porteur, de son numéro de tirage, de la classe à laquelle il appartient, ainsi que du corps dans lequel il a été immatriculé et de la durée

3. Les maires ne doivent point délivrer de passe-port aux militaires qui font partie de la réserve.

de la permission qui lui aura été accordée. (Art. 94 et 102 de l'*Instruct. du* 16 *novembre* 1833.) *V*. Absence des jeunes soldats et maires.

Les maires ne doivent, sous aucun prétexte, délivrer de passe-ports civils aux militaires en congé illimité ou en congé d'un an faisant partie de la réserve, tant que ces militaires n'ont pas été définitivement libérés. *V*. Maires, art 58.

1. Définition des peines afflictives et infamantes.

PEINES AFFLICTIVES ET INFAMANTES.

Les peines afflictives et infamantes sont (non compris la mort) :

Les travaux forcés à perpétuité ou à temps ;

La déportation;

La détention dans l'une des forteresses situées sur le territoire continental du royaume;

La réclusion dans une maison de force.

Les peines afflictives sans être infamantes sont :

Le bannissement;

La dégradation civique.

(*Circulaire du* 13 *mai* 1837, *Journ. milit.*, pag 429.)

PEINES CORRECTIONNELLES.

Les peines correctionnelles sont : 1. Définition des peines correctionnelles.

L'emprisonnement à temps dans un lieu de correction;

L'interdiction à temps de certains droits civiques, civils et de famille;

L'amende.

(*Circulaire du* 13 *mai* 1837, *Journal militaire*, page 429.) *V.* Condamnés, Exclus, et l'article 2 de loi.

Voir, pour les peines dont sont passibles les personnes prévenues de fraude ou de complicité de fraude en matière de recrutement, le mot Fraude.

Pour celles dont sont passsibles les insoumis, le mot Insoumis.

PERCEURS DE NAVIRE. *V.* Ouvriers de la marine.

PERMANENCE DES CONSEILS DE RÉVISION. *V.* Conseils de révision et Préfets, art.

PHARMACIENS. (Élèves commissionnés).

Seront exemptés et remplacés dans l'ordre des numéros subséquents, les jeunes gens que leur numéro désignera pour faire partie du contingent, qui, au moment de l'appel, seront *pharmaciens* élèves commissionnés des hôpitaux, et pour écarter toute incertitude à cet égard, les deux avant-derniers paragraphes de l'art. 14 de la loi seront textuellement rappelés dans les commissions dont ces jeunes gens seront pourvus. (*Circ. du* 28 *juin* 1835, *Journ. milit.*, page 398.) 1. Sont exceptés conformément à l'art. 14 de la loi.

PHARMACIENS.

Les pharmaciens prévenus d'avoir coopéré à ren-

1. *Peines encourues par les pharmaciens qui coopèrent à rendre des jeunes soldats impropres au service.*

dre des jeunes soldats impropres au service militaire soit temporairement, soit d'une manière permanente dans le but de les soustraire aux obligations imposées par la loi, seront punis d'une peine d'emprisonnement de deux mois à deux ans, indépendamment d'une amende de 200 francs à mille francs qui pourra être prononcée et sans préjudice de peines plus graves, dans les cas prévus par le Code pénal. (Art. 41 de la loi.)

PIONNIERS *de discipline à Béfort.*

Les jeunes gens déférés aux tribunaux comme prévenus de s'être rendus impropres au service et qui auront été condamnés, seront mis immédiatement à la disposition de l'autorité militaire et dirigés sur-le-champ par ordre des lieutenants généraux commandant les divisions, sur la deuxième compagnie de pionniers de discipline à Béfort. (*Inst. du* 28 *juin* 1835, *Journ. milit.*, page 404.)

PLAINTES *à porter contre les jeunes soldats ou les engagés volontaires prévenus d'insoumission.* *V.* COMMANDANTS DES DÉPOTS DE RECRUTEMENT, art. 57 et 67.

PRÉFETS, *présidents des conseils de révision.*

1. *Liste des omis envoyée aux maires par les préfets.*

Le préfet fera dresser, pour chaque commune, dans le courant du mois de décembre qui précède le recensement, et transmettra aux maires, par l'intermédiaire des sous-préfets, la liste des jeunes gens qui pour fait d'*omission* sur les listes du tirage, auront été renvoyés à la classe de l'année suivante. (N° 222 de l'ancien *Manuel.*)

Aussitôt après la promulgation de l'ordonnance du roi qui déterminera le nombre d'hommes à appeler, et leur répartition entre les départements, conformément à l'art. 4 de la loi du 21 mars 1832, les préfets répartiront le contingent assigné parladite ordonnance à leurs départements respectifs, entre les arrondissements et les cantons, proportionnellement au nombre de jeunes gens inscrits sur les listes de tirage. (N° 208 de l'ancien *Manuel*, modifié par le nouveau mode de répartition ordonnée.) 2. Sous-répartition du contingent entre les arrondissements et cantons.

Les préfets dresseront à la même époque un état de tous les élèves des hospices civils de leur département qui, appartenant à la classe appelée, devront *atteindre leur majorité* avant le jour fixé pour le tirage au sort; et pour ceux desdits élèves qui résideront dans le département, ils enverront au maire de la commune de la résidence tous les renseignements nécessaires, afin que leur inscription sur les tableaux de recensement soit faite conformément aux dispositions du paragraphe noté 5 de l'art. 6 de la *Loi du* 21 *mars* 1832. 2 *bis.* Inscription des élèves des hospices civils sur les tableaux de recensement.

A l'égard des élèves qui habiteront dans d'autres départements, ces renseignements seront transmis aux préfets de ces départements qui, d'après les dispositions précitées, auront également à faire opérer les inscriptions dans les communes de la résidence. (*Circulaire du* 1er *avril* 1837, *Journal militaire*, pag. 185.)

Ils adresseront aux maires des communes, par l'intermédiaire des sous-préfets, une copie de la répartition entre les cantons de leurs arrondissements respectifs. (Art. 211, *id.*) 3. Envoyés aux maires.

Ils adresseront également aux maires des communes, par l'intermédiaire des sous-préfets, les ordres 4. Ordre de convocation pour les jeunes gens.

de convocation destinés aux jeunes gens qui devront être examinés et entendus par le conseil de révision. (N° 355, *id.*)

Ils veilleront à ce que ces ordres soient exactement conformes au modèle annexé à la *Circulaire du* 21 *mai* 1832, *Journ. milit.*, page 421.

5. Président le conseil de révision de leur département.

Les préfets président le conseil de révision du département qu'ils administrent. (Art. 15 de la loi.)

Lorsqu'ils ne peuvent pas présider eux-mêmes ledit conseil, ils désignent le conseiller de préfecture qui doit les remplacer.

Les préfets doivent, autant que possible, présider eux-mêmes les conseils de révision. Leur présence est une garantie que la loi a voulu donner à la population et à l'armée. (*Circulaire du* 25 *juin* 1834, *Journ. milit.*, p. 350.)

6. Règlent l'itinéraire du conseil.

Ils règlent l'itinéraire que doit suivre le conseil de révision, en prenant en considération le nombre de jeunes gens convoqués, afin qu'on ait le temps nécessaire pour les examiner sans précipitation, entendre et accueillir leurs réclamations, clore la liste de chaque canton, et proclamer la libération des numéros qui n'auront point été compris dans la liste cantonnale. (*Instruct. du* 21 *mai* 1832, *Journ. milit.*, p. 422.)

Les préfets feront en sorte, en réglant l'itinéraire, que les conseils de révision ne soient jamais assujettis à parcourir, dans la même journée, de trop longues distances pour se rendre d'un canton dans un autre; ils devront aussi éviter de convoquer les jeunes gens dans des cantons qui ne feraient pas partie du même arrondissement, afin que les sous-préfets ne puissent se dispenser d'assister aux séances du conseil de révision, par le motif qu'ils ne pouvaient remplir cette obligation, et qu'ils n'avaient d'action que dans leurs circonscriptions respectives. (*Circulaire du* 12 *août* 1837, *Journal militaire*, p. 97.)

Ils veilleront à ce que les maires des communes ou leurs adjoints assistent aux séances du conseil de révision revêtus de leur écharpe, marque distinctive de leurs fonctions. (*Instruction id.*) *V.* CONSEILS DE RÉVISION, art. 46 et MAIRES, art. 14. 7. Veillent à ce que les maires assistent aux séances.

Le choix des préfets, pour les officiers de santé qui doivent accompagner le conseil de révision, doit se porter de préférence sur les officiers de santé des corps ou des hôpitaux militaires, en ayant l'attention toutefois de ne pas désigner deux années de suite le même officier. 8. Choix des officiers de santé.

Ils doivent veiller à ce que les dépenses résultant de l'emploi des officiers de santé dans les opérations de l'appel, ne dépassent pas les limites du budget du recrutement. 9. Dépenses résultant de l'emploi des officiers de santé.

Ils ne doivent pas négliger non plus de donner connaissance à ces officiers de l'art. 45 de la loi, afin qu'ils n'ignorent pas les peines dont ils se rendraient passibles s'ils enfreignaient les dispositions de cet article. (*Circul. du* 21 *mai* 1832, *Journal militaire*, pag. 426.) 10. Ils doivent donner connaissance à ces officiers de l'art. 45 de la loi.

A moins d'une urgence reconnue, les préfets présidents de conseils doivent s'abstenir de désigner, pour la tournée, le chirurgien en chef d'un hôpital militaire, dans le cas où l'intendant militaire, qui leur envoie la liste des officiers de santé, aurait fait 11. Ne désignent qu'en cas d'urgence reconnue les chirurgiens en chef des hôpitaux militaires.

connaître qu'une absence aussi prolongée de la part de cet officier de santé serait essentiellement nuisible aux soins journaliers que les malades réclament. (*Circulaire du* 25 *juin* 1834, *Journ. milit.*, page 353.) *V.* Officiers de santé.

12. Envoi d'un extrait de la liste du tirage pour les absents.

Aussitôt après que la liste du tirage a été arrêtée et signée, le sous-préfet en adresse un *extrait séparé* au préfet pour chacun des jeunes gens absents. Il joindra à cet envoi, autant que faire se pourra, une *feuille de renseignements* conforme au modèle n° 20, annexé à la circulaire du 21 mai 1832.

13. Absents dans les possessions françaises d'Afrique.

Le même envoi sera fait pour les jeunes gens qui résident dans les possessions françaises en Afrique. (*Circulaire du* 13 *mai* 1837, *Journal milit.*, p. 429.)

14. Transmis par le préfet du domicile au préfet de la résidence.

Le préfet transmettra, sans délai, l'extrait de la liste du tirage et la feuille de renseignement au préfet du département dans lequel les absents sont en résidence. (*Circulaire du* 21 *mai* 1832.)

15. Pour les absents en Afrique au commandant de la province.

Pour les jeunes gens qui sont en Afrique, ces pièces seront transmises au commandant de la province dans laquelle ces jeunes gens seront en résidence. (*Circulaire id.*)

16. Le préfet de la résidence fait convoquer le jeune homme.

Au reçu de l'extrait de la liste du tirage, le préfet du département de la résidence fera convoquer le jeune homme désigné dans l'extrait afin que le conseil de révision puisse le faire visiter. (*Circulaire id.*)

17. Le conseil donne son avis.

Le conseil de révision, après avoir fait constater si le jeune homme a la taille requise, et s'ils n'a pas d'infirmités qui le rendent impropre au service, donnera son avis. (*Circulaire id.*)

A l'égard des jeunes gens qui appartiennent à un autre département, le conseil de révision ne peut donner d'avis que sur les cas d'exemption, prévus aux n°s 1 et 2 de l'art. 13 de la loi. (*Circ. id.*)

18. Renvoi de l'extrait de la liste du tirage par le préfet de la résidence au préfet du domicile.

Du moment que les jeunes gens auront été examinés par le conseil de révision du département où ils sont en résidence, le préfet de ce département fera, au préfet du département du domicile, le prompt renvoi de l'extrait de la liste du tirage qui lui avait été transmis, en y joignant l'*avis* du conseil de révision. (*Circ. id.*)

19. Le conseil de révision prend alors une décision définitive.

Le préfet du département du domicile communiquera cet avis au conseil de révision qu'il préside, et le conseil prendra une décision *définitive* pour accorder ou refuser l'exemption au jeune homme absent. (*Circ. id.*)

20. Délai accordé, dans le cas où l'extrait de la liste du tirage ne serait pas renvoyé.

Si l'extrait du tirage n'était point revenu du département de la résidence au moment où le jeune homme absent devrait comparaître devant le conseil de révision du département de son domicile, ce conseil lui accorderait un délai, aux termes de l'art. 27 de la loi, afin de pouvoir statuer plus tard. (*Circ. idem.*)

21. Pour les jeunes gens en Afrique l'autorité militaire les fera convoquer devant elle.

Pour les jeunes gens absents dans les possessions françaises d'Afrique, au reçu de l'extrait de la liste du tirage, l'autorité militaire fera convoquer devant elle ces jeunes gens, afin de reconnaître s'ils ont au moins la taille requise (1 mètre 560 millimètres); elle les soumettra de plus à une visite et contre-visite de médecins et chirurgiens militaires, à l'effet de constater s'ils n'ont pas des infirmités qui les rendent impropres au service. (*Circ.* du 13 *mai* 1837, *Journ. milit.*, page 432.)

L'autorité militaire fera ensuite au préfet du dé-

22. Fera ensuite le renvoi de l'extrait de la liste du tirage au préfet du domicile.

partement du domicile, le prompt renvoi de l'extrait de la liste du tirage qui lui avait été transmis, en y joignant, avec son avis, les certificats de visite et de contrevisite. (*Circ. idem.*)

23. Le préfet suivra alors les règles tracées ci-dessus.

Le préfet se conformera, pour le reste, aux règles tracées ci-dessus aussitôt que le conseil de révision se réunira pour la classe appelée. (*Circ. idem.*)

24. Soins que doivent avoir les préfets de renvoyer promptement devant les tribunaux les questions élevées par les jeunes gens.

Les questions élevées par les jeunes gens relativement à leur état ou à leurs droits civils devant être jugées contradictoirement avec le préfet du département à la requête de la partie la plus diligente, ce fonctionnaire ne doit pas perdre un instant pour déférer ces questions aux tribunaux. (Art. 114 de l'*Instr. du* 30 *mai* 1832, *Journ. milit.* page 232.) Voir, pour de plus amples détails, le mot FRAIS DE JUSTICE, art. 15 et suiv.

Remplaçants.

25. Rejet des remplaçants, précautions recommandées.

Le président du conseil de révision doit faire exécuter, avec une scrupuleuse exactitude, les dispositions de la circulaire du 28 avril 1827, qui dit :

« Lorsque le conseil de révision aura refusé d'ad-
» mettre un homme comme remplaçant, le prési-
» dent du conseil aura soin de faire écrire, séance
« tenante, les mots qui suivent sur chacune des piè-
« ces produites par cet homme. »

REJETÉ COMME REMPLAÇANT le
par le conseil de révision
du département de

Cette annotation sera faite en gros caractères, et, s'il est possible, avec une encre indélébile. (*Circ. du*

25 *juin* 1834, *Journ. milit.*, page 364.) *V.* REMPLAÇANTS, art. 34.

Ces pièces seront ensuite renvoyées, pour être conservées, au préfet du département dans lequel chacune d'elles aura été délivrée.

Les préfets pourront d'ailleurs exiger que les pièces à produire pour les remplaçants soient déposées à l'avance à la préfecture ou entre les mains du président du conseil de révision, si ce conseil est en tournée.

Quand les remplaçants ne résideront pas dans le canton ou l'arrondissement, on pourra encore demander, afin de s'assurer de l'identité des individus, la production du passeport dont ils ont dû se munir pour voyager. (*Circulaire du* 12 *août* 1837, p. 9, *Journ. milit.*) *Voy.* REMPLAÇANTS, art. 34.

Les certificats de bonne conduite demandés aux maires par les individus qui veulent se présenter comme remplaçants, ne doivent être délivrés qu'une seule fois dans la même année au même individu et dans tous les cas, on devra justifier de la première expédition délivrée, MM. les préfets, en rappelant souvent cette disposition à MM. les maires, leur feront apprécier les abus qui pourraient résulter d'une complaisance peu réfléchie à cet égard. *V.* REMPLAÇANTS, art. 7. 26.

Les actes de substitution et de remplacement seront reçus par le préfet dans les formes prescrites pour les actes administratifs. (Art. 24, de la loi.) 27.

Les préfets présidents des conseils de révision devront, conformément à l'art. 28 de la loi, proclamer, séance tenante, et en présence des maires et des 28. Proclamation des noms inscrits sur la liste du contingent.

jeunes gens, les noms inscrits sur la liste du contingent cantonnal et faire connaître, de la même manière, que les jeunes gens qui ne sont pas inscrits sur cette liste sont définitivement libérés. (Art. 28 de la loi, et n° 134 de l'*Instruct. du* 30 *mars* 1832, *Journ. milit.*, page 237.)

Réunion des listes cantonnales et formation de la liste du contingent départemental.

29. Formation de la liste du contingent départemental.

Le préfet en présence du conseil de révision procédera à l'époque fixée par l'ordonnance royale à la réunion de toutes les listes de chaque canton de son département pour en former la *liste du contingent départemental.*

Cette opération sera constatée par une délibération inscrite tant au procès-verbal des séances que sur la feuille qui enveloppera les listes cantonnales réunies en un seul cahier. (*Instruction du* 21 *mai* 1832, et *Circulaire du* 28 *juin* 1835. *Journal militaire*, pag. 405.)

V. Liste du contingent départemental.

30. Frais de déplacement des membres du conseil.

Immédiatement après la clôture de la liste du contingent, le préfet adresse directement au ministre l'état relatif aux frais de déplacement des membres du conseil de révision. Cet état, en double expédition et conforme au modèle n° 43 de l'ancien *Manuel*, doit comprendre, indépendamment des fonctionnaires désignés au n° 1598 du *Manuel*, les officiers et sous-officiers de recrutement que le conseil aura jugé convenable d'appeler aux opérations de la tournée; il sera appuyé d'une copie de l'itinéraire que le conseil aura suivi. (N° 1622 de l'ancien *Manuel.*)

Rapport au ministre.

31. Rapport au ministre sur les opérations de l'appel.

Les préfets adresseront au ministre de la guerre, pour l'époque fixée par ses instructions, un rapport circonstancié sur les opérations de l'appel. Ce rapport, dont le modèle est joint ou indiqué annuellement aux instructions ministérielles, contiendra, avec détail, tous les renseignements qui y sont demandés. (Voir le dernier modèle annexé à l'*Instruction du* 28 *juin* 1835, *Journ. milit.*, pages 497 et 511.)

Les préfets auront soin de faire connaître au ministre, dans leur rapport sur les opérations de l'appel, les corps qui leur auraient été signalés comme n'ayant pas envoyé les certificats de présence au corps, bien que les demandes eussent été faites en temps utile et qu'on eût pris la précaution de les *affranchir* (*Circ. du* 25 *juin* 1834, *Journ. milit.*, p. 358.)

32. Jeunes gens déférés aux tribunaux comme prévenus de s'être rendus impropres au service.

Ils auront soin aussi de faire connaître au ministre, dans le même rapport, le nombre des jeunes gens qui auront été déférés aux tribunaux comme prévenus de s'être rendus impropres au service. Ils lui rendront compte ensuite des jugements intervenus, afin qu'il puisse donner une destination à ceux qui auront été reconnus coupables. (*Circul. du* 21 *mai* 1832, *Journ. milit.*, page 434) *Voy.* INFIRMITÉS volontaires.

Dispensés.

33. Les préfets visent les déclarations des dispensés.

Le préfet du département vise les déclarations faites par les jeunes gens *dispensés* de leur département qui renoncent à leurs services fonctions ou études. Cette déclaration doit être soumise à leur visa dans le *délai d'un mois* après qu'elle a été faite au maire de la commune par le dispensé. (Art. 53 de l'*Instruct. du* 30 *mars* 1832, *Journ. milit.*, page 220.)

34. Donnent avis à l'autorité militaire.

Dans ce cas, le préfet doit donner avis à l'autorité militaire, afin qu'aux termes de la loi, les dispensés soient aussitôt rétablis dans le contingent de leur classe, et qu'ils suivent la chance de leur numéro de tirage.

35. Défèrent aux tribunaux les dispensés qui négligent de faire la déclaration prescrite par la loi.

Si, au contraire, l'année est écoulée sans que la déclaration ait été faite, et l'expédition de cette déclaration remise au préfet, ce fonctionnaire devra, aussitôt qu'il sera instruit du fait, le déférer aux tribunaux ordinaires. (Art. 54, *idem.*)

36. Surveillent les mutations qui peuvent survenir parmi les dispensés.

A cet effet, les préfets doivent surveiller les mutations qui peuvent survenir parmi les *dispensés*, afin de mettre l'autorité militaire en mesure de les reprendre pour le service, si leur numéro les appelle à l'activité. (*Circul. du* 21 *mai* 1832, *Journ. milit.*, p. 432.)

37. Le dispensé qui a été compté en déduction du contingent comme se vouant à l'état ecclésiastique ou à l'instruction publique, ne peut être admis à changer de carrière; les préfets ne doivent donc accueillir ni transmettre au ministre aucune demande de

ce genre, et doivent, au contraire, prévenir les familles et les jeunes gens eux-mêmes, qu'en agissant ainsi, ils perdent inévitablement le bénéfice de l'art. 14 de la loi, et sont tenus de rejoindre les drapeaux. (*Circ. du* 25 *juin* 1834, *Journ. milit.*, p. 360.)

Le préfet président du conseil de révision peut en tout temps en rassembler les membres : 38. Les préfets peuvent en tous temps réunir les membres du conseil de révision.

1° Pour statuer *définitivement* sur les jeunes gens inscrits *conditionnellement* et sous la réserve de leurs droits ;

2° Pour recevoir les demandes de substitution et de remplacement.

V. PERMANENCE des conseils de révision.

Toutefois, l'officier supérieur qui aurait été désigné pour suppléer le maréchal de camp dans le cours des opérations de l'appel, cessera toujours ses fonctions vingt jours après la réunion des listes cantonales, et n'aura plus droit à l'indemnité qui lui aura été allouée. (*Instruction du* 21 *mai* 1832, *Journ. milit.*, page 436.) *V.* OFFICIERS SUPÉRIEURS. 39. Cessation des fonctions de l'officier supérieur qui a remplacé le maréchal de camp.

Mise en route des jeunes soldats pour leur destination, ordres de route.

Lorsque le ministre de la guerre a donné les ordres nécessaires pour la mise en route des jeunes soldats, les *ordres de route* qui concernent chacun d'eux sont dressés par le sous-intendant militaire qui les envoie au préfet. (Art. 48 et 50 de l'*Instr. du* 4 *juillet* 1832, *Journ. milit.*, page 48.) 40. Ordres de route dressés par le sous-intendant et envoyés au préfet.

Il n'est point expédié d'ordre de route pour les

jeunes soldats inscrits conditionnellement. (Art. 49, *id.*)

41. Vérification et transmission des ordres de route par le préfet.

Le préfet, après avoir vérifié sur la liste du contingent que les jeunes soldats sont appelés à l'activité, conformément à la loi, transmet les ordres de route aux maires des communes par l'intermédiaire des sous-préfets.

Si l'ordre de route est adressé à un remplaçant, le préfet fait donner avis au remplacé de la mise en activité de son remplaçant. (Art. 51, *id.*)

42. Délai pour l'envoi des ordres de route aux maires des communes.

Les ordres de route doivent, autant que possible, être envoyés aux maires de manière que les jeunes soldats aient au moins trois jours entiers pour se préparer au départ, non compris le jour où l'ordre de route aura été notifié, et le jour fixé pour le départ. (Art. 52, *id.*)

43. Transmission des extraits du registre des notifications au sous-intendant militaire.

Le préfet transmet les extraits du registre de notification qui lui ont été envoyés par les maires au sous-intendant militaire qui, après les avoir visés, les remet à l'officier commandant le dépôt de recrutement. Le sous-intendant militaire réclame près du préfet les extraits de notification qui tarderaient trop à parvenir. (Art. 62 *id.*)

44. Renvoi qui lui est fait par le préfet des ordres de route pour les jeunes soldats qui ont changé de domicile ou de résidence.

Le préfet transmet également au sous-intendant militaire les ordres de route qui lui ont été renvoyés.

1° Pour les jeunes soldats domiciliés ou en résidence dans une autre commune d'un autre département;

2° Pour les jeunes soldats domiciliés ou en résidence hors du royaume;

3° Pour les jeunes soldats dont le domicile ou la résidence est inconnue. (Art. 63, *id.*)

Voir, pour la suite à donner aux ordres de route ci-dessus indiqués par le sous-intendant militaire, le mot Sous-intendant militaire, art. 9 et suiv.

45. Comment est remis notifié l'ordre de route au jeune soldat domicilié ou en résidence dans un autre département.

Les préfets qui, conformément à l'art. 65 de l'*Instruction du 4 juillet* 1832, auront reçu du sous-intendant militaire de leur département un second ordre de route pour un jeune soldat qui, bien qu'étranger au département, s'y trouve en résidence, se conformeront aux instructions qui précèdent pour donner suite à ce second ordre de route, et la notification, la transmission ou le renvoi auront lieu comme si le jeune soldat appartenait au département dans lequel il se trouve. (Art. 65, *id.*)

46. Renvoi du premier ordre de route.

Le préfet ayant reçu l'extrait de notification du second ordre de route, enverra au sous-intendant militaire de son département le premier ordre de route et l'extrait de notification du second. (Art. 67, *id.*)

Jeunes soldats maintenus dans leurs foyers comme soutiens de famille. *V.* Soutiens de famille.

Insoumis.

47. Ordre à donner par les préfets pour la recherche des insoumis.

MM. les préfets donneront à tous les fonctionnaires et agents civils, et spécialement aux gardes champêtres et forestiers, l'ordre précis de se concerter avec la gendarmerie pour la recherche et l'arrestation des insoumis, et de lui transmettre tous les renseignements et avis qu'ils pourront se procurer sur le lieu de leur retraite.

Ils se concerteront, de leur côté, avec les officiers généraux et supérieurs commandant sur les lieux, pour toutes les mesures propres à réprimer l'insoumission. (Art. 18 de l'*Instruction du 12 octobre* 1832 sur les insoumis, *Journ. milit.*, page 378.)

48. Peines portées contre ceux qui recèlent ou prennent à leur service un insoumis.

Les préfets doivent porter à la connaissance de leurs administrés les peines prononcées par l'art. 40 de la loi, contre ceux qui recèlent un insoumis, favorisent leur évasion, ou qui par des manœuvres coupables, empêchent ou retardent le départ des jeunes soldats. (Art. 173 de l'*Instruction du 30 mars* 1832, *Journ. milit.*, pag. 244.)

49. Les maires doivent coopérer à la recherche et à l'arrestation des insoumis.

Ils feront connaître aux maires qu'ils sont tenus, sous leur responsabilité personnelle, de coopérer de tout leur pouvoir à l'effet des mesures prescrites pour faire rejoindre les insoumis, soit en fournissant à la gendarmerie toutes les indications propres à seconder son action, soit en employant toutes les ressources de leur influence pour établir, parmi les jeunes gens appelés, l'entière conviction qu'ils ne sauraient se soustraire impunément à l'obligation du service. (Art. 20 de l'*Instruction du 12 octobre* 1832, *Journ. milit.*, page 370.)

50. Réunion des maires du canton devant les préfets.

Lorsque le conseil de révision commencera les opérations de l'appel d'une classe, le commandant du dépôt de recrutement se munira des extraits du contrôle des insoumis, pour chacun des cantons où le conseil de révision devra se transporter; à l'arrivée du conseil dans un canton, il mettra sous les yeux du préfet les noms des insoumis de ce canton.

Le préfet réunira les maires et se fera donner tous

les renseignements pouvant servir à la découverte de ces insoumis. (Art. 27, *id.*)

Si les renseignements obtenus concernant les insoumis absents du département font connaître le lieu où ils sont réfugiés, le commandant du dépôt de recrutement dressera en double expédition un bulletin de recherche conforme au modèle n° 7, annexé à l'*Instruction du* 12 *octobre* 1832. 51.

L'une de ces expéditions sera immédiatement transmise par lui aux commandants de gendarmerie des lieux de retraite, et l'autre sera laissée au préfet qui, de son côté, afin d'avoir une garantie de l'exactitude des recherches, en fera l'envoi au préfet de la résidence. (Art. 28, *id.*)

52. Recommandation aux autorités civiles et militaires.

Il est recommandé aux autorités civiles et militaires, chacune dans les limites de leurs attributions, de faire poursuivre et livrer aux tribunaux toutes personnes qui se rendraient coupables de l'un des délits prévus par l'art. 40 de la loi. (Art. 34, *id.*)

53. Envoi du signalement n° 1 d'un insoumis au préfet par le commandant du dépôt de recrutement.

Lorsqu'un jeune soldat ou un engagé volontaire a été signalé insoumis, le commandant du dépôt de recrutement est tenu, conformément à l'art. 9 de l'*Instruction du* 12 *octobre* 1832, d'envoyer son signalement au préfet du département au contingent duquel le jeune soldat appartient ou dans lequel l'engagé volontaire a contracté son engagement;

A celui du département où le jeune soldat ou engagé volontaire avait son dernier domicile ou sa résidence;

A celui du département où il est né, et enfin à

celui du département où ses père et mère sont domiciliés.

54. Envoi par le même du signalement n. 2.

Quand le même jeune soldat ou engagé volontaire a été arrêté, ou lorsqu'il s'est présenté volontairement, son signalement n° 2 est envoyé aux préfets indiqués ci-dessus, pour faire cesser toute recherche contre lui. (Art. 9 et 38 de l'*Instruction du* 12 *octobre* 1832, *Journ. milit.*, pag. 375 et 382.)

55. Les préfets transmettront exactement au commandant du dépôt de recrutement de leur département, l'avis des mutations qui parviendront à leur connaissance dans la position des insoumis, afin qu'elles soient annotées sur les contrôles nominatifs des jeunes soldats et engagés volontaires prévenus d'insoumission. (Art. 16, *idem.*)

56. Compte rendu au ministre par les préfets.

Les préfets enverront au ministre de la guerre (Bureau de la justice militaire) aux mêmes époques que les lieutenants généraux, c'est-à-dire dans les premiers jours de chaque trimestre, les observations qu'ils croiront utiles de faire connaître sur la recherche et la poursuite des insoumis. (Art. 46, *idem.*)

Engagements volontaires.

57. Les engagements volontaires contractés devant un officier de l'état civil qui n'est pas maire de chef-lieu de canton sont nuls.

MM. les préfets feront connaître à leurs administrés que tout engagement volontaire contracté devant un officier de l'état civil qui ne serait pas maire d'un chef-lieu de canton sera considéré comme nul et non avenu. (Art. 61 de l'*Instruction du* 30 *mars* 1832, *Journ. milit.*, pag. 242.)

Les préfets transmettront au ministre de la guerre les demandes en annulation d'actes d'engagements qui leur auraient été remises conformément à l'art. 18 de l'*Ordonnance du* 28 *avril* 1832. Le ministre statuera s'il y a lieu, ou renverra la contestation devant les tribunaux. (Art. 91 de l'*Instruct. du* 4 *mai* 1832, *Journ. milit.*, pag. 366.) *Voy.* ENGAGEMENTS, art. 85. 58. Les préfets transmettront au ministre de la guerre les demandes en annulation d'actes d'engagements.

Réserve.

Lorsque, conformément à l'art. 94 de l'*Instruction du* 16 *novembre* 1833, le maire d'une commune aura accordé une permission d'absence de plus de 15 jours à un jeune soldat, il en rendra compte au préfet, qui en fera tenir écriture sur un registre particulier, et en informera le sous-intendant militaire. (Art. 95 et 96 de l'Instruction précitée.) 59. Permission d'absence pour les jeunes soldats.

Si la demande d'autorisation d'absence faite par le jeune soldat est de plus de 15 jours pour sortir du département, le maire de la commune la transmet au préfet avec son avis. 60. Permission d'absence hors du département pour plus de 15 jours.

Si le préfet juge que la demande doit être accueillie, il en fera l'envoi au maréchal de camp commandant le département, qui accordera l'autorisation.

Cette autorisation sera ensuite renvoyée au préfet, qui en tiendra note sur le registre relatif aux déplacements, et l'adressera au maire, qui pourra dès-lors délivrer un passe-port au jeune soldat pour se rendre dans le lieu qu'il a lui-même indiqué.

(Art. 100, 101 et 102 de l'Instruction.) *Voy.* ABSENCE.

61. Permissions de mariage pour les jeunes soldats et militaires de la réserve.

Les demandes de permission de mariage pour les jeunes soldats et les militaires en congé illimité qui font partie de la réserve, sont également envoyées par les maires des communes où résident ces jeunes soldats ou militaires, au préfet du département qui les transmet avec son avis au maréchal de camp commandant le département. Ce dernier les examinera et donnera ensuite les autorisations nécessaires si rien dans l'intérêt du service ne s'y oppose.

Il les renverra ensuite au préfet, qui les transmettra aux maires. (Art. 84, 85, 86 et 117 de l'*Instruction*, et la *Circulaire du 4 mars* 1837.)

62. Appels de la réserve, itinéraire et jour de l'appel.

Lors des appels de la réserve, les maréchaux de camp se concerteront avec les préfets des départements, pour arrêter à l'avance pour chaque canton ou commune, selon l'étendue des circonscriptions, le jour et l'heure de l'appel à faire sur les lieux des hommes de la réserve. (Art. 3 de l'*Instruction sur les appels du 9 juin* 1836, *Journ. milit.*, p. 422.)

63. L'appel sera fait un jour férié.

Afin que ces réunions ne blessent pas des intérêts de localité et puissent s'effectuer sans frais pour l'État, elles auront lieu, autant que le permettront les circonstances, le dimanche ou autre jour férié.

Elles seront en outre déterminées de manière que les hommes de la réserve n'aient généralement à parcourir que les moins grandes distances possibles, et de telle sorte qu'ils puissent toujours rentrer chez eux dans la même journée. (Art. 4, *idem.*)

64. Ordre du général inséré au mémorial

L'ordre du général commandant qui déterminera l'époque des réunions dans chaque canton ou commune sera inséré pour notification à MM. les maires par les soins du préfet, dans le mémorial administratif du département. (Art. 7 , *id.*)

administratif du département.

65. Notifié au capitaine de gendarmerie.

Il sera également notifié au capitaine de gendarmerie qui le mettra immédiatement à l'ordre du jour de ses brigades afin qu'elles concourent à en assurer l'exécution. (Art. 8, *id.*)

PRÉSIDENTS des conseils de révision. *V.* PRÉFETS.

PRIX (GRANDS) de l'Institut ou de l'Université.

1. Jeunes gens ayant remporté les grands prix sont dispensés.

Seront considérés comme ayant satisfait à l'appel et comptés en déduction du contingent les jeunes gens désignés par leur numéro pour faire partie du contingent, qui auront remporté les grands prix de l'Institut ou de l'Université. (Art. 14 de la loi.) *V.* DISPENSÉS, DISPENSES, art. 22.

PROFESSEURS des institutions royales des sourds et muets.

1. Professeurs des institutions royales des sourds et muets sont dispensés.

Seront aussi considérés comme ayant satisfait à l'appel, les jeunes gens qui seront professeurs des institutions royales des sourds et muets. (Art. 14 de la loi.) *V.* DISPENSÉS, DISPENSES, art. 13.

POMPIERS. *V.* SAPEURS-POMPIERS.

PONTONNIERS. *V.* ENGAGEMENTS, art. 21, joint au mot ARMÉE de terre.

PORTIERS-CONSIGNES des places de guerre.

Les portiers-consignes des places de guerre ne confèrent pas l'exemption à leurs frères. *V.* le n° 560 de l'ancien *Manuel*.

R.

RECENSEMENT (Tableaux de).

1 Tableaux de recensement dressés par les maires.

Les tableaux de recensement des jeunes gens d'un canton soumis au tirage d'après les règles établies par les articles 5, 6 et 7 de la loi du 21 mars 1832, seront dressés par les maires des communes. *V.* Maires, art. 1 et suivants.

2. Publiés et affichés.

Ces tableaux seront ensuite publiés et affichés dans chaque commune et dans les formes prescrites par les art. 63 et 64 du Code civil.

3. Examen desdits tableaux.

Un avis publié dans les mêmes formes, indiquera les lieu, jour et heure où il sera procédé à l'examen desdits tableaux et à la désignation, par le sort, du contingent cantonnal. (Art. 8 de la loi.)

4. Omis.

Si, dans l'un des tableaux de recensement des années précédentes, des jeunes gens ont été omis, ils seront inscrits sur le tableau de l'année qui suivra celle où l'omission aura été découverte, à moins qu'ils n'aient trente ans accomplis. (Art. 9 de la loi.) *V.* Omis et Maires, art. 3.

5. L'examen des tableaux de recensement aura lieu au chef-lieu de canton.

Dans les cantons composés de plusieurs communes, l'examen des tableaux de recensement et le tirage au sort auront lieu au chef-lieu de canton, en séance publique, devant le sous-préfet assisté des maires du canton. Dans les communes qui forment un ou plusieurs cantons, le sous-préfet sera assisté du maire et de ses adjoints.

6. Le tableau sera luà haute voix, rectifié s'il y a lieu, et signé par les maires.

Le tableau sera lu à haute voix ; les jeunes gens, leurs parents ou ayans cause seront entendus dans leurs observations. Le sous-préfet statuera, après avoir pris l'avis des maires; le tableau rectifié, s'il y a lieu, et définitivement arrêté, sera revêtu de leurs signatures.

7. Ordre dans lequel les communes seront appelées au tirage.

Dans les cantons composés de plusieurs communes, l'ordre dans lequel elles seront appelées pour le tirage sera chaque fois indiqué par le sort. (Art. 10 de la loi.) *V.* SOUS-PRÉFETS, art. 15.

RÉCLAMATIONS.

1. Lors de l'examen des tableaux de recensement les jeunes gens seront entendus dans leurs observations.

Le deuxième paragraphe de l'art. 10 de la loi du 21 mars 1832 porte que le tableau de recensement sera lu (en séance publique) à haute voix. Que les jeunes gens, leurs parents ou ayans cause seront entendus dans leurs observations. Le tableau rectifié ensuite, s'il y a lieu, sera définitivement arrêté.

2. Révision des opérations du recrutement.

L'article 15 de la même loi porte que les opérations du recrutement seront revues et les *réclamations* auxquelles ces opérations auraient pu donner lieu seront entendues et jugées, en séance publique par un conseil de révision.

3. Réclamations des jeunes gens et suppléans pris pour les remplacer s'il y a lieu.

Lorsque les jeunes gens, désignés par leur numéro pour faire partie du contingent cantonnal, auront fait des *réclamations* dont l'admission ou le rejet dépendra de la décision à intervenir sur des questions judiciaires relatives à leur état ou à leurs droits civils, des jeunes gens en pareil nombre, suivant l'ordre du tirage, seront désignés pour suppléer ces réclamants, s'il y a lieu. Ces derniers ne seront appelés que dans le cas où, par l'effet des décisions judiciaires, les réclamants seraient définitivement libérés. (Art. 26 de la loi.) *V.* SUPPLÉANTS.

Une fois que le conseil de révision aura définitivement statué sur le sort d'un jeune soldat et que

4\. La liste du contingent arrêtée, aucune réclamation ne peut être admise.

la liste du contingent de chaque canton aura été arrêtée et signée par les membres dudit conseil, aucune *réclamation* ne pourra être admise, les décisions du conseil de révision étant définitives. (Art. 25 de la loi.)

5\. Le général commandant qui passe la revue sur le terrain, peut accueillir les réclamations des jeunes soldats.

Toutefois, si, au moment de l'appel à l'activité d'une classe, un jeune soldat avait une *réclamation* à faire, rien ne s'oppose à ce que l'officier général ou supérieur chargé de passer la revue de départ accueille la *réclamation* du jeune soldat qui paraîtrait lésé dans ses droits. Dans ce cas, et après avoir pris l'avis du préfet, il transmet les pièces au lieutenant général qui en réfère au ministre, s'il y a lieu. (N° 88 de l'*Instruction du 4 juillet* 1832, *Journ. milit.*, p. 56) *V.* MARÉCHAUX de camp, art 57.

6\. Réclamations des jeunes soldats et militaires qui font partie de la réserve.

Tout jeune soldat disponible dans ses foyers, comme aussi tout militaire en congé illimité ou en congé d'un an, faisant partie de la réserve, qui aurait quelque *réclamation* à faire, s'adressera le premier, au maire de sa commune, qui transmettra cette réclamation au préfet du département avec son avis; le second, au commandant de la brigade de gendarmerie dans l'arrondissement duquel il sera en résidence. Ce sous-officier la transmettra au commandant du dépôt de recrutement qui la fera parvenir au maréchal de camp commandant le département.

RÉFORMES, RÉFORMÉS.

1\. Les militaires réformés ne peuvent être admis à remplacer.

Les hommes réformés du service militaire ne peuvent être admis à remplacer, mais ils peuvent être reçus comme engagés volontaires s'ils réunissent d'ailleurs les conditions d'aptitude prescrites par l'ordonnance du 28 avril 1832. (Art. 19 de la loi, et n° 57 de l'*Instruction du 4 mai* 1832, *Journ. milit.*, page 360.) *V.* REMPLAÇANTS, art. 1, et ENGAGEMENTS, art. 65.

Les engagés volontaires renvoyés chez eux avec des congés de réforme pour inaptitude au service, s'ils n'ont pas du reste accompli dans l'année le temps de service exigé par la loi, et si, par leur âge, ils doivent concourir à la formation du contingent, seront, s'il y a lieu, exemptés par les conseils de révision. (*Circ.* du 25 *juin* 1834, *Journ. milit.*, p. 359.) *V.* EXEMPTIONS, art. 29, et ENGAGEMENTS, art. 95. *V.* aussi CONGÉS de réforme. 2. Les engagés volontaires réformés sont exemptés.

RÉFORMES dans la réseve. *V.* RÉSERVE, INSPECTIONS.

REMPLAÇANTS, REMPLACEMENTS ET **REMPLACÉS.**

Nul ne peut être admis comme remplaçant dans les troupes françaises s'il n'est Français.

Il devra en outre,

1° Etre libre de tout service et obligations imposés, soit par la loi du 21 mars 1832, soit par celle du 25 octobre 1795 sur l'inscription maritime. (Art. 19 de la loi.)

Dès lors, le remplaçant ne doit être :

1° Ni jeune soldat, faisant partie du contingent d'une classe non libérée; 1. Conditions pour être admis comme remplaçant.

2° Ni remplaçant d'un homme dont le temps de service n'est pas légalement expiré;

3° Ni engagé volontaire;

4° Ni rengagé;

5° Ni inscrit maritime.

Suivant ces différentes positions, le remplaçant aura diverses justifications à faire dont il sera parlé ci-après. (Art. 76 de l'*Instruct. du 30 mars 1832, Journ. milit.*, page 207.)

Le remplaçant devra être âgé de vingt à trente ans au plus, ou de vingt à trente-cinq ans s'il a été militaire, ou de dix-huit à trente, sil est frère du remplacé;

N'être ni marié, ni veuf avec enfants;

Avoir au moins la taille d'un mètre, cinquante-six centimètres, s'il n'a pas déjà servi dans l'armée, et réunir les autres qualités requises pour faire un bon service;

N'avoir pas été réformé du service militaire;

Suivant sa position, être porteur des certificats spécifiés dans les art. 20 et 21 de la loi; Voir ci-après. (Art. 19 de la loi.)

2. Certificats à produire.

Le remplaçant produira un certificat délivré par le maire de la commune de son dernier domicile. Si le remplaçant ne compte pas au moins une année de séjour dans cette commune, il sera tenu d'en produire également un autre du maire de la commune ou des maires des communes où il aura été domicilié pendant le cours de cette année.

3. Contenu du certificat de bonnes vie et mœurs à délivrer par les maires.

Les certificats devront contenir le signalement du remplaçant et attester :

1° La durée du temps pendant lequel il a été domicilié dans la commune;

2° Qu'il jouit de ses droits civils;

3° Qu'il n'a jamais été condamné à une peine

correctionnelle pour vol, escroquerie, abus de confiance ou attentat aux mœurs.

Dans le cas où le maire de la commune ne connaîtrait pas l'individu qui ferait la demande de ce certificat, il devra en constater légalement l'identité, et recueillir les preuves et témoignages qu'il jugera convenables pour arriver à la connaissance de la vérité. (Art. 20 de la loi.) 4.

4\. Cas où le maire ne connaîtrait pas l'individu qui demande un certificat de bonnes vie et mœurs.

Si le remplaçant a été militaire, outre le certificat du maire, il devra produire un certificat de bonne conduite du corps dans lequel il aura servi. (Art. 21 de la loi.) 5.

5\. Certificat de bonne conduite au corps, si le remplaçant a été militaire.

Les certificats de bonne conduite au corps et les congés définitifs des anciens militaires qui se présentent pour remplacer, sont exempts du timbre. Aucun titre ne peut remplacer les deux pièces ci-dessus indiquées. (*Circul. du* 28 *juin* 1835, *Journ. milit.*, pag. 398 et 399.) 6.

Les certificats de bonne conduite à délivrer par les maires, ainsi qu'il est dit ci-dessus, art. 20 de la loi, ne seront délivrés qu'une seule fois dans la même année au même individu, et dans tous les cas celui qui en fera la demande devra justifier de l'emploi de la première expédition délivrée. (*Instruc. du* 25 *juin* 1834, *Journ. milit.*, page 365.) 7.

7\. Les certificats de bonnes vie et mœurs ne seront délivrés qu'une seule fois dans la même année au même individu.

Ces certificats seront conformes aux modèles annexés à la loi du 21 mars 1832, (Voir ce modèle sous le n° 19, à la fin du présent Dictionnaire.) 8.

8\. Modèle des certificats.

Le remplaçant sera admis par le conseil de révision du département dans lequel le remplacé a concouru au tirage. (Art. 22 de la loi.) 9.

9\. Le remplaçant ne peut être admis que par le conseil de révision du département dans lequel le remplacé a concouru au tirage.

10. Il faut être compris définitivement dans le contingent cantonnal pour pouvoir se faire remplacer.

Les conseils de révision doivent avoir une attention scrupuleuse à n'admettre des remplaçants que pour les jeunes gens *définitivement* compris dans le contingent. (Art. 72 et 73 de l'*Instruct. du* 30 *mars* 1832, *Journ. milit.*, page 224.)

11. Déclaration du remplaçant pour justifier qu'il est libre de tout service et obligations imposés par la loi.

Le remplaçant justifiera qu'il n'est dans aucun des cas spécifiés ci-dessus, art. 1, en en faisant la déclaration devant le conseil de révision, d'abord verbalement, et ensuite par écrit. Dans le cas où il ne saurait écrire son nom, il apposera sa croix sur la déclaration; mais dans ce cas, comme dans celui où il saurait écrire, deux témoins présens et connus constateront, par leur signature, ce fait unique, *que ladite déclaration a été faite en leur présence* par l'individu déclarant. Mention sera faite du tout au procès-verbal de la séance, et ladite déclaration y restera annexée, pour servir en tant que besoin sera. (Art. 79 de l'*Instruct. du* 30 *mars* 1832, *Journ. milit.*, page 226.) Voir le modèle n° 25 de la déclaration, à la fin du Dictionnaire.

12. Qu'il n'est ni marié, ni veuf avec enfants.

Il en sera de même pour constater qu'il n'est ni marié, ni veuf avec enfants. (Art. 81, *idem.*)

13. Justification de son âge.

Le remplaçant justifiera de son âge, conformément aux dispositions de l'article 7 de la loi du 21 mars 1832; c'est-à-dire en produisant un extrait des registres de l'état civil de la commune où il est né. (Art. 80, *id.*)

14. Taille.

Le minimum de la taille du remplaçant est fixé à un mètre cinquante-six centimètres. (Art. 19 de la loi.)

15. Taille que doit avoir le remplaçant d'un jeune soldat non immatriculé.

Ainsi, du moment qu'un jeune homme aura été admis *définitivement* dans le contingent de son canton, il pourra présenter au conseil de révision un remplaçant n'ayant que la taille d'*un mètre cinquante-six centimètres* ; mais il n'en serait pas de même si ce jeune homme voulait se faire remplacer, après avoir été inscrit sur les registres-matricules d'un corps, conformément aux dispositions de l''article 29 de la loi. Dans ce cas, le remplaçant devra avoir la taille et l'aptitude fixées pour l'arme dont ce corps fait partie. (Art. 82 et 83 de l'*Instruct. du* 30 *mars* 1832, *Journ. milit.*, pag. 226.) Voir le tableau des tailles aux mots ARMÉE DE TERRE.

16. Taille et aptitude que doit avoir le remplaçant d'un jeune soldat immatriculé.

Les militaires qui se présentent pour être admis comme remplaçants ont pu servir à divers titres, comme il a été dit ci-dessus; c'est-à-dire,

17. Positions diverses des remplaçants qui ont été militaires.

1° Comme jeunes soldats ayant fait partie du contingent d'une classe;

2° Comme engagés volontaires;

3° Comme rengagés;

4° Comme remplaçants.

Dans le premier cas, le militaire devra produire son congé définitif de libération, signé du conseil d'administration du corps, ou par le commandant du dépôt de recrutement qui l'aura délivré, visé par l'officier général et le sous-intendant militaire. (Art. 97 de l'*Instruct. du* 30 *mars* 1832.)

18. Comme jeune soldat qui a fait partie du contingent d'une classe.

S'il était engagé volontaire, il produira la même pièce, ou justifiera qu'il est libre de son premier engagement, en prouvant que l'acte qui le liait au service a été annulé, soit judiciairement, soit administrativement ou par suite du licenciement du corps dont il faisait partie. (Art. 98, *idem.*)

19. Comme engagé volontaire.

Les mêmes justifications sont à faire par le mi-

20. Comme engagé.

litaire rengagé au service pour un temps quelconque. (Art. 99, *idem.*)

21. *Comme remplaçant.* Le militaire qui a déjà servi comme remplaçant, doit être considéré comme le jeune soldat dont il a pris la place dans le contingent d'une classe. Il doit donc produire son *congé de libération de l'armée active.* Il peut aussi justifier de l'annulation de l'acte de remplacement qui l'avait fait admettre sous les drapeaux pour le compte d'un autre. (Art. 100, *id.*)

22. *Comme inscrit maritime.* Si l'homme qui se présente pour être reçu comme remplaçant a été *inscrit maritime*, il doit produire un acte de déclassement signé par le commissaire maritime de son quartier. (N° 55 de *l'Instruct. du 4 mai* 1832, *Journ. milit.*, page 360.)

23. *Les jeunes soldats ou militaires en congé ne peuvent être admis comme remplaçants.* Tout jeune soldat ou militaire en congé temporaire, de quelque nature qu'il soit, ou porteur d'un congé d'un an, ne peut être admis comme remplaçant. (Art. 77 de l'*Instruct. du* 30 *mars* 1832, *Journ. milit.*, page 225.)

24. *Tout remplacement admis par un autre conseil que celui du département auquel le remplacé appartient est nul.* Ainsi qu'il est dit (art. 22 de la loi), les remplaçants ne peuvent être admis que par les conseils de révision des départements dans lesquels les remplacés ont concouru au tirage. Tout remplacement autorisé par un autre conseil serait nul et illégal, et devrait être déféré aux tribunaux. (Art. 101, *id.*)

25. *L'administration ne doit point intervenir dans les stipulations qui ont lieu entre les contractants.* L'administration n'a aucun droit de s'immiscer en rien dans les arrangements que peuvent régler les parties contractantes, et doit rester étrangère aux contestations qui pourraient être la conséquence de ces mêmes arrangements. (Art. 108, *id.*)

26. *Marins libérés des équipages de ligne* Les marins libérés des équipages de ligne peuvent se présenter pour remplacer; ils produiront les

mêmes pièces que celles exigées pour les autres remplaçants, avec une attestation de la conduite qu'ils auront tenue au corps; mais lorsqu'ils devront remplacer des jeunes gens destinés aux équipages de ligne, ils ne seront pas astreints à la condition d'âge déterminée par le n° 7 de l'Intruction du 4 juillet 1832, qui veut que les remplaçants destinés aux équipages de ligne ne dépassent pas l'âge de 23 ans au moment où ils sont reçus. (*Instruct. du* 25 *juin* 1834, *Journ. milit.*, page 351.) qui se présentent pour remplacer

27. Jeunes gens exemptés pour infirmités ne peuvent être reçus comme remplaçants.

Les jeunes gens exemptés pour infirmités, aux termes de l'art. 13 de la loi, ne peuvent être admis en qualité de remplaçants. (*Instruct. id.*, *Journ. milit.*, page 362.)

28. Certificat pour justifier qu'un jeune homme a satisfait à la loi.

Le certificat que doivent produire les jeunes gens qui demandent à remplacer, pour justifier qu'ils ont satisfait à la loi, sera conforme au modèle n° 2 annexé à l'*Instruct. du* 25 *juin* 1834, *Journ. milit.*, page 364. (Voir CERTIFICAT.) Voir ce modèle sous le n° 16, à la fin du Dictionnaire.

Il ne sera délivré que par les préfets ou sous-préfets et ne le sera jamais *qu'une seule fois dans la même année* au même individu, et dans tous les cas, celui qu'il concerne devra justifier de l'emploi de la première expédition. Voir l'Instruction ci-dessus indiquée et les mots SOUS-PRÉFETS, art. 31.

29.

Ce certificat ne doit être délivré :

1° Qu'aux jeunes gens eux-mêmes, ou s'ils sont absents, sur la demande du préfet du département où ils résident;

2° Cette demande devra contenir le signalement du jeune homme que le certificat concerne;

3° Dans aucun cas, ces certificats ne seront délivrés à des tiers. (*Circulaire du* 28 *juin* 1835, *Journ. milit.*, pag. 399.)

30. N'est valable qu'après avoir été visité par le préfet.

Tout certificat portant qu'un homme qui veut être remplaçant, ne fait pas partie du contingent d'une classe, ne sera valable qu'après avoir été visé par le préfet du département où cet homme a concouru au tirage.

31. Certificat portant qu'un homme ne fait pas partie du contingent d'une classe, visé par le préfet du département.

Avant d'apposer son visa, le préfet fera faire d'abord des recherches pour savoir si celui que la pièce concerne n'est pas un engagé volontaire qui aurait été renvoyé de l'armée, soit avant, soit après le tirage de sa classe, et dans le cas de l'affirmative, le préfet se fera représenter la pièce qui a dû être remise à l'engagé lors de son départ de l'armée, et il fera noter la cause du renvoi au bas du certificat qui aura été présenté à son visa. S'il y a doute sur le fait de l'engagement, le préfet s'abstiendra de viser. (Art. 7 de la *Circ. du* 28 *avril* 1827, *Journ. milit.*, page 175.)

32. Les militaires qui se présentent pour remplacer dans les trois mois de leur libération, sont dispensés de donner leur acte de naissance.

Les conseils de révision pourront dispenser les militaires qui se présenteront dans les trois mois de leur libération, de produire leur acte de naissance, si le congé définitif de libération dont ils doivent être porteurs, énonce clairement la date et le lieu de la naissance. Après ces trois mois, les militaires libérés seront tenus de se munir d'un acte en règle. Le certificat d'identité sera toujours exigé pour un militaire qui se présenterait après les trois mois de sa libération.

33. Certificat d'identité exigé.

Lorsqu'un homme se présentera comme ayant depuis moins de trois mois été congédié de l'armée et libéré du service actif, le conseil fera toutes les vérifications convenables pour obtenir la certitude que le congé et le certificat de bonnes vie et mœurs produits par cet homme lui appartiennent; et pour peu qu'il y eut doute, il exigera un certificat d'identité. (Art. 11 de la *Circulaire du* 28 *avril* 1827, pag. 9.)

34. Rejet du remplaçant par le conseil de révision.

Lorsque le conseil de révision aura refusé d'admettre un homme comme remplaçant, le président du conseil aura soin de faire écrire, séance tenante, les mots qui suivent sur chacune des pièces produites par cet homme : *rejeté comme remplaçant par le conseil de révision du département de*

Cette annotation sera faite en gros caractères, et s'il est possible avec une encre indélébile. (*Circulaire du* 28 *avril* 1827, pag. 9 et 10.) *V.* Préfets, art. 25.

Ces pièces seront ensuite renvoyées, pour être conservées, au préfet du département dans lequel chacune d'elles aura été délivrée.

Les préfets pourront d'ailleurs exiger que les pièces à produire pour les remplaçants soient déposées à l'avance à la préfecture ou entre les mains du président du conseil de révision, si ce conseil est en tournée.

Quand les remplaçants ne résideront pas dans le canton ou l'arrondissement, on pourra encore demander, afin de s'assurer de l'identité des individus, la production du passe-port dont ils ont dû se munir pour voyager. (*Circulaire du* 12 *août* 1837, pag. 9, *Journ. milit.*, pag. 97.)

Les hommes qui ont fait partie des bataillons de

35. Les hommes qui ont fait partie de bataillons de gardes nationales mobilisées peuvent être reçus comme remplaçants jusqu'à 35 ans.

gardes nationales mobilisées peuvent être reçus comme remplaçants jusqu'à 35 ans révolus, mais seulement si ces bataillons ont fait partie d'une armée active. (N° 872 de l'ancien *Manuel.*) *Voy.* GARDES NATIONAUX.

36. Les remplaçants qui ont servi dans l'infanterie et la marine ne peuvent être désignés pour les troupes à cheval.

Les remplaçants qui auraient déjà servi, soit dans l'infanterie, soit dans la marine, ne doivent pas, dans la répartition du contingent d'une classe, être désignés pour les troupes à cheval. (*Instruction du* 5 *septembre* 1834, *Journ. milit.*, p. 90.) *Voy.* MARÉCHAUX DE CAMP, art. 32.

37. Les jeunes soldats en sursis de départ peuvent se faire remplacer.

Les jeunes soldats qui, après avoir reçu un ordre de route et s'être présentés à la revue, auront obtenu un sursis de départ de l'autorité militaire, pourront dans cet intervalle être reçus à se faire remplacer devant le conseil de révision de leur département, mais on ne doit user de cette faculté qu'avec la plus grande réserve. (*Circulaire du* 30 *mai* 1834, *Journ. milit.*, pag. 211.)

38. Les insoumis ne peuvent se faire remplacer.

Les hommes en état d'insoumission ne peuvent se faire remplacer. (*Circulaire du* 29 *avril* 1833, *Journ. milit.*, pag. 277.)

39. Les remplaçants n'exemptent pas leurs frères.

Les remplaçants n'exemptent pas leurs frères. (Art. 13 de la loi, et n° 34 de l'*Instruct. du* 30 *mars* 1832, *Journ. milit.*, pag. 216.)

40. Les remplaçants reçus sont soumis aux obligations imposées aux jeunes soldats par l'instruction du 16 nov. 1833 sur la réserve.

Dès l'instant où un homme a été reçu en qualité de remplaçant, il est jeune soldat et par conséquent susceptible d'être envoyé sous les drapeaux au premier ordre. Il est donc essentiellement disponible, et dès-lors assujetti à toutes les obligations qui sont imposées aux jeunes soldats par l'*Instruction du* 16 *novembre* 1833, c'est-à-dire qu'il ne peut quitter son domicile, changer de résidence ou se marier sans en avoir demandé et obtenu la permission de l'autorité militaire. Voir les mots ABSENCE, COMMANDANT DES DÉPÔTS DE RECRUTEMENT, art. 83 et 87; PASSE-PORTS et MARIAGE.

Pour empêcher qu'il n'y ait contravention aux dispositions ci-dessus, le président du conseil de révision donnera connaissance de l'admission des remplaçants au préfet du département du domicile et à celui de la résidence. Ces avis indiquant les noms des remplaçants reçus, ainsi que ceux de la commune, du domicile et de la résidence, pourront être insérés dans le recueil des actes administratifs de ces départements, afin que les maires soient parfaitement fixés sur la position tout exceptionnelle des remplaçants. (*Instruction du 25 juin 1834*, *Journ. milit.*, pag. 365.) 41. Avis que doivent se donner les préfets entre eux.

REMPLACEMENT dans les corps.

Aucun militaire en activité de service dans un des corps de l'armée ne sera admis à se faire remplacer si des motifs graves ou des intérêts de famille n'exigent pas son retour dans sa famille. (N° 1306 de l'ancien *Manuel*.) 1. Motifs de remplacement.

Les autorisations de remplacement seront, lorsqu'il y aura lieu, délivrées par MM. les maréchaux de camp commandant les subdivisions, au nom du ministre de la guerre, sur la proposition qui en aura été faite par les conseils d'administration des corps (N° 1307, *id.*) 2. Autorisations délivrées par les maréchaux de camp.

Pour les militaires appartenant à l'artillerie ou au génie de la ligne, le conseil d'administration devra, s'il se trouve un officier général de l'arme du militaire en activité dans le département, lui adresser son état de proposition. (N° 1307, *id.*)

3. Conditions du remplacement dans les corps.

Les remplacements dans les corps seront désormais effectués sous les conditions générales imposées par les art. 19, 20, 21, 23 et 43 de la loi du 21 mars 1832, pour les remplacements devant les conseils de révision. (*Ordonnance du roi du* 28 *janvier* 1837.)

Il devra en outre :

4. Justification des conditions exigées.

1° Justifier qu'il est libéré du service, et produire son acte de naissance et un certificat de bonnes vie et mœurs. Ce certificat exprimera qu'il n'est pas marié; (N° 1309, *id.*)

5. Durée du service si l'homme n'a pas servi dans l'armée.

2° S'obliger s'il n'a pas servi dans l'arme à laquelle appartient le remplacé, à rester au corps deux ans de plus que celui-ci ne devait y rester au moment du remplacement. (N° 1310, *idem.*)

6. *Idem* s'il y a servi.

S'il a servi dans l'arme, il pourra être admis à finir le temps qui restera à faire au remplacé; mais ce temps ne pourra être de moins de deux ans, quelle que soit l'époque du remplacement. (N° 1311, *id.*)

7. Certificat attestant qu'il a satisfait à la loi.

Le remplaçant justifiera qu'il a satisfait à la loi du recrutement par un certificat semblable à celui que doivent fournir les autres remplaçants.

Voir ci-dessus Remplaçants.

Ou bien qu'il a été régulièrement libéré ou congédié du service de l'armée active. (N° 1313.)

8. Sommes à verser.

Le militaire qui aura été admis à se faire remplacer versera dans la caisse du corps pour l'habillement et l'équipement de son remplaçant, la somme fixée pour l'arme à laquelle il appartient. (N° 1316.)

Voir le Tableau ci-après.

TARIF des indemnités d'habillement et de petit équipement à payer par les militaires admis à se faire remplacer.

		ARMES.	SOMMES à payer à l'état pour indemnité d'habillement.	SOMMES à payer au corps pour petit équipement.	OBSERVATIONS.
TROUPES	A PIED.	Régiment du génie. (ouvriers.)	90	57	Tout jeune soldat admis à se faire remplacer, et qui bien que présent sous les drapeaux n'a reçu depuis son incorporation aucun effet d'habillement, est dispensé de payer cette indemnité.
		Ouvriers des équipages. . . .	85	46	Le militaire remplacé peut au lieu de faire ce versement dans la caisse des corps, fournir en nature à son remplaçant tous les effets de première mise qui sont à la charge de la masse individuelle.
		Ouvriers d'administration. . .	75	46	Enfin il est dispensé de faire ce versement s'il n'a pas reçu lui-même la première mise de la masse individuelle due aux hommes de recrue.
		Toute autre arme.	80	46	
	A CHEVAL.	Carabiniers.	95	76	
		Cuirassiers.	95	81	
		Dragons.	95	75	
		Lanciers.	85	79	
		Chasseurs.	80	78	
		Hussards.	120	72	
		Ecole de cavalerie.	80	81	
		Remontes.	80	68	
		Hommes montés.	85	81	
		Hommes non montés.	70	55	
		Train du parc du génie et des équipages.	75	65	

Circulaire du 10 *février* 1832, *Journal milit.* pages 75 et 85.

9. Remplacement de frère à frère.

Lorsque le remplacement a lieu de frère à frère, il doit être considéré comme une substitution; dès-lors la famille n'est point tenue au versement de la somme représentative de la valeur de l'habillement et de l'équipement. (N° 1317, *idem.*)

10. Etat des demandes de remplacement.

Les demandes de remplacement à adresser par les conseils d'administration au maréchal de camp commandant la subdivision, ou à l'officier général de l'artillerie ou du génie employé dans le département, seront portées sur un état conforme au modèle n° 32 annexé à l'ancien *Manuel.* (N° 1322, *idem.*)

L'état formé par le conseil d'administration du corps sera, pour chaque demande, accompagné:

11. Pièces à y joindre.

1° Des pièces que le remplaçant aura dû produire pour se faire admettre;

2° D'un certificat d'aptitude dressé par le conseil d'administration, et faisant connaître que, d'après la visite d'un officier de santé du corps, le remplaçant n'est atteint d'aucune infirmité, et qu'en outre les membres du conseil se sont assurés directement qu'il a la taille, et qu'il réunit les conditions requises pour l'arme dont le corps fait partie. (N° 1323, *id.*)

12. Certificat d'aptitude, signature et visa.

Le certificat d'aptitude sera signé par les membres du conseil d'administration et par l'officier de santé qui aura visité le remplaçant; il sera visé, ainsi que les autres pièces, par le sous-intendant militaire ayant la police du corps. (N° 1324, *id.*)

13. Compte à rendre au lieutenant général.

Les maréchaux de camp commandant les subdivisions, et les officiers généraux de l'artillerie ou du génie, auront soin de rendre compte au lieutenant général commandant la division de toutes les décisions qu'ils auront prises. (N° 1325, *id.*)

Si, d'après les motifs exposés dans la demande, le remplacement est autorisé, le sous-intendant militaire, après s'être fait représenter l'autorisation de l'officier général et la quittance des sommes versées dans la caisse du corps et dans celle de l'État, par le militaire remplacé, dressera l'acte de remplacement, dont il délivrera une expédition au remplacé. (N° 1326, *id.*)

14. Acte de remplacement dressé par le sous-intendant militaire.

Les actes de remplacement seront conformes au modèle ci-après :

15. Modèle indiqué.

Modèle de l'acte de remplacement.

Nous, sous-intendant militaire ayant la police de d'après l'autorisation donnée par (1) (2) qui nous a été représentée par le conseil d'administration de ce corps, certifions que le nommé

porté sur le registre-matricule du corps sous le n° , natif de , canton de , département de , né le , taille d'un mètre millimètres, cheveux , sourcils, , yeux , front , nez , bouche , menton , visage , a été admis, après avoir versé dans la caisse du corps la somme de (3) , à se faire remplacer par

(1) Indication de l'officier général qui a donné l'autorisation.
(2) Date de l'autorisation.
(3) Indiquer ici la somme versée.

le nommé , natif de , canton d , département d , né le , taille d'un mètre millimèt., cheveux , sourcils , yeux , menton , visage , lequel réunit les qualités requises pour le service, ainsi qu'il conste de la visite qu'il a subie et des pièces qu'il a produites, et dont la régularité a été constatée dans les formes voulues par les instructions en vigueur.

En conséquence, et après nous être assuré que le nommé ici présent, consent à servir comme remplaçant, et qu'il s'engage à remplir toutes les obligations qui étaient imposées à son remplacé, et celles que les réglements imposent aux remplaçants, nous avons permis au nommé de quitter le corps, sans pouvoir être inquiété pour raison de service militaire, sauf le cas de responsabilité imposée aux remplacés par la loi du 21 mars 1832.

Le remplacé nous a déclaré vouloir se retirer dans la commune de , canton de , département d .

Fait à , le 183 ,

Et ont signé avec nous le remplaçant et le remplacé.

Le Sous-intendant militaire,

(N° 1327 de l'ancien *Manuel.*)

16. Lecture et signature de l'acte. Il sera donné lecture de l'acte au remplaçant et au remplacé; il sera signé par eux et par le sous-intendant militaire qui l'aura dressé. (N° 1328, *id.*)

Si les militaires ne savent pas signer, il en sera fait mention, ainsi que de la lecture qui aura été faite. (N° 1329, *id.*) 17. Militaire ne sachant signer.

Les actes de remplacement seront inscrits par rang de date, sur un registre destiné à cet effet, qui restera aux archives de la sous-intendance. (N° 1330, *id.*) 18. Enregistrement par le sous-intendant militaire.

On mentionnera sur l'acte le versement de la somme prescrite par le tarif annexé à la *Circulaire du* 10 *février* 1832. Voir le tableau ci-dessus et celui des effets qui doivent former le petit équipement du remplaçant. (N° 1331, *id.*) 19. Mention des sommes ou effets versés.

Le sous-intendant qui aura dressé l'acte en délivrera une expédition au remplacé. (N° 1332, *id.*) 20. Expédition au remplacé.

Une deuxième expédition de l'acte de remplacement sera envoyée, par le sous-intendant militaire qui aura dressé l'acte, au sous-intendant militaire en résidence dans le département où le militaire remplacé a établi son domicile. (N° 1333, *id.*) 21. Expédition au sous-intendant du domicile.

Sur le vu de l'expédition de remplacement, le conseil d'administration du corps fera rayer le militaire du registre-matricule, et fera inscrire sur ce registre les nom, prénoms et signalement du remplaçant. (N° 1334, *id.*) 22. Radiation du remplacé.

On indiquera dans la colonne des mutations, à l'article du remplaçant, les nom et prénoms du militaire qu'il remplace, le numéro sous lequel ce militaire était inscrit au registre-matricule, la commune, le canton et le département où il se retire. (N° 1335, *idem.*) 23. Indication à l'art. du remplaçant.

REMPLACÉ, RESPONSABILITÉ EN CAS DE DÉSERTION DE SON REMPLAÇANT.

1. Responsabilité du remplacé. Le remplacé sera, pour le cas de désertion, responsable de son remplaçant pendant un an, à compter du jour de l'acte passé devant le préfet. Il sera libéré si le remplaçant meurt sous les drapeaux, ou si, en cas de désertion, il est arrêté pendant l'année. (Art. 23 de la loi.)

2. Cas d'annulation de l'acte de remplacement. Si l'acte administratif de remplacement passé entre les parties venait à être annulé par jugement, le remplacé serait obligé de marcher lui-même, ou de fournir un autre remplaçant dans le délai d'un mois, à dater de la notification de ce jugement. (Art. 183 de l'*Instruct. du* 30 *mars* 1833, *Journ. milit.*, page 246.)

Les mêmes dispositions sont applicables au militaire qui se fait remplacer au corps.

3. Avis de la désertion au sous-intendant. Si le remplaçant déserte avant l'expiration de l'année, il en sera donné avis, par le chef du corps, au sous-intendant militaire en résidence dans le département où est situé le domicile du remplacé. (N° 1342 du *Manuel.*)

4. Avis au remplacé. Le sous-intendant militaire du département du domicile, notifiera au remplacé, par l'intermédiaire des autorités locales, l'avis de la désertion de son remplaçant. (N° 1343.)

5. Qui doit marcher ou fournir un autre remplaçant. Il le préviendra qu'il sera tenu de fournir un autre homme, ou de marcher lui-même, si le déserteur n'a pas rejoint le corps ou n'a pas été arrêté dans le délai de trois mois, à partir du jour de la notification. (N° 1344, *id.*)

6. Ordre après le délai de trois mois. A l'expiration du délai fixé par l'article précédent, le sous-intendant militaire transmettra au remplacé

l'ordre de fournir un second remplaçant, ou de marcher lui-même. (N° 1345, *id.*)

7. Avis au corps.

Il informera en même temps le corps de l'époque à laquelle le remplacé ou le nouveau remplaçant doit avoir rejoint. (N° 1346, *id.*)

8. Habillement du second remplaçant.

Si le militaire remplacé se décide à fournir un second remplaçant, il pourvoira aux frais de son habillement et de son petit équipement (N° 1348, *idem.*)

9. Remplacé poursuivi après les délais.

Si dans les délais déterminés ci-dessus de trois mois, le militaire remplacé n'a pas présenté un remplaçant ou ne s'est pas présenté lui-même au corps, il sera signalé comme prévenu de désertion et poursuivi comme tel. (N° 1349, *id.*)

10. Poursuite du remplaçant.

Le remplaçant déserteur doit être poursuivi par les soins du régiment, de la même manière que tous les autres déserteurs. (N° 1351, *id.*)

11. Cas où la désertion aurait lieu plusieurs fois.

Les dispositions prescrites ci-dessus, pour assurer la responsabilité des remplacés devront être exécutées autant de fois que la désertion aura eu lieu avant l'expiration pour chaque remplacement du délai de trois mois fixé par les réglements. (N° 1352.)

12. Comptes à rendre par les chefs de corps.

A la fin de chaque semestre, les chefs de corps enverront au ministre un état destiné à faire connaître le nombre des hommes qui sont en activité de service, en qualité de remplaçants. Cet état sera conforme au modèle annexé à l'instruction du 3 décembre 1818, et visé par le sous-intendant militaire. (N° 1353.)

13.

Tout remplacement effectué, soit en contravention des dispositions de la loi, soit au moyen de pièces fausses ou de manœuvres frauduleuses, sera déféré aux tribunaux, et, sur le jugement qui prononcerait la nullité de l'acte de remplacement, l'appelé sera tenu de rejoindre son corps ou de fournir un remplaçant dans le délai d'un mois, à dater de la notification de ce jugement. (Art. 43 de la loi.)

Actes de remplacement entachés de fraude.

14. Cas où les actes de remplacement sont entachés de fraude.

Lorsque les actes de remplacement sont entachés de fraude, la demande en nullité doit être portée devant les mêmes juges que les poursuites criminelles, et dès lors il est évident que c'est au ministère public qu'il appartient de la former; mais lorsque les actes ne présentent les caractères, ni d'un crime, ni d'un délit, et qu'aucune action criminelle ou correctionnelle ne doit être exercée; en un mot, lorsque le but des poursuites est d'obtenir seulement la nullité de l'acte, la demande doit être portée devant les tribunaux civils.

Or, comme il est de principe :

1° Que le ministère public ne peut agir par voie d'action, en matière civile, et qu'aucune disposition de la loi du 21 mars 1832 ne lui confère, à cet égard, un droit exceptionnel, il s'ensuit qu'il ne peut, dans ce cas, lui appartenir de provoquer cette nullité, et que cette action, comme celles résultant de l'art. 26 de la loi précitée, doit être exercée à la seule requête du préfet ;

2° Le droit d'interjeter appel d'un premier jugement ne saurait être dénié à un remplacé, et, dans ce cas, le délai d'un mois dont parle l'art. 43 de la loi du 21 mars 1832, doit courir du jour de la notification du jugement de l'instance quand il n'y a pas d'appel, et du jour de la notification de l'arrêt si l'appel a été interjeté. (*Circul. du* 28 *juin* 1835, *Journ. milit.*, page 401.)

15. Cas de contravention pour l'acte de remplacement.

Les cas de contravention aux dispositions de la loi pour l'acte de remplacement sont nombreux, et l'on ne peut indiquer ici que les principaux.

1° Si le remplaçant n'est pas Français; (art. 2 de la loi.)

2° S'il a été condamné à une peine afflictive ou infamante; (*idem.*)

3° S'il a été condamné à une peine correctionnelle de deux ans d'emprisonnement et au-dessus, et en outre placé, par le jugement de condamnation, sous la surveillance de la haute police, et interdit des droits civiques, civils et de famille; (*id.*)

4° S'il était déjà lié au service pour son compte ou celui d'un autre; (art. 19, *id.*)

5° Si, n'étant pas militaire ou frère du remplacé, il est âgé de moins de vingt ans ou de plus de trente; (*id.*)

6° Si, ayant été militaire, il a plus de trente-cinq ans; (*id.*)

7° Si, étant frère du remplacé, il a moins de dix-huit ans, et plus de trente; (*id.*)

8° S'il est marié ou veuf avec enfants; (*id.*)

9° Si, n'ayant pas encore servi dans l'armée, il n'a pas au moins la taille d'un m. 56 cent.; (*idem.*)

10° Si, ayant servi dans un corps, il a été renvoyé dans ses foyers avec un *congé de réforme* ou avec un *congé de renvoi*; (*idem.*)

11° Si, jeune soldat laissé dans ses foyers, il a obtenu un *congé de renvoi* pour ses infirmités ; (*idem.*)

12° S'il n'a pas justifié, par les certificats prescrits à l'article 20 de la loi, de son domicile pendant au moins un an dans une commune ; (art. 20, *id.*)

13° S'il ne jouit pas de ses droits civils;

14° S'il a été condamné à une peine correctionnelle pour vol, escroquerie, abus de confiance, ou attentat aux mœurs ; (*id.*)

15° Si, ayant été militaire, il n'a pas produit un certificat de bonne conduite du corps dans lequel il a servi ; (art. 21, *id.*)

16° S'il a été admis par le conseil de révision d'un département autre que celui dans lequel le remplacé a concouru au tirage ; (art. 22.)

17° Si le remplacement a été effectué au moyen de pièces fausses, ou de manœuvres frauduleuses; (art. 43.)

18° S'il y a eu substitution de personne dans le remplaçant, c'est-à-dire, si le remplaçant admis au corps n'est pas l'individu reçu par le conseil de révision et qui a souscrit l'acte administratif de remplacement. (Art. 43, *id.* Art. 186 de l'*Instruction du* 30 *mars* 1832, *Journ. milit.*, p. 207.)

RENGAGEMENTS, RENGAGÉS.

1. *Rengagements pour 2 ans au moins et 5 ans au plus.*

Les rengagements pourront être reçus, même pour deux ans, et ne pourront excéder la durée de cinq ans.

2. *Rengagements reçus dans la dernière année de service.*

Les rengagements ne pourront être reçus que pendant le cours de la dernière année de service due par le contractant. A l'expiration de cette année, ils donneront droit à une haute paie. (Art. 36 de la loi.)

Les rengagements seront contractés par les intendants ou sous-intendants militaires, dans les formes prescrites par l'art. 34 de la loi, sur la preuve que le contractant peut rester ou être admis dans le corps pour lequel il se présente. (Art. 37, *id.*) 3. Contractés devant les intendants ou sous-intendants militaires.

Les rengagements seront contractés pour deux, trois, quatre ou cinq ans. 4. Les engagements peuvent être contractés pour 2, 3, 4, ou 5 ans.

Tout militaire qui voudra se rengager devra réunir les conditions suivantes :

1° Etre dans le cours de sa dernière année de service;

2° Etre sain, robuste, et en état de faire encore un bon service ; 5. Conditions.

3° N'avoir pas cinquante ans d'âge ou trente ans de service accomplis ; (art. 21 de l'*Ordonn. du* 28 *avril* 1832, *Journ. milit.*, p. 338.)

Tout militaire devra, pour être reçu à se rengager, adresser sa demande, soit au chef du corps auquel il appatient, soit au chef du corps dans lequel il a l'intention de continuer à servir. 6. Le militaire qui veut se rengager adresse sa demande au chef de corps.

Si sa demande est accueillie, il lui sera délivré une attestation portant : 7. Attestation qui lui est délivrée.

1° Qu'il réunit les qualités requises pour faire un bon service ;

2° Qu'il a toujours tenu une bonne conduite pendant son séjour au corps ;

3° Qu'il peut rester ou être admis dans le corps pour lequel il se présente ; (art. 22, *idem.*)

Si le militaire veut se rengager pour le corps dans lequel il sert, l'attestation ci-dessus sera délivrée tout entière par le chef de ce corps.

Mais si, au contraire, il demande à se rengager

pour un autre corps, le chef de ce corps aura à délivrer l'attestation qui constate que le militaire peut y être admis. Les deux autres circonstances seront toujours attestées par le chef du corps auquel le militaire appartient. (Art. 114 de l'*Instruct. du 4 mai* 1832, *Journ. milit.*, page 369.)

8. A qui le militaire doit s'adresser pour contracter un rengagement.

Muni de cette attestation, le militaire se présentera devant le sous-intendant militaire ayant la police administrative du corps pour contracter l'acte de rengagement. (Art. 23 de l'*Ordonnance du 28 août* 1832, *Journ. milit.*, page 338.)

9. Rengagements contractés sans distinction de corps ni d'arme.

Les rengagements seront contractés sans distinction de corps ni d'arme, et dans les formes prescrites par les articles 34 et 37 de la loi du 21 mars 1832. (*Ordonnance du* 15 *janvier* 1837, *Journ. milit.*, p. 37.)

10. Le ministre peut faire changer de corps les rengagés.

Le ministre de la guerre pourra, en conséquence, faire changer de corps et d'arme après incorporation les militaires rengagés, lorsque l'intérêt ou les besoins du service l'exigeront. (*Ordonnance* (*idem.*

11. Nouveau modèle d'acte de rengagement.

Les actes de rengagement seront conformes aux modèles annexés à l'ordonnance du 15 janvier 1837, *Journal militaire,* page 25.

Les art. 5, 13 et 24 de l'ordonnance du 28 avril 1832 sont abrogés. (*Ordonnance du 15 janvier* 1837, *Journ. milit.*, page 19.)

12. Militaires en congé temporaire peuvent contracter un rengagement.

Le militaire en congé temporaire dans ses foyers pourra être admis à contracter un rengagement devant le sous-intendant de son département, s'il produit :

1° Un certificat d'aptitude délivré par l'officier

de recrutement, portant que le militaire réunit les qualités requises pour faire un bon service;

2° Un certificat du chef de son corps constatant qu'il y a toujours tenu une bonne conduite;

Si le militaire est absent de son corps depuis plus de trois mois, il sera tenu de produire, en outre, un certificat pareil du maire de sa commune;

3° Un certificat du chef du corps dans lequel il demande à entrer, constatant qu'il peut y être admis. (Art. 25 de l'ordonnance du 28 avril 1832, page 338.)

Le premier paragraphe de l'article précédent comprend, dans la dénomination générale de *tout militaire en congé temporaire*, etc., etc., les sous-officiers et soldats en congé illimité qui, étant dans leur dernière année de service, demanderaient à contracter un rengagement. (Art. 119 de l'*Instruction du 4 mai* 1832, *Journ. milit.*, page 370.) 13. Sous-officiers et soldats en congé dans leurs foyers.

Le militaire en congé temporaire dans ses foyers et qui aura contracté un rengagement, sera immédiatement mis en route pour le corps dans lequel il aura demandé à continuer à servir. (Art. 26 de l'*Ordonnance du* 28 *avril* 1832.) 14. Mise en route du rengagé.

Voir, pour la mise en route du militaire rengagé et avis à donner par le sous-intendant militaire qui a reçu l'acte de rengagement, le mot SOUS-INTENDANT MILITAIRE, art. 28 et suivants.

Quelle que soit la date du rengagement, le nouveau service auquel s'engage le rengagé, ne comptera qu'à partir du jour où aura cessé le service auquel le militaire était tenu précédemment. (Art. 27 *id.*) 15. A partir de quel jour doit compter le service du rengagé.

Tout militaire auquel il aura été délivré un congé

16. Le militaire qui a reçu son congé définitif ne peut se rengager.

définitif du service actif, ne sera plus admis à se rengager. Il ne pourra rentrer dans les rangs de l'armée qu'en contractant un acte d'engagement volontaire, conformément à la loi et au titre 1er de l'ordonnance du 28 avril 1832. (Art. 28 *idem.*)

17. La haute-paie n'est due qu'à l'expiration de la dernière année de service due par la loi.

Aux termes de l'art. 36 de la loi, les rengagements ne pouvant être reçus que pendant le cours de la dernière année de service due par le contractant, la haute-paie journalière à laquelle ce même article donne droit, ne sera allouée aux militaires qu'à l'expiration de cette dernière année, quel que soit le titre en vertu duquel ils sont liés au service. (Art. 29 *idem.*)

18. Haute-paie ainsi réglée.

La haute-paie journalière à laquelle ont droit les rengagés de toutes armes est réglée ainsi qu'il suit :

	INFANTERIE. Sous-officiers et fusiliers vétérans.		Autres armes.	
	f.	c.	f.	c.
Haute-paie du premier chevron.				
Sous-officiers et soldats ayant plus de sept ans de service et moins de onze.	0	08	0	12
Haute-paie de deux chevrons.				
Sous-officiers et soldats ayant plus de onze ans de service et moins de quinze.	0	10	0	15
Haute-paie de trois chevrons.				
Sous-officiers et soldats ayant plus de quinze ans de service.	0	10	0	15

(Art. 30, *idem.*)

19\. Militaires qui auront eu une interruption dans leur temps de service.

Les militaires qui, en exécution des articles 39 et 42 de la loi du 21 mars 1832, auront éprouvé une interruption dans leur temps de service, ne pourront pas se rengager dans la dernière année du temps de service auquel ils étaient tenus, en vertu de leur appel ou engagement, mais bien dans la dernière année de ce temps de service, augmenté du temps passé dans l'insoumission ou l'état de détention. Ils n'auront droit à la haute-paie qu'à l'expiration du temps de service auquel les obligent les articles 39 et 42 de la loi. (Art. 133 de l'*Instruct. du 4 mai* 1832, *Journ. milit.*, page 372.)

RENVOI (Congé de). *Voy.* Congés de renvoi et Réserve, art. 21.

RÉPARTITION du contingent annuel entre les départements.

1\. Le tableau de répartition est annexé à la loi annuelle du contingent.

Le tableau de la répartition entre les départements, du nombre d'hommes à fournir en vertu de la loi annuelle du contingent pour les troupes de terre et de mer, sera annexé à ladite loi.

2\. Modèle de répartition, fixé par la même loi.

Le mode de cette répartition sera fixé par la même loi. (Art. 4 de la *Loi du* 21 *mars* 1832.)

3\. Répartition faite proportionnellement au nombre des jeunes gens inscrits sur les listes du tirage.

Conformément aux dispositions de la *Loi du* 8 *mai* 1837, art. 2, et de l'*Ordonnance royale du* 12 *du même mois*, la répartition du contingent de la classe de 1836 aura lieu proportionnellement au nombre des jeunes gens inscrits sur les listes du tirage de la classe appelée.

4\. Répartition faite d'après le terme moyen des jeunes gens inscrits sur les tableaux de recensement.

Précédemment cette répartition avait lieu d'après le terme moyen des jeunes gens inscrits sur les tableaux de recensement rectifiés des six, sept, huit, ou dix années précédentes.

RÉPARTITION du contingent départemental entre les divers corps de l'armée.

5. Répartition des jeunes soldats appelés entre les corps de l'armée.

L'art. 29 de la loi du 21 mars 1832 veut que les jeunes gens définitivement appelés, ou ceux qui sont admis à les remplacer, soient immédiatement répartis entre les corps de l'armée et inscrits sur les registres-matricules des corps pour lesquels ils sont désignés.

6. Divisés en deux classes.

Néanmoins ils seront, d'après l'ordre de leur numéro et les proportions déterminées par les lois annuelles du contingent, divisés en deux portions ou classes, composées, la première de ceux qui devront être mis en activité, et la seconde de ceux qui seront laissés dans leurs foyers.

7. Ceux compris dans la seconde classe appelés à l'activité par ordonnance royale.

Les jeunes soldats compris dans la seconde classe ne pourront être mis en activité qu'en vertu d'une ordonnance royale. (Art. 29 de la loi.)

8. Répartition faite par les maréchaux de camp.

La répartition du contingent de chaque département entre les corps désignés par le ministre de la guerre, aura lieu par les soins des maréchaux de camp commandant les subdivisions. (Art. 1er de l'*Instruction du 4 juillet* 1832, *Journ. milit.*, page 40.) *Voy.* MARÉCHAUX DE CAMP, art. 11 et suivants.

RÉSERVE.

1. Ordonnance du 5 juillet 1833.

L'ordonnance du 5 juillet 1833, sur l'organisation de la réserve de l'armée, n'ayant pas reçu sa pleine et entière exécution, il n'y a lieu à s'occuper que des principes généraux qu'elle a consacrés, et qui ont été en partie mis à exécution par l'Instruction provisoire du 16 novembre 1833.

Ainsi la réserve se compose :

2. Composition de la réserve.

1° De tous les jeunes soldats des classes ou portions de classes non encore appelés à l'activité, disponibles dans leurs foyers.

2° Des militaires des différents corps de l'armée renvoyés dans leurs foyers avec des congés illimités ou d'un an, par anticipation ou comme soutiens de famille en attendant l'époque de leur libération définitive.

3. Les jeunes soldats et militaires en congé faisant partie de la réserve sont sous les ordres de l'autorité militaire.

Les uns et les autres appartenant à la réserve sont sous les ordres et sous la surveillance des officiers généraux commandant les divisions et subdivisions militaires. (Art. 41 de l'*Instr. du 16 novembre* 1833.)

4. Sans préjudice de celle que les lois attribuent aux fonctionnaires civils.

Toutefois cette surveillance sera exercée sans préjudice de celle que les lois en vigueur attribuent aux fonctionnaires civils, et sans déroger aux dispositions de la loi du 21 mars 1832, relatives aux jeunes soldats laissés dans leurs foyers. (Art. 42, *idem.*)

5. Les lieutenants généraux pourront disposer de la totalité ou d'une partie de la réserve.

Les lieutenants généraux commandant les divisions militaires pourront être autorisés par le ministre, à disposer, pour le service, de la totalité ou d'une partie des militaires envoyés en congé illimité. (Art. 43, *idem.*)

6. Les militaires de la réserve sont régis par les lois civiles.

Les militaires envoyés en congé illimité ou en congé d'un an sont régis par les lois civiles, s'ils se rendent coupables d'infractions qu'elles punissent.

7. Et peuvent être punis par l'autorité militaire.

Ils peuvent aussi être atteints par l'autorité militaire s'ils ne rejoignent pas leur corps lorsqu'ils en reçoivent l'ordre; ils peuvent être punis par elle d'une peine de discipline, s'ils ne remplissent pas les devoirs qui leur sont imposés comme faisant partie de la réserve. (Art. 44, *idem.*)

8. Soumis aux réglements de discipline qui régissent l'armée.

Lorsque les militaires en congé illimité ou en congé d'un an seront réunis pour des revues périodiques ou pour des exercices militaires, ou pour tout autre service, les réglements de discipline qui régissent l'armée leur seront appliqués. (Art. 45, *idem.*)

9. Punis par voie de discipline.

Hors les cas de ces revues, ou réunions, ou services, c'est-à-dire lorsque les militaires envoyés en congé illimité ou en congé d'un an ne recevront *aucune solde ou allocation*, ils pourront être punis, par voie de discipline, par le général commandant, d'un emprisonnement qui ne pourra pas excéder quinze jours, s'ils n'exécutent pas les ordres qui leur seront donnés relativement au service de la réserve, et s'ils ne se rendent pas aux appels périodiques qui seront déterminés. (Art. 46, *id.*)

10. Les mesures d'exécution seront assurées au besoin par la gendarmerie.

Lorsqu'un militaire en congé illimité ou en congé d'un an, aura été condamné à une peine de discipline, les mesures d'exécution seront assurées, s'il est nécessaire, par les soins de la gendarmerie. (Art. 47, *id.*)

11. Les commandants des dépôts de recrutement s'assurent de l'arivée des militaires dans le département.

Les commandants des dépôts de recrutement sont chargés de s'assurer de l'arrivée, dans leurs foyers, des militaires renvoyés en congés illimités. (Art. 48, *id.*) *Voy.* Commandants des dépôts de recrutement, art. 75 et suivants.

12. Ne les inscrivent sur les registres-matricules que lorsqu'ils ont la certitude de leur arrivée.

Dans aucun cas l'inscription sur le registre-matricule des militaires envoyés en congé illimité, n'aura lieu qu'après que l'officier de recrutement aura acquis la certitude de leur *arrivée dans le département*. (Art. 53, *id.*)

Une fois arrivés chez eux, les militaires en congé illimité ou en congé d'un an, ne pourront plus quitter leur résidence pour plus de quinze jours, passer dans un autre département, changer de domicile ou se marier, sans en avoir fait la demande et obtenu l'autorisation. Ils s'adresseront toujours, pour ces sortes de demandes, aux commandants des brigades de gendarmerie dans les arrondissements desquels ils seront en résidence ; excepté toutefois pour les demandes de permission de mariage, qui seront remises au maire de leur commune. (Voir les mots ABSENCE, COMMANDANTS DES DÉPÔTS DE RECRUTEMENT, art. 87 et MARIAGE.) 13. Les militaires en congé illimité ne peuvent s'absenter, ni changer de résidence, ni se marier sans permission.

Les jeunes soldats disponibles non appelés à l'activité et restés dans leurs foyers, sont, comme les militaires en congé, soumis aux mêmes obligations que celles indiquées ci-dessus, c'est-à-dire qu'ils ne peuvent s'absenter pour plus de quinze jours, ni changer de domicile, ni se marier, sans la permission de l'autorité ; mais au lieu de s'adresser aux commandants des brigades de gendarmerie, c'est aux maires de leurs communes qu'ils doivent remettre leurs demandes, (Voir également les mots ABSENCE, MARIAGE et JEUNES SOLDATS.) 14. Jeunes soldats de la réserve soumis aux mêmes obligations.

Compétence en matière de délits commis par des jeunes soldats laissés dans leurs foyers, et peines de discipline auxquelles ils sont soumis. *Voy.* JEUNES SOLDATS, art. 11 et 12. 15. Délits commis par les jeunes soldats ; compétence.

Des revues d'inspection, des réformes, des retraites et des libérations dans la réserve.

16. Revue d'inspection dans la réserve.

Comme l'armée active, la réserve sera soumise annuellement à des inspections générales. (Art. 118 de l'*Instruct. du* 16 *novembre.* 1833.)

17. Réunion de la réserve.

A cet effet, la réserve pourra être réunie a des époques déterminées, soit par arrondissement, soit par département, selon que l'intérêt du service et les besoins des localités pourront l'exiger. (Art. 119, *id.*)

18. But des inspections.

Ces inspections auront pour but de constater,

1° L'état des militaires compris dans l'effectif soldé des bataillons de recrutement et de réserve;

2° L'état des militaires envoyés en congé illimité ou qui étaient en congé d'un an;

3° Celui des jeunes soldats laissés dans leurs foyers.

(Art. 120, *id.*)

19. Instructions aux inspecteurs généraux.

Les inspecteurs qui seront nommés recevront des instructions spéciales, et les maréchaux de camp commandant les subdivisions, seront tenus de leur donner tous les renseignements qui pourront leur être nécessaires. (Art. 121, *id.*)

20. Hors l'époque des inspections les inspecteurs généraux seront suppléés par les lieutenants généraux commandant les divisions.

Hors l'époque des inspections, les inspecteurs généraux seront suppléés dans leurs fonctions par les lieutenants généraux commandant les divisions militaires, qui pourront, suivant ce qui sera ordonné par le ministre, désigner pour la revue d'inspection les maréchaux de camp commandant les subdivisions. (Art. 122, *id.*)

Des réformes dans la réserve.

21. Militaire en congé reconnu impropre au service.

Tout militaire en congé illimité ou en congé d'un an, reconnu absolument impropre au service actif ou incapable de satisfaire à celui de la réserve, pourra recevoir un *congé de réforme*, s'il est réformé pour des causes survenues depuis son entrée au service et s'il est prouvé par pièces authentiques que les infirmités, dont le militaire est atteint, sont le résultat d'un service commandé dans la réserve. S'il est réformé pour des causes antérieures à son incorporation, il recevra un *congé de renvoi*. (Art. 123, 127, 128, et 129 de l'*Instruction du* 16 *novembre* 1833.)

22. Examen du militaire.

A cet effet, il sera examiné scrupuleusement, l'officier général le fera visiter et contre-visiter en sa présence par deux officiers de santé des hôpitaux militaires, ou, à leur défaut, des hôpitaux civils; et, sur leur déclaration, que le militaire visité est hors d'état de faire jamais aucun service, il sera proposé au ministre pour obtenir un congé de réforme ou de renvoi. (Art. 124 et 128 *idem*.)

23. Les propositions seront adressées au ministre.

Ces diverses propositions seront présentées par catégories dans des états conformes aux modèles n° 15 et 16 de l'instruction, lesquels seront adressés en double expédition au ministre, avec les pièces à l'appui, dans les premiers jours qui suivront l'inspection qu'il aura ordonnée. (Art. 130, *idem*.)

24. Renvoyées par le ministre au lieutenant général.

Une expédition de ces états, portant la décision du ministre pour chaque individu qui s'y trouvera compris, sera renvoyée avec les certificats de visite et de contre-visite au lieutenant général qui en avait fait l'envoi ; il y sera joint des imprimés de congés de renvoi ou de réforme en nombre égal à celui des militaires auxquels il en aura été accordé. (Art. 131, *idem.*)

25. Congés délivrés par les commandants des dépôts de recrutement.

Ces congés seront délivrés par les commandants des dépôts de recrutement et de réserve. (*Circul. du* 12 *mars* 1834, *Journ. milit.*, page 68.)

26. Les pièces concernant les militaires congédiés resteront aux archives du dépôt.

Les diverses pièces concernant ces militaires, ainsi que les certificats de visite et de contre-visite seront conservés aux archives de l'officier de recrutement auquel le renvoi en aura été fait. (Art. 133 de l'*Instruction.*)

27. Congés approuvés envoyés aux titulaires.

Lorsque les congés auront été revêtus de l'approbation du lieutenant général, commandant la division, ils seront transmis au maréchal de camp du département, qui en fera l'envoi à l'officier de recrutement. Ce dernier les adressera à la gendarmerie, avec invitation de les remettre aux militaires qu'ils concernent.

28. Autorité municipale prévenue.

L'autorité municipale sera en même temps prévenue par les soins de l'officier de recrutement et du commandant de la gendarmerie des congés qui auront été accordés. (Art. 134, *id.*)

29. Les dispositions ci-dessus ne sont point applicables aux jeunes soldats laissés dans leurs foyers.

Les dispositions ci-dessus ne sont point applicables aux jeunes soldats laissés dans leurs foyers qui n'ont pas passé au drapeau.

Ceux qui seraient atteints d'infirmités ne seront susceptibles d'être examinés qu'à l'époque de leur appel à l'activité, et, dans ce cas, on aurait à se conformer aux dispositions prescrites par l'instruction du 16 novembre 1833. (Art. 135, *idem.*) *V.* Ma-

RÉCHAUX DE CAMP, MISE EN ROUTE des jeunes soldats, art. 39.

Des retraites dans la réserve.

Une instruction ultérieure fera connaître les dispositions relatives aux militaires qui, dans la réserve, deviendront susceptibles d'être proposés pour la retraite. (Art. 136, *id.*) 30. Retraites dans la réserve.

Des libérations dans la réserve.

Les congés de libération définitive à délivrer aux militaires en congé illimité et aux jeunes soldats disponibles qui font partie de la réserve, seront libellés au nom des commandants des dépôts de recrutement et de réserve et établis par leurs soins. Ces officiers se conformeront aux dispositions prescrites dans les articles 137 à 151 de l'instruction du 16 novembre 1833. Voir COMMANDANTS des dépôts de recrutement, art. 114. 31. Congés de libération dans la réserve délivrés par les commandants des dépôts de recrutement.

Appel dans la reserve. *V.* APPEL.

RESPONSABILITÉ de remplacés. *V.* REMPLACÉS et REMPLAÇANTS.

RETARDATAIRES. *Voy.* INSOUMIS.

RETRAITES, RETRAITÉS.

Les militaires admis à la retraite pour blessures reçues dans un service commandé, ou infirmités contractées dans les armées de terre ou de mer, confèrent l'exemption à leurs frères. (Art. 13, paragraphe noté 7° de la loi du 21 mars 1832. *Voyez* EXEMPTIONS, art. 21. 1. Les militaires retraités exemptent leurs frères.

RÉVISION (CONSEIL DE). *V.* CONSEILS DE RÉVISION.

REVUE D'INSPECTION. *V.* INSPECTEURS GÉNÉRAUX, INSPECTIONS et RÉSERVE.

REVUE DE DÉPART. *Voy.* MARÉCHAUX DE CAMP, REVUE des jeunes soldats, art. 42.

S.

SAPEURS-POMPIERS de la ville de Paris.

1. Font partie de l'armée. Les sapeurs-pompiers de la ville de Paris font partie de l'armée. Ils se recrutent par la voie des engagements volontaires, d'après le tableau joint à l'ordonnance du 28 avril 1832. Voir, au mot ARMÉE DE TERRE. La seule condition d'admission est, d'avoir la taille d'un mètre 625 millimètres ou 5 pieds.

2. Conditions d'engagement. Nul ne peut être admis à s'engager pour le bataillon des sapeurs-pompiers de la ville de Paris, s'il ne justifie pas qu'il a satisfait aux appels conformément à la loi sur le recrutement. (N° 169 de l'ancien *Manuel.*)

3. Certificat d'acceptation. Aucun certificat d'acceptation n'est valable pour le bataillon des sapeurs-pompiers de la ville de Paris, s'il n'a été délivré par l'officier commandant ce corps. (N° 170, *id.*)

4. Engagement approuvé par le préfet de police. Un engagement volontaire contracté pour le bataillon des sapeurs-pompiers de la ville de Paris, n'est définitif que lorsque le préfet de police a reconnu que l'engagé réunissait les qualités requises pour le service de ce corps. (N° 171 *id.*)

SÉANCES des conseils de révision.

1. Sont publiques. Les séances des conseils de révision seront publiques. (Art. 15 de la loi.)

Un membre de l'intendance militaire assistera aux séances du conseil de révision. (*idem.*) 2. Un membre de l'intendance y assiste.

Le sous-préfet ou le fonctionnaire par lequel il aurait été suppléé pour les opérations du tirage, assistera aux séances que le conseil de révision tiendra dans l'étendue de son arrondissement. (Art. 15, *idem.*) 3. Sous-préfet *idem.*

Les préfets des départements règlent l'itinéraire que les conseils de révision devront tenir dans leur tournée, ainsi que le lieu, le jour et l'heure où se tiendront les séances, (*Instruction du* 21 *mai* 1832, *Journ. milit.*, page 422. *Voy.* PRÉFETS, art. 6. 4. Les préfets règlent l'itinéraire des conseils et le lieu, le jour et l'heure des séances.

Les maires des communes assistent aux séances du conseil, tenues dans le canton dont leur commune fait partie, ils doivent s'y rendre revêtus de leur écharpe. *Voy.* MAIRES, art. 14. 5. Les maires assistent aux séances.

Hors le cas de maladie, aucune permission d'absence et nulle demande de congé ne sera demandée ou accordée en faveur des officiers et fonctionnaires militaires qui doivent, pendant le cours des opérations de l'appel, assister aux séances du conseil de révision. (*Instruction du* 12 *mai* 1833, *Journ. milit.*, page 322.) 6. Aucune permission d'absence n'est accordée aux fonctionnaires militaires qui assistent aux séances du conseil.

Les préfets doivent, autant que possible, présider eux-mêmes les conseils de révision, surtout pendant la tournée. (*Instruct. du* 21 *mai* 1832, rappelée dans les suivantes.) 7. Préfets doivent présider eux-mêmes.

SEPTUAGÉNAIRE (FILS OU PETITS-FILS DE). *V.* EXEMPTIONS.)

SERVICES (DURÉE des).

La durée du service des jeunes soldats appelés sera de sept ans qui compteront du 1er janvier de 1. La durée du service est de 7 ans.

l'année où ils auront été inscrits sur les registres-matricules des corps de l'armée. (Art. 30 de la loi.)

Le 31 décembre de chaque année, en temps de paix, les soldats qui auront achevé leur temps de service recevront leur congé définitif.

Ils le recevront en temps de guerre immédiatement après l'arrivée aux corps du contingent destiné à les remplacer. (Art. 30 de la loi.)

SERVICES (durée des). Comment comptés aux dispensés. *V.* Dispensés, art. 36.

SERVICE (durée du) des engagés volontaires.

1. La durée de l'engagement volontaire est de 7 ans.

La durée de l'engagement volontaire sera de sept ans. (Art. 33 de la loi.) Cette durée doit commencer du jour où l'homme a contracté son engagement (Art. 61 de l'*Instruction du 4 mai* 1832, *Journ. milit.*, page 361.) *V.* Engagements, art. 6.

SERVICES (déduction des). *V.* Déduction à faire sur le temps de service.

SIGNALEMENT des jeunes soldats.

1. Le signalement des jeunes soldats pris devant le conseil.

Le signalement et la taille des jeunes soldats qui paraissent devant les conseils de révision, sont pris séance tenante pour tous ceux compris sur la liste du contingent cantonnal.

Le sous-officier de recrutement est chargé de ce soin, sous la surveillance de l'officier de recrutement qui assiste lui-même aux séances du conseil de révision. (N° 490 et 491 de l'ancien *Manuel* et l'*Instr. du* 25 *juin* 1834, *Journ. milit.*, pag. 350.)

SIGNALEMENT des jeunes soldats mis en route ou qui devancent leur mise en activité, à qui envoyés? *V.* Commandants des dépôts de recrutement. (Art. 5.)

SIGNALEMENT des insoumis, à qui envoyé? *V*. COMMANDANTS des dépôts de recrutement. (Art. 56.)

SOUS-INTENDANTS MILITAIRES.

Un membre de l'intendance militaire (sous-intendant ou adjoint), assistera aux opérations du conseil de révision. Il sera entendu toutes les fois qu'il le demandera, et pourra faire consigner ses observations aux registres des délibérations. (Art. 15 de la loi.)

1\. Un membre de l'intendance militaire assiste aux séances du conseil de révision.

Il est autorisé de la sorte à exposer au conseil de révision toutes les observations qu'il croirait utiles pour assurer un bon contingent à l'armée et la stricte exécution de la loi. (Art. 59 l'*Instruct. du 30 mars* 1832, *Journ. milit.*, page 221.)

Le sous-intendant militaire, n'ayant que voix consultative, ne doit point siéger parmi les membres du conseil, mais il doit avoir une place spéciale immédiatement à la droite du conseil. (N° 393 de l'ancien *Manuel.*)

2\. Place aux séances

Comme le maréchal de camp et l'officier de recrutement, il doit, pendant les séances, prendre note de l'aptitude militaire des jeunes gens admis dans le contingent sous le rapport de la profession, de la taille et de la constitution physique. (Art. 149 de l'*Instruc. du 30 mars* 1832, *Journ. milit.*, p. 240.)

3\. Notes à prendre et listes à établir pendant les séances.

Ces renseignements seront consignés dans une liste nominative dont le modèle est joint à la *Circulaire du 21 mai* 1832, *Journ. milit.*, pages 437 et 472.

D'après les dispositions de la *Circulaire du 12 août* 1837, l'établissement de cette liste n'est plus obligatoire pour le sous-intendant militaire, l'officier de recrutement qui assiste aux séances en étant seul chargé. (*Circulaire du* 12 *août* 1837, *Journal militaire*, page 97.)

Les jeunes gens compris *définitivement* ou *conditionnellement* dans le contingent de chaque canton, seront portés sur cette liste, qui sera ensuite collationnée avec celles tenues par le maréchal de camp et l'officier de recrutement, afin de rectifier les erreurs qui pourraient avoir été commises de part ou d'autre. (*Circulaire* idem, *Journ. milit.*, page 437.)

4. Notes sur les absents.

Le sous-intendant militaire tiendra également une note exacte des jeunes gens qui ne se seraient pas présentés devant le conseil, et qui n'auraient pas justifié de leur absence. (*Circulaire du* 25 *juin* 1834, *Journ. milit.*, page 251.)

5. Note sur les corps qui n'auront pas envoyé les certificats de présence au corps qui leur auront été demandés.

Ils notera les corps qui n'auraient pas envoyé en temps utile aux jeunes gens qui l'auraient réclamé, les certificats de présence au corps de leurs frères. Il consignera ces renseignements dans ses rapports, et désignera en même temps au ministre les corps qui auraient délivré des certificats dans lesquels les détails indiqués par la *Circulaire du* 25 *juin* 1834, *Journal militaire*, page 358, ne seraient point relatés et dont l'inexactitude aurait été pour le conseil un objet de doute ou de plainte. (*Circulaire* idem.)

6. Rapport au ministre.

Le sous-intendant militaire qui a suivi les opérations d'un conseil de révision pendant la tournée doit adresser un rapport au ministre sur ses opérations dans les vingt jours qui suivent l'époque fixée pour la réunion des listes cantonnales. Le dernier modèle de ce rapport est annexé à la *Circulaire du 28 juin* 1835, *Journ. milit.*, page 411. Il ne résulte pas pour eux de la contexture de ce compte rendu l'obligation de répondre à chacun des art. qu'il renferme. Cette division spéciale et détaillée de la matière a été adoptée pour indiquer aux divers fonctionnaires chargés de l'établir qu'ils sont libres de faire un choix. (*Circulaires des* 21 *mai* 1832, 12 *mai* 1833, 25 *juin* 1834 et 28 *juin* 1835.)

Les sous-intendants militaires qui suivent les conseils de révision pendant la tournée reçoivent, comme les autres fonctionnaires civils et militaires qui sont membres du conseil de révision ou qui sont tenus d'assister à toutes les séances, une indemnité de déplacement fixée par le ministre de la guerre. (Nos 1597 et 1598 de l'ancien *Manuel.*) 7. Indemnité de déplacement.

Les opérations du conseil de révision terminées une copie de la liste du contingent départemental est remise par les soins du préfet du département au sous-intendant militaire. (*Circulaire du* 21 *mai* 1832, *Journ. milit.*, page 434.) 8. Remise d'une liste du contingent départemental au sous-intendant militaire.

Mise en route des jeunes soldats.

Lors de l'appel à l'activité d'une classe, le sous-intendant militaire dresse pour chaque homme appelé un ordre de route conforme au modèle N° 4 annexé à l'*Instruction du* 4 *juillet* 1832, et les envoie ensuite au préfet du département. (Art. 48 et 50 de l'*Instruct. du* 4 *juillet* 1832 *Journ. milit*, pages 48 et 49. 9. Ordre de route pour les jeunes soldats appelés.

Il ne sera point expédié d'ordre de route aux 10. Il n'est point expédié d'ordre de route aux jeunes gens inscrits conditionnellement.

jeunes soldats inscrits *Conditionnellement* sur les listes cantonales et sur les registres-matricules des corps, tant que le conseil de révision n'a pas rendu de décision *définitive* à leur égard, mais aussitôt que cette décision est connue, l'ordre de route doit être expédié, si le jeune soldat fait partie d'un contingent mis en activité, et si son numéro le place dans le cas d'être incorporé. (Art. 49.)

11. Obligation du sous-intendant si le jeune soldat est en résidence dans un autre département, ou hors du royaume.

Si le jeune soldat est domicilié ou en résidence dans une commune d'un autre département, le sous-intendant transmet à son collègue, dans ce département l'ordre de route renvoyé par le préfet.

Si le jeune soldat est domicilié ou en résidence hors du royaume, le sous-intendant transmet au ministre de la guerre (bureau du recrutement), l'ordre de route renvoyé par le préfet.

Enfin si le domicile ou la résidence du jeune soldat sont inconnus, le sous-intendant remet l'ordre de route à l'officier commandant le dépôt de recrutement. (Art. 64, *id.*)

12. Comment est remis et notifié l'ordre de route au jeune soldat domicilié ou en résidence dans un autre département.

Le sous-intendant auquel, conformément au premier paragraphe de l'art. précédent, il aura été fait envoi d'un ordre de route pour un jeune soldat qui a changé de domicile ou de résidence, établira un nouvel ordre de route, au moyen des indications portées sur le premier, et enverra les deux ordres au préfet, afin que ce fonctionnaire ait l'assurance que l'appel à l'activité du jeune soldat est légal. (Art. 65, *id.*)

13. Destination du jeune soldat domicilié ou en résidence

Le nouvel ordre de route indiqué ci-dessus portera toujours et invariablement, pour destination, le corps mentionné dans le premier ordre.

Cependant, selon l'aptitude du jeune soldat, sa destination pourra être changée par l'officier général ou supérieur commandant, mais seulement *pour l'un des corps qui se recrutent dans le département du jeune soldat, et jamais pour un corps qui se recrute dans le département où le jeune soldat se trouve.* (Art. 66, *id.*)

dans un département autre que le sien.

14\. Renvoi du premier ordre de route.

Le préfet ayant reçu l'extrait de notification du second ordre de route, enverra au sous-intendant militaire de son département le premier ordre de route et l'extrait de notification du second. Ce sous-intendant militaire transmettra l'une et l'autre pièce à son collègue, lorsqu'il sera en mesure de lui faire connaître la destination que le jeune soldat a reçue à la revue sur le terrain. (Art. 67, *id.*)

15\. Annotation sur le registre-matricule.

Lorsque ces renseignements seront parvenus au chef-lieu du département dans lequel le jeune soldat a concouru au tirage, le sous-intendant de ce département en donnera connaissance à l'officier de recrutement, qui en fera annotation dans la colonne des mutations au registre-matricule du corps sur lequel a été inscrit le jeune soldat. (Art. 68, *id.*)

16\. Comment il est procédé à l'égard des jeunes soldats dont le domicile ou la résidence sont inconnus.

A l'égard du jeune soldat dont le domicile et la résidence sont inconnus, et pour lequel le sous-intendant militaire aura fait le renvoi de l'ordre de route au commandant du dépôt de recrutement, cet officier, dans les délais prescrits par l'article 39 de la loi, déclarera le jeune soldat prévenu d'insoumission. (Art. 69, *id.*)

17\. Indemnité que reçoivent les jeunes soldats à leur arrivée au chef-lieu du département.

A leur arrivée au chef-lieu du département, les jeunes soldats porteurs de l'ordre de route qui leur a été notifié, reçoivent, par les soins du sous-intendant militaire, l'indemnité de route à laquelle ils ont droit, à dater du jour de leur départ et pour toutes les journées de marche. Ils reçoivent en même temps une indemnité de station pour toute la durée de leur séjour au lieu de la revue. Ces indemnités sont celles qui sont fixées par les réglements pour les militaires isolés. (Art. 70, *id.*)

18. Le sous-intendant assiste à la revue des jeunes soldats par l'officier général.

Le sous-intendant militaire assiste à la revue des jeunes soldats passés au chef-lieu du département par l'officier général ou supérieur commandant. (Art. 72, *id.*)

19. Comment est délivré le sursis de départ

Lorsque l'officier général ou supérieur accorde un sursis de départ à un jeune soldat, le sous-intendant militaire règle, sur l'ordre de route dont l'homme est porteur, l'itinéraire qu'il devra suivre, après avoir fixé son départ au lendemain du jour où expirera le sursis accordé. (Art. 83, *id.*)

20. Sursis accordé à un jeune soldat malade qui n'a pu se présenter à la revue.

Quand le sursis est accordé à un jeune soldat malade chez lui, et qu'il n'a pu se présenter à la revue, le sous-intendant militaire a soin de tracer l'itinéraire de manière que toujours le jeune soldat soit obligé de se rendre au chef-lieu du département pour passer la revue de l'officier général ou supérieur commandant la subdivision. (Art. 84, *id.*)

21. Présentation de l'ordre de route pour obtenir un second sursis de départ; comment est délivré ce second sursis.

Dans le cas d'un second sursis accordé à un jeune soldat, l'ordre de route dont il est porteur est présenté et remis au sous-intendant militaire, qui envoie un second ordre de route dressé dans les mêmes formes que le précédent et notifié de la même manière. Dans ce cas, le chef-lieu du département est de nouveau indiqué comme première destination. (N°s 86 et 87, *id.*)

Lors de la mise en route des jeunes soldats, le sous-intendant militaire doit donner connaissance à l'officier commandant le dépôt de recrutement, tant de la destination assignée aux jeunes soldats, que la date fixée pour leur départ et leur arrivée au corps. (Art. 95, *id.*) 22. Avis à donner à l'officier de recrutement.

Les intendants militaires prendront les mesures convenables pour assurer aux jeunes soldats, pendant leur route, le logement, les vivres et les autres allocations qui leur sont dues. Ils feront parvenir aux autorités compétentes tous les avis nécessaires. (Art. 96, *id.*) 23. Mesures à prendre par les intendants militaires.

Les sous-intendants militaires se conformeront d'ailleurs aux dispositions du chapitre 6 *du Recueil* annexé à la circulaire du 19 novembre 1827, en ce qui concerne les mutations survenues parmi les jeunes soldats pendant leur route. (Art. 103, *id.*) 24. Mutations survenues parmi les jeunes soldats pendant la route.

Lorsqu'un jeune soldat aura reçu l'autorisation de devancer la mise en activité, il se rendra devant le sous-intendant militaire, porteur du certificat d'aptitude qui lui aura été délivré par le commandant du dépôt de recrutement, et sur lequel sera inscrite l'autorisation de l'officier général. Sur le vu de cette pièce qu'il gardera, le sous-intendant militaire lui délivrera une feuille de route, et fera ensuite connaître au commandant du dépôt de recrutement le départ de ce jeune soldat. (Art. 115, 116 et 117, *idem.*) 25. Devancement d'appel des jeunes soldats.

Engagés volontaires.

Les sous-intendants militaires ne délivreront pas de feuille de route aux engagés volontaires dirigés 26. Surveillance que doivent exercer les sous-intendants militaires.

sur le corps dont ils ont fait choix, lorsque l'acte d'engagement aura été contracté devant un officier de l'état civil autre qu'un maire de chef-lieu de canton. (Art. 162, *id.*)

27. Pièces que doit présenter l'engagé volontaire au sous-intendant militaire.

Le sous-intendant devant lequel un engagé volontaire se présentera, se fera représenter l'expédition de l'acte d'engagement et la feuille de route provisoire délivrée par le maire du chef-lieu de canton. (Art. 77 de l'*Instruct. du* 4 *mai* 1832, *Journ. milit.*, page 364.)

28. Ordre de route délivré à l'engagé par le sous-intendant.

Il délivrera ensuite à l'engagé une feuille de route et les mandats d'indemnité de route nécessaires, en lui tenant compte de cette indemnité à partir du lieu où l'engagement a été reçu. (Art. 78, *id.*)

29. Dépôt de la feuille de route provisoire et remise de l'acte à l'engagé.

La feuille de route provisoire ou sauf-conduit délivré par le maire qui a dressé l'acte d'engagement, restera déposée dans les bureaux du sous-intendant militaire. L'acte d'engagement sera rendu à l'engagé volontaire. Cette pièce lui est remise, afin qu'elle puisse servir à son incorporation, dans le cas où l'expédition adressée au corps par le sous-intendant militaire aurait éprouvé des retards ou se serait égarée. (Art. 80, *id.*)

30. Expédition de l'acte d'engagement envoyée au corps.

L'expédition de l'acte d'engagement envoyée par le maire qui a dressé l'acte au sous-intendant militaire, sera transmise par ce dernier, après l'avoir portée sur le registre qu'il tient à cet effet, au conseil d'administration du corps sur lequel l'engagé a été dirigé. (Art. 76, *idem.*) *V.* Maire, art. 37.

31. Cas où la feuille de route doit être

Si l'engagement a été reçu contrairement aux réglements par un officier de l'état civil autre qu'un maire de chef-lieu de canton, le sous-intendant militaire s'abstiendra de délivrer une feuille de route à l'engagé lorsqu'il se présentera, et il enverra l'acte d'engagement au préfet du département. (Art. 79 et 80, *idem.*)

refusée et l'acte d'engagement envoyé au préfet.

32. Avis à donner par le sous-intendant militaire autre que celui du département où l'engagement a été reçu.

Si, par l'effet de la direction la plus courte donnée à l'engagé, il se présente pour obtenir sa feuille de route devant un sous-intendant autre que celui du département où l'engagement aura été reçu, le premier de ces fonctionnaires transmettra au second et au chef de corps sur lequel l'homme est dirigé, le bulletin prescrit par les Instructions antérieures. (Modèle n° 7 de l'*Instruction du* 20 *mai* 1818, ou n° 2 du *Manuel.*)

Ce bulletin servira à faire connaître le jour de départ de l'engagé et l'époque présumée de son arrivée à destination. (Art. 81, *idem.*)

33. L'engagé qui tombe malade en route doit être admis dans un hôpital. Feuille de route ou mandat retirés.

Si l'engagé volontaire tombe malade en route, il sera admis dans un hôpital.

Le sous-intendant militaire ayant la police de cet hôpital, ou le fonctionnaire qui le suppléera, retirera à cet engagé sa feuille de route et ses mandats d'indemnité ou de fournitures. (N° 105 du *Manuel.*)

34. Gardés en dépôt.

Il les conservera en dépôt, soit pour les lui remettre à sa sortie, s'il y a lieu, soit en cas de décès pour les adresser à qui de droit. (N° 106, *idem.*)

35. Avis de l'entrée à l'hôpital.

Le sous-intendant militaire ou le fonctionnaire qui le suppléera fera connaître l'entrée à l'hôpital de l'engagé volontaire au sous-intendant militaire du département où l'engagement aura été contracté, et au corps sur lequel l'engagé a été dirigé. (N° 107, *idem.*)

36. Avis de la sortie ou de l'évasion

Lorsqne l'engagé volontaire sortira pour rejoindre ses drapeaux, ou s'il arrive qu'il s'évade de l'hôpital, le sous-intendant militaire en donnera également avis à l'un et à l'autre. (N° 108, *idem.*)

37. Mention des dates sur la feuille de route.

Il sera fait mention, sur la feuille de route de l'engagé volontaire sortant d'un hôpital, de la date de son entrée et de celle de sa sortie. (N° 109, *id.*)

38. Décès en route, renvoi des pièces.

Si un engagé volontaire meurt en route, l'acte d'engagement, la feuille de route et les mandats dont il aura été trouvé porteur, ainsi que son acte de décès, seront envoyés par l'officier de l'état civil au préfet du département où le décès a eu lieu pour être par cet administrateur transmis, savoir : (N° 110, *idem.*)

39. De l'acte d'engagement.

L'acte d'engagement à l'officier de l'état civil qui l'aura dressé ; (N° 111, *idem.*)

40. De la feuille de route et des mandats.

La feuille de route et les mandats au sous-intendant militaire qui les aura délivrés ; (N° 112, *idem.*)

41. Avis du décès au sous-intendant et au corps.

Le préfet donnera en outre avis du décès au sous-intendant militaire du département où l'engagement a été contracté, ainsi qu'au conseil d'administration du corps sur lequel l'engagé était dirigé. (N° 113, *idem.*)

42. Renvoi de l'acte d'engagement et du bulletin relatifs à l'engagé volontaire qui ne s'est pas rendu à sa destination.

Lorsqu'un engagé volontaire ne sera pas arrivé au corps sur lequel il avait été dirigé le jour fixé par sa feuille de route, le chef de corps transmettra, vingt-quatre heures après l'expiration du délai d'un mois fixé par la loi, au sous-intendant militaire du département dans lequel l'engagement aura été contracté, l'expédition de cet acte avec un bulletin conforme au modèle n° 3 annexé à l'*Instruction du 12 octobre* 1832, qui lui auront été précédemment envoyés. (Art. 6, section 3 de l'*Instruction du* 12 *octobre* 1832, *Journ. milit.*, page 374.)

Le sous-intendant militaire, après avoir reçu ces pièces et avoir inscrit sur le registre qu'il tient à cet effet la mention de la non-arrivée au corps de l'engagé, les transmettra sans retard au commandant du dépôt de recrutement du département où l'engagement a eu lieu, afin que cet officier puisse signaler l'engagé volontaire comme insoumis. (Art. 7, *idem.*) 43. Remise des pièces au commandant du dépôt de recrutement.

Les actes d'engagement pour les hommes de la marine doivent être distincts de ceux reçus pour l'armée de terre. Les intendants et sous-intendants militaires sont chargés de cette vérification. (*Circulaire du* 4 *juillet* 1834, *Journ. milit.*, page 3.) 44. Les actes d'engagement pour la marine, distincts de ceux reçus pour l'armée de terre.

Rengagements.

Les rengagements seront contractés devant les intendants ou sous-intendants militaires, dans les formes prescrites par l'art. 34 de la loi, sur la preuve que le contractant peut rester ou être admis dans le corps pour lequel il se présente. (Art. 37 de la *loi du* 21 *mars* 1832.) 45. Rengagements contractés devant les intendants ou sous-intendants.

Les sous-intendants militaires reçoivent les rengagements des militaires dont les corps sont placés sous leur surveillance. (Art. 116 de l'*Instruct. du* 4 *mai* 1832, *Journ. milit.*, page 370), et ceux des militaires en congé illimité, domiciliés dans le département où ils sont employés. 46. Les sous-intendants reçoivent les actes de rengagement des militaires dont les corps sont placés sous leur surveillance et ceux des militaires en congé.

Ils dressent l'acte de rengagement en se conformant au modèle n° 2, annexé à l'*Ordonnance du*

47. Mise en route immédiate du militaire rengagé et avis à donner par le sous-intendant militaire qui a reçu l'acte de rengagement.

15 *janvier* 1837. Si le militaire qui se rengage est en congé, il est mis en route aussitôt son acte passé, et le sous-intendant militaire qui l'a reçu en transmet sans délai une expédition au conseil d'administration du corps auquel appartient le rengagé. Si ce corps est autre que celui auquel le militaire appartenait précédemment, le sous-intendant donnera avis du rengagement au sous-intendant militaire ayant la surveillance administrative de l'ancien corps, afin que le conseil d'administration de ce corps soit informé de la mutation survenue, et puisse en faire annotation sur le registre-matricule. (*Instruct. du 4 mai* 1832, art. 115 à 126, *Journ. milit.*, pages 369, 370 et 371.) *V.* RENGAGEMENTS, art. 14.

Remplacements dans les corps.

48. Sous-intendans militaires dressent les actes de remplacement dans les corps placés sous leur surveillance administrative.

Les sous-intendants militaires dressent les actes de remplacement des hommes appartenant aux corps placés sous leur surveillance administrative. (Nos 1326 à 1333 du *Manuel.*) *V.* le mot REMPLACEMENT dans les corps.

Si le remplaçant déserte avant l'expiration de l'année de responsabilité du remplacé, avis en est donné au sous-intendant militaire qui, à son tour, informe le remplacé de cette désertion, afin qu'il fournisse un autre homme ou qu'il marche lui-même. (Nos 1342 et 1353 du *Manuel.*) *V.* REMPLACÉ (responsabilité du), art. 4.

Réserve.

Lorsqu'un jeune soldat de la réserve aura obtenu une autorisation d'absence dans le département ou hors du département, le préfet en informera le sous-intendant militaire, lequel, après en avoir pris note, préviendra à son tour l'officier de recrutement qui inscrira la mutation sur le registre-matricule. (Art. 96 de l'*Instruction du* 16 *novembre* 1833.) 49. Permission d'absence des jeunes soldats de la réserve.

Les sous-intendants militaires délivrent des feuilles de route aux officiers ou sous-officiers de recrutement chargés des appels dans la réserve; elles sont établies d'après l'itinéraire qui aura été réglé par le général commandant, et porteront allocation : 50.

1° De l'indemnité de 2 francs par poste pour les distances parcourues par chaque officier sans distinction de grade;

2° De l'indemnité ordinaire de séjour (selon le grade) pour chaque journée de station : le jour du départ et celui d'arrivée seront toujours comptés comme journées de station, et, par conséquent, l'indemnité de séjour sera allouée, indépendamment de celle de 2 francs par poste. Les sous-officiers recevront également, le cas échéant, une feuille de route. Ils auront droit à la double indemnité de route pour toute la durée de leur déplacement.

Ces allocations seront payées sur le fonds affecté au service des indemnités de route, suivant le mode déterminé pour les dépenses de cette nature. (*Instruction du* 9 *juin* 1836, n° 12.)

Le sous-intendant militaire auquel l'officier com-

51. Vérification à faire par les sous-intendants militaires avant d'apposer leur visa sur les congés de libération.

mandant le dépôt de recrutement et de réserve doit envoyer les congés de libération et les pièces à l'appui des militaires de la réserve, vérifiera avant d'y mettre son visa, si les services y sont régulièrement inscrits, si le calcul des déductions à opérer sur les services est exact, et si les dispositions de la *Circulaire du 1er septembre* 1833 ont été scrupuleusement suivies. (Art. 143 de l'*Instruction du* 16 *novembre* 1833, *Circulaire du 1er septembre* 1833 *et* 12 *mars* 1834, *Journ. milit.*, pages 123 et 69.) *V*. Déduction des services.

52. Contrôles signalétiques des militaires envoyés en congé illimité.

Les contrôles signalétiques des militaires envoyés en congé illimité établis conformément aux dispositions de la *Circulaire du* 20 *septembre* 1833, seront transmis immédiatement par les conseils d'administration aux sous-intendants militaires qui les feront parvenir sans retard aux officiers de recrutement.

Chaque contrôle sera accompagné du congé illimité du militaire. (*Instruction du* 11 *août* 1834, *Journ. milit.*, pag. 68.) *V*. Congés illimités, art. 21.

53. Masse individuelle des militaires libérés dans la réserve.

(Voir pour la masse individuelle des hommes libérés dans la réserve que les conseils d'administration des corps doivent faire parvenir aux sous-intendants militaires, pour être transmis par leurs soins aux militaires libérés, le mot Masse individuelle.)

54. Visa des sous-intendants militaires sur les divers comptes rendus et états relatifs au service du recrutement.

Les sous-intendants militaires apposent leur visa sur les comptes rendus des classes envoyés au ministre par les commandants des dépôts de recrutement et de réserve :

Sur les comptes rendus de la réserve ;

Sur les contrôles signalétiques des jeunes soldats

mis en route ou devançant leur mise en activité, sur les plaintes portées contre les insoumis et les signalements nos 1 et 2 de ces mêmes insoumis;

Sur le compte rendu au ministre des engagés volontaires et jeunes soldats prévenus d'insoumission;

Sur l'état nominatif et mensuel des hommes dans les délais, et enfin sur les congés de réforme, de renvoi et de libération établis par les commandants des dépôts de recrutement pour des hommes de la réserve.

SOUS-OFFICIERS DE RECRUTEMENT.

1. Nombre de sous-officiers employés dans les dépôts de recrutement.

D'après l'ordonnance du 1er janvier 1836, sur l'organisation du personnel des dépôts de recrutement, le nombre de sous-officiers employés dans les dépôts est fixé à deux par dépôt, soit de première, soit de seconde classe.

2. Service.

Ces sous-officiers sont chargés, sous les ordres et la surveillance du commandant du dépôt de recrutement, de la tenue des écritures, registres, etc., selon les besoins du service.

3. Pourront être employés à la conduite des détachements.

Ils pourront être employés à la conduite des détachements de jeunes soldats et des militaires de la réserve appelés sous les drapeaux. (Art. 6 de l'*Ordonnance* précitée.)

4. Pourront aussi être chargés des appels.

Ils pourront être aussi, en cas de besoin, chargés des appels dans la réserve, et recevront, le cas échéant, une feuille de route. Ils auront droit alors à la double indemnité de route pour toute la durée de leur déplacement. (No 12 de l'*Instruction du 9 juin* 1836.)

5. Seront pris dans

Les sous-officiers attachés aux dépôts de recru-

les corps d'infanterie ou de cavalerie.

tement, seront pris dans les corps d'infanterie et de cavalerie. (Art 7 de l'*Ordonnance.*)

6.
Remplacés à leur corps.

Les sous-officiers détachés dans les dépôts de recrutement et de réserve, seront remplacés à leurs corps et n'y compteront plus que comme mémoire, sans que, pour cela, ils cessent de concourir pour les emplois de sous-lieutenant dévolus au 2e tour (choix du roi) dans leur arme; lorsqu'ils auront été proposés pour l'avancement par le lieutenant général commandant la division; mais quand ils seront promus sous-lieutenants, ils devront toujours rejoindre le corps dans lequel ils auront été nommés. Ils ne pourront être employés de nouveau dans un dépôt *de recrutement et de réserve*, qu'après avoir passé deux ans à leur régiment et avoir été proposés pour ce service par l'inspecteur général. (Art. 12 de l'*Ordonnance.*)

7.
Si un sous-officier quitte le dépôt il doit rentrer à son corps.

Si le bien du service exige qu'un sous-officier soit éloigné du *dépôt de recrutement et de réserve* auquel il est attaché, ce sous-officier rentrera à son corps et y restera à la suite jusqu'à la première vacance dans son emploi.

8.
Peuvent être proposés pour la légion d'honneur et l'état-major des places.

Les sous-officiers comme les officiers des dépôts de recrutement et de réserve, pourront être proposés pour la décoration de la Légion d'honneur et l'admission dans l'état-major des places, par les généraux commandant les divisions territoriales. (Art. 13, *id.*)

9.
Solde.

La solde des sous-officiers des dépôts *de recrutement et de réserve* est celle attribuée à leur grade dans l'infanterie (compagnies du centre).

Cette solde s'accroît pour chaque journée de présence, d'un supplément de quarante centimes. (Art. 15, *id.*)

Un sous-officier de recrutement accompagne annuellement le commandant du dépôt lors de la tournée du conseil de révision et pendant toutes les opérations de l'appel de la classe; il assiste aux séances du conseil et y est spécialement chargé de prendre le signalement et de toiser les jeunes gens admis dans le contingent de chaque canton. 10. Un sous-officier de recrutement accompagne le commandant du dépôt de recrutement lors de la tournée du conseil.

Ce sous-officier reçoit, pendant la tournée, une indemnité de 5 fr. pour chaque jour de route et de séjour avec le conseil hors du chef-lieu du département.

SOUS-PRÉFETS.

Dans les cantons composés de plusieurs communes, l'examen des tableaux de recensement et le tirage au sort, auront lieu au chef-lieu de canton, en séance publique, devant le sous-préfet, assisté des maires du canton. Dans les communes qui forment un ou plusieurs cantons, le sous-préfet sera assisté du maire et de ses adjoints. 1. Examen des tableaux de recensement et tirage au sort.

Le tableau sera lu à haute voix. Les jeunes gens, leurs parents ou ayant cause, seront entendus dans leurs observations. Le sous-préfet statuera, après avoir pris l'avis des maires. Le tableau rectifié s'il y a lieu, et définitivement arrêté, sera revêtu de leurs signatures. 2. Le tableau de recensement sera lu à haute voix.

Dans les cantons composés de plusieurs communes, l'ordre dans lequel elles seront appelées pour le tirage sera, chaque fois, indiqué par le sort. (Art. 10 de la loi.)

Les sous-préfets transmettent aux maires des com- 3. Envoient aux maires le tableau de répartition par canton. munes de leur arrondissement la copie de la répartition entre les cantons, telle qu'elle a été arrêtée par le préfet du département. (N° 211 du *Manuel.*)

4. Président à l'examen des tableaux de recensement.

Ils président à l'examen des tableaux de recensement ainsi qu'il est dit plus haut à l'art. 10 de la loi. (N° 283, *id.*)

5. Doivent être assistés par les maires.

Dans cet examen, ainsi que pour les rectifications à faire, ils prendront l'avis des maires, dont ils devront être assistés, aux termes de la loi. (N° 284, *idem.*)

6. Sous-préfets par qui remplacés.

En cas d'empêchement légitime, les sous-préfets seront remplacés par un conseiller de préfecture au choix du préfet, ou par un membre du conseil d'arrondissement. (N° 285, *id.*)

7. Jamais par une personne sans caractère public.

En aucun cas, un sous-préfet ne pourra être suppléé par un secrétaire ou toute autre personne sans caractère public (N° 286, *id.*)

8. Se faire suppléer le moins possible.

Il importe que les sous-préfets ne se fassent remplacer que très rarement. (N° 288, *id.*)

9. Lecture des tableaux, interpellation aux personnes présentes.

Après avoir fait donner une lecture publique du tableau de recensement de chacune des communes du canton, le sous-préfet demandera aux personnes présentes, si elles connaissent des jeunes gens de la classe appelée qui n'aient pas été portés sur les tableaux, ou si les jeunes gens qui y ont été portés ont des réclamations à faire contre leur inscription. (N° 295, *id.*)

10. Annotation des changements faits aux tableaux.

Le sous-préfet annotera dans la colonne ménagée à cet effet sur les tableaux, tous les changements et corrections auxquels l'examen donnera lieu; il y fera connaître les motifs de chacun de ces changements ou corrections. (N° 299, *id.*)

Les sous-préfets pourront faire disparaître des tableaux de recensement les individus exclus en vertu de l'art. 2 de la loi; toutefois il conviendra de s'abstenir et de laisser au conseil de révision le soin de prononcer dans les cas douteux et lorsque les causes d'exclusion ne seront pas suffisamment établies. (*Circul. du* 13 *mai* 1837, *Journ. milit.*, p. 429.)

11. Ils rayeront des tableaux de recensement les individus condamnés à des peines afflictives ou infamantes.

V. Peines afflictives et infamantes.

Ils feront aussi rayer des tableaux de recensement les individus dont l'existence ne serait pas notoire.

12. Et ceux dont l'existence ne sera pas notoire.

Après avoir arrêté les tableaux de recensement, le sous-préfet en fera donner une seconde lecture publique. (N° 303 du *Manuel.*)

13. Lecture des tableaux arrêtés.

Il préviendra les jeunes gens et leurs parents que les réclamations qu'ils auraient encore à faire, relativement à la formation et à la rectification de ces tableaux, doivent être portées devant le conseil de révision. (N° 304, *id.*)

14. Renvoi des réclamations au conseil de révision.

Dans les cantons composés de plusieurs communes, l'ordre dans lequel elles seront appelées pour le tirage sera chaque fois indiqué par le sort. (Art. 10 de la loi.)

15. Ordre d'appel des communes pour le tirage.

Le sous-préfet procédera à cette opération en présence des maires des communes du canton. Il fera d'abord écrire, sur des carrés de papier de même dimension, les noms de toutes les communes composant le canton; il en donnera lecture à haute voix, et, après les avoir fermés et roulés tous de la même manière, il les jettera et les mêlera dans l'urne.

16. Comment il sera procédé à cette opération.

A mesure que le nom d'une commune sera tiré de l'urne, ce nom sera inscrit sur une liste préparée à cet effet, et cette liste réglera l'ordre dans lequel l'appel des communes devra être fait au moment où les jeunes gens devront prendre leur numéro. (Art. 15 de l'*Instruct. du* 30 *mars* 1832, *Journ. milit.*, page 212.)

17. Opération du sous-préfet pour l'inscription des omis.

Le sous-préfet inscrira en tête de la liste du tirage les noms des omis condamnés par les tribunaux, et n'inscrira qu'après eux les noms des jeunes gens qui tireront ensuite au sort. (Art. 17, *id.*)

Les premiers numéros étant ainsi réservés aux omis, ces numéros doivent être retirés de l'urne avant qu'il soit procédé au tirage. (Art. 18, *id*)

Si donc dans un canton il existe 250 jeunes gens appelés à tirer au sort, et que, sur ce nombre, il y en ait trois condamnés pour omission volontaire, il ne devra être mis dans l'urne que 247 numéros à partir du numéro 4 inclus, puisque les numéros 1, 2 et 3 auront été retirés et affectés aux trois omis. (Art. 18, *id.*)

18. Liste du tirage préparée à l'avance.

La liste du tirage sera préparée à l'avance par les soins du sous-préfet, et dressée en double expédition. Elle sera conforme au modèle annexé à l'instruction sur les appels. (N° 310 du *Manuel.*)

19. Bulletins uniformes.

Les numéros du tirage seront écrits ou imprimés sur des bulletins uniformes. (N° 311, *id.*)

20. Numéros formant une série continue.

Chaque bulletin devra porter un numéro différent, de manière que la totalité des bulletins forme une série continue de numéros, depuis le numéro 1, égale au nombre des jeunes gens appelés à tirer. (N° 312, *id.*)

Le sous-préfet, avant de commencer l'opération du tirage, compte publiquement les numéros qui auront été inscrits sous ses yeux et déposés ensuite dans l'urne, il s'assure par ce moyen de contrôle que le nombre des numéros est égal à celui des jeunes gens appelés à tirer au sort. Il devra faire connaître à haute voix le résultat de cette vérification. (Art. 20 de l'*instruction du* 30 *mars* 1832, *Journ. milit.* page 213.) 21. Opération du sous-préfet.

Aussitôt après chacun des jeunes gens appelés dans l'ordre du tableau prendra dans l'urne un numéro qui sera immédiatement proclamé et inscrit. Les parents des absents, ou, à leur défaut, le maire de leur commune, tireront à leur place. 22. Tirage au sort.

L'opération du tirage achevée sera définitive; elle ne pourra sous aucun prétexte être recommencée et chacun gardera le numéro qu'il aura tiré. 23. Le tirage achevé l'opération est définitive.

La liste par ordre de numéros, sera dressée au fur et à mesure du tirage. Il y sera fait mention des cas et des motifs d'exemption ou de déduction que les jeunes gens ou leur parents, ou les maires des communes, se proposeront de faire valoir devant le conseil de révision; le sous-préfet y ajoutera ses observations. 24. Liste dressée par ordre de numéros. La liste du tirage sera ensuite lue, arrêtée et signée de la même manière que le tableau de recensement et annexée avec ledit tableau au procès-verbal des opérations. Elle sera publiée et affichée dans chaque commune du canton. (Art. 12 de la loi.) 25. Liste du tirage arrêtée et signée.

Si, malgré les précautions prescrites par la loi, il arrivait que le nombre des jeunes gens fût supérieur à celui des numéros déposés dans l'urne, les 26. Cas ou le nombre des jeunes gens serait supérieur à celui des numéros.

jeunes gens qui n'auraient point eu de numéros seraient nécessairement renvoyés à la classe suivante. Mais les sous-préfets sentiront quelle responsabilité pèserait sur eux s'ils avaient négligé de remplir attentivement toutes les formalités que la loi à prescrites, afin d'assurer la régularité de l'opération si importante du tirage au sort. (Art. 22 de l'*Instruc. du 30 mars* 1832, *Journ. milit.* page 214.)

27. Extrait séparé de la liste envoyé au préfet.

Aussitôt que la liste du tirage aura été arrêtée et signée, le sous-préfet en adressera *un extrait séparé* au préfet pour chacun des jeunes gens absents. Il joindra à cet envoi autant que faire se pourra une *feuille de renseignements* conforme au modèle N° 20 annexé à la *Circ. du* 21 *mai* 1832. Le même envoi sera fait pour les jeunes gens qui résident dans les possessions françaises en Afrique. (*Cirulaire du* 13 *mai* 1837, *Journ. milit.* page 429.)

28. Les sous-préfets assistent aux séances que tient le conseil de révision dans leur arrondissement.

Le sous-préfet ou le fonctionnaire par lequel il aurait été suppléé pour les opérations du tirage assistera aux séances que le conseil de révision tiendra dans l'étendue de son arrondissement.

Il y aura voix consultative.

(Art. 15 de la loi.)

29. Soins que doivent avoir les sous-préfets.

MM. les sous-préfets doivent apporter le plus grand soin à indiquer aux jeunes gens qui réclament le bénéfice des art. 13 et 14 de la loi du 21 mars 1832, les pièces qu'ils auront à produire au conseil de révision, et dont la circulaire du 21 mai 1832, contient les modèles à suivre d'après les différents cas d'exemption et dispense.

Mais, lorsque des jeunes gens fonderont leurs demandes sur des infirmités qui seraient de nature à faire naître des soupçons, le sous préfet consultera le maire de la commune, et, s'il résulte de sa déclaration ou de la notoriété publique que les infirmités sont ou peuvent être simulées, une annotation sera faite dans ce sens sur la liste du tirage.

Quant à la convocation devant le conseil de révision, on ne saurait trop répéter combien il importe que les ordres de comparaître soient *expédiés sans retard par le sous-préfet et remis par les maires dès leur réception.* (*Instruct. du* 25 *juin* 1834, *Journ. milit.*, pag. 349.) 30. Ordre de convocation pour comparaître devant le conseil.

Le certificat que doivent produire les jeunes gens qui demandent à remplacer pour justifier qu'ils ont satisfait à la loi, sera conforme au modèle n° 2, annexé à l'instruction du 25 juin 1834 (Voir ce modèle à la fin du présent Dictionnaire sous le n° 16). Il contiendra le signalement de l'individu, afin que le conseil de révision puisse parfaitement constater l'identité de celui qui en sera porteur, il ne sera délivré que par les préfets ou sous-préfets, et ne le sera qu'une seule fois dans la même année au même individu et, dans tous les cas, celui qu'il concerne devra justifier de l'emploi de la première expédition. (*Instruction du* 25 *juin* 1834, *Journ. milit.*, p. 364.) *V.* CERTIFICAT. 31. Certificat à produire par les jeunes gens qui veulent remplacer pour justifier qu'ils ont satisfait à la loi.

Il en sera de même des certificats de bonnes vie et mœurs à délivrer par les maires des communes à ceux qui leur en feront la demande pour remplacer. Ils ne seront délivrés qu'une seule fois dans la même année comme il est indiqué ci-dessus. Ils seront revêtus du visa du sous-préfet, et, de plus, de 32. Certificat de bonnes vie et mœurs.

33. Visés par le sous-préfet. celui du préfet, si le possesseur veut en faire usage hors du département. *V.* Certificat.

Le sous-préfet ne visera ces derniers certificats qu'après qu'il se sera assuré que l'individu qui en fait la demande, réside effectivement dans la commune où la pièce a été délivrée.

34. Cas où ils doivent s'abstenir de viser. Les préfets ou sous-préfets devront s'abstenir de viser un certificat de bonne vie, si, nonobstant ce qui est affirmé dans la pièce, ils avaient des motifs pour croire que la conduite passée de l'homme qu'elle concerne, ne présente pas une garantie suffisante pour l'avenir. (*Circul. du* 28 *avril* 1827, *Journ. milit.*, p. 174 à 176, rappelée par l'*Inst. du* 25 *juin* 1834, *Journ. milit.*, page 365.)

35. Les sous-préfets visent et certifient les certificats de position de famille des jeunes gens qui demandent à être maintenus dans leurs foyers, comme soutiens indispensables de famille. (*Circulaire du* 21 *septembre* 1830, page 17.) *V.* Soutiens de famille.

36. Transmission des ordres de route aux Maires. Le sous-préfet transmet aux maires des communes de son arrondissement, les ordres de route qui lui sont envoyés par le préfet pour l'appel à l'activité des jeunes soldats. Ces ordres de route doivent, autant que possible, être envoyés aux maires, de manière que les jeunes soldats aient au moins trois jours entiers pour se préparer au départ, non compris le jour ou l'ordre de route aura été notifié et le jour fixé pour le départ. (Art. 51 et 52 de l'*Instruc. du* 4 *juillet* 1832, *Journ. milit.*, p. 49.)

37. Extraits du regis- Aussitôt que les maires auront fait remise et notification ou transmission des ordres de route, ils

adresseront au préfet de leur département, par l'intermédiaire du sous-préfet, un extrait du registre des notifications. (Art. 60 *id.*) *Voy.* MAIRES, art. 27.

tre de notification envoyés au préfet.

Les sous-préfets se tiendront au courant et donneront avis au préfet de toutes les mutations qui surviendront parmi les jeunes soldats disponibles de leur arrondissement.

38. Avis au préfet des mutations des jeunes soldats.

Les demandes de permission d'absence ou d'autorisation de mariage pour les jeunes soldats seront toujours transmises au préfet par l'intermédiaire des sous-préfets, et ils donneront à cet égard les avis qu'ils jugeront convenables. *Voy.* ABSENCE et MARIAGE.

39. Permissions d'absence ou autorisations de mariage.

Insoumis.

Les sous-préfets et les maires correspondront exactement avec les préfets, les commandants des brigades de gendarmerie avec le commandant de la gendarmerie du département, pour leur rendre compte de toutes les mutations parvenues à leur connaissance dans la position des jeunes soldats et engagés volontaires prévenus d'insoumission. (Art. 16 de l'*Instruct.* du 12 *octobre* 1832, *Journ. milit.* p. 377.)

40. Correspondance entre les divers fonctionnaires relativement aux insoumis.

Il donneront à tous les fonctionnaires et agents civils et spécialement aux gardes champêtres et forestiers l'ordre précis de se concerter avec la gendarmerie pour la recherche et l'arrestation des insoumis et de lui transmettre tous les renseignements et avis

41. Ordre à donner par les sous-préfets.

qu'ils pourront se procurer sur le lieu de leur retraite. (Art. 18, *idem.*)

42. Les maires doivent sous leur responsabilité seconder la gendarmerie avec zèle.

Ils feront connaître aux maires qu'ils sont tenus sous leur responsabilité personnelle de coopérer de tout leur pouvoir à l'effet des mesures prescrites pour faire rejoindre les insoumis, soit en fournissant à la gendarmerie toutes les indications propres à seconder son action, soit en employant toutes les ressources de leur influence pour établir, parmi les jeunes soldats appelés, l'entière conviction qu'ils ne sauraient se soustraire impunément à l'obligation du service. (Art. 22.)

43. Dans l'intérêt même des familles.

En contribuant à faire rejoindre les jeunes soldats avant l'expiration du délai d'un mois, fixé par le premier paragraphe de l'art. 39 de la loi, et, en les faisant même arrêter par la gendarmerie, les maires sauvent ces jeunes soldats de condamnations qui, quelques jours plus tard, seraient prononcées contre eux. (Art. 21, *id.*)

44. Doivent surveiller les étrangers.

A cet effet également, ils inviteront les maires à porter une attention sévère sur les étrangers qui viennent s'établir dans le ressort de leur commune et recommanderont à tous les agents de l'administration de vérifier avec soin les passe-ports des voyageurs qui, par leur âge, paraissent appartenir au recrutement. (Art. 22, *idem.*)

45. Indemnité aux sous-préfets.

Il est accordé pour chaque sous-préfecture une indemnité annuelle destinée à compléter le paiement de toutes les dépenses que peuvent nécessiter pour MM. les sous-préfets les diverses opérations des levées. (N° 1605 du *Manuel.*)

SOUTIENS DE FAMILLE.

Les demandes pour être maintenu dans les foyers comme soutien indispensable de famille, devront être parvenues au préfet avant le jour fixé pour la notification des lettres de mise en activité. Passé ce délai elles seront rejetées sans examen. (*Circ. du 11 septembre* 1828, *Journ. milit.* page 155.) Elles seront visées et certifiées par le sous-préfet de l'arrondissement. Ces demandes seront accompagnées d'un certificat conforme au modèle N° 5 annexé à la *Circulaire du 21 septembre* 1830, et qui constatera ; 1.

1. Les demandes doivent être parvenues au préfet avant la notification des lettres de mise en activité.

1° La position de famille du jeune soldat, c'est-à-dire de combien d'individus se compose la famille;

2° L'âge, le sexe, et la profession de ces individus;

3° Si la famille est dans l'indigence ou quelles sont ses ressources;

4° Comment le départ du jeune soldat la privera de tout moyen de pourvoir à sa subsistance.

Toute réclamation qui ne serait point accompagnée d'un certificat conforme au modèle ci-dessus indiqué ne sera point accueillie. (*Circulaire du 21 septembre* 1830, page 17.)

Ces demandes ne seront jamais accordées que dans la proportion de cinq pour mille hommes du contingent ou un pour deux cents. Toute fraction audessus du nombre de deux cents sera comptée pour un entier. (N° 120 de l'*Instruction du 4 juillet* 1832, *Journ. milit.*, page 61.) 2.

2. Dans quelle proportion ces demandes peuvent être accordées

D'après la disposition de la *Circulaire du 12 août* 1837, le nombre des jeunes soldats à proposer par les conseils de révision pour être maintenus dans leurs foyers sera porté au double de la proportion fixée par la *Circulaire du* 25 *Juin* 1834, c'est-à-dire à dix au lieu de cinq pour mille hommes du contigent.

Toutefois en suivant la règle posée dans la Circulaire précitée, un contingent de deux cents un homme donnera droit de laisser dans leurs foyers trois jeunes soldats et un contingent de quatre cents un homme, cinq jeunes soldats et ainsi de suite. (*Circulaire du* 12 *août* 1837, page 11, *Journ. milit.* page 97.)

3. Remises au préfet pendant la tournée.

Ces demandes seront remises au préfet pendant la tournée. (Art. 122 *id.*)

4. Moyen de s'assurer si les demandes sont fondées.

Afin de s'assurer de l'exactitude des attestations produites, le préfet donnera connaissance des demandes qu'il recevera au conseil de révision assemblé, qui, sur les lieux mêmes pourra prendre les informations nécessaires pour juger si la réclamation est de nature à être accueillie. (Art. 122 *id.*)

5. Examen des demandes par le conseil de révision et formation d'une liste par ordre de mérite des jeunes soldats qui demandent à être maintenus dans leurs foyers.

De retour au chef-lieu du département et après la réunion des listes cantonnales en liste du contingent départemental, le conseil de révision s'occupera de l'examen des demandes comme soutien de famille et dressera une liste, par ordre de mérite, des jeunes soldats qu'elles concernent. (Art. 123 *id.*)

6. Les maires doivent s'assurer et rendre compte des changements qui surviennent dans la position des jeunes soldats.

Le maintien dans les foyers ne devant être accordé qu'en cas de mise en activité, les maires devront faire part aux préfets des changements qui surviendraient dans la position des jeunes soldats dont ils auront accueilli les demandes. Ces changements seront communiqués par le préfet, au conseil de révision, qui rectifiera sa liste. (Art 125 *idem.*)

Chaque fois qu'il sera fait un appel à l'activité sur le contingent d'une classe, le conseil de révision vérifiera si cet appel porte sur les jeunes soldats placés en tête de la liste, et en cas d'affirmative il dressera pour eux un état de proposition. (Article 126, *idem.*)

7. Vérification faire en cas d'appe à l'activité, et formation, s'il y a lieu, d'un état de proposition.

Dans aucun cas et sous aucun prétexte, ces propositions ne doivent dépasser , *pour la totalité du contingent*, la proportion d'un homme pour 200. Voir ci-dessus. (Art. 127, *id.*).

8. Les propositions ne doivent dans aucun cas dépasser le nombre fixé.

L'état de proposition, en double expédition, arrêté et signé par le conseil de révision, sera immédiatement transmis par le préfet, avec les demandes et pièces à l'appui, au lieutenant général commandant la division. (Art. 128 , *id.*)

9. Etat de proposition transmis au lieutenant général par le préfet.

A la réception de cet état, le lieutenant général fera suspendre, pour les jeunes soldats proposés, l'effet de l'ordre de route qui leur aura été adressé, et il prescrira les mesures pour qu'ils soient maintenus dans leurs foyers. (Art. 129 , *id.*)

10. Le lieutenant général fait suspendre l'effet des ordres de route.

Une des expéditions de l'état de proposition qu'aura reçues le lieutenant général, sera adressée au ministre de la guerre, avec les demandes et pièces à l'appui. La seconde expédition restera entre les mains de cet officier général. (Art. 130 , *id.*)

11. Destination à donner aux deux expéditions de l'état de proposition.

Le lieutenant général auquel ces propositions seront transmises, s'assurera qu'elles ne dépassent point les limites posées par la *Circulaire du* 12 *août* 1837 (10 pour 1000), lesquelles, sous aucun prétexte, ne pourront être franchies. (Art. 132, *id.*)

12. Vérification à faire par le lieutenant général.

Les jeunes soldats ainsi maintenus dans leurs foyers font partie de la réserve; mais si après l'appel

13. Les jeunes soldats maintenus dans

leurs foyers font partie de la réserve. à l'activité leur position de famille venait à changer, il en sera rendu compte pour qu'ils soient mis en route immédiatement. (Art. 125, *id.*)

14. Indépendamment des dispositions ci-dessus en faveur des jeunes soldats reconnus être soutiens de famille, des congés de six mois sans solde sont accordés dans les corps aux militaires qui se trouvent dans la même position. Ces sortes de congés sont renouvellés de six mois en six mois par MM. les maréchaux de camp tant que les militaires qui en sont porteurs sont dans la même position, et sur la production de certificats de position de famille et de pièces qui constatent qu'effectivement la position de famille de ces militaires n'a pas changé. (*Circulaire du 9 juin 1836, Journal militaire* page 421.) *V.* Congé d'un an, article 4.

SPAHIS réguliers, (corps de cavalerie).

Une ordonnance royale du 10 juin 1835 a créé à Bône (Afrique) sous la dénomination de *spahis réguliers* un corps de cavaliers indigènes fort de deux escadrons et commandé par un chef d'escadron.

Ainsi que l'indique l'ordonnance, ce corps n'est composé que de cavaliers indigènes. (*Ordonnance du 10 juin 1835, Journ. milit.* page 239.)

SUBSISTANCES MILITAIRES, employés commissionnés.

Sont dispensés. Les employés commissionnés faisant partie des cadres *entretenus* des subsistances militaires doivent être considérés comme ayant satisfait à l'appel et comptés numériquement en déduction du contingent (*Circulaire du 28 juin 1835, Journ. milit.*

pag. 398.) *Voy.* DISPENSES, DISPENSÉS, article 2.

SUBSTITUANTS, SUBSTITUÉS, SUBSTITUTIONS.

Les conseils de révision statuent sur les substitutions de numéros entre les jeunes soldats. (Art 17 de la loi.)

1. Conseils de révision statuent.

Les substitutions de numéros sur la liste cantonnale pourront avoir lieu, si celui qui se présente à la place de l'appelé est reconnu propre au service par le conseil de révision. (Art. 18, *idem.*)

2. Le substituant doit être reconnu propre au service.

L'art. 18 de la loi, cité ci-dessus, n'autorise les substitutions de numéros que sur *la liste cantonnale*, d'où il résulte que l'échange des numéros ne peut avoir lieu qu'entre jeunes gens inscrits sur la liste d'un même canton. (Art. 62 de l'*Instruct. du 30 mars* 1832, *Journ. milit.*, page 222.)

3. Substitution de numéros sur la liste cantonnale.

Les substitutions de numéros entre tous les jeunes gens d'un même canton portés sur la liste de tirage *de ce canton* pourront toujours avoir lieu jusqu'à la date de l'ordre de route du jeune soldat immatriculé. (Art. 63, *id.* Modifié, par la *Circul. du 9 mai* 1836, *Journ. milit.*, pag. 341.)

4. Entre quels jeunes gens peut avoir lieu l'échange des numéros.

L'avantage qui résulte de cette disposition est :

1° Que dans les cas prévus par l'art. 13 de la loi, le substituant procure l'exemption à son frère, tandis que le remplaçant est privé de cette faveur.

2° Que le substitué n'encourt pas la responsabilité imposée au remplacé, et conséquemment n'est pas obligé de marcher lui-même ou de fournir un autre homme si son substituant vient à déserter.

Il est en conséquence très essentiel de faire connaître ces avantages aux intéressés. (*Circulaire du* 12 *août* 1837, pag. 8, *Journal militaire*, page 97.)

5\. Quand peut être souscrit l'acte administratif de substitution.

L'acte administratif de substitution ne peut être souscrit par le préfet du département, que si l'homme qui veut faire admettre un substituant est *définitivement* compris dans le contingent de son canton. (Art. 64, *idem.*)

Cet acte doit être conforme au modèle n° 2, annexé à l'*Instruct. du* 30 *mars* 1832.

6\. Pourquoi la visite et l'examen du substituant sont indispensables.

La loi veut, ainsi qu'il a été dit plus haut, que celui qui se présente pour prendre la place du jeune homme compris *définitivement* dans le contingent soit reconnu propre au service par le conseil de révision. La visite ou l'examen du substituant sont d'autant plus nécessaires que l'on voit par les dispositions de l'art. 28 de la loi, que le conseil de révision est autorisé après avoir terminé les opérations et clos les listes du contingent *à statuer ultérieurement sur les jeunes gens portés sur ces listes pour les demandes de substitution* et que cette faculté est d'autant plus importante, que le contingent annuel pouvant, aux termes de l'art. 29 de la loi, être partagé en deux portions, dont l'une sera incorporée au premier ordre, et l'autre laissée en congé dans les foyers, les demandes de substitution pourront être nombreuses entre les jeunes gens compris dans le contingent total. (Art. 69, *id.*)

Du reste toutes les autres conditions exigées pour les remplaçants, comme stipulations entre les parties, cas de fraude, contraventions, inscription, date des actes, immatriculation, devancement d'appel, etc., etc., sont applicables aux substituants. *Voy.* Remplaçants, art. 1.

Les cas de contravention sont entre autres pour l'acte de substitution : 7. Cas de contravention pour l'acte de subtitution

1° Si celui qui s'est présenté à la place de l'appelé n'a point été porté sur la liste cantonnale de celui-ci, art. 18 de la loi.

2° Si le substituant n'a point été reconnu propre au service ;

3° Si le substituant se trouve dans l'un des cas d'exclusion prévus à l'art. 2 de la loi.

4° Si l'individu admis au corps n'est point le même que l'individu qui a comparu devant le conseil de révision, et a souscrit l'acte devant le préfet. (Art. 43, *idem.*)

5° Si l'acte de substitution a été le résultat de production de pièces fausses ou qui n'appartenaient pas au contractant. (Art. 43, *idem.*)

Voy. Fraude, art. 11.

SUPPLÉANTS.

Lorsque des jeunes gens désignés par leur numéro pour faire partie du contingent cantonnal, auront fait des réclamations dont l'admission ou le rejet dépendra de la décision à intervenir sur des questions judiciaires relatives à leur état ou à leurs droits civils, des jeunes gens en pareil nombre, suivant l'ordre du tirage, seront désignés pour *suppléer* ces réclamants s'il y a lieu. Ils ne seront appelés que dans le cas où, par l'effet des décisions judiciaires, les réclamants seraient définitivement libérés. (Art. 26 de la loi.) 1. Jeunes gens qui élèvent des réclamations. Suppléés.

La disposition de l'article précédent, relative aux

2. Suppléans désignés également pour les jeunes gens déférés aux tribunaux ou absents.

jeunes gens appelés conditionnellement, sera également appliquée, lorsqu'aux termes de l'art. 41 de la loi des jeunes gens auront été déférés aux tribunaux comme prévenus de s'être rendus impropres au service, lorsque le conseil de révision aura accordé un délai pour production de pièces justificatives, ou pour cas d'absence, lequel délai ne pourra excéder vingt jours. (Art. 27 de la loi.)

3. Les jeunes gens appelés les uns à défaut des autres ne seront inscrits sur la liste du contingent que conditionnellement.

Les jeunes gens qui aux termes des articles 26 et 27 sont appelés les uns à défaut des autres, ne seront inscrits sur la liste du contingent que conditionnellement et sous la réserve de leurs droits.

Dès que les délais accordés en vertu de l'art. 27 seront expirés, ou que les tribunaux auront statué en exécution des articles 26 et 41, le conseil prononcera la libération des réclamants ou des jeunes gens conditionnellement désignés pour les remplacer. (Art. 28 de la loi.)

4. Prompte solution recommandée aux préfets.

Une prompte solution sur les diverses questions pendantes par suite des réclamations ci-dessus, est fortement recommandée aux préfets et aux tribunaux. (Art. 114 de l'*Instruct. du* 30 *mars* 1832, *Journ. milit.*, page 232.) *V.* Préfets, art. 24.

5. Les suppléans doivent être reconnus propres au service.

Les désignations des hommes compris comme suppléants ne doivent porter que sur des individus propres au service, (Art. 130, *id.*)

6. Observation principale.

On doit faire attention qu'en principe « parmi » les numéros mis en réserve, ce sont toujours les » plus faibles qui descendent les premiers dans le » contingent et les plus forts qui en sont au con» traire les premiers retirés. » (Art. 133, *id.*) *Voir* Conseils de révision, art. 34.

SURSIS DE DÉPART lors de l'appel à l'activité des jeunes soldats.

Les sursis de départ lors de l'appel à l'activité d'une classe, ne peuvent être accordés que par le maréchal de camp ou l'officier supérieur commandant qui passe la revue sur le terrain. (Art. 80 et suivants de l'*Instruction du* 4 *juillet* 1832, *Journ. milit.*, page 54.) *V.* MARÉCHAUX DE CAMP, art. 52.

SURVEILLANCE.

Les hommes qui font partie de la réserve sont sous les ordres et sous la *surveillance* des officiers généraux commandant les divisions et les subdivisions. (Art. 41 de l'*Instruct. du* 16 *novembre* 1832.) *V.* RÉSERVE, art. 3.

Réserve sous la surveillance des officiers généraux.

T.

TAILLE des jeunes soldats, engagés volontaires, remplaçants ou substituants pour être admis dans les différents corps de l'armée. (*Voir* à cet égard le tableau joint à l'*Ordonnance du* 28 *avril* 1832, sur les engagements volontaires et rengagements, *Journ. milit.*, page 349.) Le même tableau est reproduit dans le présent Dictionnaire, au mot ARMÉE DE TERRE. *Voir* pour la marine le mot ARMÉE DE MER.

Ainsi, d'après ce tableau, le *minimum* de la taille pour être admis dans les armées de terre ou de mer est fixé, par l'art. 13 de la loi, à un mètre cinquante-six centimètres. 1.

Minimum de la taille 1 m. 56.

Les engagés volontaires pour l'armée de mer, s'ils n'ont pas dix-huit ans accomplis, pourront être 2.

Engagés volontaires pour la marine

âgés de moins de 18 ans. reçus sous une taille moindre que celle indiquée par la loi ; mais s'ils ont atteint dix-huit ans, ils ne pourront être reçus au-dessous de ce *minimum* de tailllè. (Art. 155 de l'*Instruc. du* 30 *mars* 1832, *Journ. milit.*, page 241.) *V.* ENGAGEMENTS, art. 3.

3. Légion étrangère. Pour la légion étrangère, les engagés volontaires pourront n'avoir la taille que de un mètre cinquante-cinq centimètres. *V.* LÉGION ÉTRANGÈRE.

4. Tolérance accordée pour les régiments de cuirassiers, dragons et lanciers. Enfin, lors de la répartition du contingent d'une classe, une tolérance de taille est accordée pour les régiments de cuirassiers, de dragons et de lanciers. *V.* MARÉCHAUX DE CAMP, répartition entre les corps, art. 29, 30 et 31.

5. Toisé des jeunes soldats devant le conseil de révision. Le toisé des jeunes soldats, examinés devant le conseil de révision, a lieu en présence du conseil par les soins d'un sous-officier de recrutement sous la surveillance du commandant du dépôt de recrutement qui assite aux séances.

Il est défendu de coucher les hommes par terre pour être toisés. (*Circulaire du* 17 *février* 1829, page 14, ou *Journ. milit.*, page 25, rappelée dans la *Circulaire du* 29 *janvier* 1830.) *V.* TOISE.

TIRAGE au sort des jeunes gens.

L'art. 5 de la loi du 21 mars 1832 porte que le contingent assigné à chaque canton sera fourni par un *tirage au sort* entre les jeunes français qui auront leur domicile légal dans le canton, et qui auront atteint l'âge de *vingt* ans révolus dans le courant de l'année précédente.

Cette opération a lieu au chef-lieu du canton en séance publique, devant le sous-préfet, assisté des maires du canton. (Art. 10 de la loi.) *V.* Sous-PRÉFETS, art. 22.

TOISE pour déterminer la taille des hommes devant le conseil de révision.

Comme dans diverses localités les *toises* dont on se sert pour déterminer la taille des hommes sont souvent en mauvais état, ce qui peut occasionner des désignations inexactes, il est à désirer que le président du conseil de révision fasse transporter avec lui une toise exacte dont l'usage serait affecté à tous les cantons. Cette mesure présenterait l'avantage d'inspirer une entière sécurité aux familles, et de rendre le toisé des hommes plus facile. (*Instruction du 25 juin* 1834, *Journ. milit.*, page 550.) 1. Toises portatives recommandées.

Les toises destinées à vérifier la taille des jeunes gens doivent être étalonnées. (*Circulaire du* 29 *janvier* 1830, rappelée par celle *du* 12 *août* 1837, page 5.)

Les jeunes gens ne doivent pas être couchés par terre pour être toisés. (*Circul. du* 17 *février* 1829, *Journ. milit.*, page 25, rappelée dans l'*Instruct. du* 25 *juin* 1834.)

TOURNÉE des conseils de révision.

La tournée des conseils de révision a lieu chaque année dans tous les départements du royaume, aux époques fixées par le ministre de la guerre. 1. A lieu tous les ans aux époques fixées par le ministre.

Les préfets règlent l'itinéraire que les conseils de révision devront suivre dans leur tournée et indiquent le lieu, le jour et l'heure des séances. 2. Préfets règlent l'itinéraire.

Cet itinéraire doit être calculé et arrêté, de sorte que les conseils aient le temps nécessaire pour examiner sans précipitation les jeunes gens rassemblés, entendre et accueillir leurs réclamations, clore la liste de chaque canton, et proclamer la libération des numéros qui n'auront point été compris dans la liste cantonnale. (*Instruction du* 21 *mars* 1832, *Journ. milit.*, page 442.) *V.* Préfets, art. 6.

TRAIN d'artillerie, du génie et des équipages militaires.

Voir pour les conditions d'admission dans ces corps le tableau qui suit le mot Armée de terre et Engagements, art. 23, 26 et 27.

TRIBUNAUX.

1. Jeunes gens qui élèvent des questions relatives à leur état ou à leur droits civils.

Lorsque des jeunes gens désignés par leurs numéros pour faire partie du contingent cantonnal, élèvent des questions relatives à leur état ou à leurs droits civils, et que le conseil de révision ne se croit point appelé à résoudre, le préfet, sans perdre de temps, déférera ces questions aux tribunaux qui statueront *sans délai* le ministère entendu, sauf appel. *V.* Préfets, art. 24, et Frais de justice.

2. Jeunes gens prévenus de s'être rendus impropres au service.

Il en sera de même lorsqu'aux termes de l'art. 41 de la loi des jeunes gens auront été déférés aux tribunaux comme prévenus ou soupçonnés de s'être rendus impropres au service. (Art. 26 et 27 de la loi, n°s 112, 113 et 114 de l'*Instruction du* 30 *mars* 1832, *Journ. milit.*, pages 231 et 232.) *V.* Infirmités volontaires.

3. Jeunes soldats prévenus du même délit lors de l'activité.

Les jeunes soldats qui, au moment de l'appel à l'activité, se présenteraient atteints d'infirmités ou de mutilations présumées volontaires seront également déférés aux tribunaux. (Art. 27 de la loi.) *V.* Maréchaux de camp, art. 50, et Lieutenants généraux, art. 4.

Seront déférés aux tribunaux:

4. Les omis volontaires.

1° Les jeunes gens *omis* sur les tableaux de recensement, lorsqu'il y aura lieu de croire que cette omission a été volontaire ou qu'elle a été la suite de manœuvres frauduleuses. (Art. 38 de la loi.) *V.* OMIS.

5. Les personnes coupables d'avoir recélé un insoumis.

2° Les personnes reconnues coupables d'avoir recélé, pris à leur service, ou favorisé l'évasion d'un insoumis. (Art. 40, *id.*) *V.* INSOUMIS, art. 14.

6. Fausse substitution ou remplacement.

3° Quiconque aura sciemment concouru à la substitution ou au remplacement frauduleux d'un jeune soldat. (Art. 43, *id.*)

7. Médecins, chirurgiens ou officiers de santé.

4° Les médecins, chirurgiens ou officiers de santé qui, appelés au conseil de révision, à l'effet de donner leur avis, auront reçu des dons ou agréé des promesses pour être favorables aux jeunes gens. (Art. 45, *id.*) *V.* CHIRURGIENS, OFFICIERS DE SANTÉ et FRAUDE en matière de recrutement.

8. Pharmaciens.

5° Les pharmaciens reconnus être les auteurs ou complices de manœuvres qui auraient eu pour but de rendre des jeunes soldats impropres au service, soit temporairement, soit d'une manière permanente. (Art. 41, *id.*) *V.* PHARMACIENS et FRAUDE, art. 10.

9. Fonctionnaire ou officier public.

6° Tout fonctionnaire ou officier public, civil ou militaire qui, sous quelque prétexte que ce soit, aura autorisé ou admis des exemptions, déductions ou exclusions autres que celles déterminées par la loi, ou qui aura donné arbitrairement une extension quelconque, soit à la durée, soit aux règles ou conditions des appels, des engagements ou rengagements. (Art. 13 de la loi.) *V.* FRAUDES, art. 13.

TROMPETTES (ÉLÈVES).

L'escadron d'élèves trompettes à l'école de cavalerie se recrute exclusivement parmi les enfants de troupe de toutes armes, et parmi les enfants des militaires du corps de la gendarmerie, âgés de 14 ans au moins.

Les chefs de corps qui auront des sujets à présenter pour cette destination, devront s'adresser au commandant de l'École de Saumur, qui leur fera connaître les conditions d'admission. (*Décision ministérielle du* 21 *avril* 1835, *Journ. milit.*, p. 144.)

Les jeunes gens âgés de moins de 18 ans, mais ayant accompli leur 17e année, peuvent être reçus comme élèves trompettes dans les régiments de cavalerie, de l'artillerie et des escadrons du train des parcs d'artillerie. (*Décisions minist. des* 10 *janvier et* 9 *février* 1831, *Journ. milit.*, pap. 48 et 162.)

VÉTÉRANS (COMPAGNIES DE).

Les compagnies sédentaires ont été supprimées par ordonnance du 26 juillet 1831, et remplacées par celles de sous-officiers et de fusiliers *vétérans.*

De même les compagnies de canonniers sédentaires affectées au service de l'artillerie ont, par ordonnance du 17 novembre 1831, pris la dénomination de *Canonniers vétérans.*

1. Vétérant du génie. Une troisième ordonnance du 17 novembre 1831, a crée une compagnie de *vétérans du génie.*

2. Cavaliers vétérans. Enfin, une quatrième ordonnance du 10 décembre 1835, a prescrit la formation de quatre compagnies de *cavaliers vétérans.*

Ces diverses compagnies ne se recrutent pas par

la voie des appels, et nul ne peut y être reçu s'il n'est déjà lié au service par un engagement ou un rengagement. 3. Ne se recrutent pas par la voie des appels.

4. Engagements pour les compagnies de vétérans. Toutefois aucun militaire servant dans un corps de troupe, ne sera admis à se rengager pour les vétérans, à moins qu'il n'ait été reconnu impropre au service actif par les officiers de santé et par l'inspecteur général, et qu'il ne soit célibataire ou veuf sans enfants. (*Instruct. du* 18 *juin* 1835, *Journ. milit.*, page 284.)

5. Vétérans en activité confèrent l'exemption à leurs frères. Les vétérans en activité de service dans ces compagnies confèrent l'exemption à leurs frères. (*Instruction du* 30 *mars* 1832, *Journ. milit.*, tableau modèle n° 1, pag. 251.)

6. Anciens militaires. Les anciens militaires âgés de plus de 35 ans ne pourront contracter d'engagements volontaires que pour les compagnies de vétérans, et ils n'y seront reçus que jusqu'à l'âge de 45 ans accomplis. Ils devront en outre satisfaire aux conditions suivantes :

1° Justifier de quinze ans de service au moins.

2° Avoir quitté le service par libération et depuis deux ans au plus.

3° Produire un certificat de bonne conduite délivré par le corps où ils servaient en dernier lieu (*Ordonnance du* 17 *novembre* 1835, *Circulaire ministérielle du* 26 *du même mois, Journ. milit.*, page 260.)

VÉTÉRINAIRES. (*V.* École d'Alfort.)

VEUF sans enfant.

Tout français qui désire s'engager dans l'armée ou qui se présente pour remplacer doit, indépendamment des autres conditions exigées, être *veuf sans enfants*. (*V.* ENGAGEMENTS et REMPLACEMENTS. Art. 12.)

VEUVE (fils ou petit fils de).

Le fils unique ou l'aîné des fils, le petit-fils unique ou l'aîné des petits-fils d'une femme veuve a droit à l'exemption conformément à l'art. 13 de la loi. (*V.* les mots FILS et EXEMPTIONS.) Art. 6.

VISITE des jeunes gens devant les conseils de révision.

1. Jeunes gens visités devant le conseil.

L'art. 16 de la loi du 21 mars 1832 porte que les jeunes gens qui, d'après leur numéro, pourront être appelés à faire partie du contingent, seront convoqués, examinés et entendus par le conseil de révision.

2. But de cet examen.

Cet examen a pour but de constater leur aptitude physique au service, et de reconnaître s'ils n'ont point d'infirmités qui puissent les faire exempter.

3. Importance de cette visite dans l'intérêt du jeune homme et dans celui de l'armée.

L'exemption étant toujours définitive, il est donc très essentiel pour les jeunes gens que cette visite ait lieu, dans leur intérêt propre comme dans celui de l'armée, et si quelques-uns d'entre eux montrent de la répugnance à se faire visiter, le conseil de révision peut leur faire apprécier par un langage simple et persuasif l'utilité de cette visite, car il est souvent arrivé que des jeunes gens qui ne présentaient aucun motif d'infirmité lui ont dû cependant leur exemption.

4. Doit s'étendre aux jeunes gens qui veulent se faire rem-

Il est donc à désirer que cette précaution puisse s'étendre aux jeunes gens même qui veulent se faire remplacer ou qui demandent à être déduits du con-

placer et aux dispensés.

tingent de leur canton (excepté toute fois les étudians ecclésiastiques), parcequ'aux termes de la loi et dans de certaines circonstances, les uns et les autres peuvent être repris pour le service militaire.

On pourra faire observer aux jeunes gens, 5.
Observations à faire aux jeunes gens.
d'abord qu'il est dans leur propre intérêt que leur position soit irrévocablement fixée, et qu'ensuite leur libération pour cause d'infirmité n'occasionne pas pour leurs frères la déduction prescrite l'avant dernier paragraphe de l'art. 13 de la loi. (*Instruction du* 21 *mai* 1832, *Journ. milit.* page 423.)

La visite des jeunes gens doit être faite à huit-clos 6.
La visite se fait à huis-clos.
avec toutes les précautions nécessaires pour mettre à l'abri d'une curiosité indiscrète ceux qui y sont soumis. Toutefois le président du conseil est libre de permettre l'entrée du lieu réservé pour cet objet au maire de la commune ainsi qu'au père ou tuteur du jeune homme. (*Circulaires des* 12 *mai* 1833 *et* 25 *juin* 1834, *Journ. milit.*, pages 322 et 350.)

VOILIERS (MARINE). *V*. OUVRIERS DE LA MARINE.

VOIX des membres du conseil de révision, comment recueillies. (*V*. CONSEIL DE RÉVISION.) Art. 3 et 3 *(bis)*.

MODÈLES *des Actes, Bordereaux, Certificats, Tableaux et autres pièces qui doivent être annexés au* Dictionnaire de recrutement *avec indication des articles auxquels ils se rapportent.*

On a cru ne devoir mettre ici que les modèles des actes, certificats ou pièces qui devront être dressés, établis ou délivrés par les maires des communes, qui peuvent ne pas avoir les imprimés nécessaires chez eux.

De même on n'a compris que les états, certificats et pièces sur le vu desquels les conseils de révision doivent prononcer la dispense ou l'exemption, afin que les intéressés puissent les établir conformes, et le conseil de révision vérifier si les pièces présentées par les réclamants sont conformes aux modèles ordonnés et revêtues de toutes les formalités et signatures nécessaires.

Quant aux états, bordereaux, tableaux, etc., etc., que doivent établir ou délivrer les diverses autorités préposées au recrutement comme elles reçoivent elles-mêmes ces documents officiellement, soit par le *Journal militaire*, soit directement du ministre, il nous a paru inutile de les reproduire ici, attendu que la recherche en est facilitée par les indications qui suivent chaque article du *Dictionnaire* en renvoyant à la date de la circulaire et à la page du *Journal militaire*.

BORDEREAU N° 4.

BORDEREAU des pièces à produire au conseil de révision, par les jeunes gens qui demandent à jouir de l'exemption, comme se trouvant dans l'un des cas prévus par les articles **13** *et* **49** *de la loi du* **21** *mars* **1832.**

INDICATION DES CAS D'EXEMPTION.	INDICATION DES PIÈCES A PRODUIRE.
Aîné d'orphelins de père et de mère.	Certificat de trois pères de famille, approuvé par le Maire, visé par le Sous-préfet, et conforme au modèle annexé au présent bordereau sous la lettre A.
Fils unique ou aîné des fils d'une femme actuellement veuve.	Certificat comme ci-dessus, modèle coté B.
Petit-fils unique ou aîné des petits-fils d'une femme actuellement veuve.	*Idem* modèle coté C.
Fils unique ou aîné des fils d'un père aveugle.	*Idem* modèle coté D.
Petit-fils unique ou aîné des petits-fils d'un père aveugle.	*Idem* modèle coté E.
Fils unique ou aîné des fils d'un père entré dans sa soixante et dixième année.	*Idem* modèle coté F.
Petit-fils unique ou aîné des petits-fils d'un père entré dans sa soixante et dixième année	*Idem* modèle coté G.
Puîné d'orphelins de père et de mère, ou fils puîné ou petit-fils puîné d'une femme actuellement veuve, ou d'un père aveugle ou entré dans sa soixante et dixième année.	*Idem* modèle coté H.
Frère aîné d'un jeune homme qui a été désigné par le sort dans le même tirage, et qui est reconnu propre au service.	*Idem* modèle coté I.
Jeune homme ayant un frère sous les drapeaux, à tout autre titre que pour remplacement.	*Idem* modèle coté J. Indépendamment du certificat coté J, le réclamant justifiera de la présence de son frère sous les drapeaux, par un certificat du conseil d'administration du corps, ou par tout autre document authentique faisant connaître la position de ce frère; ou bien, si le frère du réclamant est disponible dans ses foyers, par un certificat de l'officier de recrutement constatant l'inscription de cedit frère au registre-matricule du corps.
Frère d'un militaire mort en activité de service, ou réformé, ou admis à la retraite pour blessures reçues dans un service commandé, ou infirmités contractées dans les armées de terre ou de mer. Jeune homme dont un frère est mort ou a reçu des blessures qui le rendent incapable de service dans l'armée, en combattant pour la liberté dans les journées de juillet 1830.	Certificat de trois pères de famille, approuvé par le Maire, visé par le sous-préfet, et conforme au modèle annexé au présent bordereau sous la lettre K. Indépendamment du certificat coté K, le réclamant justifiera du décès, des blessures, de la réforme ou l'admission à la retraite de son frère, par l'acte de décès, ou le congé de réforme, ou le titre ou copie du titre de pension de ce frère, ou par tout autre document authentique faisant connaître les droits du réclamant à l'exemption.

BORDEREAU n° 5.

PIÈCES A PRODUIRE POUR ÊTRE COMPTÉ en déduction du contingent, ou, en d'autres termes, pour être dispensé.

BORDEREAU des pièces à produire au conseil de révision, par les jeunes gens qui demandent à être considérés comme ayant satisfait à l'appel et comptés numériquement en déduction du contingent à former; ou, en d'autres termes, à être dispensés comme se trouvant dans l'un des cas prévus par l'art. 14 *de la loi du* 21 *mars* 1832.

INDICATION DES CAS DE DÉDUCTION OU DISPENSE.	INDICATION DES PIÈCES A PRODUIRE.
Jeunes gens déjà liés au service dans les armées de terre ou de mer, en vertu d'un engagement volontaire, d'un brevet ou d'une commission.	L'une des pièces ci-dessous : Expédition de l'acte d'engagement; Certificat de présence au corps; Copie authentique du brevet ou de la commission Document authentique constatant la position du réclamant.
Jeunes marins portés sur les registres-matricules de l'inscription maritime, charpentiers de navire, perceurs, voiliers et calfats immatriculés.	Officiers-mariniers et matelots : Un certificat d'un commissaire de marine, conforme au modèle annexé au présent bordereau, sous la lettre (L). Ouvriers exerçant une profession maritime : Un certificat d'un commissaire de marine, conforme au modèle annexé au présent bordereau; sous la lettre (M).
Elèves de l'école polytechnique.	Ampliation du brevet de nomination, et certificat de présence à l'école ou dans un service public.
Membres de l'instruction publique.	Certificat constatant l'acceptation, par le conseil de l'université, de l'engagement de se vouer à la carrière de l'enseignement, contracté par le réclamant devant ledit conseil, et avant l'époque déterminée pour le tirage au sort.
Elèves de l'école normale centrale de Paris.	Acceptation de l'engagement ci-dessus indiqué, et certificat attestant la présence à l'école.
Elèves de l'école dite de *jeunes de langues*.	Certificat délivré par le Ministre des affaires étrangères.
Professeurs des institutions royales des sourds et muets.	Acceptation de l'engagement ci-dessus indiqué, et certificat constatant que le réclamant exerce actuellement les fonctions de sa place.
Elèves des grands séminaires régulièrement autorisés à continuer leurs études ecclésiastiques.	Certificat de l'évêque diocésain, visé par le préfet pour légalisation de la signature, constatant que le réclamant est élève dans un *grand séminaire*, et qu'il est autorisé à continuer ses études ecclésiastiques.
Jeunes gens autorisés à continuer leurs études pour se vouer au ministère dans les autres cultes salariés par l'Etat.	Certificat des chefs de consistoire, visé par le préfet pour légalisation de la signature, constatant que le réclamant se destine au ministère de ce culte et qu'il a été autorisé à continuer ses études.
Jeunes gens qui ont remporté les grands prix de l'Institut ou de l'Université.	Certificat délivré par le Ministre de l'instruction publique et des cultes, ou par le secrétaire perpétuel de l'académie qui a décerné le grand prix, ou par le conseil de l'Université.

MODÈLE N° 6 (A).

DEPARTEMENT
d

CANTON
d

COMMUNE
d

Nota. Les maires aideront, au besoin, les pères de famille pour la rédaction de ce certificat.

CERTIFICAT *de trois Pères de famille domiciliés dans le canton, pour établir les droits d'un jeune homme qui réclame l'exemption comme* aîné d'orphelins de père et de mère.

Nous soussignés (1)
pères de jeunes gens soumis à l'appel ou ayant été appelés,

Certifions que le nommé (2)
né le (3) fils de feu (4)
et de feu (5) inscrit sur la liste du tirage sous le n° (6) , et désigné par le sort pour concourir à la formation du contingent de la classe de 18

1° Est l'aîné d (7) enfant orphelin, comme lui, de père et de mère, savoir : (8)

2° Qu'il n'a point de frère plus âgé que lui ;

3° Et que, pour ces motifs, ledit (2)
a droit à l'exemption accordée par l'art. 13 (n° 3) de la loi du 21 mars 1832.

Fait à (9) le (10)

(11)

Approuvé par nous, Maire de la commune du réclamant.

A le 18

(*Signature du Maire.*)

Vu par le Sous-préfet de l'arrondissement d

---

(1) Noms, prénoms et domicile des trois pères de famille.
(2) Nom et prénoms du réclamant.
(3) Date de sa naissance.
(4) Prénoms du père du réclamant.
(5) Nom et prénoms de la mère du réclamant.
(6) Indiquer le numéro du tirage.
(7) Dire le nombre de frères et de sœurs.
(8) Indiquer les noms et prénoms des frères et sœurs.
(9) Nom de la commune ou ville où le certificat est délivré.
(10) Date du jour où le certificat est délivré.
(11) Signatures des trois pères de famille, ou déclaration qu'ils ne savent signer.

DÉPARTEMENT
d

CANTON
d

COMMUNE
d

Nota. Les maires aideront, au besoin, les pères de famille pour la rédaction de ce certificat.

MODÈLE N° 7 (B).

CERTIFICAT *de trois pères de famille domiciliés dans le canton, pour établir les droits d'un jeune homme qui réclame l'exemption comme* (1) d'une femme actuellement veuve.

Nous soussignés (2)
pères de jeunes gens soumis à l'appel ou ayant été appelés,

Certifions que le nommé (3)
né le (4) fils de feu (5) inscrit sur la liste du tirage sous le n° (6) , et désigné par le sort pour concourir à la formation du contingent de la classe de 18 ,

1° Est le (7) de dame (8)
veuve dudit (5) père du réclamant;

2° Que ladite dame (8)
est actuellement veuve;

3° Et qu'en conséquence ledit (3)
a droit à l'exemption d'après l'article 13 (n° 4) de la loi du 21 mars 1832.

Fait à (9) le (10)

(11)

Approuvé par nous, Maire de la commune du réclamant.
A le 1

(*Signature du Maire.*)

Vu par le Sous-préfet de l'arrondissement d

---

(1) Indiquer si c'est comme *fils unique* ou comme l'*aîné des fils*.
(2) Noms, prénoms et domicile des trois pères de famille.
(3) Nom et prénoms du réclamant.
(4) Date de sa naissance.
(5) Prénoms du père du réclamant.
(6) Indiquer le numéro de tirage.
(7) Dire s'il est le *fils unique* ou le *fils aîné*.
(8) Nom de famille et prénoms de la mère.
(9) Nom de la commune ou ville où le certificat est délivré.
(10) Date du jour où le certificat est délivré
(11) Signature des trois pères de famille, ou déclaration qu'ils ne savent signer.

Modèle n° 8 (C).

DÉPARTEMENT
d

CANTON
d

COMMUNE
d

Nota. Les mai es aideront, au besoin, les pères de famille pour la rédaction de ce certificat.

CERTIFICAT *de trois pères de famille domiciliés dans le canton, pour établir les droits d'un jeune homme qui réclame l'exemption comme étant* (1) d'une femme actuellement veuve.

Nous soussignés (2) pères de jeunes gens soumis à l'appel, ou ayant été appelés,

Certifions que le nommé (3) né le (4) inscrit sur la liste du tirage sous le n° (5) , et désigné par le sort pour concourir à la formation du contingent de la classe de 18 .

1° Est (1) de dame (6) veuve de feu (7) grand-père du réclamant, laquelle n'a ni fils ni gendre, et est actuellement veuve;

2° Et que, pour ces motifs, ledit (3) a droit à l'exemption, conformément aux dispositions de l'art. 13 (n° 4) de la loi du 21 mars 1832.

Fait à (8) le (9)

(10)

Approuvé par Nous, Maire de la commune du réclamant.

A le 18

(*Signature du Maire.*)

Vu par le Sous-préfet de l'arrondissement d

---

(1) Indiquer s'il est le *petit fils unique* ou *l'aîné des petits fils.*
(2) Noms, prénoms et domicile des trois pères de famille.
(3) Nom et prénoms du réclamant.
(4) Date de sa naissance.
(5) Énoncer le numéro du tirage.
(6) Prénoms et nom de famille de la veuve.
(7) Nom et prénoms du grand-père du réclamant.
(8) Nom de la commune ou ville où le certificat est délivré.
(9) Date du jour où le certificat est délivré.
(10) Signatures des trois pères de famille, ou déclaration qu'ils ne savent signer.

MODÈLE N° 9 (D).

DÉPARTEMENT
d

CANTON
d

COMMUNE
d

Nota. Les maires aideront, au besoin, les pères de famille pour la rédaction de ce certificat.

CERTIFICAT *de trois pères de famille domiciliés dans le canton, pour établir les droits d'un jeune homme qui réclame l'exemption comme étant* (1) d'un père aveugle.

Nous soussignés (2) pères de jeunes gens soumis à l'appel, ou ayant été appelés,

Certifions que le nommé (3) né le (4) inscrit sur la liste du tirage sous le n° (5), et désigné par le sort pour concourir à la formation du contingent de la classe de 18 ,

1° Est (1) du sieur (6) notoirement aveugle;

2° Et que, pour ce motif, ledit (3) a droit à l'exemption, d'après les dispositions de l'art. 13 (n° 4) de la loi du 21 mars 1832.

Fait à (7) le (8)

(9)

Approuvé par nous, maire de la commune du réclamant.

A le 18

(*Signature du Maire.*)

Vu par le Sous-préfet de l'arrondissement d

---

(1) Indiquer s'il est le *fils unique* ou l'*aîné des fils*.
(2) Noms, prénoms et domicile des trois pères de famille.
(3) Nom et prénoms du réclamant.
(4) Date de sa naissance.
(5) Énoncer le numéro du tirage.
(6) Nom et prénoms du père.
(7) Nom de la commune ou ville où le certificat est délivré.
(8) Date du jour où le certificat est délivré.
(9) Signatures des trois pères de famille, ou déclaration qu'ils ne savent signer.

MODÈLE N° 10 (E).

DÉPARTEMENT
d

CANTON
d

COMMUNE
d

Nota. Les maires aideront, au besoin, les pères de famille pour la rédaction de ce certificat.

CERTIFICAT *de trois pères de famille domiciliés dans le canton, pour établir les droits d'un jeune homme qui réclame l'exemption comme étant* (1) d'un père aveugle.

Nous soussignés (2) pères de jeunes gens soumis à l'appel, ou ayant été appelés,

Certifions que le nommé (3) né le (4) inscrit sur la liste du tirage sous le n° (5), et désigné par le sort pour concourir à la formation du contingent de la classe de 18 ,

1° Est (1) du sieur (6) lequel est notoirement aveugle, et n'a ni fils ni gendre;

2° Et que, pour ce motif, ledit (3) a droit à l'exemption, conformément aux dispositions de l'article 13 (n° 4) de la loi du 21 mars 1832.

Fait à (7) le (8)

(9)

Approuvé par nous, Maire de la commune du réclamant.

A le 18

(*Signature du Maire.*)

Vu par le Sous-préfet de l'arrondissement d

(1) Indiquer s'il est le *petit-fils unique* ou l'*aîné des petits-fils*.
(2) Noms, prénoms et domicile des trois pères de famille.
(3) Nom et prénoms du réclamant.
(4) Date de sa naissance.
(5) Indiquer le numéro du tirage.
(6) Nom et prénoms du grand-père.
(7) Nom de la commune ou ville où le certificat est délivré.
(8) Date du jour où le certificat est délivré.
(9) Signatures des trois pères de famille, ou déclaration qu'ils ne savent signer.

MODÈLE N° 11 (F).

DÉPARTEMENT
d

CANTON
d

COMMUNE
d

Nota. Les maires aideront, au besoin, les pères de famille pour la rédaction de ce certificat.

CERTIFICAT *de trois pères de famille domiciliés dans le canton, pour établir les droits d'un jeune homme qui réclame l'exemption comme étant* (1) d'un père entré dans sa soixante-dixième année.

Nous soussignés (2)

pères de jeunes gens soumis à l'appel, ou ayant été appelés,

Certifions que le nommé (3)
né le (4) inscrit sur la liste du tirage sous le n° (5) , et désigné par le sort pour concourir à la formation du contingent de la classe de 18 ,

1° Est (1) de (6)
lequel est entré dans sa soixante-dixième année, étant né le (7)

2° Et que, pour ce motif, ledit (3)
a droit à l'exemption, conformément aux dispositions de l'article 13 (n° 4) de la loi du 21 mars 1832.

Fait à (8) le (9)
(10)

Approuvé par nous, Maire de la commune du réclamant.
A le 18
(*Signature du Maire.*)

Vu par le Sous-préfet de l'arrondissement d

---

(1) Indiquer s'il est le *fils unique* ou l'*aîné des fils*.
(2) Noms, prénoms et domicile des trois pères de famille.
(3) Nom et prénoms du réclamant.
(4) Date de sa naissance.
(5) Enoncer le numéro du tirage.
(6) Nom et prénoms du père.
(7) Date de la naissance du père.
(8) Nom de la commune ou ville où le certificat est délivré.
(9) Date du jour où le certificat est délivré.
(10) Signatures des trois pères de famille, ou déclaration qu'ils ne savent signer.

MODÈLE N° 12 (G).

DÉPARTEMENT
d

CANTON
d

COMMUNE
d

Nota. Les maires aideront, au besoin, les pères de famille pour la rédaction de ce certificat.

CERTIFICAT *de trois pères de famille domiciliés dans le canton, pour établir les droits d'un jeune homme qui réclame l'exemption comme étant* (1) d'un père entré dans sa soixante-dixième année.

Nous soussignés (2) pères de jeunes gens soumis à l'appel, ou ayant été appelés,

Certifions que le nommé (3) né le (4) inscrit sur la liste du tirage sous le n° (5) , et désigné par le sort pour concourir à la formation du contingent de la classe de 18 ,

1° Est (1) du sieur (6) lequel est entré dans sa soixante-dixième année, étant né le (7) et n'a ni fils ni gendre;

2° Et que, pour ce motif, ledit (3) a droit à l'exemption, conformément aux dispositions de l'article 13 (n° 4) de la loi du 21 mars 1832.

Fait à (8) le (9)

(10)

Approuvé par nous, Maire de la commune du réclamant.

A le 18

(*Signature du Maire.*)

Vu par le Sous préfet de l'arrondissement d

---

(1) Indiquer s'il est le *petit-fils unique* ou l'*aîné des petits-fils.*
(2) Nom, prénoms et domicile des trois pères de famille.
(3) Nom et prénoms du réclamant.
(4) Date de sa naissance.
(5) Énoncer le numéro du tirage.
(6) Nom et prénoms du grand-père.
(7) Date de la naissance du grand-père
(8) Nom de la commune ou ville où le certificat est délivré.
(9) Date du jour où le certificat est délivré.
(10) Signatures des trois pères de famille, ou déclaration qu'ils ne savent signer.

MODÈLE N° 13 (H).

DÉPARTEMENT
d

CANTON
d

COMMUNE
d

Nota. Les maires aideront, au besoin, les pères de famille pour la rédaction de ce certificat.

CERTIFICAT *de trois pères de famille domiciliés dans le canton, pour établir les droits d'un jeune homme qui réclame l'exemption comme* (1)

Nous soussignés (2)

pères de jeunes gens soumis à l'appel, ou ayant été appelés,

Certifions que le nommé (3)

né le (4)

inscrit sur la liste du tirage sous le n° (5) , et désigné par le sort pour concourir à la formation du contingent de la classe de 18

1° Est le frère puîné d (6)

2° Qu'il n'a pas d'autre frère plus âgé que lui;

3° Qu'il est, comme son frère aîné, (7)

4° Que son frère aîné est notoirement (8)

5° Et que, pour ces motifs, ledit (3)

a droit à l'exemption, conformément au second paragraphe du n° 4 de l'art. 13 de la loi du 21 mars 1832.

Fait à (9) le (10)

(11)

Approuvé par nous, Maire de la commune du réclamant.

A le 18

(*Signature du Maire.*)

Vu par le Sous-préfet de l'arrondissement d

---

(1) Indiquer si c'est comme *puîné d'orphelins de père et de mère*,
Ou comme *fils puîné* ou *petit-fils puîné d'une femme actuellement veuve*.
Ou comme *fils puîné* ou *petit-fils puîné d'un père aveugle*.
Ou comme *fils puîné* ou *petit-fils puîné d'un père entré dans sa soixante-dixième année*.

(2) Noms, prénoms et domicile des trois pères de famille.

(3) Nom et prénoms du réclamant.

(4) Date de sa naissance.

(5) Énoncer le numéro du tirage.

(6) Nom et prénoms du frère aîné du réclamant.

(7) Indiquer s'il est *orphelin de père et de mère*,
Ou *fils* ou *petit-fils d'une femme actuellement veuve*,
Ou *fils* ou *petit-fils d'un père aveugle*,
Ou *fils* ou *petit-fils d'un père entré dans sa soixante-dixième année*.

(8) Dire si le frère aîné est *aveugle* ou *impotent*.

(9) Nom de la commune ou ville où le certificat est délivré.

(10) Date du jour où le certificat est délivré.

(11) Signatures des trois pères de famille ou déclaration qu'ils ne savent signer.

MODÈLE N° 14 (I).

DEPARTEMENT
d

CANTON
d

COMMUNE
d

CERTIFICAT *de trois pères de famille domiciliés dans le canton, pour établir les droits d'un jeune homme qui réclame l'exemption comme étant* le plus âgé des deux frères appelés à faire partie du même tirage, et désignés tous deux par le sort

Nous soussignés (1)

pères de jeunes gens soumis à l'appel, ou ayant été appelés,

Nota. Les maires aideront, au besoin, les pères de famille pour la rédaction de ce certificat.

Certifions que le nommé (2)
né le (3)
inscrit sur la liste du tirage sous le n° (4) , et désigné par le sort pour concourir à la formation du contingent de la classe de 18

1° Est le frère aîné d (5)
né le (6)
aussi désigné par le sort dans le même tirage sous le n° (4),

2° Et que, pour ce motif, et si sondit frère (5)
est reconnu propre au service,
ledit (2)
doit jouir de l'exemption accordée par l'art. 13 (n° 5) de la loi du 21 mars 1832.

Fait à (7) (le 8)

(9)

Approuvé par nous, Maire de la commune du réclamant,
A le 18

(*Signature du Maire.*)

Vu par le Sous-préfet de l'arrondissement d

(1) Noms, prénoms et domicile des trois pères de famille.
(2) Noms et prénoms du réclamant.
(3) Date de sa naissance.
(4) Enoncer le numéro du tirage.
(5) Nom et prénoms du frère du réclamant.
(6) Date de la naissance du frère du réclamant.
(7) Nom de la commune ou ville où le certificat est délivré.
(8) Date du jour où le certificat est délivré.
(9) Signatures des trois pères de famille, ou déclaration qu'ils ne savent signer.

MODÈLE N° 15 (J).

DÉPARTEMENT
d

CANTON
d

COMMUNE
d

CERTIFICAT *de trois pères de famille domiciliés dans le canton, pour établir les droits d'un jeune homme qui réclame l'exemption comme* **ayant un frère sous les drapeaux à tout autre titre que pour remplacement.**

Nota. Les maires aideront, au besoin, les pères de famille pour la rédaction de ce certificat.

Nous soussignés (1)

pères de jeunes gens soumis à l'appel, ou ayant été appelés,

Certifions que le nommé (2)
né le (3)
inscrit sur la liste du tirage sous le n° (4) , et désigné par le sort pour concourir à la formation du contingent de la classe de 18

1° Est frère d (5)
présentement (6)
lié au service, non en qualité de remplaçant, mais comme (7) et sur la position duquel il fonde sa réclamation ;

2° Et que la position de chacun des frères du réclamant, sous le rapport du recrutement, est telle que l'indique le tableau ci-après.

FRÈRES DU RÉCLAMANT.

PRENOMS des frères du réclamant.	ANNEE de leur naissance.	LEUR POSITION sous le rapport du recrutement. (8)	OBSERVAT.

Fait à (9) le (10) (11)

Approuvé par nous, Maire de la commune du réclamant.
A le 18

(*Signature du Maire.*)

Vu par le Sous-préfet de l'arrondissement d

(1) Noms, prénoms et domicile des trois pères de famille.

(2) Nom et prénoms du réclamant.

(3) Date de sa naissance.

(4) Énoncer le numéro du tirage.

(5) Noms et prénoms du frère sur la position duquel le réclamant fonde ses droits.

(6) Indiquer le grade de ce frère et le corps où il sert, ou bien faire connaître s'il est en disponibilité dans ses fóyers comme faisant partie du contingent de sa classe. Désigner cette classe.

(7) Indiquer si c'est comme *engagé volontaire, rengagé, appelé* ou *substituant.*

(8) Faire connaître, dans la 3e colonne, pour chaque fèrre prénommé dans le tableau, si ce frère a été porté sur une liste de tirage, et, dans le cas de l'affirmative, si son numéro a été compris dans la libération, ou s'il a été exempté et pour quel motif, ou enfin si étant compris dans le contingent, il a été dispensé, et en quelle qualité, ou, en d'autres termes, s'il y a été considéré comme ayant satisfait à l'appel, et compté numériquement en déduction du contingent, conformément à l'art. 14 de la loi du 21 mars 1832.

(9) Nom de la commune ou ville où le certificat a été délivré.

(10) Date du jour où le certificat est délivré.

(11) Signatures des trois pères de famille, ou déclaration qu'ils ne savent signer.

MODÈLE N° 16 (K).

DEPARTEMENT
d

CANTON
d

COMMUNE
d

Nota. Les maires aideront, au besoin, les pères de famille pour la rédaction de ce certificat.

CERTIFICAT *de trois pères de famille domiciliés dans le canton, pour établir les droits d'un jeune homme qui réclame l'exemption comme* frère d'un militaire (1).

Nous soussignés (2)

pères de jeunes gens soumis à l'appel, ou ayant été appelés,

Certifions que le nommé (3)
né le (4)
inscrit sur la liste du tirage sous le n° (5) , et désigné par le sort pour concourir à la formation du contingent de la classe de 18

1° Est frère d (6)
(7)
et sur lequel il fonde sa réclamation ;

2° Et que la position de chacun des frères du réclamant, sous le rapport du recrutement, est telle que l'indique le tableau ci-après.

FRÈRES DU RÉCLAMANT.

PRENOMS des frères du réclamant.	ANNEE de leur naissance.	LEUR POSITION sous le rapport du recrutement. (8)	OBSERVAT.

Fait à (9) le (10)
(11)

Approuvé par nous, Maire de la commune du réclamant.
A le 18
(*Signature du Maire.*)

Vu par le Sous-préfet de l'arrondissement d

(1) Ajouter : *mort en activité de service*, ou *réformé*, ou *admis à la retraite pour blessures reçues dans un service commandé*, ou *infirmités contractées dans les armées de terre* ou *de mer*.

(2) Noms, prénoms et domicile des trois pères de famille.

(3) Nom et prénoms du réclamant.

(4) Date de sa naissance.

(5) Enoncer le numéro du tirage.

(6) Nom et prénoms du frère sur lequel le réclamant fonde ses droits.

(7) Indiquer si ce frère est *mort en activité de service*, ou s'il a été *réformé*, ou *admis à la retraite pour blessures reçues dans un service commandé*, ou *infirmités contractées dans les armées de terre* ou *de mer*.

(8) Faire connaître, dans la 3e colonne, pour chaque frère prénommé dans le tableau, si ce frère a été porté sur une liste de tirage, et, dans le cas de l'affirmative, si son numéro a été compris dans la libération, ou s'il a été exempté et pour quel motif, ou enfin si, étant compris dans le contingent, il a été dispensé et en quelle qualité, ou, en d'autres termes, s'il a été considéré comme ayant satisfait à l'appel et compté numériquement en déduction du contingent, conformément à l'article 14 de la loi du 21 mars 1832.

(9) Nom de la commune ou ville où le certificat a été délivré.

(10) Date du jour où le certificat est délivré.

(11) Signatures des trois pères de famille, ou déclaration qu'ils ne savent signer.

Nota. Le présent modèle servira pour les frères des Français qui sont morts ou qui ont reçu des blessures qui les rendent incapables de servir dans l'armée, en combattant pour la liberté dans les journées de juillet 1830.

Modèle n° 17 (L).

INSCRIPTION
MARITIME.

QUARTIER
d

CERTIFICAT *d'inscription définitive.*

OFFICIERS-MARINIERS ET MATELOTS.

Nous, Commissaire de marine soussigné, chargé de l'inscription maritime au quartier de (1) certifions que le nommé (2) né à (3) le (4) fils de (5) et de (6) a été légalement et définitivement inscrit en qualité de marin sur le rôle de l'inscription maritime, fol. n° le (7) et qu'il remplissait, à cette époque, les conditions prescrites par les lois et réglements, pour être définitivement compris dans l'inscription maritime.

En foi de quoi le présent certificat lui a été délivré.

A le

---

(1) Indication du quartier.
(2) Nom et prénoms du réclamant.
(3) Commune, ou ville, canton, département.
(4) Date de la naissance.
(5) Prénoms du père.
(6) Nom et prénoms de la mère.
(7) Date de l'Inscription.

MODÈLE N° 18 (M).

INSCRIPTION MARITIME.

QUARTIER d

CERTIFICAT *d'inscription définitive.*

OUVRIER EXERÇANT UNE PROFESSION MARITIME.

Nous, Commissaire de marine soussigné, chargé de l'inscription maritime au quartier de (1)

Certifions que le nommé (2) né à (3) le (4) fils de (5) et de (6) a été légalement et définitivement inscrit en qualité d'ouvrier (7) sur la matricule des ouvriers, fol. n° le (8) et qu'il remplissait, à cette époque, les conditions exigées par les lois et règlements pour être définitivement compris dans l'inscription maritime.

En foi de quoi le présent certificat lui a été délivré.

A le 18

(1) Indication du quartier.
(2) Nom et prénoms du réclamant.
(3) Commune, ou ville, canton, département.
(4) Date de la naissance.
(5) Prénoms du père.
(6) Nom et prénoms de la mère.
(7) *Charpentier de navire*, ou *perceur*, ou *voilier*, ou *calfat*.
(8) Date de l'inscription.

DÉPARTEMENT
d

MODÈLE N° 2.

CERTIFICAT *constatant qu'un jeune homme qui se présente pour remplacer a satisfait à la loi sur le recrutement.*

Nous, soussigné *(préfet* ou *sous-préfet)*,
du département d
Attestons que le nommé (1)
fils d , et d , domicilié à , canton d , département d ; né le à canton d , département d résidant à , canton d départtement d ; cheveux , sourcils , yeux , front , nez , bouche , menton , visage , teint , *(marques particulières* :); taille d'un mètre millimètres; profession d , marié à à dame domiciliée à

1° A été porté sur les tableaux de recensement des jeunes gens de la commune d , canton d , appelés à concourir à la formation de la classe de 18 ;

2° Et (2)

En foi de quoi nous lui avons délivré le présent certificat.

Fait à le 18

(Signature du préfet ou sous-préfet)

(1) Nom et prénoms de l'homme qui se présente pour remplacer.

(2) Que le n° , qui lui est échu au tirage, n'a pas été compris dans le contingent,
(ou bien)
Qu'il a été exempté comme (indiquer à quel titre l'exemption a été accordée.)

NOTA. Dans le cas où ce certificat serait délivré par le sous-préfet, et si le titulaire devait en faire usage dans un autre département que celui où il a concouru au tirage, la signature du sous-préfet devra être légalisée par le préfet.

MODÈLE N° 3.

CERTIFICAT D'ACCEPTATION *délivré par l'Autorité militaire au sieur* (1)
qui a déclaré vouloir contracter un engagement volontaire pour servir dans l'armée.

Nous soussigné (2)

Certifions 1° que nous avons fait visiter, en notre présence, par le sieur (3) le sieur (1) né le à canton d arrondissement d département d et résidant à canton d arrondissement d département d fils d (4) et d (5) domiciliés canton d arrondissement d département d taille d'un mètre millimètres, cheveux sourcils yeux nez bouche menton visage (6) et qu'il résulte de cette visite que le sieur (1) n'est atteint d'aucune infirmité, qu'il est sain, robuste et bien constitué;

2° Qu'il a la taille et les autres qualités requises pour être reçu dans l'armée, et spécialement celles exigées pour le (7) sur lequel il peut être dirigé.

En foi de quoi nous avons délivré le présent certificat, signé de nous et du sieur (3)

Fait le 18

(1) Nom et prénoms du jeune homme qui désire s'engager.

(2) Indication du grade et du corps de l'officier qui délivre le certificat.

(3) Indiquer ici si c'est un docteur en médecine ou en chirurgie ou un officier de santé employé aux actes de l'état civil ou de la police judiciaire, ou d'un hôpital militaire ou civil.

(4) Nom et prénoms du père.

(5) Nom et prénoms de la mère.

(6) Indiquer les marques particulières.

(7) Indication du corps.

NOTA. Le certificat d'aptitude pour les rengagés sera établi dans la même forme que le présent certificat.

MODÈLE N° 1.

DIVISION
MILITAIRE.

PLACE
d

(1)

CERTIFICAT DE BONNE CONDUITE.

Nous soussignés, membres du conseil d'administration d (1)

Certifions que le sieur (2)
né le à
canton d département d
cheveux sourcils yeux
front nez bouche
menton visage marques particulières,
taille d'un mètre millimètres, a tenu une bonne conduite pendant tout le temps qu'il est resté sous les drapeaux, et qu'il y a constamment servi avec honneur et fidélité.

Certifions en outre (3)

Fait à le 183

Les membres du conseil d'administration.

Vu.
Le Sous-intendant militaire,

(1) Désignation du corps.
(2) Noms, prénoms et grade du militaire.
(3) 1° Qu'il n'a aucune infirmité apparente ou cachée qui puisse l'empêcher de reprendre du service,
ou bien
Qu'il a (indiquer le genre d'infirmité);
2° Qu'il n'est pas marié, ou qu'il est veuf sans enfants,
ou bien
Qu'il est marié ou veuf avec enfants.

MODÈLE N° 5°

DÉPARTEMENT
d

CANTON
d

COMMUNE
d

CERTIFICAT délivré, conformément à l'article 20 de la loi du 21 mars 1832, au sieur qui a déclaré vouloir servir dans les armées comme engagé volontaire.

Extrait de l'article 20 de la loi du 21 mars 1832.

« Dans le cas où le maire de la commune ne connaîtrait pas l'in-« dividu qui ferait la demande de ce certificat, il devra en constater « légalement l'identité, et recueillir les preuves et témoignages qu'il « jugera convenables pour arriver à la connaissance de la vérité. »

Nous soussigné, maire de la commune d canton d département d

Attestons 1° que le sieur (1) fils d et d domiciliés à canton d département d né le à canton d département d (ainsi qu'il résulte de son acte de naissance dûment légalisé), cheveux sourcils yeux front nez bouche menton visage teint (2) taille d'un mètre millimètres, est (ou a été) domicilié dans ladite commune d depuis le (3) mil huit cent jusqu'au (3) mil huit cent

2° Qu'il jouit de ses droits civils;

3° Qu'il n'a jamais été condamné à une peine correctionnelle pour vol, escroquerie, abus de confiance ou attentat aux mœurs.

En foi de quoi nous lui avons délivré le présent certificat.

Fait à le (3) mil huit cent

(*Signature du Maire*).

Vu pour légalisation de la signature de M.
maire de la commune d

Le Sous-Préfet de l'arrondissement d

Vu pour légalisation de la signature de M.
sous-préfet de l'arrondissement d

Le Préfet du département d

(1) Nom et prénoms de l'homme qui se présente comme engagé.

(2) Indiquer ici les marques particulières.

(3) Mettre la date et le millésime en toutes lettres.

NOTA. Si l'engagement est contracté dans le département où l'engagé volontaire est domicilié, la légalisation des signatures du maire et du sous-préfet n'est point indispensable.

MODÈLE N° 2.

DIVISION
MILITAIRE.

DÉPARTEMENT
d

CERTIFICAT *d'inscription sur les contrôles de la réserve.*

Le commandant du dépot de recrutement et de réserve du département d

Certifie que le sieur (1)
fils d et d
né à
canton d département d
taille de 1 mètre
millimètres, cheveux sourcils
yeux front nez
bouche menton
visage marques particulières
profession (2)

est inscrit sur les contrôles de la réserve du département d et désigné comme résidant à canton d département d

Il aura droit à sa libération le (3)

Fait à le (3) 18

Le Commadant du dépôt,

Vu par nous Sous-intendant militaire,

Nous soussigné (4)
maire de la commune d
canton d département d
attestons (5)

(1) Nom et prénoms de l'homme que le certificat concerne

(2) Selon que l'homme sera jeune soldat, remplaçant d'un jeune soldat, ou militaire en congé illimité, (inscrire ici l'une des annotations ci-dessous):
1° Jeune soldat de la classe de du département d
2° Substituant du sieur de la classe de du département d
3° Remplaçant du sieur jeune soldat de la classe de du département
4° Soldat (ou indication du grade) u régiment d n congé illimité.

(3) indiquer cette ate en toutes lettres

(4) Nom du maire.

(5) Lorsque le aire jugera convenable de s'éclair de l'attestation deux personnes nnues, ces téoins seront désiés dans le certifit et le signeront ec ce fonctionnai-

que le sieur (1) (2)
dénommé dans le certificat ci-dessus, de M. le commandant du dépôt de recrutement et de réserve du département d
habite dans la commune d (6)

(6) Dans le cas où l'homme serait en état de désertion par une cause quelconque, on aura soin de l'indiquer.

Fait à le (3) 18

Le Maire.

Observation essentielle.

Dans aucun cas, le certificat ne pourra être surchargé ni gratté ; les ratures devront être approuvées.

Vu pour légalisation de la signature de M.
maire de la commune d

Le Sous-préfet de l'arrondissement d

Vu pour légalisation de la signature de M.
Sous-préfet de l'arrondissement d

Le Préfet du département d

MODÈLE N° 1.

PLACE
d

RÉGIMENT

CERTIFICAT *de présence sous les drapeaux.*

Le conseil d'administration du (1)
certifie que le nommé (3)
fils d
et d
né à canton d
département d taille de
1 mètre millimètres, cheveux
sourcils yeux front
nez bouche menton
visage marques particu-
lières profession
servant en qualité
de (3)
a été reçu sous les drapeaux le
et a été signalé au registre
matricule sous le n° et est présent au
corps. Il aura droit à sa libération le (4)

Fait à le (4) 18

Les membres du Conseil d'administration,

Vu par nous Sous-intendant militaire,

(1) Désigner le corps.

(2) Nom et prénoms du militaire que le certificat concerne.

(3) Porter ici l'une des annotations suivantes, selon la position du militaire.
1° Jeune soldat de la classe d du département d
2° Substituant du sieur de la classe de du département d
3° Remplaçant du sieur de la classe d du département d
4° Engagé volontaire à la mairie d département d le
5° Rengagé
6° Gagiste

(4) Indiquer cette date en toutes lettres.

Observation essentielle.

Dans aucun cas, le certificat ne pourra être surchargé, ni gratté; les ratures devront être approuvées.

MODÈLE N° 1.

ACTE D'ENGAGEMENT.

L'an le
à heure, s'est présenté devant nous (1)
de la commune d chef-lieu de canton, arrondissement
d département d

Le sieur (2) âgé de exerçant la profession
d (A) domicilié à canton d
arrondissement d département d résidant
à canton d arrondissement d
département d , fils d et d
domiciliés à canton d département
d , cheveux sourcils front
yeux nez bouche menton
visage (3) taille d'un mètre millimètres.

Lequel assisté du sieur (4) âgé de
exerçant la profession d domicilié à canton
d arrondissement d département
d et du sieur (5) âgé de exerçant
la profession d domicilié à canton d
arrondissement d département d
appelés l'un et l'autre comme témoins, conformément à la loi;

A déclaré vouloir s'engager dans l'armée française.

A cet effet, et après nous avoir fait la déclaration,

1° Qu'il n'est ni marié, ni veuf avec enfans,

2° Qu'il n'est lié au service ni comme appelé ou substituant, ni comme engagé volontaire ou rengagé, ni comme remplaçant ou inscrit maritime;

Ledit sieur (6) nous a présenté,

1° Un certificat délivré sous la date du
par (7) et constatant que ledit sieur (8)
n'est atteint d'aucune infirmité, qu'il a la taille et les autres qualités requises pour être reçu dans l'armée, et qu'il peut être dirigé sur (9)

2° Son acte de naissance (B)
constatant qu'il est né le (10) à canton
d arrondissement d département d

(1) Maire ou adjoint.

(2) Nom et prénoms de l'engagé.

(A) Si l'engagé a déjà servi, spécifier, d'après sa déclaration (à la suite de l'indication de sa profession), en quelle qualité et dans quel corps.

(3) Indiquer ici les marques particulières.

(4) Nom et prénoms du premier témoin.

(5) Nom et prénoms du deuxième témoin.

(6) Nom et prénoms de l'engagé.

(7) Nom, grade et corps de l'autorité militaire signataire du certificat.

(8) Nom de l'engagé.

(9) Désignation du corps.

(B) Si ce n'est pas un acte de naissance que l'engagé produit, on énoncera le titre qu'il présentera, conformément à l'article 46 du Code civil.

(10) Indication du jour, du mois et de l'année de la naissance (*en toutes lettres*).

(11) Indiquer la commune.

(12) Nom de l'engagé.

(C) Si l'engagé a moins de vingt ans, on indiquera, sous ce numéro, le consentement qu'il est tenu de produire conformément à la loi.

3° Un certificat de bonnes vie et mœurs délivré sous la date du par le maire d (11) conformément à l'article 20 de la loi du 21 mars 1832, et constatant

1° Que ledit sieur (12) jouit de ses droits civils;

2° Qu'il n'a jamais été condamné à une peine correctionnelle pour vol, escroquerie, abus de confiance ou attentat aux mœurs;

4° (C)
5° (D)
6° Les pièces dont le détail suit (E):
1° (F)
2° (G)
3° (H)

Nous, maire du chef-lieu du canton d après avoir reconnu la régularité des pièces produites par le sieur (13) lui avons donné lecture,

1° Des articles 2, 31, 32, 33, 34 de la loi du 21 mars 1832;

2° Des articles 17 et 18 de l'ordonnance royale du 28 avril 1832, lesquels ordonnent de faire conduire de brigade en brigade, par la gendarmerie, les engagés volontaires trouvés hors de la route qui leur est tracée, et de poursuivre comme insoumis ceux qui ne se rendent pas à leur destination dans les délais prescrits;

3° De l'article 1er de l'ordonnance royale du 15 janvier 1837, d'après lequel les engagés volontaires doivent contracter, sous le rapport de leur incorporation dans l'armée, les mêmes obligations que celles imposées aux jeunes soldats appelés sous les drapeaux par la loi du recrutement, et seront, par conséquent, toujours susceptibles d'être changés de corps, sans distinction d'arme, toutes les fois que l'autorité militaire le prescrira.

Après quoi nous avons reçu l'engagement du sieur (14)

Lequel a promis de servir avec fidélité et honneur pendant sept ans, durée de l'engagement volontaire, aux termes de l'article 33 de la loi du 21 mars 1832, et à partir de ce jour.

Lecture faite audit sieur (15) et aux deux témoins ci-dessus dénommés, du présent acte, ils ont signé avec nous (I).

(D) On indiquera, sous ce numéro, les autres pièces que l'engagé qui aura déjà servi, devra produire, conformément à l'article 11 de l'ordonnance du 28 avril 1832 sur les engagemens, pour justifier qu'il est dégagé de toute obligation.

(E) Si l'engagé se destine aux compagnies de vétérans, l'indiquer ici, en exécution des ordonnances des 17 novembre et 10 décembre 1835.

(F) 1° Les pièces produites pour justifier de 15 ans de service.

(G) 2° Le corps dans lequel il aura été libéré en dernier lieu, et la date de la libération d'après le congé ou le titre qui en tiendra lieu.

(H) 3° La date du certificat de bonne conduite, délivré par le corps où il servait en dernier lieu.

(13) Nom et prénoms de l'engagé.

(14) Nom et prénoms de l'engagé.

(15) Nom et prénoms de l'engagé.

(I) Si l'engagé ou les témoins ne peuvent signer, il sera fait mention de la cause qui les en empêchera, conformément à l'article 39 du Code civil.

MODÈLE N° 3.

DEPARTEMENT
d

DÉCLARATION *qu'a faite le sieur a l'effet d'être admis a servir dans les Armées comme Remplaçant.*

(1) Nom et prénoms de l'homme qui se présente comme remplaçant.

(2) Noms, prénoms et qualités des deux témoins *connus*, et indication de leur domicile.

(3) Si le déclarant ne sait signer, il en sera fait mention, et il apposera une croix.

Le sousigné (1)
né le à
canton d département d
résident à canton d
département d fils d
et d déclare. par-devant le conseil de révision du département d
et en présence des sieurs (2)

1° N'être pas lié au service comme appelé ou substituant, engagé volontaire, rengagé, remplaçant, ou inscrit maritime;

2° N'être point marié ni veuf avec enfants;

3° N'avoir point été réformé du service militaire et n'avoir reçu, en conséquence, ni congé de réforme, ni congé de renvoi.

En foi de quoi le sieur (1)
a signé (3) la présente déclaration, après en avoir pris ou entendu lecture.

A le

Nous soussignés, témoins dénommés ci-dessus, attestons que la déclaration qui précède a été faite en notre présence.

A le 18

Vu:

Le Président du conseil de révision,

ACTE DE DÉCLASSEMENT (MARINE) ***pour constater qu'un homme inscrit maritime a cessé d'appartenir à l'inscription maritime.***

SIGNALEMENT.

Né à
syndicat de
le
taille
cheveux
yeux
nez
bouche
menton
visage.

Le commissaire de l'inscription maritime du quartier de certifie que le nommé classé audit quartier, f° n° a fait le sa déclaration de renoncer à toute profession maritime.

En conséquence et conformément à l'article 25 de la loi du 3 brumaire an 4, ainsi qu'à la décision de son Excellence le ministre secrétaire d'état de la marine et des colonnies, en date du
le dénommé ci-dessus est définitivement congédié du service de la marine.

Fait à le 18

Vu et approuvé par nous,

BIBLIOTHEQUE ROYALE
I